oekom

ClimatePartner°
Dieses Buch wurde klimaneutral hergestellt.
CO_2-Emissionen vermeiden, reduzieren, kompensieren –
nach diesem Grundsatz handelt der oekom verlag.
Unvermeidbare Emissionen kompensiert der Verlag
durch Investitionen in ein Gold-Standard-Projekt.
Mehr Informationen finden Sie unter: www.oekom.de

Bibliografische Information der Deutschen Nationalbibliothek

Die Deutsche Nationalbibliothek verzeichnet diese Publikation
in der Deutschen Nationalbibliografie; detaillierte bibliografische
Daten sind im Internet über http://dnb.d-nb.de abrufbar.

Lektorat der Reihe ›Stoffgeschichten‹
Dr. Manuel Schneider (oekom e.V.)

Kakao – Speise der Götter
in der Reihe ›Stoffgeschichten‹

© 2012 oekom verlag, München
Gesellschaft für ökologische Kommunikation mbH
Waltherstraße 29, 80337 München

Visuelle Gestaltung + Satz: Ines Swoboda, oekom
Titelbild: Yai, fotolia

Druck: fgb. freiburger graphische betriebe
Dieses Buch wurde auf FSC-zertifiziertem Papier gedruckt.
FSC® (Forest Stewardship Council) ist eine nichtstaatliche,
gemeinnützige Organisation, die sich für eine ökologische und
sozialverantwortliche Nutzung der Wälder unserer Erde einsetzt.

Alle Rechte vorbehalten
Printed in Germany
ISBN 978-3-86581-137-0

Stoffgeschichten – Band 7

Eine Buchreihe des Wissenschaftszentrums Umwelt der Universität Augsburg in Kooperation mit dem oekom e.V.

Herausgegeben von Prof. Dr. Armin Reller und Dr. Jens Soentgen

Die Dinge und Materialien, mit denen wir täglich hantieren, haben oft weite Wege hinter sich, ehe sie zu uns gelangen. Ihre wechselvolle Vorgeschichte wird aber im fertigen Produkt ausgeblendet. Was wir an der Kasse kaufen, präsentiert sich uns als neu und geschichtslos. Wenn man seiner Vorgeschichte nachgeht, stößt man auf Überraschendes und Erstaunliches. Auch Verdrängtes und Unbewusstes taucht auf. Gerade am Leitfaden der Stoffe zeigen sich die Konflikte unserer globalisierten Welt.

Deshalb stellen die Bände der Reihe *Stoffgeschichten* einzelne Stoffe in den Mittelpunkt. Sie sind die oftmals widerspenstigen Helden, die eigensinnigen Protagonisten unserer Geschichten. Ausgewählt und dargestellt werden Stoffe, die gesellschaftlich oder politisch relevant sind, Stoffe, die Geschichte schreiben oder geschrieben haben. *Stoffgeschichten* erzählen von den Landschaften, von den gesellschaftlichen Szenen, die jene Stoffe, mit denen wir täglich umgehen, durchquert haben. Sie berichten von den globalen Wegen, welche viele Stoffe hinter sich haben.

Kakao – Speise der Götter ist der siebte Band der Reihe. Die europäischen Eroberer Amerikas suchten Gold und Silber – doch weit nachhaltiger als die aus den Kolonien herausgepressten Edelmetalle haben einige Pflanzen und ihre Produkte die Ökonomie der Alten Welt bereichert und geprägt. Kakao, gewonnen aus den Bohnen des Kakaobaumes, verdankt sein Aroma einer von den Ureinwohnern Mittelamerikas erfundenen, raffinierten Fermentations- und Zubereitungstechnik. Indianischer Erfindungssinn machte aus den unscheinbaren Bohnen eine unvergleichliche Delikatesse, die bald nach ihrer Ankunft in Europa zahlreiche Freunde fand. So entstanden große transatlantische Unternehmungen, wurden im Laufe der Jahrhunderte tausende Patente ersonnen und ungezählte Rezepte erprobt – bis heute. Kakao ist ein Wonnestoff, der die Phantasie beflügelt. Seine bittersüße Geschichte wird hier – illustriert mit vielen einzigartigen Bildern und Dokumenten – ebenso anschaulich wie wissenschaftlich fundiert erzählt.

Andrea Durry & Thomas Schiffer

Kakao – Speise der Götter

Einleitung 11

KAPITEL 1

Der Kakaobaum 17

Carl von Linné und die Speise der Götter 19

Frucht aus den Tiefen des Regenwalds 23

Anspruchsvoll und schillernd bunt –
Der Kakaobaum und seine Früchte 26

KAPITEL 2

Anbau und Ernte 33

Spielarten des Kakaos 35

Der Kakaobaum und seine weltweiten Anbaugebiete 38

Kakao – Der geborene Umweltschützer?
Agroforstsysteme versus Monokulturen 41

Der Kakaobaum in Gefahr 44

Die Kinderschule des Kakaobaums 51

Die Ernte und der lange Weg bis zur aromatischen Bohne 54

KAPITEL 3

Leben mit dem Kakaobaum 63

Das tägliche Brot der Kakaobauern 65

Kinderarbeit – Die dunkle Seite des Kakaoanbaus 67

Initiativen gegen Kinderarbeit	70
Kleine Projekte – Große Wirkung	75
Die Schokoladenindustrie – Erste Schritte auf neuen Wegen	78

KAPITEL 4

Kakao als Welthandelsgut — 83

Kostbare Fracht – Der weite Weg der Kakaobohnen	85
Ausladen und Lagern – Die Ankunft der Kakaobohnen	92
Auf dem Prüfstand – Qualitätsprodukt Kakao	95
Kleinbauern und Konzerne – Der internationale Kakaomarkt	98
Der Reiz des Spiels – Bohnen an der Börse	103
Fairer Handel – Wachstum auf niedrigem Niveau	106

KAPITEL 5

Aus Kakao wird Schokolade — 115

Wertvolle Zutaten für den süßen Genuss	117
Rühren und Walzen – Die Herstellung von Schokolade	124
Braune Vielfalt – Die wichtigsten Schokoprodukte	129
Alle Sinne gefordert – Der Schokoladengenuss	134
Dick und glücklich durch Schokolade?	136
Die Welt der Schokolade – Immer exotischer, immer besser?	141

KAPITEL 6

Die Ursprünge des Kakaos — 147

Kolossale Köpfe – Die Olmeken	153
Im Land des Kakaos – Die Maya	156
Das Getränk der Herrscher	167

Der Adler auf dem Kaktus – Die Azteken 172
Cacahuatl – Getränk, Medizin, Zahlungsmittel 180

KAPITEL 7

Kakao und die Eroberung der Neuen Welt 187

Seltsame Fremde – Die spanischen Eroberer 189
Chocolatl – Siegeszug des edlen Getränks 196
Grausamer und gewinnbringender Handel –
Kakao aus den Kolonien 203

KAPITEL 8

Der Kakao kommt nach Europa 215

Der neue Trank in der Alten Welt 217
Schokolade als Medizin 223
Piraten, Priester, Prinzessinnen – Die Verbreitung der Schokolade 231
Erste Erfahrungen mit dem heißen Getränk 239
Schokolade als Fastengetränk 241

KAPITEL 9

Schokolade als Luxusgetränk 245

Exklusiv, exotisch und erotisch – Schokolade als Getränk des Adels 247
Das weiße Gold 253
Neues Getränk des Bürgertums – Neue
Einnahmequelle des Staates 257
Schokoladenstuben und die »Schulen des Bösen« 261
Von Goethe bis Thomas Mann – Berühmte Schokoladenliebhaber 262
Auf dem Weg zur »Dampfschokolade« –
Die vorindustrielle Schokoladenherstellung 265

KAPITEL 10

Schokolade für den Massenkonsum — 271

Wandel vom Luxusgetränk zum Konsumgut — 273

Das braune Gold — 275

»Die faulen Neger werden fleißiger« – Kakao aus deutschen Kolonien — 280

Zeitalter der Innovationen – Die Industrialisierung der Schokoladenherstellung — 284

Rastlos und risikofreudig – Die frühen Schokoladenunternehmer — 291

Frauen in der Fabrik – Arbeiten für die Schokolade — 298

Von der Sanitäts- zur Studentenschokolade – Die neue Produktvielfalt — 300

Rigorose Reinheit und Qualität – Der Kampf gegen die Verfälscher — 304

Verführung zum Genuss – Neue Wege bei Werbung und Verkauf — 308

Krieg und Konsum – Die Schokolade kommt im (Kinder-)Alltag an — 315

BLICK ZURÜCK NACH VORN — 321

ANHANG

I – Die Systematik des Kakaobaums — 329

II – Kakaosorten – Ihre Herkunft und ihre Anbaugebiete — 329

III – Anbaugebiete und Ausbreitung der Kakaopflanze — 331

Anmerkungen — 332

Zitierte und weiterführende Literatur — 338

Bildquellen — 348

Dank — 349

Einleitung

»Eine Speise der Götter« – so bezeichnete im 18. Jahrhundert Carl von Linné den Kakao und hob bereits damals die Besonderheit der kleinen braunen Bohne hervor. Das Interesse des berühmten schwedischen Arztes und Botanikers am Kakao blieb nicht nur auf die wissenschaftliche Betrachtung beschränkt. Linné (1707–1778) schätzte Schokolade auch im Alltag sehr und empfahl sie zur Kräftigung und als Mittel gegen verschiedene Krankheiten und Beschwerden. Damit gehört er zu den frühen Befürwortern des Schokoladenkonsums in Europa. Das scheint nichts Besonderes zu sein, doch zu Zeiten Linnés waren der Nutzen der Schokolade und ihre Wirkung auf den Menschen noch heftig umstritten. Es war aber sicher nicht nur die persönliche Wertschätzung, die Linné dazu verleitete, den Kakao als Speise der Götter zu bezeichnen. Auch die fast dreitausendjährige Kulturgeschichte des Kakaos und seine besondere Stellung in Amerika und Europa dürften eine Rolle gespielt haben.

In Mittelamerika hatten die Hochkulturen der Olmeken, Maya und Azteken Kakaobohnen genutzt, um daraus eine flüssige Köstlichkeit herzustellen. Diese wurde vermutlich von den Spaniern später als »chocolatl« bezeichnet. Das Getränk diente ihnen nicht nur als besonderes Genussmittel bei gesellschaftlichen Feierlichkeiten, sondern auch als Medizin gegen körperliche Beschwerden und Krankheiten. Wie wir später noch sehen werden, ist die medizinische Wirkung des Kakaos auch gegenwärtig ein Thema in der wissenschaftlichen Forschung. Dabei setzt man große Hoffnungen auf bestimmte Inhaltsstoffe des Kakaos, die zukünftig als Wirkstoffe in Medikamenten gegen Durchfall und andere Krankheiten helfen sollen. Es bleibt aber abzuwarten, ob diese Hoffnungen in absehbarer Zeit tatsächlich erfüllt werden können.

Neben ihrer Bedeutung als Genussmittel und Medizin hatten die Kakaobohnen in Mittelamerika noch eine dritte Funktion. Sie dienten den altamerikanischen Hochkulturen als Zahlungsmittel. In einigen Gebieten Lateinamerikas wurden Kakaobohnen in diesem Sinne noch bis in das 19. Jahrhundert verwendet. Welchen Wert die Bohnen dabei hatten und was damit im Einzelnen alles verbunden war, werden wir im Laufe des Buches noch ausführlicher darstellen.

Die Besonderheit des mittelamerikanischen Schokoladengetränks zeigte sich nicht zuletzt in der Tatsache, dass sein Genuss in der Regel dem Adel vorbehalten war. Das änderte sich auch nicht, als der Kakao im 16. Jahrhundert nach Europa gelangte. Das aus den Bohnen gewonnene Getränk war in allen europäischen Ländern zunächst der gesellschaftlichen Oberschicht vorbehalten und breitete sich über die Fürstenhöfe in den großen Residenzstädten aus. Der Adel und die hohe Geistlichkeit tranken Schokolade schon lange, bevor auch andere Bevölkerungsschichten in diesen Genuss kamen. Seine Exklusivität konnte sich das Getränk dabei bis in das 19. Jahrhundert bewahren und verlor sie erst lange nach den beiden anderen Heißgetränken Tee und Kaffee. Der Grund lag vor allem in der aufwendigeren Herstellung der Schokolade sowie in der Verwendung verschiedener wertvoller Zutaten. Schokolade enthielt neben dem Hauptbestandteil Kakao in der Regel noch Zucker sowie exotische und kostbare Gewürze, wie beispielsweise Vanille oder Zimt.

Hier wird bereits eine begriffliche Schwierigkeit deutlich. Das aus den Kakaobohnen gewonnene Getränk wurde von den altamerikanischen Hochkulturen als »cacahuatl« bezeichnet. Die spanischen Eroberer gaben ihm den neuen Namen »chocolatl«. Wir werden in den folgenden Kapiteln darlegen, warum es zu dieser Namensänderung kam. An dieser Stelle möchten wir nur darauf hinweisen, dass das den Kakaobohnen gewonnene Getränk in Mittelamerika als Kakao und in Europa als Schokolade bezeichnet wurde. Zum besseren Verständnis werden wir diese historische Tatsache allerdings außer Acht lassen. Wir werden stattdessen von Kakao immer nur im Hinblick auf den Ausgangsstoff sprechen. Das fertige Produkt bezeichnen wir als Schokolade. Dabei wird es auch keine Rolle spielen, ob es sich um flüssige oder feste Schokolade handelt. Damit möchten wir vermeiden, dass zwei verschiedene Begriffe für dasselbe Getränk verwendet werden.

Eine Ausnahme müssen wir dabei allerdings machen. Nachdem über Jahrhunderte Schokolade getrunken wurde, entwickelte der Niederländer Coenraad Johannes van Houten im Jahr 1828 die erste Kakaobutterpresse. Mit deren Hilfe ließ sich ein Großteil des Fettes aus der Kakaomasse pressen. Damit war das Kakaogetränk geboren, das aufgrund seines geringeren Fettgehalts bekömmlicher und preiswerter war. In diesem Falle müssen wir von der oben beschriebenen Vorgehensweise abrücken. Wir verstehen unter Kakao also nicht nur den Ausgangsstoff, sondern auch das aus den entölten Bohnen gewonnene Getränk. Diese begriffliche Problematik ist eine Besonderheit des Kakaos. Dadurch unterscheidet er sich von anderen bekannten Genussmitteln wie Kaffee und Tee. Dort haben Ausgangsstoff und Endprodukt immer die gleiche Bezeichnung.

Aber kehren wir noch einmal zu den Anfängen des Kakaos in Europa zurück. Wie nach der Ankunft aller anderen neuen Genussmittel in Europa, entbrannte auch bei der Schokolade ein heftiger Streit um die Frage ihrer Verträglichkeit und Nützlichkeit für den Menschen. Wir haben auf diese Tatsache bereits hingewiesen. Neben vielen kritischen Stimmen meldeten sich schon bald die Befürworter des Schokoladengenusses zu Wort, die ihren Geschmack sowie ihre nahrhafte und gesundheitsfördernde Wirkung rühmten. Schokolade galt lange Zeit eher als Medikament denn als Genussmittel. Aber selbst die leidenschaftlichsten Befürworter der Schokolade konnten im 17. und 18. Jahrhundert noch nicht ahnen, welchen Siegeszug sie später antreten sollte. Ein entscheidender Schritt war dabei der Wandel der Schokolade von einem Luxusgut für wenige Begüterte zu einem allgemein erhältlichen Konsumgut für alle Bevölkerungsschichten im Verlauf des 19. Jahrhunderts. Die Ursachen dieses Wandels lagen vor allem in der Ausweitung der Kakaoproduktion, der Industrialisierung der Schokoladenherstellung und einer wachsenden Nachfrage in den aufstrebenden Industriestaaten Europas und Nordamerikas. Die steigende Kaufkraft führte in Europa spätestens in den Jahren vor dem Ersten Weltkrieg dazu, dass Schokolade auch für Arbeiter und Angestellte erschwinglich wurde.

Spätestens im 20. Jahrhundert bildete sich das Welthandelssystem heraus, in dem die Kakaoproduzenten Westafrikas und Südamerikas den Rohstoff für die Schokoladenproduktion der Industriestaaten lieferten. Bis heute ist dieses System mit teilweise katastrophalen Arbeits- und Lebensbedingungen verbunden. Niedrige Löhne, schlechte hygienische und medizinische Versorgung sowie Kinderarbeit sind in vielen Kakaoanbauregionen weitverbreitet. Da der Stoff Kakao zu den problematischsten Handelsgütern der Welt gehört, unter anderem weil er heftigen Preisschwankungen unterworfen ist, leiden viele Produzenten unter der starken wirtschaftlichen Abhängigkeit von diesem Produkt.

Die großen Schokoladenhersteller haben ihren Sitz nach wie vor in den westlichen Industrieländern. Nur wenigen Schwellenländern ist es gelungen, eine eigene Schokoladenproduktion aufzubauen und dadurch zusätzliche Erlöse zu erwirtschaften. Aber auch in diesen Fällen handelt es sich in der Regel um europäische oder amerikanische Schokoladenunternehmen oder Kakaoverarbeiter. Eines der wenigen erfolgreichen Beispiele für den Aufbau einer eigenen, nachhaltigen Kakaoverarbeitung ist die Kakaokooperative »El Ceibo« in Bolivien, die eine eigene Schokoladenfabrik betreibt und dadurch zusätzliche Einnahmen erzielen kann. Wir werden später noch etwas ausführlicher auf dieses Beispiel zu sprechen kommen. Erst in den 1960er- und 1970er-Jahren setzten in den westlichen Industrieländern Bestrebungen ein, das Welthandelssystem für Kakao zu reformieren. Diese Bemühungen blieben aber weitgehend erfolglos. Stattdessen traten verschiedene private Initiativen auf den Plan, die einen gerechteren Handel forderten, was zu der Gründung von Organisationen wie TransFair oder der GEPA führten. Im

Schokoladenbereich hat sich der sogenannte Faire Handel mittlerweile fest etabliert, wobei er in Deutschland noch lange nicht die Stellung hat, die er etwa in Großbritannien einnimmt. Während private Initiativen also bereits auf verschiedene Erfolge verweisen können, ist von Seiten der internationalen Politik bis heute nicht viel bewirkt worden. Die jüngsten Bestrebungen zielen auf die Schaffung einer größeren Markttransparenz. Damit soll der zunehmenden Spekulation, nicht zuletzt von großen Hedge-Fonds, entgegengewirkt werden.

Es liegt also weiterhin in der Hand der Verbraucherinnen und Verbraucher. Mit ihrer Kaufentscheidung können sie ungerechten Handelsbedingungen entgegenwirken und den teilweise unmenschlichen Lebens- und Arbeitsbedingungen der Kakaobauern ein Ende bereiten. Hierbei spielt Deutschland eine besondere Rolle, das mit den Niederlanden, der Côte d'Ivoire und den USA seit Jahren zu den größten Kakaoimporteuren der Welt gehört. Alleine im Jahr 2008/09 wurden etwa 342.000 Tonnen Kakao nach Deutschland importiert, was fast einem Zehntel der Weltproduktion entspricht. Traditionell gehören die Einwohner der Schweiz, Großbritanniens, Belgiens und Deutschlands zu den größten Schokoladenkonsumenten der Welt. Im Jahr 2008 schaffte es Deutschland mit einem Pro-Kopf-Verbrauch von über neun Kilogramm Schokolade aber »nur« auf den fünften Platz.

In den kakaoproduzierenden Ländern spielt der Schokoladenkonsum dagegen so gut wie keine Rolle. Die Gründe dafür liegen in einer fehlenden Tradition bei der Verwendung von Kakao in der Alltagsküche sowie in hohen Preisen und niedrigen Einkommen. Auffallend hingegen ist die wachsende Bedeutung des Kakaos in einigen Schwellenländern. Vor allem China und Indien fragen in wachsendem Maße Kakao und Schokolade nach. Obwohl in diesen Ländern überdurchschnittliche Wachstumszahlen erreicht werden, bewegt sich der Konsum noch auf einem vergleichbar niedrigen Niveau. Allerdings darf die weitere Entwicklung hier mit Spannung erwartet werden.

Während Schokolade noch vor einigen Jahren möglichst preisgünstig sein musste, hat sich diese Situation mit dem allgemeinen Trend zu hochwertiger Edelschokolade geändert. Viele Verbraucher sind durchaus bereit, für das Produkt mehrere Euro zu bezahlen. Es scheint, dass sich Schokolade wieder einen Teil ihrer ehemals exklusiven Stellung zurückerobert hat. Zeitgleich hat sich mit den wachsenden Qualitätserwartungen eine Diskussion entwickelt, bei der es um die gesundheitlichen Auswirkungen des Schokoladenkonsums geht. Dabei wird vor allem die Entstehung von Übergewicht infolge des Konsums kalorienreicher Lebens- und Genussmittel kritisiert. Es hat bisher einige Vorschläge gegeben, auf den hohen Kalorienwert der Schokolade aufmerksam zu machen und ihren Verkauf zu beschränken.

Allerdings wurde bis heute noch keiner dieser Vorschläge umgesetzt. Eine leicht verständliche Möglichkeit wäre die Ampelkennzeichnung, die den Gehalt an Fett, gesättigten Fettsäuren, Zucker und Salz durch die drei Ampelfarben Grün, Gelb und Rot darstellt. Die Einführung dieser Kennzeichnung wurde zwar bereits gefordert, von der Politik und weiten Teilen der Wirtschaft allerdings abgelehnt. Stattdessen wird es zukünftig eine einfache Nährwertkennzeichnung geben.

Dieses Buch ist dem besonderen Stoff Kakao gewidmet. Wir werden uns dabei im ersten Teil mit der Gegenwart des Kakaos und der Schokolade beschäftigen. Nach einem kurzen Einstieg in die Botanik des Kakaobaumes und seine Frucht gehen wir auf den Anbau und die Verarbeitung der Kakaobohnen in den Produzentenländern näher ein und beschreiben den langen Weg der Bohnen in die Schokoladenfabriken Europas und Nordamerikas. Wir möchten dabei vor allem zum Ausdruck bringen, dass Kakao ein anspruchsvoller Stoff ist, der alle Beteiligten vor große Herausforderungen stellt. Außerdem soll auch auf die Schwierigkeiten des Kakaohandels und die zum Teil prekären Arbeits- und Lebensbedingungen der Kakaobauern eingegangen werden. Anschließend wird im zweiten Teil die wechselvolle Vergangenheit und lange Geschichte von Kakao und Schokolade behandelt. Wir beginnen mit den Anfängen des Kakao- und Schokoladenkonsums in Mesoamerika vor und nach der Ankunft der Spanier. Darauf aufbauend werden die Ankunft und die Verbreitung der Schokolade im Europa des 16. und 17. Jahrhundert eingehend behandelt. Ein wichtiger Punkt wird dabei der Wandel der Schokolade von einem Heilmittel zu einem Genussmittel des Adels sein. Abschließend widmen wir uns der Industrialisierung der Schokoladenherstellung und der Entwicklung der Schokolade von einem Luxusprodukt für Adlige zu einem Massenartikel für alle.

KAPITEL 1
Der Kakaobaum

Carl von Linné und die Speise der Götter

»*Von jenen dreyen, den Alten unbekannten Getränken, welche aus fremden Ländern zu uns gekommen, und jetzt durch öfteren Gebrauch berühmt geworden sind, dem Thee, dem Kaffee, und der Chocolade, werden die beyden ersteren am häufigsten getrunken, allein sie werden dadurch nicht vorzüglicher oder gesünder, als der letzte. Dieser wirkt nicht so stark auf den Körper, zehrt nicht, raubt die Kräfte nicht vor der Zeit, und leistet in manchen Krankheiten Hülfe, welche ohne ihn zu heilen kaum die ganze Arzneyenzunft hinreichen würde.*«[1]

Dieses Hohe Lied auf die »Chocolade« stammt von Carl von Linné (1707 bis 1778), einem der Begründer der modernen Biologie. Bis zu seiner Erhebung in den Adelsstand nannte er sich Carl Nilsson Linnaeus. Er wurde als eines von fünf Kindern des Pfarrerehepaares Christina und Nils Linnaeus in Südschweden geboren (Abbildung 1). Eigentlich sollte er in die Fußstapfen seines Vaters treten und Priester werden, aber sein großes Steckenpferd war die Botanik. Diese Leidenschaft hatte er von seinem Vater geerbt, der ihn schon als vierjähriges Kind mit auf Streifzüge durch die Natur nahm und das Kinderbett seines Sohnes immer wieder mit Blumen dekorierte. Fasziniert von der Fauna und Flora seiner Umgebung, begann Linné ein Studium der Medizin. Zur damaligen Zeit bestand dieses Studium vor allem aus naturwissenschaftlichen Fächern, wie zum Beispiel der Botanik und der Biologie. Einige Zeit seines Studiums verbrachte Linné in Holland und erhielt dort im Jahre 1735 den Doktortitel der Medizin. Während seines Aufenthalts veröffentlichte er verschiedene Werke, und es gelang ihm als erster Mensch in Europa, Bananen zu züchten.

Carl von Linné war Mitglied in verschiedensten wissenschaftlichen Gremien. So war er zum Beispiel auch Gründungsmitglied der Königlich Schwedischen Akademie der Wissenschaft, welche bis zum heutigen Tag den Nobelpreis für Physik und Chemie verleiht. Im Laufe seines Lebens erhielt er einige Titel, wurde zum Leibarzt des schwedischen Königs ernannt, 1757 zum Ritter geschlagen und einige Jahre später in den Adelsstand erhoben. Der größte Verdienst Carl von Linnés aber ist die Entwicklung der binären Nomenklatur, des Doppelnamensystems in lateinischer Sprache. Mit dieser Methode, die bis zum heutigen Tag die Grundlage für die wissenschaftliche Benennung aller Lebewesen und Pflanzen ist, gelang es ihm, die Natur klar zu struktu-

1
Carl von Linné (1707–1778) wenige Jahre vor seinem Tod. Linné gab der Kakaopflanze den eindrucksvollen Gattungsnamen *Theobroma*, was so viel bedeutet wie »Speise der Götter«.

rieren. Man muss eine Pflanzen- oder Tierart nicht in den verschiedensten Sprachen kennen, es reicht die lateinische Bezeichnung und jeder weiß, was gemeint ist. Zusätzlich vereinfachte er mit seinem System schon vorhandene lateinische Ausdrücke. Der Kakaobaum zum Beispiel wurde bisher mit acht Begriffen umschrieben: *Arbora cacavifera americana, Amygdalus similis guatimalensis, Avelana mexicana*.[2] Mit dem neuen System waren es jetzt nur noch zwei Wörter. Die Basis für die binäre Nomenklatur bildete eine künstliche Ordnung, die auf anatomischen Ähnlichkeiten basierte. Mit dieser Methode ordnete Linné zunächst Pflanzen (1753) und später auch Tiere (1758) ein (Abbildung 2). Für die Pflanzenwelt funktionierte Linnés System folgendermaßen: »Bei den Pflanzen wagt er den Schritt, das System auf der Anzahl der männlichen und weiblichen Geschlechtsorgane in den Blüten aufzubauen. Er tut das zu einer Zeit, da sich die Erkenntnis, dass auch Pflanzen Sex haben, noch keinesfalls durchgesetzt hat. Bald spricht er von den ›Hochzeiten‹ der Pflanzen in ihren ›Ehebetten aus Blütenblättern‹. Die Blüten vieler Pflanzen bestehen allerdings aus mehr als einem Staubblatt (›Ehemann‹) und einem Stempel (›Ehefrau‹). Diese Verbindungen sind also alles andere als monogam. Bei den ›Monandria‹, der ersten Pflanzenklasse, geht es noch einigermaßen normal zu, ein Mann und meist auch nur eine Frau. In der Ordnung der ›Digynia‹ allerdings beschäftigt sich ein Mann dann schon mit zwei Damen. Weiter unten im System, etwa in der 13. Klasse

2
In *Species Plantarum* (1753) verwandte Linné erstmals durchgängig binominale Namen für Pflanzenarten, wie sie in der modernen botanischen Nomenklatur noch heute üblich sind. So wird der Kakaobaum botanisch als *Theobroma cacao* bezeichnet.

namens ›Polyandria‹ (zu der etwa Magnolien gehören), ist der Gruppensex im Blütenbette dann überhaupt nicht mehr jugendfrei. Mehr als zwanzig Herren beglücken dort eine oder mehrere Damen.«[3] Linnés Klassifikation wurde von vielen Zeitgenossen bestürzt aufgenommen. Doch das Verfahren konnte sich durchsetzen, da es sehr einfach zu handhaben war. Man brauchte nur die Staubblätter und Stempel zu zählen, und schon konnte man die Pflanze in ein Klassifikationssystem einordnen.

Die binäre Nomenklatur basiert auf einer Kombination aus dem Gattungsnamen und dem Epitheton (griech.: Beiwort), das die Art definiert. So klassifizierte er beispielsweise den Menschen in die Gattung *Homo* und die Art *sapiens* (lat. für »der weise, kluge Mensch«). Mit der Bezeichnung der einzelnen Tiere oder Pflanzen war Linné äußerst erfindungsreich. Wohlüberlegt verteilte er mit seinem System Ehre oder Schande für die Nachwelt. So benannte er zum Beispiel besonders schöne Pflanzen nach den Namen seiner Freunde, vermeintlich hässliche nach den Namen seiner Gegner.[4] Dementsprechend klassifizierte Linné ein unbedeutendes Unkraut als Siegesbeckia, im Deutschen Siegesbeckie (Familie der Korbblütler), nach einem seiner größten botanischen Gegner Johann Georg Siegesbeck. Die Pflanzen, die er sehr schätzte, bekamen eindrucksvolle Namen. Zu diesen gehörte auch der Kakaobaum. Linné benannte ihn mit der Umschreibung *Theobroma cacao* (griech.: *theos* – Gott sowie *broma* – Speise = Speise der Götter). Auch wenn diese Wortwahl ganz nach Linnés Geschmack gewesen ist, vermutet man allerdings heute, dass er nicht der Erfinder dieser Wortschöpfung war. Linné kannte wahrscheinlich die Doktorarbeit des Pariser Arztes Joseph Bachot über das Getränk Schokolade. Dieser schrieb im Jahre 1684, das Schokolade sie eine so edle Erfindung, dass sie und nicht Nektar oder Ambrosia die Speise der Götter sein sollte.[5]

Aber dennoch lässt sich an dieser Namensgebung erkennen, wie sehr Linné den Kakaobaum schätzte. Er war nicht nur von dem Getränk Schokolade begeistert, sondern rühmte zugleich die Nahrhaftigkeit der Kakaobohne. »Die Kraft der ungerösteten Frucht also bestehet [...] darin, daß sie das beste Nahrungsmittel abgibt, den Chylus [griech.: Darmlymphe, der Inhalt der Lymphgefäße des Darmes – die Verf.] gutartig macht und nichts hat, was die Gesundheit schwächet. Daher ist er Leuten von magerer Leibesconstitution zuträglich, die steife Fasern und scharfe Säfte haben. Hieraus siehet man, warum die in sehr warmer Luft lebenden und meistens mageren Spanier wenig Wein trinken, hingegen eine größere Menge Chocolade. Man darf aber daraus nicht schließen, als ob dies Getränk den Bewohnern der kälteren Länder nicht so zuträglich sey; denn die geröstete Cacaofrucht ist hitzig und diese Eigenschaft mit der nährenden verbunden, vermehrt die Ausdünstung, und gibt unserem frostigen Körper die verlohrene Hitze wieder.«[6]

Dem Schokoladengetränk schrieb Linné zusätzlich eine große Heilkraft zu. Seiner Meinung nach waren die Eigenschaften der Schokolade so umfassend, dass kein anderes Arzneimittel so vielseitig eingesetzt werden konnte. Er verfasste im Jahre 1777 ein ausführliches Traktat über den gesundheitlichen Wert der Kakaobohnen und die Zutaten des Schokoladengetränks. Linné kam zu dem Schluss, dass die Schokolade gegen viele Beschwerden eingesetzt werden konnte. So empfahl er sie zum Beispiel bei kräftezehrenden Krankheiten, bei Schwindsucht (Tuberkulose), bei starker Abmagerung, bei Hypochondrie, bei Melancholie, bei Verstopfung des Leibes, bei sitzender Lebensart und bei unmäßigem Gebrauch von Kaffee. Ebenfalls riet er zu der Einnahme des Heilmittels bei der Goldaderkrankheit (Hämorrhoiden): »Ein gewisser junger Studirender, von frischer starker Constitution, wurde von der blinden Goldader so sehr darnieder geworfen, daß er vom Tode die einzige Hülfe erwartete. Man hatte öftere Aderlässe, Mineralwasser, gemeines Wasser des Morgens zum Trank, Milchspeisen und alle Mittel gebraucht, an welche nur jemals Aerzte und andere Leute gedacht haben; allein es wurde immer schlimmer. Man rieth ihm Chocolade. Er wollte anfangs nicht dran, weil er sich als ein vollblütiger rothwangiger Jüngling von diesem Mittel wenig Trost versprach, das seiner Meinung nach die Vollblütigkeit vermehrt. Endlich ließ er sich doch überreden und trank ein Jahr lang, alle Tage dieses Getränk, welches ihm auch so gut zuschlug, daß er nachher zehn Jahre einer vollkommenen Gesundheit genossen, und nun seine vorige Uebel vergessen war.«[7]

Frucht aus den Tiefen des Regenwalds

»*Stellen Sie sich einen Garten vor, der anders ist als alle, die Sie kennen – Bäume, Ranken und andere Pflanzen wachsen ineinander verschlungen im schwülen grünen Halbdunkel des südamerikanischen Tieflands. Die Luft ist schwer und feucht, und die Stille wird nur unterbrochen vom Summen der Insekten und dem Knacken der toten Blätter unter den Füßen. Die unbarmherzige Sonne der Tropen dringt durch die grüne Kuppel hoch aufragender Schattenbäume und gleitet mit tausend Strahlen über den dämmrigen Grund. Anmutige Bäume mit Früchten so groß wie Fußbälle, die direkt aus den fleckigen, graubraunen Stämmen wachsen, sind das eigentliche Herz dieses verträumten Gartens. Das ist Kakao.*«[8]

Die natürliche Umgebung des Kakaobaums ist der Regenwald. Tropische Wälder sind immergrün und befinden sich in den heißfeuchten Gebieten der Tropen und Subtropen zwischen dem 20. Grad nördlicher und dem 20. Grad südlicher Breite. Bezeichnend für die tropische Zone ist, dass es keine Jahreszeiten gibt, wie wir es von Europa kennen. Es ist das ganze Jahr über sehr warm und es regnet fast täglich. Hier liegen die Temperaturen im Monatsmittel zwischen 24 und 28 Grad Celsius und die Jahresniederschlagsmenge beträgt zwischen 2.000 und 4.000 Millimeter, wobei es auch Gebiete mit einer Regenmenge von über 6.000 Millimetern gibt. Durch die hohen Temperaturen und die große Niederschlagsmenge entsteht eine hohe Luftfeuchtigkeit von durchschnittlich 70 bis 80 Prozent. Der Kakaobaum benötigt sogar ein noch spezielleres Klima, er bevorzugt Gebiete, in denen eine Luftfeuchtigkeit von 80 bis 90 Prozent herrscht. Die Temperaturen sollten im Jahresdurchschnitt zwischen 25 Grad Celsius und 28 Grad Celsius liegen und die Niederschlagsmenge zwischen 1.500 und 2.000 Millimetern. Somit sind nicht alle Gebiete im tropischen Regenwald für den Anbau des Kakaos geeignet. Der Kakaobaum ist eine sehr anspruchsvolle Pflanze und gedeiht nur in der Umgebung, in welcher die Witterung keine extremen Werte aufweist. Damit wir eine Vorstellung davon haben, wie sich ein solches Klima anfühlt, wollen wir einen kurzen Blick auf die entsprechenden Messwerte der Stadt Köln (Flughafen) werfen. So liegt hier der durchschnittliche Jahresniederschlag bei 804 Millimetern und die durchschnittliche Jahrestemperatur bei 9,6 Grad Celsius. Ein Kakaobaum würde in der Domstadt schlicht und einfach erfrieren und vertrocknen.

Um gut wachsen zu können, benötigt der Kakaobaum tiefgründige, humus- und nährstoffreiche, lockere Böden. Besonders wichtig ist eine gleichbleibende Versorgung mit Magnesium und Kalium. Kurzzeitige Überschwemmungen machen ihm nichts aus, aber staunasse Böden verträgt er überhaupt nicht.[9] Damit sich der Kakaobaum gut mit den Nährstoffen versorgen kann, hat er eine Hauptwurzel, die bis zu zwei Meter in die Erde ragt und dem Kakaobaum Halt gibt. Um diese herum befindet sich eine große Anzahl an feinen Nebenwurzeln. Diese liegen nur ungefähr zehn bis fünfzehn Zentimeter unter der Erde und bilden ein dichtes Gitternetz, welches den Baum bis zu fünf Meter umgibt. Trotz der Nährstoffarmut der tropischen Böden hat sich ein gut funktionierendes System entwickelt. Der intakte Regenwald bewahrt das feuchte Klima und deckt den größten Teil des Nährstoffbedarfs selbst. Abgestorbene Biomasse wie Blätter, Äste, Tiere und Bäume, die auf den Boden fällt, wird aufgrund der klimatischen Bedingungen schnell zersetzt. Diese bleiben aber an der Oberfläche und dringen nicht tief in den Boden ein. Nun setzt eine Symbiose zwischen einem Pilz und den feinen Wurzeln des Kakaobaums ein, auch Mykorrhiza genannt. Der Baum erhält von dem Pilz Nährstoffe und Wasser. Dafür gibt er dem Pilz die vom Kakao erzeugten Assimilate, zum Beispiel Enzyme zum Abbau von Kohlenhydraten, weiter. Ohne den Pilz würde der Kakaobaum nicht mit den für ihn wichtigen Nährstoffen wie Stickstoff und Phosphat versorgt werden können.[10]

Wenn man den tropischen Regenwald mit den Wäldern in Deutschland vergleicht, fällt ein weiteres Merkmal des tropischen Regenwalds auf. Dieser ist sehr viel höher und man erkennt eine Gliederung des Waldes in drei verschiedene Stockwerke (Abbildung 3). Das oberste Stockwerk bilden die sogenannten Emergenten. Das sind einzelne oder in Gruppen wachsende Bäume, die deutlich größer sind als die benachbarten Bäume des mittleren Stockwerks. Während die mittlere Baumschicht eine Höhe von 25 bis 45 Metern erreichen kann (das entspricht dem 8. bis 15. Stock eines Hochhauses), können einzelne herausragende Emergenten 60 bis 80 Meter hoch werden. Das wäre der 20. bis 27. Stock bei einem Hochhaus.[11] Der Kakaobaum, der bis zu zehn Meter hoch werden kann, gehört im tropischen Regenwald zu den Kleinsten und man findet ihn im untersten Stockwerk. Auf den Feldern und Plantagen wird der Kakaobaum allerdings auf eine Höhe von vier bis sechs Metern geschnitten. Durch diesen Vorgang kann man den Ertrag des Baumes erhöhen und erleichtert gleichzeitig das Ernten.

Aber nicht nur die Bäume im Regenwald sind sehr viel höher als die der gemäßigten Zonen, wozu auch die deutschen Wälder gehören; auch die Anzahl der Pflanzen und Tiere ist in den tropischen Urwäldern umfangreicher. Sie gelten als die artenreichsten Waldgebiete der Welt. Man vermutet, dass mindestens drei Viertel der bisher entdeckten 260.000 Pflanzen-, 50.000 Wirbeltier- und 1.200.000 Gliederfüßerarten (hierzu zählen Insekten, Spinnen und Krebse) in den Regenwäldern beheimatet sind. Diese Artenvielfalt ist jedoch bedroht. Durch die Vernichtung der tropischen Wälder gehen derzeit jährlich circa 30.000 Pflanzen- und Tierarten für immer verloren. Im Jahr werden weitere 20 Millionen Hektar abgeholzt. Noch vor

3 Der tropische Regenwald ist die Heimat der Kakaopflanze. Gut erkennbar die verschiedenen Stockwerke des Tropenwaldes.

weniger als einem Jahrhundert bedeckten die Regenwälder mehr als ein Zehntel der Landfläche der Erde. Inzwischen ist diese Fläche auf die Hälfte geschrumpft.[12] Für die Vernichtung des Regenwaldes gibt es verschiedene Ursachen. Neben der Holzindustrie, welche die Edelhölzer für den Möbel- oder Papiermarkt fällt, hat vor allem der Ausbau von Monokulturen schwerwiegende Auswirkungen. Hierzu zählen besonders Kaffee-, Tabak- und auch Kakaoplantagen.

Seit einigen Jahren gibt es eine neue folgenschwere Entwicklung, die nicht nur riesige Waldflächen vernichtet, sondern auch Menschen aus ihrer Lebensumgebung vertreibt. Es handelt sich hierbei um die Anlage von Plantagen für nachwachsende Rohstoffe, wie Palmöl, Mais, Soja oder Zuckerrohr. Diese dienen als Lieferanten für Bio- oder Agrarenergie. Das bedeutet, dass diese vermeintlich »grünen« Projekte zur Gewinnung von nachwachsenden Rohstoffen oft verheerende Auswirkungen auf das Ökosystem der Regenwälder haben.

Ein weiteres großes Problem ist die Ausdehnung der landwirtschaftlichen Anbauflächen. Viele Kleinbauern in den tropischen Regionen sind gezwungen, aus den Gebieten des Regenwalds immer wieder neues Ackerland zu gewinnen. Die Böden können nur einige Jahre genutzt werden und bleiben dann verödet zurück. Daher ist es wichtig, dass die Menschen schonende Anbaumethoden erlernen. Hierzu zählt eine Bewirtschaftung in dem Regenwald nachempfundenen Agroforstsystemen. So kann durch den Einsatz von mehrstufig wachsenden Pflanzen wie zum Beispiel Bohnen, Mais, Kakao und Bananen eine lückenlose Bodenbedeckung gewährt werden. Diese mindert die Erosionsgefahr und schützt den Boden vor Austrocknung und einem Verlust an Nährstoffen. Der Kakaobaum ist somit Teil eines funktionierenden Ökosystems. Er ist eine ideale Pflanze, um biologische Artenvielfalt und landwirtschaftliche Nutzung unter einen Hut zu bringen.[13]

Werden solche Maßnahmen nicht umgesetzt, und die Urwälder aus den unterschiedlichsten Gründen weiter vernichtet, so hat dies fatale Folgen für die gesamte Welt. Die Abholzung der Regenwaldgebiete fördert den Treibhauseffekt, führt zur globalen Erwärmung der Erde, zum Abschmelzen des ewigen Eises und zu einer Zunahme extremer Wetterbedingungen. Der Chef-Wissenschaftsberater der britischen Regierung, David King, gehört zu den Wissenschaftlern, die seit Langem vor den möglichen Folgen dieser Entwicklung warnen. Sollte die Hälfte Grönlands und der Antarktis schmelzen oder ins Meer abrutschen, dann werden die Meeresspiegel weltweit um fünf bis sechs Meter steigen. Vor diesem Hintergrund sagte King bereits 2004 auf der Klimakonferenz in Berlin: »Man wird die Landkarten der Erde neu zeichnen müssen«.[14]

Anspruchsvoll und schillernd bunt – Der Kakaobaum und seine Früchte

Der Kakaobaum *Theobroma cacao* gehört zur Gattung Theobroma in der Familie der Malvengewächse, früher auch Sterkuliengewächse genannt. Wie schon erwähnt, ist der Kakaobaum eine sehr anspruchsvolle Pflanze, die keine großen klimatischen Schwankungen verträgt und einer besonders intensiven Pflege bedarf. Ursprünglich stammt der Kakaobaum aus der lichtarmen unteren Etage des feuchttropischen Regenwaldes. Seit Jahrtausenden wird er unter Schattenbäumen angepflanzt. Während junge Kakaopflanzen unbedingt ein schattiges Plätzchen sowie einen Windschutz benötigen, können ältere Bäume jedoch auch ohne diesen Schutz auskommen. Bedingung hierfür ist allerdings, dass das Blätterdach des Baumes dicht ist. Wie stark die Beschattung sein muss oder ob überhaupt eine notwendig ist, hängt von den Bodenbedingungen, der Trockenheit und der Stärke des Windes ab. Kakaobäume ohne Sonnenschutz müssen intensiver gepflegt werden, sie benötigen Nährstoffe, Mineraldünger und zusätzliches Wasser. Der Ernteertrag bei solchen gepflegten, freistehenden Bäumen ist zwar höher als bei denen, die im Schatten wachsen, allerdings ist diese Art des Anbaus im Vergleich zu Mischkulturen teurer.[15] Außerdem wird der Boden auf lange Sicht stark ausgelaugt, und oft ist der Baum unter der prallen

Sonneneinstrahlung einem so großen Stress ausgesetzt, dass seine Erträge nach einigen Jahren rückläufig sind.

Bei einem reibungslosen Wachstumsverlauf kann der Kakaobaum bis zu hundert Jahre alt werden. Vom Aussehen ähnelt er unseren heimischen Obstbäumen. Sein Stamm hat ungefähr dieselbe Form und ist etwa 20 bis 30 Zentimeter breit. Allerdings ist er oft mit hellen Flecken übersät und seine Blätter sind sehr viel größer. Sie können eine Länge von dreißig Zentimetern erreichen, haben am Blattstiel einen breiten Schaft und laufen nach vorne eiförmig spitz zu. An dem Blattstiel befindet sich zudem ein Gelenk, das es dem Blatt ermöglicht, sich immer nach dem Sonnenlicht auszurichten. Da der Kakaobaum immergrün ist, trägt er das ganze Jahr über ein dichtes Blätterdach. Die einzelnen Blätter verwelken nach ungefähr acht Wochen und wachsen erneut nach. Bei einem gesunden Baum sind die nachwachsenden jungen Blätter hellgrün, teilweise rosa bis tiefrot. Sie hängen schlapp an den Ästen. Schon nach kurzer Zeit werden die Blätter dunkelgrün und richten sich auf. Ist es allerdings sehr trocken oder steht der Kakaobaum in der prallen Sonne, verliert er schneller seine Blätter. Auch sind diese Blätter eher hell in der Farbe, sehr viel kleiner und nicht so dick.

4
Der Kakaobaum wird bis zu zehn Meter hoch. Seine Früchte befinden sich nicht in der Baumkrone, sondern am Stamm und an den unteren dicken Ästen.

5
Die weißen, gelblichen oder rötlichen Blüten des Kakaobaums werden kaum größer als ein Zentimeter. Ihre Bestäubung übernehmen vor allem winzige Mücken.

Abhängig von der Sorte trägt der Baum nach zwei bis acht Jahren zum ersten Mal Früchte. Die ertragreichsten Jahre liegen allerdings zwischen dem zehnten und dreißigsten Lebensjahr. Eine Besonderheit des Kakaobaums besteht darin, dass die Früchte sich nicht in der Baumkrone befinden, wie wir es von unseren heimischen Obstbäumen kennen, sondern am Stamm und an den unteren dicken Ästen (Abbildung 4). Diese Wachstumsform wird in der Botanik Kauliflorie oder auch Stammblütigkeit genannt. Hängen die Früchte an den Ästen nennt man es Ramiflorie. Diese Wachstumsform ist eine Anpassung der Natur an die ökologischen Bedingungen und ermöglicht es den Insekten in den immergrünen Urwäldern, die Blüten zu finden. Außerdem können die schweren Früchte am Stamm und an den dicken Ästen besser getragen werden.

Die Blüten des Kakaobaums wachsen aus kleinen Polstern (Abbildung 5). Sie sind winzig klein und haben eine Größe von ungefähr einem Zentimeter. Die Kakaoblüten wirken sehr zerbrechlich und sind von weißer, gelblicher bis rosa oder rötlicher Farbe. Sie haben fünf pfeilförmige Blütenblätter, die um die innen liegenden Staubblätter sowie den Stempel angeordnet sind. Die Blüten wachsen entweder einzeln oder büschelförmig direkt am Stamm sowie an den unteren, dicken Ästen. Ein Kakaobaum trägt über das ganze Jahr hinweg circa 35.000 bis 116.000 Blüten.[16] Ihre Befruchtung geschieht auf natürlichem Wege durch Mücken, kleine Fliegen, Blattläuse oder Ameisen. Die wichtigste Gruppe der bestäubenden Insekten sind die Mücken. Hier gibt es einige Arten, die so klein sind, dass man sie kaum sehen kann. Daher werden sie von den Einheimischen auf den Westindischen Inseln auch die »no see 'ems« (die »Nicht-zu-Sehenden«) genannt.[17]

6
Die Früchte an einem Kakaobaum sind oftmals in Farbe und Form unterschiedlich.

Auf den Feldern und Plantagen hilft man jedoch gerne nach und bestäubt per Hand mit Federn oder mit Pinseln. Auch wenn der Kakaobaum sehr viele Blüten trägt, können nur ein bis fünf Prozent der bestäubten Blüten erfolgreich Früchte entwickeln. Einige Wissenschaftler vermuten, dass dies ein Schutzmechanismus des Baumes ist, denn die Nährstoffe im Boden sind knapp und zu viele heranreifende Früchte würden ihn schwächen. Andere Wissenschaftler gehen davon aus, dass es einfach zu wenige natürliche Bestäuber des Kakaobaums gibt.[18]

Eine weitere Eigenart des Kakaobaums ist, dass es einige Arten gibt, die sich selber befruchten können. Andere benötigen hierzu die Pollen eines zweiten Baumes. Werden die Blüten nicht bestäubt, verblühen sie und fallen nach zwei Tagen zu Boden. Sind sie bestäubt worden, dauert es durchschnittlich fünf bis sechs Monate bis Kakaofrüchte herangereift sind. Diese sind zunächst grün und erhalten später ihre schillernde Farbe. Die Früchte erreichen eine Größe von zehn bis dreißig Zentimetern und ein Gewicht zwischen dreihundert und tausend Gramm. Das Aussehen der Frucht ähnelt sehr stark einer Honigmelone oder einer übergroßen Zitrone (Abbildung 6). Farbe und Form der Frucht hängen von der Art des Baumes ab, können aber auch an ein und demselben Baum variieren. »In den Hauptwachstumszeiten sehen die riesigen, vielfarbigen Kakaofrüchte aus wie am Baum sitzende Papageien und Aras. Auch wenn sie voll ausgereift sind, weisen die Kakaofrüchte alle Farbschattierungen von Hellgrün bis Blassgelb, von dunklem Purpur über Braunorange bis Scharlachfarben auf. Erstaunlich dabei ist, dass selbst im gleichen Wachstumsstadium zwei Früchte am gleichen Baum unterschiedliche Farben haben können. Manche haben Ril-

7 Das Fruchtfleisch der Kakaofrucht ist weißlich, sieht schleimig aus, schmeckt aber fuchtig süß. Es ist auch bei Tieren sehr beliebt.

len, Kerben, Krater oder Warzen, andere sind glatt und glänzend, als seien sie emailliert, oder sie haben eine raue Schale und sind mit dunklen Flecken übersät. Bei manchen ziehen sich Linien über die Schale, die vielleicht von Insekten oder anderen Tieren verursacht worden sind.«[19]

Da der Kakaobaum eine immergrüne Pflanze ist, kann man gleichzeitig Blüten und Früchte in verschiedenen Reifegraden vorfinden. Wann und wie viele Blüten und Früchte gerade zu sehen sind, ist allerdings von Region, Jahreszeit und Anbauform abhängig. Es bedarf eines besonders geübten Auges, um zu erkennen, wann die Früchte geerntet werden können. Tatsächlich werden ständig neue Früchte reif und man erntet alle zwei bis vier Wochen.[20] In den Anbauregionen konzentriert man sich zusätzlich auf zwei große Ernteperioden im Jahr: zunächst die Haupternte von Oktober bis März und dann zusätzlich von Mai bis August die Nebenernte, auch Sommerernte genannt. In der Haupternte ist der Ertrag am größten. Bei einer natürlichen Befruchtung können an einem Kakaobaum jährlich zwischen 300 bis 1.000 Früchte heranreifen. Erfolgte die Befruchtung künstlich, kann diese Zahl auf bis zu 3.500 gesteigert werden.

Öffnet man die Kakaofrucht, befindet sich im Inneren zunächst das Fruchtfleisch, welches auch Pulpa genannt wird. Es ist von weißlicher Farbe, sieht unappetitlich, eher schleimig aus, schmeckt aber fruchtig süß (Abbildung 7). Aufgrund seines Geschmacks ist das Fruchtmus auch bei Tieren, wie zum Beispiel Affen, Vögeln und Eichhörnchen beliebt.[21] Ein geschickter Zug der Natur, denn der Kakaobaum kann sich nicht selber fortpflanzen, er ist auf die Mitwirkung der Tiere angewiesen. Eine Kakaofrucht, die nicht geerntet wird, verbleibt an den Ästen des Baums und verfault. Durch die Hilfe der Tiere aber gelangen die keimfähigen Bohnen auf den Boden.

Die Kakaobohnen liegen in fünf Längsreihen, ähnlich wie an einem Maiskolben, im Inneren der Kakaofrucht. Eine Bohne hat eine Größe von zwei bis vier Zentimeter und kann bis zu zwei Zentimeter dick werden. Von der Farbe und Form her ähneln sie Mandeln. Zwischen 20 und 60 Bohnen sind in die Pulpa eingebettet.

Nach all diesen Daten und Fakten stellt sich die Frage, wie viele Tafeln Schokolade man überhaupt aus einer Kakaofrucht herstellen kann. Für eine 100-Gramm-Tafel Schokolade benötigt man, je nachdem ob es eine weiße, Vollmilch- oder bittere Tafel werden soll, zwischen 15 und 100 Kakaobohnen. Das bedeutet, dass man aus einer Frucht durchschnittlich eine halbe bis drei Tafeln Schokolade herstellen kann.

KAPITEL 2
Anbau und Ernte

Bis zum heutigen Tag wissen wir nur wenig über den genauen Ursprung der Gattung *Theobroma*. Während wir im Laufe der Jahrhunderte über den gezüchteten Kakaobaum viele Kenntnisse erlangt haben, ist über den wild im tropischen Regenwald wachsenden Kakao kaum etwas bekannt. In der Vergangenheit wurde heftig diskutiert, ob sich das ursprüngliche Verbreitungsgebiet im Amazonastiefland befand oder ob es noch ein zweites Vorkommen in Mittelamerika gab. Mittlerweile aber geht man davon aus, dass die gesamte Gattung im Amazonastiefland, dem Grenzgebiet von Brasilien, Peru und Ecuador, beheimatet war.[1] Die Kakao anbauenden Regionen Mittelamerikas sowie der Nordküste Südamerikas sind demnach schon sekundäre Verbreitungsgebiete. Hier entstanden, getrennt vom Ursprungsgebiet in der Amazonasregion, nun unterschiedlichste Varietäten des Kakaos. Diese sind zum Teil nur auf kleine lokale Gebiete beschränkt, wie zum Beispiel der Criollo-Kakao am Maracaibo-See in Venezuela.

Wie gelangte aber nun der Kakao aus dem Amazonasgebiet nach Mittelamerika? Man vermutet, dass sich der Kakao vom Amazonastiefland nach Norden und Westen ausgebreitet hat.[2] Aus dem oberen Amazonasgebiet wurde er schließlich nach Mittelamerika eingeführt. Hierfür können zum einen Menschen verantwortlich sein, die in präkolumbischer Zeit den Kakao auf alten Handelswegen über Land oder Wasser verbreiteten. Zum anderen ist es aber durchaus möglich, dass der Kakao sich selbstständig ausgebreitet hat.[3] In Mittelamerika angekommen, erkannte man die besonderen Eigenschaften der Criollo-Kakaobohnen und begann, die Bäume in großem Maßstab zu züchten, um daraus ein köstliches Getränk herzustellen.

Spielarten des Kakaos

»In der guten alten Zeit konnten wir Kakaobohnen nach Gebieten, Sorten und/ oder Ländern wie Maracaibo, Caracas, Puerto Cabello, Arriba, Accra usw. bestimmen. Heute nennen wir sie venezolanisch, ecuadorianisch, afrikanisch usw., mit Ausnahme der Bohnen aus dem Fernen Osten, die wir immer noch mit Namen nennen – Java, Samoa, Malaysia und so fort. Es wird nicht mehr lange dauern, und die meisten Kakaobohnen sind aus Kreuzungen, Klonen und Gott weiß aus welchen Methoden sonst noch entstanden – hauptsächlich um hohe Erträge

zu erreichen und um Sorten zu entwickeln, die gegen die vielen Feinde der Kakaoplantagen resistent sind ... Was geschieht dann mit den Aromabohnen?«[4]

Der Botaniker José Cuatrecasas teilte 1964 die Gattung *Theobroma* in sechs Gruppen auf. In diese ordnete er die 22 Arten des Kakaobaums ein, von denen werden jedoch nur sechs wirtschaftlich genutzt (Abbildung 1).[5] Die für uns wichtigste Art ist *Theobroma cacao*, welche zur Herstellung von Schokolade dient. Es ist zudem die einzige Art, die weltweit verbreitet ist. Aus fünf weiteren werden kakaoähnliche Produkte erzeugt. So stellt man zum Beispiel in Mexiko aus *Theobroma bicolor* ein Getränk mit dem Namen »Pataxte« her. Bei der Art *Theobroma grandiflorum*, auch »Cupuaçu« in Brasilien genannt, verwendet man vor allem das Fruchtmus zum Beispiel in Erfrischungsgetränken, Marmeladen oder Likören. Es ist auch möglich, aus den Bohnen Cupuaçu-Schokolade herzustellen, allerdings hat diese eine geringere Qualität als die der Sorte *Theobroma cacao*.

Aufgrund seines Aussehens wurde *Theobroma cacao* von Cuatrecasas in die beiden Unterarten *Theobroma cacao subspecies cacao* und *Theobroma cacao subspecies sphaerocarpum* unterteilt (siehe Anhang I). Zu der ersten Unterart zählt der Criollo-Kakao, der aus Mittelamerika stammt. Der zweiten werden der Forastero, welcher in Zentralamazonien beheimatet ist, sowie seine Klone, zum Beispiel Trinitario oder Amelonado, zugeordnet. Mit dem Wort Klon bezeichnet man die Gesamtheit aller erbgleichen Nachkommen, die durch vegetative (ungeschlechtliche) Vermehrung aus einer Mutterpflanze gewonnen werden. Der Forastero-Kakao wird nach seiner Herkunft von einigen Wissenschaftlern wiederum in zwei weitere Untergruppen geteilt, den Upper Amazon Forastero (UAF) und den Lower Amazon Forastero (LAF).[6] Wie aber unterscheiden sich all diese Arten? Welche Besonderheiten haben sie und kann man diese als Laie erkennen?

Der *Criollo-Kakao* (span. Kreole, meint hier: einheimisch) ist der ursprüngliche Kakao eines Anbaugebietes. Er hat im Gegensatz zum Forastero-Kakao rosa-weiße Bohnen, sie sind rundlicher und schwerer. Die Bäume des Criollos sind weniger resistent gegenüber Krankheiten, viel empfindlicher und auch weniger ertragreich.[7] Obwohl er jedoch schwierig zu pflegen ist, erfreut sich der Criollo aufgrund seines besonderen Aromas weiterhin großer Beliebtheit. Die herrschenden Eliten der mesoamerikanischen Völker genossen ihn und sowohl die spanischen Eroberer als auch der europäische Adel schätzten ihn sehr. Der Criollo gilt mit seinem feinen Aroma als exquisites Geschmackserlebnis. Bis ins 18. Jahrhundert hinein dominierte er den Weltmarkt.[8] Criollo-Varietäten zeichnen sich durch eine zartere Schale aus und haben eine mildere, blumigere und fruchtigere Note. Auch enthält das Fruchtmus mehr Zucker als das der Forastero-Sorten. Ganz allgemein kann man sagen, dass Criollo-Bohnen einen lang nachwirkenden Geschmack

1
Beim Kakaobaum unterscheidet man 22 verschiedene Arten, wobei die Früchte an jedem Baum sehr unterschiedlich aussehen können.

haben, während zum Beispiel der afrikanische Forastero-Kakao ein gleichmäßiges, immer gleichbleibendes Aroma ohne Höhen und Tiefen hat, welches nicht lange nachwirkt. Der Criollo-Kakao erzielt auf den internationalen Kakaomärkten Höchstpreise. Bei circa fünf Prozent des weltweit angebauten Kakaos handelt es sich um diesen edlen Kakao.

Die *Forastero-Pflanzen* (span.: Fremdling) sind die Neuzugänge in einem Anbaugebiet. Im Gegensatz zu den Criollo-Pflanzen sind sie sehr viel widerstandsfähiger und zeichnen sich durch eine höhere Produktivität aus. »Die robusten Forasteros sind so etwas wie die Arbeitstiere und Soldaten des Kakaovolkes. Sie steigern die Produktivität einer Plantage und machen sie weniger anfällig für Kakaoseuchen. Für Hersteller sind sie die billigsten Konsumbohnen mit sauberem Schokoladenaroma«.[9] Die Früchte haben eine dickere und härtere Schale. Forastero-Bohnen sind flach, länglich und meist dunkel-violett in der Farbe. Sie sind eher herb und sauer im Geschmack. Allerdings gibt es hier auch einige Ausnahmen. Bessere Qualitäten haben einen blumigen oder fruchtigen Geschmack. Der Forastero-Kakao macht weltweit mehr als 80 Prozent der Kakaoernte aus.

Bei dem *Trinitario-Kakao* handelt es sich um eine Kreuzung zwischen dem Criollo- und Forastero-Kakao. Die erste Züchtung entstand im 18. Jahrhundert, als auf der Insel Trinidad – entweder durch einen Orkan oder durch eine Seuche – der größte Teil der Criollo-Kakao-Plantagen vernichtet wurde. Man ergänzte die zerstörten Pflanzungen mit Forastero-Bäumen aus dem südamerikanischen Raum. Dabei entstand eine Mischform, der man den Namen Trinitario gab, nach der Insel ihres ersten Vorkommens.[10] Der Kakao verbindet nun die Merkmale der Arten Criollo und Forastero. So kombiniert er das feine Aroma mit der Produktivität und der Widerstandskraft. Er macht zwischen zehn und fünfzehn Prozent der weltweiten Ernte aus.

Der Begriff Trinitario steht gegenwärtig für eine Vielfalt geklonter Kakaopopulationen. Heute gibt es über tausend verschiedene Sorten, die aus Kreuzungen entstanden sind. Von diesen Sorten werden weltweit überwiegend Forastero- und Trinitario-Kreuzungen angebaut. Criollo-Varietäten und Trinitario-Sorten, die Eigenschaften des Criollo-Kakaos aufweisen, werden gerade wegen dieser Besonderheiten als Edelkakao bezeichnet. Forastero-Sorten und Klone aus diesen nennt man Konsumkakao. Traditionell kommen Konsumkakaosorten aus Ghana, Côte d'Ivoire (Elfenbeinküste), Nigeria, Kamerun, der Region Bahia in Brasilien, Malaysia und Indonesien. Die teureren Edelkakaovarietäten werden vor allem in Ecuador, Venezuela, Jamaica, Grenada, Trinidad und Tobago, Java sowie auf Samoa angebaut.

Nach neuesten molekularbiologischen Untersuchungen ist der Unterschied in den Unterarten jedoch so gering, dass eine Gliederung möglicherweise nicht gerechtfertigt ist. Die Begriffe Criollo, Forastero und Trinitario geben lediglich Aufschluss über die Kakaoherkunft. Prinzipiell sind aber alle Pflanzen miteinander kreuzbar und gehören damit einer Art an.[11]

In der Forschung werden für die systematische Klassifikation des Kakaos zurzeit biochemische und molekulare Merkmale genutzt. So findet man in der Gendatenbank der Reading University in England mehr als 17.000 Kakaoklone und in der Cocoa Research Unit der University of the West Indies auf Trinidad über 3.000 verschiedene Klone.[12] Ziel der Forschungseinrichtungen ist es, die Vielfalt des Kakaos zu bewahren und die noch zahlreichen wild wachsenden Kakaosorten des Amazonasgebietes zu klassifizieren.

Der Kakaobaum und seine weltweiten Anbaugebiete

Man findet den Kakaobaum rund um den Globus auf allen Kontinenten. Jedoch sind seine Anbaugebiete aufgrund seiner speziellen Ansprüche auf bestimmte Regionen beschränkt. Insgesamt wurden im Erntejahr 2008/09 3.604.200 Tonnen Kakao produziert, hiervon alleine 70 Prozent in Afrika, 13,5 Prozent in der Karibik, Mittel- und Südamerika sowie 16,5 Prozent in Asien. Das mit Abstand größte Anbauland ist die Côte d'Ivoire mit einer Produktionsmenge von 1.223.200 Tonnen, gefolgt von Ghana mit

662.400 Tonnen und Indonesien mit 490.000 Tonnen.[13] In Afrika wurde in den letzten 30 Jahren der Kakaoanbau massiv gefördert, sodass der Kontinent heute der größte Kakaolieferant der Welt ist. In Westafrika wird der Kakao ausschließlich in kleinbäuerlichen Betrieben als Mischkultur angebaut. Hier bauen 1,5 Millionen Haushalte auf etwa sieben Millionen Hektar Land den Kakao an. Allerdings ist das durchschnittliche Alter der Kakaobäume recht hoch, wie zum Beispiel in Ghana. Hier sind 50 Prozent der

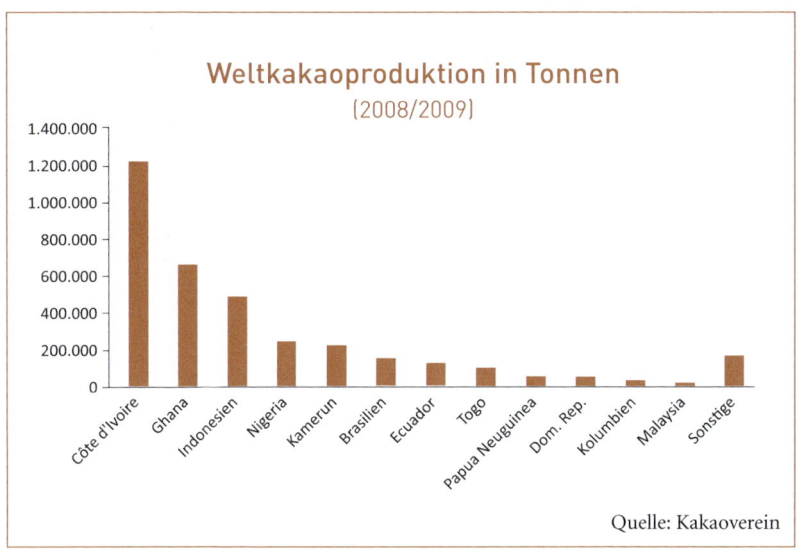

Quelle: Kakaoverein

Bäume älter als 30 Jahre.[14] Das bedeutet, dass die Erträge in Zukunft massiv sinken werden. In West- und Zentralafrika war der Kakaohandel lange Zeit durch sogenannte Marketing Boards organisiert. Bis auf das Ghana Cocoa Board wurden diese Institutionen, die den gesamten Kakaosektor kontrollierten, aufgelöst. Hier haben sich die Strukturen zwar gelockert, aber trotzdem gibt es weiterhin eine staatliche Kontrolle. Das Ghana Cocoa Board COCOBOD, 1947 gegründet, übernimmt die Aufsicht über den Ankauf der kompletten Kakaoproduktion durch interne Zwischenkäufer.[15] Hier werden die Produzentenpreise festgelegt, welche in der Vergangenheit bei oft nur 40 bis 50 Prozent des Weltmarktpreises lagen. Ein Lohn, der für die Bauern kaum mehr als eine Subsistenzwirtschaft ermöglichte. Derzeit erhalten die Bauern ungefähr 70 Prozent.[16] Diese Preispolitik führt dazu, dass viele ghanaischen Bauern ihren Kakao nach Togo oder in die Côte d'Ivoire schmuggeln, da sie dort höhere Preise erzielen. Häufig wird die Privatisierung des COCOBOD gefordert. Aber das steht derzeit nicht zur Diskussion. Die ghanaische Regierung ist der Meinung, dass der wichtigste Devisenbringer unter staatlicher Kontrolle bleiben muss.

Weiterhin kontrolliert das COCOBOD den Export der Ware und den Verkauf von Setzlingen. Es übernimmt allerdings auch die Qualitätskontrolle, die Bereitstellung von Pestiziden und Fungiziden, arbeitet in den Bereichen Optimierung des Anbaus, vergibt Kredite an die Bauern und forscht auf dem Gebiet der Schädlings- und Krankheitsbekämpfung. Jährlich werden 30 bis 40 Prozent des Pflanzenbestandes vom »Swollen Shoot Virus« und der »Black Pod Disease« befallen.[17] Das COCOBOD unterstützt die Bauern bei der Bekämpfung der Krankheiten und ersetzt betroffene Pflanzen. Zusätzlich legt das COCOBOD besonderen Wert auf bestimmte Qualitätsstandards. Daher hat der hier produzierte Konsumkakao eine gleichbleibend verlässliche Qualität. Die Kakaobohnen stammen überwiegend vom Forastero-Kakao des unteren Amazonas ab, auch als Amelonado bekannt. Sie werden einem langen Fermentationsprozess unterzogen und auf Matten in der Sonne getrocknet. Viele Schokoladenhersteller favorisieren diesen Kakao, da er ein mildes, leicht blumiges Kakaoaroma hat. Die Kakaobohnen aus Ghana werden daher auch häufig als Vergleichsstandard für einen Geschmackstest genutzt und gelten als der teuerste Konsumkakao für Vollmilchschokoladen.

Während der amerikanische Kontinent, wo der Ursprung des Kakaos liegt, in den 1970er- und auch noch in den 1980er-Jahren die zweitwichtigste Anbauregion der Welt war, wurde dieser von Asien überholt. Asiatische Länder stiegen ab den 1970er-Jahren, als der Kakaopreis auf Rekordniveau lag, massiv in den Kakaoanbau ein und bauten diesen bis heute stetig aus.

Die ersten Kakaopflanzen erreichten schon recht früh asiatischen Boden. Im 17. Jahrhundert gelang es den Spaniern, Kakao auf den Philippinen anzubauen. Von hier aus verbreitete er sich nach Malaysia und Indonesien. Der Kakaoanbau in Indonesien führte jedoch über Jahrhunderte ein Nischendasein. Noch in den 1950er- bis in die 1970er-Jahre waren die Erntemengen in Höhe von circa 1.000 Tonnen recht gering. Das änderte sich aber schlagartig Ende der 1970er-Jahre. So konnte man 1980 10.000 Tonnen Kakao ernten und 1990 schon 150.000 Tonnen.[18] Der Kakaoanbau wurde massiv ausgedehnt und die produzierten Mengen stiegen rasant an. Ein besonderes Merkmal der Anbauregionen in Malaysia und Indonesien waren extrem große Feldflächen. Plantagen von 260 bis 430 Hektar waren keine Seltenheit. Heute werden nur noch rund 18 Prozent des Kakaos in Indonesien und 34 Prozent in Malaysia auf solch großen Plantagen angebaut.[19] Auch hier haben sich mittlerweile kleinbäuerliche Strukturen durchgesetzt, da die Kosten geringer und die Pflanzungen weniger anfällig für Krankheiten und Schädlinge sind. In den letzten Jahren hat auch Indonesien massiv mit Schädlingen zu kämpfen. Die Motte »Cocoa Pod Borer« verbreitet sich unaufhörlich: Der Befall ist zwischen 2000 und 2004 um zehn Prozent gestiegen. Riesige Erntemengen wurden vernichtet. Die indonesische Regierung versucht die Verbreitung der Motte durch verbesserte Anbaumethoden und durch die Verwendung von resistentem Pflanzenmaterial zu stoppen. Allerdings ist es schwierig, viele Kakaobauern zu erreichen. Auch ist der finanzielle Aufwand für die meisten Bauern zu hoch. In Indonesien wird überwiegend Kakao der Sorte Upper Amazon und Trinitario angepflanzt. Es werden auch geringe Mengen des Criollo-Kakaos angebaut, allerdings sind diese fast ausschließlich auf die Insel Java beschränkt.

Der starke Rückgang der Kakaoproduktion in Amerika liegt vor allem am Einbruch der Ernten in Brasilien, dem größten Erzeugerland des Kontinents. Der massive Rückgang ist auf den Ausbruch der Pilzkrankheit »Witches' Broom« (Hexenbesen) zurückzuführen.[20] Dieser Pilz trat erstmals Ende der 1980er-Jahre in Brasilien auf und konnte sich, begünstigt durch die Anbauformen der Monokultur sowie nachlässige Quarantänemaßnahmen, in den 1990er-Jahren verheerend ausbreiten. In den folgenden Jahren kam es zu massiven Ernteausfällen von bis zu 70 Prozent. Noch heute ist die Pilzerkrankung in 99 Prozent der brasilianischen Anbauflächen zu finden. In der letzten Zeit scheint sich die Ernte allerdings wieder zu stabilisieren, was vor allem auf die Bepflanzung mit pilzresistenten Kakaosorten zurückzuführen ist. Ursprünglich wurde in Brasilien vor allem der Lower Amazon Amelonado Kakao angepflanzt, jener Kakao, der später nach Westafrika exportiert wurde. Allerdings sind mittlerweile auch Trinitario-Hybride weitverbreitet.

Allen Anbauregionen der Erde ist gemein, dass hier nur geringe Mengen des Kakaos verarbeitet und schließlich verzehrt werden. Wenige Ausnahmen finden wir in Brasilien, Kolumbien, Ecuador, Indonesien, Ghana und der Côte d'Ivoire. Hier wird mittlerweile ein nennenswerter Anteil des Rohkakaos zu Kakaomasse, Kakaobutter und Kakaopulver weiterverarbeitet. Es wird erwartet, dass der Anteil in den nächsten Jahren weiter steigen wird.[21]

Kakao – Der geborene Umweltschützer? Agroforstsysteme versus Monokulturen

»Die Mischung von kleineren und größeren Schattenbäumen bietet zusammen mit zahlreichen Schling- und Kletterpflanzen, die auch dort wachsen, einen idealen Lebensraum für Insekten, die die Kakaobäume und anderen Pflanzen befruchten. Deshalb halte ich den Kakao für eine Leben spendende Pflanze, ganz abgesehen von dem Genuss, den uns die Schokolade bereitet – Kakao ist der geborene Umweltschützer«.[22]

Der Kakao wird weltweit in zwei unterschiedlichen Anbausystemen angepflanzt. So findet man auf der einen Seite kleinbäuerliche Betriebe und auf der anderen Seite riesige Plantagen.

2 Kakaoanbau in einem gemischten Agroforstsystem in Costa Rica. Der Kakao wächst im Schatten der großen Bäume und ist so vor Wind und Sonne geschützt.

Etwa 80 Prozent des weltweit produzierten Kakaos werden von Kleinbauern erwirtschaftet. Kleinbäuerliche Betriebe findet man vor allem in Westafrika, aber auch in Mittel- und Südamerika sowie Papua-Neuguinea. Die Betriebe bepflanzen Flächen, die zwischen einem halben Hektar und zehn Hektar groß sind, meist in Form von Mischkulturen. Der Kakao wird zusammen mit anderen Nutzpflanzen angebaut, welche für den eigenen Verbrauch zur Verfügung stehen oder ebenfalls in den Verkauf gehen. Der Aufbau dieser Felder ist dem Stockwerkbau des Regenwaldes nachempfunden (Abbildung 2). So entsteht ein funktionierendes Ökosystem, bei dem der Boden nicht ausgelaugt wird und der Kakao im Schatten der großen Bäume vor Sonne und Wind geschützt ist. Wissenschaftler gehen außerdem davon aus, dass Agroforstsysteme vielen Insekten Unterschlupf und Nahrung bieten. Hierzu gehören auch die Insektenarten, die später nötig sind, um die Kakaoblüten zu bestäuben. Zusätzlich bieten Agroforstsysteme einen besseren Schutz gegen Seuchenbefall und schließlich fördert das heruntergefallene Laub und Pflanzenmaterial den Nährstoffhaushalt des Bodens. Die Flächenerträge in kleinbäuerlichen Betrieben sind sehr unterschiedlich. Hier spielen viele Faktoren eine Rolle. Neben klimatischen Bedingungen haben Kakaosorten Krankheiten, Insektenbefall und das Alter der Kakaobäume einen großen Einfluss.

Große Kakaoplantagen findet man vorwiegend in Malaysia und Indonesien, aber auch in Brasilien, Trinidad und Ecuador. Auf den riesigen Pflanzungen mit Flächen von zehn bis 430 Hektar werden überwiegend Monokulturen angepflanzt. Hier kann eine Pflanzendichte von bis zu 10.000 Kakaobäumen pro Hektar (Abbildung 3) erreicht werden, was allerdings eher eine Ausnahme ist. Auf den meisten Plantagen, auf denen Kakaobäume und Schattenbäumen nebeneinander wachsen, nutzt man durchschnittlich 1.000 bis 2.000 Bäume pro Hektar.[23] Damit es nicht zu großen Ausfällen kommt, müssen die Bäume sehr gut gepflegt werden. Häufige Wässerungen sind ebenso nötig wie der Einsatz von Insektiziden, Pestiziden und Düngemitteln. Sind die Kakaobäume auf den Feldern und Plantagen circa 25 Jahre alt, werden sie gegen jüngere Pflanzen ausgetauscht.

Die Produktion auf großen Plantagen ist ergiebiger als die von kleinbäuerlichen Betrieben. So kann ein Erwachsener auf einer Plantage pro Tag zwischen 1.500 und 2.000 Kakaofrüchte öffnen und die Bohnen entnehmen. Der Inhalt von 20 Kakaofrüchten ergibt später etwa ein Kilogramm exportfähige Kakaobohnen. Auf kleineren Feldern sind diese riesigen Mengen an Kakaofrüchten erst gar nicht vorhanden. Die Ausbeute ist daher natürlich viel geringer. Während man auf Hochleistungsfarmen eine Erntemenge von 3.000 Kilogramm pro Hektar erreichen kann, liegt diese bei kleinbäuerlichen Betrieben bei circa 200 Kilogramm pro Hektar.[24] Auf großen Pflanzungen

3
Monokultur auf einer relativ kleinen Pflanzung in der Provinz Manabi in Ecuador.
Bei größeren Monokulturen können bis zu 10.000 Kakaobäume pro Hektar gepflanzt sein.
Die Pflanzen müssen häufig gewässert werden, der Einsatz von Pestiziden sowie künstlichem Dünger ist die Regel.

reifen genügend Früchte heran, sodass man im Schnitt einmal die Woche ernten kann. Die Früchte haben einen ähnlichen Reifungsgrad und können ohne Qualitätsverlust weiterverarbeitet werden. Der Erntevorgang auf kleineren Feldern wird häufig nur alle zwei bis vier Wochen vorgenommen. Um eine genügend große Menge für die Fermentation bereit zu haben, ist es mitunter notwendig, dass Früchte unterschiedlicher Reife geerntet werden. Dadurch kann sich das Aroma im folgenden Prozess nicht richtig entfalten und die Kakaobohnen werden später von nicht so guter Qualität sein.

Aber auch große Plantagen haben mit einigen Problemen zu kämpfen. Zunächst muss für die riesigen Flächen Regenwald gerodet werden: ein massiver Eingriff in die natürlichen ökologischen Bedingungen, der fatale Auswirkungen auf das globale Klima hat. Wird nun eine Monokultur eingerichtet, werden dem Boden keine Nährstoffe mehr auf natürliche Weise zugeführt, die Böden laugen aus. Damit aber die Kakaobäume auch weiterhin große Erträge bringen, muss permanent gedüngt werden. Große Pflanzungen werden meist sehr steril gehalten. Der Untergrund ist sauber und kein Pflänzchen wächst. Das führt wiederum zu Bodenerosion, das heißt der nährstoffreiche Boden wird durch Wind und Wasser abgetragen. Ein weiteres Problem auf großen Plantagen ist die schnelle Ausbreitung von Krankheiten und Insekten. Um dem entgegenzuwirken, werden Insektizide und Pestizide eingesetzt. Auf Hochleistungsfarmen erreicht man zwar hohe Ernteerträge, aber durch den Einsatz der Düngemittel, Insektizide und Pestizide wird diese Bewirtschaftungsform sehr teuer.

Der Kakaobaum in Gefahr

Auf den Kakaopflanzungen gibt es unzählige Krankheiten, aber auch Insekten- und Pilzbefall können massiven Schaden anrichten. Man geht davon aus, dass jährlich 30 bis 40 Prozent der Ernte durch Seuchen vernichtet werden.[25] In einigen Regionen der Erde sind diese so massiv, dass ganze Ernten ausfallen. Um einem Befall entgegenzuwirken, müssen die Pflanzungen gut gepflegt werden. In vielen Kakao anbauenden Gegenden werden Seminare für die Bauern angeboten, damit sie lernen, den Befall möglichst früh zu erkennen und eine Ausbreitung zu verhindern. Auf großen Feldern und Plantagen geht man einen anderen Weg: Hier werden Insektizide und Fungizide eingesetzt. Beim Kampf gegen die Ausbreitung von Krankheiten und Schädlingsbefall hat sich zudem die Nutzung verschiedener Kakaosorten bewährt. Allerdings hat das dazu geführt, dass man heute oft keine reinen Kakaosorten mehr auf einer Pflanzung findet.

Neben den klimatischen Bedingungen sind Krankheiten und Schädlinge die wichtigsten Faktoren, die den Kakaoanbau beeinträchtigen können. Um diesen beträchtlichen Problemen entgegenzuwirken, hat sich ein großer Forschungszweig entwickelt. Die ersten Forschungszentren entstanden schon Anfang des 20. Jahrhunderts, wie zum Beispiel das Imperial College of Tropical Agriculture, welches heute zur University of the West Indies in Trinidad gehört. Man versuchte, neue Kakaosorten zu finden, um diese mit den Bäumen auf den alten Pflanzungen zu klonen und so eine Resistenz gegen den Befall zu schaffen. So führte der Genetiker F. J. Pound vom Imperial College Ende der 1930er-Jahre seine erste von mehreren Sammelreisen zu den Wildformen des Forasteros am Westufer des Amazonas und seiner Zuflüsse aus den peruanischen und ecuadorianischen Anden durch. Er erhoffte sich, neue Kakaobäume zu finden, um diese mit den anfälligen Kakaobeständen zu klonen. Jahrzehntelang pflanzten Wissenschaftler des Imperial College of Tropical Agriculture die ausgesuchten Kakaopflanzen in Versuchsfarmen aus. Die aussichtsreichsten Exemplare wurden später geklont und durch Kreuzung untereinander sowie mit hochwertigen ursprünglichen Trinitario-Populationen der Insel weitergezüchtet. Die besten Resultate wurden schließlich für die kommerzielle Nutzung ausgesucht. Es entstanden Sorten, die besonders hohe Erträge und Resistenzen gegen Seuchen und Schädlingsbefall aufwiesen.[26] Es zeigt sich allerdings, dass Zucht- und Klonprogramme nicht nur positive Auswirkungen haben. Eine Nebenwirkung der weiten Verbreitung von Forastero-Klonen ist, das Criollo-Varietäten immer weiter verschwinden. Schließlich fällt auf, dass Pflanzungen, die nur aus wenigen spezifischen krankheitsresistenten Klonen bestehen, nach einigen Generationen besonders anfällig für neue Seuchen sind.

Nicht nur Forschungsanstalten und Universitäten widmen sich dem weiten Feld der Kakaokrankheiten, auch viele große Schokoladenfirmen haben mittlerweile eigene Forschungsvorhaben ins Leben gerufen, so zum Beispiel der US-Konzern Mars. Nachdem in Indonesien der Befall durch Motten so stark zugenommen hat, dass Kakaobauern Ernteeinbußen von bis zu 50 Prozent beklagten, hat der Konzern im Jahre 2006 mit in- und ausländischen Forschern sowie staatlichen Behörden das Koordinationszentrum »Cocoa Sustainability Partnership« ins Leben gerufen. Ziel ist der nachhaltige und zukunftsfähige Anbau des Kakaos auf Indonesien sowie die Verbesserung der Handelswege. Ergiebigere und neue Anbaumethoden sollen den Bauern nahegebracht werden. Hierzu werden eine Reihe von Recherchen durchgeführt. So untersuchen Forscher zum Beispiel, wie der Kakaomotte zu Leibe gerückt werden kann. Analysiert werden hier neben dem Einsatz von neuen ungefährlichen Insektiziden auch biologische Verfahren wie Duftfallen und die Züchtung von resistenteren Kakaosorten. Ein großer Erfolg gelang Mars im Herbst 2010. Zusammen mit dem US-Landwirtschaftsministerium und dem Technologiekonzern IBM konnte eine vorläufige Entschlüsselung des Kakao-Genoms bekannt gegeben werden. Diese bedeutenden Forschungsergebnisse werden jedoch nicht vermarktet, sondern der Öffentlichkeit über die Kakao-Genom-Datenbank www.cacaogenomedb.org dauerhaft zugänglich gemacht. Die Daten sollen so für alle Wissenschaftler ohne Patentanspruch verfügbar sein und letztendlich den Kakaobauern weltweit zugute kommen. Mit diesem neuen Wissen beginnt man nun robuste, ertragreiche sowie gegen Dürre, Schädlinge und Krankheiten resistente Kakaopflanzen auf natürlichem Weg zu züchten.

Die schwersten Erkrankungen, gegen die Bauern und Wissenschaftler seit Jahren kämpfen, werden im Folgenden beschrieben. Zunächst werfen wir einen Blick auf den Befall durch Pilze, hierzu zählen Erkrankungen wie zum Beispiel »Witches' Broom«, »Black Pod« und »Frosty Pod«. Anschließend schauen wir uns die Auswirkung der Virus-Erkrankung »Swollen Shoot« an. Die Vernichtung der Ernte durch Insekten oder Tiere stellt ein weiteres großes Problem dar. Abschließend wenden wir uns dem Thema Mangelerscheinungen am Kakaobaum und Belastung durch Schwermetalle zu. Prinzipiell gilt bei allen Seuchen, dass die Felder und Plantagen sorgfältig gepflegt werden müssen, damit sich die Krankheiten und Insekten nicht weiterverbreiten können. Daher ist es wichtig, die Bäume in regelmäßigen Abständen zu stutzen und das Unterholz zu lichten. Gleichzeitig sollten die Früchte mindestens einmal in der Woche geerntet werden und auch die Düngung durch zum Beispiel Hühnermist darf nicht vergessen werden.

Eine der aggressivsten Pilzerkrankungen ist »Witches' Broom«, auch Hexenbesen genannt. Im Jahre 1895 wurde zum ersten Mal von der Krankheit, die durch den Pilz *Crinipellis perniciosa* ausgelöst worden war, berichtet. Pflanzungen in Suriname waren betroffen, und schon einige Jahre später hatte die Seuche fast alle Kakaobäume in Guyana und Suriname vernichtet.[27] Der Pilz befällt die Blütenkissen des Kakaobaums und verursacht besenartige Verwucherungen, daher auch der Name. Kakaofrüchte und vor allem die Bohnen im Inneren können sich nicht mehr entwickeln. Der Pilz befällt besonders junge Kakaobäume und tötet sie ab, aber auch ältere Bäume können massiv durch ihn geschwächt werden. Ist der Pilz einmal ausgebrochen, kann man nur versuchen, eine weitere Verbreitung zu verhindern. Dazu müssen befallene Äste und Früchte frühzeitig entfernt und verbrannt werden. In einigen Regionen werden Fungizide eingesetzt, jedoch sind diese recht teuer und lohnen sich daher für viele Bauern nicht. Schon F. J. Pound hatte 1937 von der Anfälligkeit des Arriba-Kakaos in Brasilien gewarnt. Heute stehen die Plantagen in Bahia kurz vor dem Ruin. Der Pilz *Crinipellis perniciosa* kommt ausschließlich in Mittel- und Südamerika vor.

Ein weiterer Pilz, der bisher nur in Mittel- und Südamerika verbreitet ist, ist »Frosty Pod« (Monilia). *Moniliophthora roreri* gehört zu einer der aggressivsten Pilzerkrankungen. Er trat zum ersten Mal im Jahr 1914 in Ecuador auf. Der Pilz befällt die Kakaofrüchte. Diese schwellen an und die

Oberfläche wird faltig. Die Sporen des Pilzes gelangen schon nach zwölf Tagen an die Außenseite der Frucht und verbreiten sich weiter. Pflanzungen, die mit diesem Pilz infiziert sind, können die komplette Ernte verlieren. Wie aggressiv dieser Pilz ist, zeigen die Erntezahlen einer Pflanzung in Ecuador zu Beginn des 20. Jahrhunderts. So erntete man hier im Jahr 1918 35,5 Tonnen Kakaobohnen. Im Jahr darauf gelangte der Pilz auf die Pflanzung und breitete sich aus. Die Erntezahlen sanken massiv, sodass 1919 nur noch elf Tonnen geerntet werden konnten. 1920 waren es lediglich 1,8 Tonnen und ein Jahr später war die komplette Pflanzung verseucht – es wurde kein Kakao mehr geerntet.[28]

Auf allen Kontinenten zu finden und am weitesten verbreitet ist die Pilzerkrankung »Black Pod« (Schwarzfäule). Die Schwarzfäule gilt wie der Pilz *Monilia* und der Hexenbesen als eine der ältesten Kakaopilzerkrankungen und ist seit den 1920er-Jahren bekannt. Weltweit verursacht »Black Pot« einen Ernteverlust von 20 bis 30 Prozent im Jahr.[29] Sieben verschiedene Arten des Phytophthora-Pilzes befallen die Kakaofrucht. Dies kann in jeder Wachstumsperiode geschehen. Die Früchte bekommen schwarze Flecken und beginnen zu faulen. Die Bohnen im Inneren der Frucht gehen verloren. Der Pilz verbreitet sich mit einer unglaublichen Geschwindigkeit. Besonders wohl fühlt er sich bei hohen Niederschlägen und einer niedrigeren Temperatur. Ist eine Frucht befallen, muss diese schnell entfernt werden, damit der Pilz nicht auf andere Früchte übergreift oder sogar in den Baum eindringt und ihn vernichtet.

Neben dem Befall durch Pilze stellen Viruserkrankungen ein großes Problem für die Kakaobauern dar. Die wohl bekannteste Viruserkrankung ist der »Swollen Shoot Virus«, der bisher ausschließlich in Westafrika verbreitet ist. Er wurde das erste Mal in den 1920er-Jahren an der Goldküste beobachtet. Zwanzig Jahre später hatte er sich in Ghana so stark ausgebreitet, dass es zu drastischen Einbußen bei der Ernte kam. In den Jahren 1939 bis 1945 sprach man von einer jährlichen Vernichtung von etwa fünf Millionen Kakaobäumen.[30] Der Auslöser ist ein Virus aus der Familie der *Caulimoviridae*. Er wird von Schmierläusen beim Saugen des Pflanzensaftes auf den Kakaobaum übertragen. Den Virus erkennt man durch Schwellungen an Zweigen, Trieben und Stamm. Er führt zum Absterben des Kakaobaums. Das beste Mittel gegen die Erkrankung ist das Entfernen der befallenen Bäume und das Einpflanzen von resistenteren Kakaobaumsorten.

Große Schäden auf den Kakaopflanzungen werden durch Tiere verursacht. So weiß man, dass es weit mehr als 1.500 verschiedene Insektenarten gibt, die die Blätter, Früchte oder die Blüten des Kakaobaums als Nahrungsquellen nutzen.[31] Es gibt verschiedene Gründe, aus denen sie nun schädlich für den Kakaobaum werden. So übertragen einige der Tiere Pilzerkrankungen oder Viren. Andere beschädigen den Kakaobaum derart, dass hier wiederum Krankheiten eindringen können. Eines der berüchtigtsten Insekten ist der »Cocoa Pod Borer« (CPB), früher auch die Kakao-Motte genannt. Hier handelt es sich um eine Motte (*Conopomorpha cramerella Snellen*), die ihre Eier auf die Kakaofrucht legt. Nachdem die Larven geschlüpft sind, bohren sie sich in die Früchte und unterbrechen so das Wachstum der Bohnen. Die Motte kommt ausschließlich in Südostasien vor. 1841 wurde sie das erste Mal als eine ernstzunehmende Seuche eingestuft. Seitdem führt sie zu riesigen Ernteverlusten. So waren im Jahr 2000 in Indonesien 60.000 Hektar befallen. Der Verlust belief sich auf 40 Millionen US-Dollar. Um der Insektenplage Herr zu werden, setzt man häufig Insektizide ein. Diese müssen jedoch regelmäßig angewandt werden, da sie ansonsten nicht wirksam sind. Der Einsatz von Insektiziden bringt allerdings auch Probleme mit sich. Denn oft vernichtet man nicht nur die Schädlinge, sondern auch nützliche Insekten, wie zum Beispiel diejenigen, die die Kakaofrüchte bestäuben sollen. Hinzu kommt, dass einige Insektizide giftig für den Menschen sind oder bei Nichtbeachtung der Schutzmaßnahmen gesundheitsschädlich sein können. Dazu zählen zum Beispiel Pyrethroide. Sie werden häufig in der Landwirtschaft eingesetzt und gelten als wenig giftig für den Menschen. Trotzdem hat man herausgefunden, dass sich die Wirkstoffe in der Kuh- und Muttermilch anreichern. Sie stehen im Verdacht, hormonelle Störungen sowie Immunkrankheiten zu verursachen.[32]

Neben den Insekten sind es aber auch immer wieder einige Tiere, wie Affen, Eichhörnchen oder Vögel, die dem Kakaobaum zusetzen. So wird von einem Fall aus dem Jahr 1956 aus der Dominikanischen Republik berichtet. Hier hatten Spechte eine ganz besondere Technik entwickelt. Sie hämmerten Löcher in die Kakaofrüchte und ließen diese unangetastet hängen. Einige Zeit später suchten sie ihre Löcher wieder auf und pickten die Lebewesen aus der Frucht heraus, die sich mittlerweile dort eingefunden hatten.[33] In den letzten Jahren treibt ein anderer Schädling sein Unwesen. Es ist die »Große Achatschnecke« (*Achatina fulica*), auch Afrikanische Riesenschnecke genannt. Ihren Namen trägt sie nicht umsonst, denn ausgewachsen erreicht ihr Gehäuse eine Größe von bis zu 20 Zentimetern, während der Körper bis zu 30 Zentimeter lang werden kann. Damit gehört die Große Achatschnecke zu den größten Landschnecken der Erde. Ursprünglich in Ostafrika beheimatet, wurde sie mittlerweile jedoch in weiten Teilen der Erde eingeführt. Die Tiere vermehren sich rasch und werden auch auf Kakaopflanzungen zu einer Plage. Ist sie einmal heimisch geworden, ist es fast unmöglich, die Schnecke wieder loszuwerden. Zur Nahrung der Schnecke zählen über 500 Nutzpflanzenarten, darunter Kakaofrüchte und Kakaosetzlinge.[34] Um der Plage Herr zu werden, versucht man nun in Afrika, das Problem auf eine ganz einfache Art und Weise zu lösen: Auf vielen Pflanzungen ist man dazu übergegangen, die Schnecken selber als Nahrungsmittel zu nutzen.

Lange Zeit hat man sich Gedanken über ein Phänomen gemacht, von dem man dachte, es handle sich um eine neue Seuche. Man nannte es »Kakaowelke« (Cherelle Wilt). Die Kakaowelke wirkt sich auf junge Kakaofrüchte aus. Diese werden zunächst gelb, färben sich anschließend schwarz und verfaulen. Die verfaulten schwarzen Früchte fallen gewöhnlich nicht vom Baum ab. Sie vertrocknen und werden anschließend oft von einer Pilzerkrankung befallen. Dieses Phänomen tritt meist auf der gesamten Pflanzung auf, was zu der Vermutung geführt hat, dass es sich um eine Seuche handle. Tatsächlich aber gibt es hierfür zwei verschiedene Ursachen. Zum einen kann es sein, dass auf einmal zu viele Früchte an einem Baum heranreifen und der Baum auf diese Art und Weise eine natürliche Schutzfunktion entwickelt hat. Zum anderen kann aber auch eine Mangelerscheinung vorliegen. Dafür gibt es unterschiedliche Gründe, zum Beispiel das Fehlen von Mineralstoffen, Kohlenhydraten oder Wasser. Weitverbreitet ist ein Mangel an Bor. Wie aber kommt es gerade in letzter Zeit verstärkt zu dieser Erscheinung? Viele Kakaopflanzungen, vor allem in Westafrika oder auf den großen Plantagen in Asien, werden seit Jahren, oft seit Jahrzehnten sehr intensiv genutzt. Man achtete nicht darauf, dass sich die Böden wieder erholen müssen. Nun mangelt es in den Böden an bestimmten Stoffen, welche der Kakaobaum aber benötigt. Sind diese nicht vorhanden, schützt sich der Baum selbst, indem er die Früchte nicht weiter versorgt und diese so verfaulen.

All diese Krankheiten oder Mangelerscheinungen haben keine gesundheitlichen Auswirkungen auf den Menschen. Anders ist das bei erhöhten Cadmiumwerten einiger Kakaosorten. Auch weitere Schwermetalle wie Arsen, Blei, Kupfer, Nickel, Selen und Zink sind in den Kakaobohnen enthalten. Das Bundesministerium für Verbraucherschutz und Lebensmittelsicherheit ließ zuletzt im Jahre 2006 den Gehalt dieser Elemente in bitteren Schokoladen überprüfen. Man kam zu dem Ergebnis, dass »mit Ausnahme von Cadmium die Kontamination mit anderen Schwermetallen gering« war.[35] Einige Kakaosorten sind hierfür besonders anfällig. Sie gedeihen hervorragend auf vulkanischen Böden, in denen eine vergleichsweise hohe Konzentration an Cadmium vorhanden ist. Die Bäume nehmen nun das Cadmium über die Wurzeln aus den Böden auf und reichern es an. So kann ein hoher Cadmiumgehalt in der Kakaobohne entstehen, der später in der Tafel Schokolade wiederzufinden ist. Aber nicht alle Anbaugebiete des Kakaos sind gleichermaßen betroffen. Aufgrund der Bodenbeschaffenheit ist der Kakao aus Südamerika höher belastet als der Kakao aus Westafrika. Bittere Schokoladen enthalten durch den höheren Kakaogehalt eine größere Konzentration an Schwermetallen als Milchschokoladen. Gerade Tafeln mit einem hohen Anteil an Edelkakao sind besonders betroffen, da diese überwiegend auf vulkanischen Böden gedeihen.

Was aber verursacht die Aufnahme von Cadmium im menschlichen Körper? Cadmium löst in hoher Konzentration Übelkeit aus, es wirkt toxisch auf die Nieren, kann zu Knochenschäden und einer Schädigung des Nervensystems führen und wird von der internationalen Agentur für Krebsforschung als krebserregend für den Menschen eingestuft.[36]

Bis heute gibt es keinen Grenzwert für Cadmium in der Schokolade. Das Bundesinstitut für Risikobewertung empfiehlt für bittere Schokolade (ab einem Kakaogehalt von 60 Prozent) einen Höchstwert von 0,3 Milligramm pro Kilogramm Schokolade.[37] Bei einem Genuss von 150 Gramm bitterer Schokolade pro Woche, welche mit dem Höchstgehalt von 0,3 Milligramm an Cadmium belastet ist, würde das circa zehn Prozent der duldbaren Menge pro Woche in der Ernährung eines Erwachsenen bedeuten.[38] Bei Kindern läge dieser Wert allerdings bedeutend höher. Er würde ungefähr die Hälfte der tolerierbaren wöchentlichen Aufnahme ausschöpfen. Daher erklärt auch das Bundesministerium für Umwelt, Naturschutz und Reaktorsicherheit (BMU), dass der Konsum von Schokolade nicht unerheblich zur Erhöhung des Cadmiumgehalts im menschlichen Körper beiträgt. Ein Grenzwert für Cadmium in der Schokolade wäre dringend nötig. Aber hieraus ergibt sich eine folgenschwere Problematik: Würde ein weltweit geltender Grenzwert eingeführt werden, wäre der Kakaoanbau in einigen Gegenden der Erde nicht mehr möglich. Zusätzlich würde es das Aus für einige Kakaosorten bedeuten. »Die Vorschläge des BMU für eine entsprechende Höchstmengenregelung von Cadmium in Kakao beziehungsweise Kakaoerzeugnissen wurden sowohl vom weltweiten wie auch vom europäischen Sachverständigengremium abgelehnt. Grund dafür ist nicht, dass Cadmium in Schokolade weniger giftig wäre, sondern dass eine Höchstmenge zu weltweiten handelspolitischen Problemen führen würde«.[39]

Einen Schritt in die richtige Richtung unternahm im Januar 2009 die Europäische Behörde für Lebensmittelsicherheit (EFSA). Das CONTAM-Gremium etablierte eine neue tolerierbare wöchentliche Aufnahmemenge von Cadmium in Lebensmitteln. Dieser Wert liegt bei 2,5 Mikrogramm pro Kilogramm Körpergewicht. Der durchschnittliche Wert für Erwachsene liegt zurzeit zwischen 2,3 und drei Mikrogramm. Allerdings kann die wöchentliche Aufnahme bei Risikogruppen wie Kindern, Vegetariern und Rauchern um das Doppelte höher liegen.

In einigen Anbauländern gibt es Bestrebungen, diesem Problem entgegenzuwirken. So werden Böden mit einem hohen Cadmiumgehalt nicht mehr mit Kakao bepflanzt. Das funktioniert allerdings nur, wenn den Bauern vor Ort eine Alternative geboten werden kann.

Die Kinderschule des Kakaobaums

Anbau, Ernte und Pflege des Kakaobaums sehen in allen Anbauregionen der Erde ähnlich aus. Es sind alles sehr arbeitsintensive und langwierige Produktionsschritte, die ein großes Fachwissen voraussetzen. In den traditionellen Anbaugebieten, in denen der Kakaobaum schon seit über 2.000 Jahren angebaut wird, wurde das Wissen von Generation zu Generation weitergegeben. Um einen hohen und fortdauernden Ertrag zu erreichen, ist eine besondere Pflege und Sorgfalt im Umgang mit dem Kakaobaum nötig. Die Aufgaben beginnen bereits vor dem Pflanzen der Bäume, denn der gesamte Standort muss vorbereitet werden. Auf manchen Feldern nutzt man existierenden Wald, der dem Kakaobaum als Schattenspender dient. Sind keine Schattenpflanzen vorhanden, müssen diese eingeplant und zum richtigen Zeitpunkt gesetzt werden. Für die erste Wachstumsphase nutzen die Bauern kleine, blattreiche Bäume, wie zum Beispiel Kaffeesträucher, Paradiesfeigen oder Bananenstauden. Manchmal behelfen sie sich auch mit Dachkonstruktionen, die die jungen Pflanzen vor allzu großer Sonneneinstrahlung schützen (Abbildung 4). Zusätzlich werden schnell wachsende, hochstämmige Bäume angebaut, die ihre volle Höhe erreichen, wenn der Kakaobaum Früchte trägt. Hier gibt es eine ganze Reihe an unterschiedlichen Nutzbäumen, die eingesetzt werden. Beliebt sind zum Beispiel Kokospalmen in Süd-

4
Sonnenschutz für junge Kakaopflanzen auf einer kleinbäuerlichen Kakaopflanzung in Ghana.

ostasien, Kolanussbäume sowie Mangobäume in Afrika oder Mahagonibäume in Mittelamerika. Im nächsten Schritt werden die jungen, etwa vier bis fünf Monate alten Kakaobäume eingepflanzt. Damit sie nicht zu eng stehen, werden sie im Abstand von drei mal drei Metern eingesetzt. Zu diesem Zeitpunkt sind die Pflanzen ungefähr einen halben Meter hoch. Sie wurden vorher in einer Baumschule herangezogen.

Es gibt eine Reihe verschiedener Methoden, einen Kakaobaum zu züchten. Die klassische Art ist natürlich die Aufzucht aus dem Samen, der Kakaobohne. Das ist die preiswerteste Methode, die einfach umgesetzt werden kann, aber sie ist gleichzeitig auch die zeitaufwendigste. Hierzu werden die Kakaobohnen von gesunden und voll ausgereiften Früchten in Schalen oder Tüten, die mit Erde befüllt sind, gepflanzt. Man wässert sie nun ausreichend und schützt sie vor der direkten Sonneneinstrahlung. Nach circa zwei Wochen sind die Bohnen gekeimt und nach weiteren zwei bis drei Wochen wachsen die ersten Blätter. Diese sind sehr riesig im Vergleich zu dem noch sehr dünnen Stamm, sodass man den Eindruck von langen, hängenden, grünroten Flügeln hat. Nun beginnt die Zeit des Wartens, bis die Bäume alt genug sind, um sie auf den Feldern zu pflanzen.

Hat man noch einen alten Baumbestand auf einem Feld, kann man versuchen, diesen zu nutzen, indem man ihn veredelt. Bei der Veredelung wird ein Pflanzenteil von der Mutterpflanze auf einen anderen Wurzelstock aufgepfropft. Da mit dieser Methode ein spezielles genetisches Ausgangsmaterial vervielfältigt wird, handelt es sich hierbei um die traditionelle Form des Klonens. Die Veredelung kann aber auch dann eingesetzt werden, wenn spezielle Eigenschaften der Mutterpflanze erhalten werden sollen, sei es zum Beispiel der besondere Geschmack oder die Widerstandsfähigkeit gegen Krankheiten.

Andere Fortpflanzungsmethoden sind die Markottierung und der Einsatz von Stecklingen. Beim Markottieren wird ein Zweig des Kakaobaums eingeschnitten. Die Schnittfläche wird einige Wochen mit feuchtem Moos oder Zellstoff umwickelt. Nach kurzer Zeit bilden sich am Spross Wurzeln. Diese werden abgetrennt und in die Erde gepflanzt.

Stecklinge entstehen, indem man junge Triebe einer Kakaopflanze in die Erde setzt. Diese entwickeln Wurzeln und es entsteht ein neuer eigenständiger Kakaobaum. Gerade in letzter Zeit werden Veredelung, Markottierung und der Einsatz von Stecklingen immer häufiger auf Pflanzungen genutzt. Diese Methoden sind weniger zeitintensiv als die klassische Aufzucht und garantieren einen gleichbleibenden Ernteertrag sowie größere Resistenzen gegen Krankheiten und Insektenbefall. Hinzu kommt, dass bei diesen Behandlungen die Kakaobäume schon in geringer Höhe verzweigt sind, während ein aus einer Kakaobohne gezüchteter Kakaobaum bis zu den ersten Ästen gerade wächst und somit weniger Fläche für mögliche Früchte bietet.

Während man auf die ersten Blüten und Kakaofrüchte wartet, muss der Kakaobaum permanent umsorgt werden. Zunächst achtet man darauf, dass alle neuen Triebe entfernt werden, denn sie rauben dem Baum Kraft. Zusätzliches Beschneiden führt außerdem dazu, dass sich eine kompakte Baumform entwickeln kann, bei der sich die Blüten und Früchte am Stamm und an den Hauptästen konzentrieren. Währenddessen schaut man, ob es Anzeichen für einen Krankheits- oder Insektenbefall gibt und lichtet den Boden, damit er nicht zuwuchert. Alle diese Arbeiten müssen das ganze Jahr hindurch getätigt werden. Vernachlässigt man den Baum, macht sich das sofort im Rückgang der Ernte bemerkbar.

Auf vielen Pflanzungen, in denen der Kakao erst in den letzten 30 bis 50 Jahren eingeführt wurde, fehlt das traditionelle Wissen über Anbau- und Erntemethoden. Das führt dazu, dass die Ernteerträge dort kontinuierlich sinken. Zurück bleiben verarmte Familien mit düsteren Zukunftsaussichten. In vielen Kakaoanbauregionen versucht man dieser Problematik entgegenzuwirken, zum Beispiel durch Förderprogramme. Hier wird mit gezielten Workshops das fehlende Wissen rund um die Pflege des Kakaobaums, aber auch alternative Anbaumethoden vermittelt. »In sogenannten Farmer Field Schools, einer Art Bauernschule, erlernen die Plantagenbesitzer das nötige Wissen. Einer der Schüler war Pak Irwan aus dem sulawesischen Dorf Oti. Er wollte die Kakaobäume auf seinen fünf Hektar Land schon abholzen, da ihr Ertrag immer weiter schrumpfte. In einem Trainingsprogramm der amerikanischen Entwicklungsbehörde USAID lernte er die Pflegemethode. Nach nur sechs Monaten erntete Irwan 1,5 Tonnen Bohnen pro Hektar statt 300 Kilogramm wie zuvor. USAID hat seit 2002 bereits 65.000 Bauern ausgebildet«.[40]

Weiterhin soll den Menschen in den Workshops vermittelt werden, wie wichtig der Anbau in Agroforstsystemen und wie bedeutsam die Erhaltung des tropischen Regenwalds ist. Bei Agroforstsystemen werden mehrjährige Hölzer, wie zum Beispiel Sträucher, Bäume und Palmen, aber auch einjährige Pflanzen, auf einer Fläche angebaut. Neben der Bewahrung der natürlichen Artenvielfalt sollen so landwirtschaftliche Nutzpflanzen integriert werden. Durch diese unterstützenden Maßnahmen möchte man langfristig die Lebensqualität der Bauern erhöhen und natürlich auch die Produktionsmengen des Kakaos stabilisieren.

Ein schönes Beispiel für den Aufbau eines Agroforstsystems ist ein Projekt der Tropenwaldstiftung OroVerde auf der Halbinsel Paria im Norden Venezuelas. Das Projektgebiet Serranía de la Cerbatana befindet sich im Bergnebelwald. Besonders durch kleinbäuerliche Brandrodungswirtschaft ist die Artenvielfalt des tropischen Regenwaldes in Gefahr. Als Partner vor Ort arbeitet die Thomas Merle Stiftung. Ihr Ziel ist die nachhaltige Entwicklung und die Erhaltung der Umwelt. Dies geschieht zum einen durch theoretische Aufklärung, aber auch durch praktische Umweltbildungsmaßnahmen. Zu der bisherigen landwirtschaftlichen Nutzung sollen alternative, nachhaltige Nutzungsmöglichkeiten und neue Einkommensquellen für die Bauern geschaffen werden. Hierzu zählt auch der Anbau des Kakaos. Schon jetzt wird er in der Region angebaut, allerdings nicht immer auf nachhaltige Weise. Dies soll sich zukünftig durch die Einführung von Agroforstsystemen ändern.

Wie aber kann die einheimische Bevölkerung hierfür sensibilisiert werden: Im Jahr 2005 wurde das Umweltzentrum »El Refugio del Bosque« – Zuflucht des Waldes – gegründet. Das Zentrum ist in regionale und nationale Netzwerke eingebunden, sodass es sehr große Unterstützung durch die einheimische Bevölkerung, Schulen, Universitäten und die lokalen Gemeindeverwaltungen erfährt. In regelmäßigen Besuchen lernen die Schüler der Schulen in der Umgebung durch Naturerfahrung mehr über die Bedeutung eines intakten Waldes auch für ihr Leben. Sie erlernen, wie wichtig Nachhaltigkeit und der Schutz des Regenwaldes sind. Eine Baumschule wurde aufgebaut und verschiedene andere Projekte wurden ins Leben gerufen, eine biologische Kläranlage und ein Mülltrennungs- und Kompostverfahren binden das Zentrum in einen eigenen Recyclingkreislauf ein. Durch all diese Maßnahmen soll der Tropenwald geschont werden. Denn den Tropenwald schützen bedeutet für die Menschen, ihre eigene Zukunft zu sichern und selber zu gestalten.[41]

Die Ernte und der lange Weg bis zur aromatischen Bohne

»Bereits um 5.00 Uhr morgens steht Ovidia auf – ihr Mann Ovispo und fünf Enkel wollen mit dem Frühstück versorgt werden. Auf die fünf Enkel passt Oma Ovidia auf, weil ihre Tochter nicht im Dorf arbeitet und deshalb nicht nach ihren Kindern sehen kann. Nach dem reichhaltigen Frühstück mit Orangen, Mangos und Kaffee macht sich Ovispo auf den Weg zu seinen Kakaofeldern, während Ovidia den Haushalt in Ordnung bringt. Am Mittag macht auch sie sich auf den halbstündigen Fußweg auf die Felder. Ihrem Mann bringt sie ein Picknick mit – Bohnen, Reis oder Spaghetti, manchmal sogar etwas Fleisch. Nach dem Mahl setzen die beiden ihre Arbeit fort, die Kakaopflanzen wollen gepflegt werden. Zurückschneiden, Schädlinge bekämpfen, neue Bäume setzen. Etwa zweimal im Monat kann der Kakao geerntet werden. Am Abend kehrt das Pärchen nach Hause zurück, denn da warten schon die Enkel und haben Hunger. Für die 70-Jährige bleibt nicht viel Zeit zum Ausruhen. Wenn überhaupt, dann lässt sie sich von Soaps, den klassischen brasilianischen Telenovelas, berieseln.«[42]

Der gesamte Erntevorgang erfordert eine große Erfahrung, hat man diese nicht, so leidet die Qualität der Kakaobohnen und später auch die der Schokolade. Bereits der Zeitpunkt der Ernte ist äußerst wichtig. Denn werden die Früchte zu früh geerntet, dann sind die Bohnen unreif und das typische Kakaoaroma kann nicht herausgebildet werden. Außerdem ist der Zuckergehalt des Fruchtmuses noch zu gering, sodass der Fermentationsprozess sich nicht richtig entwickeln kann. Wurden die Früchte zu spät geerntet, dann beginnen die Bohnen in der Frucht zu keimen. Das typische Kakaoaroma wird zerstört, und die Bohnen sind für die weitere Verarbeitung zu empfindlich.

Haben die Früchte den richtigen Reifungsgrad, werden sie entweder mit Macheten oder mit Messern, die an langen Stangen befestigt sind, vorsichtig von den Bäumen gelöst (Abbildung 5). Hierbei muss man darauf achten, dass weder die Frucht noch der Kakaobaum beschädigt wird. Die Frucht würde sonst faulen, und an der schadhaften Stelle am Baum würde nie wieder eine Blüte wachsen. Außerdem ist die Gefahr sehr groß, dass in dem schadhaften Bereich des Baumes Insekten, Pilze oder Krankheiten eindringen. Die geernteten Früchte werden anschließend in Körbe gelegt und entweder sofort an Ort und Stelle geöffnet oder zu größeren Sammelstellen gebracht. Die Wege auf einer Pflanzung werden zu Fuß zurückgelegt, selten sind Pferde oder Maultiere im Einsatz. Die schweren Körbe tragen die Menschen meist auf dem Kopf oder auf dem Rücken.

5 Ernte einer Kakaofrucht vom Stamm des Baumes. Die Früchte reifen in fünf bis sechs Monaten.

6 + 7
Die Schalen der Kakaofrucht sind so hart, dass man für das Öffnen in der Regel eine Machete benötigt. Dabei darf die Haut der Bohnen nicht verletzt werden, um Schädlingsbefall zu verhindern. Unmittelbar nach dem Öffnen werden die weißen Kakaobohnen und das Fruchtmus aus der Frucht gelöst.

Von der Ernte bis zum Öffnen der Frucht sollte nicht mehr als eine Woche verstreichen, da die Bohnen im Inneren der Frucht zu keimen beginnen. In einigen Regionen, wie zum Beispiel in Malaysia, hat man herausgefunden, dass das Aroma des Kakaos verbessert und die Säurehaltigkeit der Bohne vermindert wird, wenn die Früchte nach der Ernte einige Tage ungeöffnet liegen bleiben.[43] Nach der Ernte werden nun zunächst kranke, unreife und überreife Früchte aussortiert. Mit Macheten, Holzscheiten oder Steinen werden die Früchte geöffnet (Abbildung 7). Diese Arbeit erfordert eine große Fingerfertigkeit, denn einige Fruchtschalen sind so hart, dass sie kaum zu öffnen sind. Um einen Insekten- oder Pilzbefall zu verhindern, muss zudem darauf geachtet werden, dass die Haut der Bohnen beim Öffnen der Frucht nicht beschädigt wird. Die noch weißlichen Kakaobohnen und das Fruchtmus (Abbildung 6) werden anschließend sorgfältig aus der Frucht gelöst und in Eimer, Säcke oder mit Blättern ausgeschlagene Körbe gefüllt.

In vielen kleinbäuerlichen Betrieben verarbeiten die Familien die Bohnen nun selbst weiter. Gehören die Bauern einer Genossenschaft an, ist es durchaus üblich, dass sie die Kakaobohnen in diesem Zustand verkaufen.[44] Die weitere Verarbeitung erfolgt dann an einem zentralen Ort. Das hat den Vorteil, dass die Bohnen in der folgenden Verarbeitung einem einheitlichen Prozess unterzogen werden und permanent kontrolliert werden können. Nach dem Öffnen der Früchte beginnt die Fermentation, auch Rottung oder Gärungsprozess genannt. Ziel der Fermentation ist es:
– das Fruchtfleisch von den Bohnen zu trennen,
– die Samen lagerfähig zu machen, indem ihre Keimfähigkeit abgetötet wird,
– Aromastoffe beziehungsweise deren Vorstufen zu bilden,
– eine Braunfärbung der Bohnen zu erreichen.

Für den Prozess werden unterschiedliche Methoden eingesetzt. Die Dauer der Fermentation hängt vor allem von der Sorte der Kakaobohne ab. So benötigen zum Beispiel Criollo-Bohnen nur zwei Tage bis der Fermentationsvorgang beendet ist, andere Kakaosorten aber zwischen sechs und zehn Tage. Da dieser Arbeitsschritt für das Aroma des Kakaos äußerst wichtig ist, muss er genau überwacht werden. Dauert die Fermentation zu lange an, wird das typische Kakaoaroma zerstört. Ist die Gärung zu kurz, bleiben die Bohnen sehr bitter im Geschmack. »Wenn Bahia-Bohnen gut fermentiert und in der Sonne getrocknet werden, haben sie ein eher gleichmäßiges Aroma; wenn sie jedoch maschinengetrocknet sind, dann variiert ihre Säure heftig, von der belebenden Wirkung einer frischen Limone in einem Caipirinha bis hin zu einer Überdosis Essig in Ihrem Salat. Wenn dominikanische Bohnen nicht fermentiert sind, riechen sie wie verbrannter Gummi. Gut fermentiert jedoch sind sie mit einigen der verlässlichen Bohnen der Elfenbeinküste zu vergleichen.«[45] Eine genaue Kontrolle ist nötig, wenn verschiedene Sorten des Kakaos auf einer Pflanzung stehen und gemeinsam geerntet werden. So benötigt der Arriba-Kakao zum Beispiel weniger als 24 Stunden für die Fermentation. Wird dieser nun aber mit anderen Forastero-Sorten gemischt und gärt länger, wird das blumige Aroma des Arriba komplett zerstört.

Was aber geschieht nun genau bei der Fermentation? Zunächst einmal müssen die Kakaobohnen mitsamt dem Fruchtmus aufgeschichtet und abgedeckt werden, wie zum Beispiel bei der auf kleinbäuerlichen Betrieben in Westafrika eingesetzten Haufenmethode. Hier werden die Bohnen mit der Pulpa auf Bananen- oder Paradiesfeigenblätter aufgehäuft und zugedeckt (Abbildung 8). Es entsteht eine Art Schwitzkasten. Im Inneren des Haufens

8
»Haufenmethode« in Ghana: Für die Fermentation der Kakaobohnen werden diese auf Bananenblätter aufgehäuft und eingewickelt. Hefen und Bakterien sorgen dafür, dass sich das Fruchtmus zersetzt. Hierbei erhalten die Bohnen ihr typisches Kakaoaroma und ihre braune Farbe.

laufen nun eine Reihe von chemischen Prozessen ab, sodass schließlich das Fruchtmus unter der Einwirkung von Hefen und Bakterien zersetzt wird. Die Temperatur der Masse steigt auf 45 bis 52 Grad Celsius an. Der hohe Zuckeranteil des Fruchtmuses bewirkt eine sofortige Gärung. Aus dem Zucker entsteht im Zuge der alkoholischen Gärung durch Hefen Ethanol. Der vorhandene Sauerstoff wird schnell verbraucht, und Bakterien verwandeln den restlichen Zucker sowie das Ethanol zu Essigsäure. Damit sich dieser Prozess richtig entwickeln kann, sollten hier nur reife Früchte genutzt werden, denn diese sind besonders zuckerhaltig. Die entstandene Essigsäure dringt in die Bohne ein, diese quillt auf und der Keim in der Bohne stirbt ab. Das Fruchtmus hat sich währenddessen verflüssigt und fließt ab. In einigen Anbauregionen wird das überschüssige Fruchtmus aufgefangen und entweder sofort getrunken oder zum Beispiel zu Brotaufstrich, Bonbons oder zu alkoholischen Getränken weiterverarbeitet.

Während des gesamten Fermentationsvorgangs müssen die Bohnen immer wieder gewendet und belüftet werden. Dadurch wird ein gleichmäßiger Gärungsprozess gewährleistet und das Schimmeln der Bohnen verhindert. Will man nun wissen, ob die Bohnen richtig fermentiert wurden, schneidet man diese auf. Sind die Keimblätter runzelig geworden, dann wurde der richtige Grad an Gärung erreicht.

Die eben beschriebene Haufenmethode eignet sich besonders für kleinere bis mittlere Fermentationsmengen. So können bei dieser Technik zwischen 25 und 2.500 Kilogramm Kakaobohnen fermentiert werden.[46] Bei einer optimalen Gärung liegt das Gewicht bei etwa 70 Kilogramm. Die Haufenmethode wird fast ausschließlich in Westafrika eingesetzt. Sollen noch kleinere Mengen Kakaobohnen fermentiert werden, haben sich in einigen Anbauregionen weitere Methoden entwickelt. So ist es üblich, die Bohnen mitsamt dem Fruchtmus in Erdlöcher zu geben und mit Blättern abzudecken. Auch das Gären der Bohnen in abgedeckten Körben oder auf Paletten ist weitverbreitet. In einigen Regionen Lateinamerikas, der Dominikanischen Republik und auf Sulawesi werden die Bohnen mit dem Mus einfach aus den Früchten herausgenommen und in der Sonne getrocknet. Die Bohnen gären so allerdings nur ansatzweise und behalten einen bitteren Geschmack.

Möchte man besonders große Mengen Kakao fermentieren, haben sich zwei Techniken durchgesetzt, zum einen die Boxmethode und zum anderen die Traymethode. Diese beiden Fermentationsmethoden findet man vor allem in Brasilien, Trinidad, Ecuador, Malaysia, Indonesien und Papua-Neuguinea. Bei der Boxmethode verwendet man große Holzkisten, die jeweils bis zu 2.000 Kilogramm Bohnen fassen können. Entweder stehen die Kisten ganz traditionell in einer Reihe oder werden bei der Kaskadenmethode stufenartig übereinander gesetzt. Für die Belüftung und das Ablaufen des überschüssigen Fruchtmuses befinden sich in den Kistenböden und -seiten kleine Löcher. Die Bohnen und das Fruchtmus werden von einer Kiste in die nächste entleert. Gelangt die Masse am Ende der Boxreihe oder der Stufe an, ist der Gärungsprozess beendet. Die Größe und die Anzahl der verwendeten Boxen hängen von der Menge der zu fermentierenden Kakaobohnen ab.

Für die Traymethode nutzt man kleine Kisten mit Lattenböden. Diese werden jeweils ungefähr zehn Zentimeter hoch mit Bohnen sowie Mus befüllt und anschließend übereinander gestapelt (Abbildung 9). Oft werden zwischen zwölf und 14 Boxen aufgetürmt. Diese Menge sowie die Größe der

9
Fermentierung der Kakaobohnen in aufeinander gestapelten Kisten nach der sogenannten Traymethode: die schnellste Art der Gärung – für die Qualität der Bohnen jedoch nicht die beste.

10 + 11
Erst durch die Trocknung werden die braunen Kakaobohnen lager- und transportfähig. Die Trocknung geschieht meist durch die Sonne. Ein Prozess, der sich über mehrere Tage bis Wochen hinziehen kann. Bei größeren Anlagen werden die Bohnen zum Schutz vor Regen auf Rollgestellen unter Dächer geschoben.

Kisten (circa 90 × 60 × 13 Zentimeter) haben keine tiefere Bedeutung für die Fermentierung. Es sind Maße, die sich von zwei Arbeitern gut handhaben lassen. Die unterste Box, welche einen geschlossenen Boden hat, bleibt leer. Hier sammelt sich das überschüssige Fruchtmus. Die Kisten werden während des gesamten Prozesses nicht bewegt. Diese Fermentationsmethode ist die schnellste Art der Gärung. Aber hier leidet auch die Qualität der Bohnen.

Da die Fermentation äußerst wichtig für das spätere Aroma der Kakaobohne ist, steht sie im Zentrum der Forschungstätigkeit. Neben Plantagenbesitzern untersuchen auch Schokoladenfirmen und Händler diesen chemischen Prozess. So versucht man, neue, besonders ergiebige Verfahren zu finden, um Fermentationszeiten zu verkürzen oder durch Abpressen des Fruchtmuses bestimmte Geschmacks- und Qualitätsstandards zu schaffen.[47]

Da die Bohnen nach der Fermentation jedoch noch nicht lager- und transportfähig sind, müssen sie nun getrocknet werden. Auch für diesen Prozess werden verschiedenste Methoden eingesetzt. Letztlich geht es aber darum, den Feuchtigkeitsgehalt der Bohne von über 60 auf ungefähr sechs Prozent zu senken und das Aroma der Bohnen so zu verstärken, dass sich der spezielle Charakter einer Sorte herausbilden kann. Die Bohnen verlieren durch diesen Vorgang etwa die Hälfte ihres Gewichts.

In den meisten Gebieten nutzt man für den Trocknungsprozess die Sonnenenergie. So werden die Bohnen im Freien auf dem Boden, Matten oder Tischen ausgelegt (Abbildung 10). Die Temperatur, der die Bohnen ausgesetzt sind, liegt unter 50 Grad Celsius. Ab und an werden sie mit einem Rechen oder einer Holzschaufel gewendet, damit sich kein Schimmel bilden kann. Währenddessen werden faule Bohnen sowie Abfall von Hand aussortiert. Beim Einsetzen der Dämmerung oder eines Regenschauers werden die Bohnen hereingeholt oder mit einer Plastikplane abgedeckt. Auf größeren Pflanzungen nutzt man Rollgestelle sowie Rolldächer, welche die Bohnen vor der einsetzenden Feuchtigkeit schützen (Abbildung 11). Der Trocknungsprozess dauert mehrere Tage, kann sich jedoch während einer Regenphase auf bis zu drei Wochen ausdehnen. In manchen Anbauregionen und während der Regenzeit werden jedoch auch verschiedene Formen der künstlichen Trocknung eingesetzt. Es gibt elektrische Trocknungsanlagen wie auch mit Gas oder Holz betriebene Öfen. Vorteile hierbei sind die Unabhängigkeit vom Wetter, der schnelle Ablauf des Prozesses sowie die Einsparung von Arbeitskräften.[48] Allerdings gibt es auch einige beträchtliche Nachteile, zum einen führt die künstliche Trocknung zu Einbußen in der Ausbildung eines runden Aromas, zum anderen kann das verbrennende Holz zu einer Veränderung des Kakaogeschmacks führen. »Auf der indonesischen Insel Java wird der Kakao zum Beispiel häufig über rauchenden Holzfeuern getrocknet, was ihm ein Aroma verleiht, das die meisten Leute an geräucherten Schinken erinnert ...«[49]

Insgesamt muss bei der künstlichen Trocknung darauf geachtet werden, dass die Bohnen nicht zu schnell und zu heiß trocknen, da sie ansonsten einen bitteren Beigeschmack erhalten. Bei der künstlichen Trocknung liegen die Temperaturen oft bei über 60 Grad Celsius, was viel zu heiß ist. Der künstliche Trocknungsprozess dauert ein bis zwei Wochen.

In einigen Regionen der Erde, zum Beispiel auf Trinidad, wird der Kakao nach dem Trocknen poliert. Dies geschieht heute überwiegend maschinell. Es lässt die Bohnen besser aussehen und soll den Schädlingsbefall verringern. Früher wurde für diesen Prozess eine ganz spezielle Technik eingesetzt: das sogenannte Trockentanzen. Man breitete die getrockneten Bohnen hierfür auf dem Boden aus, begab sich nun barfuß auf das Bohnenfeld und tanzte so lange auf den Bohnen, bis diese einen schönen Glanz erhalten hatten.[50] Ob nun mit oder ohne Trockentanzen, jetzt sind die Kakaobohnen, die in diesem Zustand Rohkakao genannt werden, für die lange Reise in die Schokoladenfabrik bereit.

KAPITEL 3
Leben mit dem Kakaobaum

Das tägliche Brot der Kakaobauern

Im Jahr 2009 kostete eine 100-Gramm-Tafel Schokolade durchschnittlich 69 Cent. Wie setzt sich dieser Preis zusammen und welchen Anteil erhalten die Kakaobauern? Der größte Betrag, und zwar 18 Cent, wird in den Einkauf der Zutaten gesteckt: in die Kakaobohnen, aber auch in Zucker, Milchpulver, Sahnepulver, Aromen und das Lecithin. Weitere acht Cent werden für die Werbung und das Marketing ausgegeben. Die Herstellung einer Tafel Schokolade kostet sechs Cent und die Verpackungskosten liegen bei vier Cent. Dem Kakaobauern verbleiben von den 69 Cent am Ende gerade noch drei Cent pro Tafel Schokolade.[1] Dieser geringe Verdienst lässt schon erahnen, dass die Produktion des Rohstoffes ein Leben in Armut bedeutet.

Man schätzt die Anzahl der Kakaobauern heute weltweit auf fünf bis sechs Millionen. Die Zahl der Menschen jedoch, die vom Kakaoanbau abhängig sind, liegt weit höher. Hier geht man von 40 bis 50 Millionen Menschen aus.[2] Das Leben und die Arbeitsbedingungen der Kakaobauern sind von Region zu Region und von Land zu Land verschieden. Auch die Abhängigkeit der Bauern von der Produktion ist unterschiedlich. Allerdings haben Untersuchungen gezeigt, dass der Anbau des Kakaos für die meisten Bauern die wichtigste Quelle für Bargeld ist.[3] Da der Kakao auf kleinbäuerlichen Betrieben wie auch auf großen Plantagen angepflanzt wird, stellt sich die Frage, ob eine der Bewirtschaftungsformen mehr Gewinne für den Bauern zulässt.

Auf großen Kakaopflanzungen werden Lohnarbeiter eingesetzt, die für ein geringes Gehalt oft in einem Prämiensystem arbeiten, wie zum Beispiel in Brasilien. Hier hat sich auf den großen Plantagen das sogenannte »Arista-System« etabliert: Kakaoarbeitern wird per Vertrag die Verantwortung für eine bestimmte Feldfläche, meist um die drei bis zehn Hektar, übertragen. Der Arbeiter erhält rund zehn Prozent mehr Lohn als die Arbeiter, die unter Akkordverträgen angestellt sind. Dafür liegt jedoch die gesamte Anbau- und Erntephase in seinen Händen. Dieses System führt dazu, dass alle Familienmitglieder in den Arbeitsprozess eingebunden werden, um einen möglichst hohen Ertrag zu erlangen.[4] Kinderarbeit gehört zur Normalität. Die Arbeitsbedingungen sind schlecht und der ungeschützte Einsatz von Insektiziden und Pestiziden ist gängig.

In selbstständigen, kleinbäuerlichen Betrieben hingegen haben die Menschen neben dem Anbau des Kakaos für den Export die Möglichkeit, Pflanzen für den eigenen Bedarf anzubauen. Die Versorgung mit Grundnahrungsmitteln ist dadurch gesichert. Aber auch hier ist die Arbeit mühsam und der Verdienst gering (Abbildung 1).

1 Während der Kakao in andere Länder exportiert wird, produzieren die Bauern zusätzlich Lebensmittel für den eigenen Gebrauch, um ihre Familien zu ernähren. Das Foto zeigt Frauen in einem Fairen Handelsprojekt der GEPA.

Ein weiteres großes Problem für die Kakaobauern besteht darin, dass die Kakaopreise starken Schwankungen unterliegen. Eine langfristige Lebensplanung ist oft schwierig. Hinzu kommt, dass eine Zunahme der Produktionsmenge nicht zwangsläufig eine Mehreinnahme bedeutet. Denn ist der weltweite Markt übersättigt, fällt der Preis für den Kakao. So ist es möglich, dass der Anbau von immer mehr Kakao letztendlich in die Armut führt. Dieser Prozess wird auch Verelendungswachstum genannt.[5] Ein Beispiel aus dem Jahr 2001 zeigt, wie man diesem Mechanismus zu begegnen versuchte: Aufgrund einer Überproduktion war der Kakaopreis damals massiv gefallen. Die vier größten kakaoproduzierenden Länder aus Afrika, die Côte d'Ivoire, Ghana, Nigeria und Kamerun, schlossen sich zusammen, um eine künstliche Verteuerung des Kakaopreises zu erlangen. Sie verbrannten schließlich 250.000 Tonnen Kakaobohnen, wodurch der Kakaopreis wieder anstieg.[6]

Im Allgemeinen gelangen die Menschen, die den Kakao anbauen und ernten, nicht in den Genuss des Endprodukts, der Tafel Schokolade. Man geht davon aus, dass die Mehrheit der Kakaobauern und ihre Familien noch nie ein Stück Schokolade probiert haben. Viele wissen oft nicht, was genau aus dem Kakao hergestellt wird.

Die Kakaobauern und Kakaoplantagenarbeiter mit ihren Familien gehören in den meisten Ländern zu den ärmsten Bevölkerungsschichten. Sie leben in einfachen Unterkünften ohne fließendes Wasser, sanitäre Einrichtungen und Elektrizität. Die hygienischen Bedingungen sind katastrophal und führen zu Erkrankungen. Medizinische Hilfe oder Krankenstationen sind allerdings meist so weit entfernt, dass schon einfache Krankheiten zum Problem werden. Viele Verkehrswege sind so schlecht, dass sie oft Monate eines Jahres nicht über die vorhandenen Straßen zu erreichen sind. Auch der Zugang zu Bildung ist schwierig. Viele Kinder haben nicht die Möglichkeit, eine Schule zu besuchen, da diese zu weit weg liegt oder aber die Arbeitskraft der Kinder benötigt wird, um das Überleben der gesamten Familie zu sichern.

Kinderarbeit – Die dunkle Seite des Kakaoanbaus

In vielen bäuerlichen Betrieben ist es üblich, dass Kinder mithelfen. Insbesondere in Westafrika ist das oft eine Notwendigkeit, da viele Kakaobauern wirtschaftlich auf die Hilfe ihrer Kinder angewiesen sind. Die Internationale Arbeitsorganisation (ILO), eine Sonderorganisation der Vereinten Nationen, hat es sich zur Aufgabe gemacht, internationale Arbeits- und Sozialnormen zu formulieren und auf deren Durchsetzung zu drängen. Speziell für Kinderarbeit gibt es klare Bestimmungen, die gerade im Kakaosektor zu großen Diskussionen führen. Zwei Kernarbeitsnormen hat die ILO hierzu festgelegt:
– das »Übereinkommen 138 über das Mindestalter für die Zulassung zur Beschäftigung« aus dem Jahre 1973 und
– das »Übereinkommen 182 über das Verbot und unverzügliche Maßnahmen zur Beseitigung der schlimmsten Formen der Kinderarbeit« aus dem Jahre 1999.

Das Übereinkommen 138 besagt, dass das Mindestalter zur Beschäftigung nicht im schulpflichtigen Alter, und auf keinen Fall unter 15 Jahren liegen darf. Ausnahmen gibt es für Länder, deren Wirtschaft und schulische Einrichtungen ungenügend entwickelt sind. Hier kann das Mindestalter bei 14 Jahren liegen. Weiterhin kann die innerstaatliche Gesetzgebung zulassen, dass Personen im Alter von 13 bis 15 Jahren (zwölf bis 14 Jahre für wirtschaftlich schwächere Länder) bei leichten Arbeiten beschäftigt werden oder solche Arbeiten ausführen, die für ihre Gesundheit oder Entwicklung voraussichtlich nicht schädlich und nicht so beschaffen sind, dass sie ihren Schulbesuch beeinträchtigen.[7]

Das Übereinkommen 182 fordert die Beseitigung der schlimmsten Formen der Kinderarbeit als vorrangiges Ziel. Als Kind werden alle Personen unter 18 Jahren bezeichnet. Der Ausdruck »die schlimmsten Formen der Kinderarbeit« umfasst alle Formen der Sklaverei, alle Sklaverei ähnlichen Praktiken wie den Verkauf von Kindern und den Kinderhandel, Schuldknechtschaft und Leibeigenschaft sowie Zwangs- oder Pflichtarbeit, einschließlich der Zwangs- oder Pflichtrekrutierung von Kindern für den Einsatz in bewaffneten Konflikten; das Vermitteln oder Anbieten eines Kindes zur Prostitution, zur Herstellung von Pornographie oder zu pornographischen Darbietungen; das Heranziehen eines Kindes zu unerlaubten Tätigkeiten, insbesondere zur Gewinnung von und zum Handel mit Drogen, sowie der Arbeit, die der Gesundheit, Sicherheit und Moral des Kindes schadet.[8]

Im Jahr 2000 drangen dramatische Berichte über Kindersklaven auf westafrikanischen Kakaofarmen an die Öffentlichkeit. In den überregionalen Tageszeitungen Deutschlands, Englands und der USA erschienen Artikel, große Fernsehanstalten zeigten Reportagen mit erschreckenden Bildern. Vorwürfe von Verschleppung und Zwangsarbeit von Kindern führten zu einer groß angelegten Untersuchung der Internationalen Arbeitsorganisation in Westafrika und zwar in den Ländern Kamerun, der Côte d'Ivoire, Ghana sowie Nigeria. Untersucht wurden die schlimmsten Formen von Kinderarbeit, wozu auch Zwangsarbeit und gefährliche Arbeiten wie das Nutzen von Macheten, das Tragen von viel zu schweren Kakaosäcken (Abbildung 2) oder der Einsatz von giftigen Insektiziden und Pestiziden zählt. Die Studie, welche im Jahr 2002 veröffentlicht wurde, führte zu keinem genauen Ergebnis über das Ausmaß der Kindersklaverei, da die Daten oft schwer zu erfragen waren. Auch gab es teilweise Kritik hinsichtlich der Erhebung der Daten, aber trotzdem sprechen die ermittelten Zahlen eine eindeutige Sprache: So ergab die Studie, dass viele tausend Kinder (in Côte d'Ivoire allein 12.000) ohne familiäre Bindungen auf fremden Kakaofarmen arbeiteten, dass rund 852.000 Kinder (Kamerun 148.000, Côte d'Ivoire 605.000, Ghana 80.000 und Nigeria 19.000) mit familiären Bindungen auf den Feldern arbeiteten und dass 152.700 Kinder in Kamerun, Côte d'Ivoire und Nigeria während ihrer Arbeit mit giftigen Insektiziden und Pestiziden in Berührung kamen. 29 Prozent der befragten Kinder in der Côte d'Ivoire gaben an, dass ihnen nicht freigestellt sei, das Arbeitsverhältnis zu beenden und wieder nach Hause zu gehen. Die durchschnittliche Arbeitszeit bei einer Sechs-Tage-Woche lag bei etwas mehr als sechs Stunden. Damit war ihre Arbeitszeit genauso lang wie die der erwachsenen Arbeiter. Aber dafür war ihr Gehalt um einiges geringer. Das lag bei umgerechnet etwa 80 US-Dollar im Jahr, während die Erwachsenen 135 US-Dollar verdienten.

2 Der neunjährige Jean-Baptiste trägt gesammelte Kakaofrüchte auf der Kakaoplantage seines Vaters am Rande des Dorfs Sinikosson (Côte d'Ivoire). Der Sack, den er trägt, ist rund 30 Kilogramm schwer. Jean-Baptiste besucht keine Schule. Der Verkauf der Kakaobohnen bildet für die Familie die einzige veritable Einnahmequelle. Jean-Baptiste weiß nicht, was anschließend mit den Bohnen geschieht. Schokolade kennt er nicht. – Das Bild stammt aus einer Greenpeace-Reportage über Kinderarbeit auf Kakaoplantagen.[9]

Die Untersuchung zeigte auch, dass in der Côte d'Ivoire Kinder, die auf den Feldern arbeiten, einen geringeren Zugang zu Bildung erhalten als Kinder, welche nicht arbeiten müssen. Ein Drittel der befragten Kinder erhielt zudem keinerlei Schulbildung.[10]

Initiativen gegen Kinderarbeit

Aufgrund dieser Tatsachen formierten sich einige soziale Bewegungen und entstanden Projekte, welche die Situation der Kinder in den Kakao anbauenden Ländern verbessern wollten. In den USA zeigte sich massiver Widerstand, man drohte mit Importverboten gegen bestimmte Länder, in denen die Situation der Kinder besonders schlimm war. Vor diesem Hintergrund arbeiteten der Senator Tom Harkin und der Kongressabgeordnete Eliot Engel ein Protokoll aus. Ziel war die Eliminierung der schlimmsten Formen der Kinderarbeit sowie die Beendigung von Kinderversklavung auf den Kakaopflanzungen. Im September 2001 wurde dieses Protokoll von Vertretern der internationalen Schokoladenindustrie, der ILO, von Interessensverbänden, Nichtregierungsorganisationen und der World Cocoa Foundation unterzeichnet.[11] Es beinhaltet einen Sechs-Punkte-Plan mit der Umsetzung von Standards der Schokoladenindustrie zu einer Zertifizierung ohne Kinderarbeit in den Anbauländern zum 1. Juli 2005 sowie die Gründung einer Stiftung zum 1. Juli 2002.

Aus dieser Zusammenarbeit entstand die International Cocoa Initiative, auch ICI genannt. Sie wurde 2002 in Genf gegründet und besteht aus Vertretern von Nichtregierungsorganisationen, der ILO, Politikern sowie Vertretern der Schokoladenindustrie und des Kakaohandels. Ziel ist es, in den Kakao anbauenden Ländern Kinderarbeit und vor allem erzwungene Arbeitsverhältnisse zu beenden. Die Richtlinien des ICI orientieren sich an den Konventionen 182 »Schlimmste Formen von Kinderarbeit« und 29 »Erzwungene Arbeit« der ILO.[12] Da über 70 Prozent des Kakaos auf kleinbäuerlichen Betrieben in Westafrika angebaut werden, hat die ICI den Schwerpunkt zunächst auf diese Region gelegt. Die ersten Pilotprojekte begannen 2004 in Ghana und der Côte d'Ivoire. Wichtige Ziele sind das Reduzieren von schwerer körperlicher Arbeit, das Tragen von schützender Kleidung sowie Schuhen und die Umlagerung der Arbeit, sodass Kinder nicht mit Macheten und Insektiziden oder Pestiziden arbeiten müssen. Außerdem soll die Möglichkeit eines Schulbesuchs geschaffen werden. Die Organisation fördert zusätzlich Gemeindeinitiativen zugunsten eines verbesserten Zugangs zu Ausbildung, trainiert wichtige lokale Partner von der nationalen bis zur Gemeindeebene und unterstützt Zentren für die Wiedereingliederung der Opfer von Kinderhandel.

Die Unterzeichnung des Harkin-Engel-Protokolls sowie die Gründung der ICI bedeuteten einen wichtigen und vielversprechenden Schritt bei der Bekämpfung der besonders ausbeuterischen Kinderarbeit. Viele Menschen erhofften sich, dass nun ein Umdenken einsetzen würde. Aber leider folgten verschiedene Rückschläge: Das Datum für die Zertifizierung wurde nicht eingehalten, und die Industrie erhielt einen Aufschub bis 2008. Auch dieser Termin verstrich ohne ein Ergebnis. Die nächste Festsetzung wurde auf Ende 2010 verlegt. 2010 legte man fest, dass die Zahl der unter den schlimmsten Bedingungen arbeitenden Kinder bis 2020 um 70 Prozent reduziert werden sollte. Weiterhin wurden ursprünglich festgelegte Ziele gelockert, und die Zertifizierungspläne scheinen nicht mehr verfolgt zu werden.[13]

In einem viereinhalbjährigen Projekt des Payson Center for International Development and Technology Transfer der Tulane University New Orleans (USA) wurden seit Oktober 2006 unter anderem die Auswirkungen des

Harkin-Engel-Protokolls in der Côte d'Ivoire und Ghana untersucht. Neben einigen Fortschritten stellt die Studie aber auch fest, dass weitere finanzielle Mittel, gesetzliche Vereinbarungen und verbindliche Standards zur Umsetzung des Protokolls investiert werden müssen, um ein Scheitern des Protokolls zu verhindern.[14]

Auch ein Bericht des US-Department of Labour über Kinderarbeit aus dem Jahr 2009 zeigt, dass sich die Situation nicht entspannt hat. Der Report spricht von 1,6 Millionen Kindern, die in Ghana auf Kakaopflanzungen arbeiten, einige der Kinder sind gerade erst fünf Jahre alt. Viele der Kinder arbeiten unter gefährlichen Bedingungen, wie beim Tragen von zu schweren Lasten, beim Versprühen von Pestiziden sowie bei der Benutzung von Macheten, um den Boden von Unkraut zu befreien und die Früchte zu öffnen. Für die Côte d'Ivoire sehen die Schätzungen ähnlich aus. Man nimmt an, dass 1,36 Millionen Kinder im Kakaosektor arbeiten. Auch hier arbeitet ein Großteil unter gefährlichen Bedingungen. Viele der Kinder kommen zudem nicht aus der Côte d'Ivoire, sondern aus benachbarten Länder, vor allem aus Burkina Faso. Schließlich zeigt sich für die Côte d'Ivoire, dass fast die Hälfte der arbeitenden Kinder (49 Prozent) keine Schulbildung hat.[15]

Demgegenüber berichtet der Verfasser des Harkin-Engel-Protokolls, Tom Harkin, beeindruckt von seinem Besuch in Ghana und der Côte d'Ivoire im Januar 2008. Er konnte viele Fortschritte beobachten und mit einigen Kindern sprechen, die an Programmen des ICI teilnehmen konnten. Er war begeistert von den Fortschritten, sagte aber, dass noch vieles zu tun bleibt.[16]

Um die Situation der Kakaobauern in den Anbauländern zu verbessern und eine nachhaltige stabile Kakaowirtschaft zu fördern, wurde im Jahr 2000 die World Cocoa Foundation (WCF) gegründet.[17] Die WCF ist eine Partnerschaft zwischen Regierungen, Kakao verarbeitenden Industrien, Handelsorganisationen und Nichtregierungsorganisationen. Fast 70 Firmen, Institutionen und Organisationen gehören der WCF an und unterstützen sie finanziell und mit Know-how. Zu den großen Firmen gehören beispielsweise ADM Cocoa, Barry Callebaut, Cargill, Ferrero, Hershey, Kraft Foods, Lindt & Sprüngli, Mars sowie Nestlé. Unter anderem wurden folgende Projekte angestoßen: Gemeinsam mit der Canadian International Development Agency (CIDA) und der U.S. Agency for International Development (USAID) startete die WCF ein Programm zur Verbesserung der Einkommen von Kakaobauern in Kamerun, Ghana, der Côte d'Ivoire, Liberia und Nigeria. Das Programm ist Teil des Sustainable Tree Crops Program (STCP) und unterstützt den Zusammenschluss von Kakaobauern in Kooperativen. Die WCF hilft den Kakaobauern bei der Entwicklung von Finanzierungsoptionen, Vermarktungstechniken und dem Parallelverkauf an mehrere Einkäufer, um ihnen den Verkauf des Kakaos zum höchstmöglichen Preis zu ermöglichen.

Ein weiteres Projekt ist die ECHOES-Allianz (Empowering Cocoa Households with Opportunities and Education Solutions). Sie ist eine Kooperation der Mitgliederunternehmen der WCF und der USAID, der Africa Education Initiative sowie den Regierungen von Ghana und der Côte d'Ivoire. Ihr Ziel ist die Verbesserung des Zugangs zu einer Schulbildung für Tausende von Kindern in diesen beiden Ländern (Abbildung 3). Das Programm umfasst die Weiterbildung von Lehrkräften, die Ausarbeitung von Lehrplänen und die Vermittlung von landwirtschaftlichem Wissen. Auch Aufklärungsmaßnahmen zur Bekämpfung von Gesundheitsproblemen wie AIDS und Malaria sind Teil des Programms.

Zudem erweiterte die WCF ihr Programm zur Schulung der Kakaobauern in sicheren, verantwortungsbewussten Arbeitsmethoden. Aufbauend auf der Healthy Communities Initiative soll dies dazu beitragen, die mögliche Gefährdung von Kindern auf westafrikanischen Kakaofarmen durch potenziell gefährliche Arbeitsbedingungen zu verringern. Im Rahmen der WCF wurde 2009 das Cocoa Livelihood Programm ins Leben gerufen. Das Projekt wurde mit einem Kapital von 40 Millionen US-Dollar von der Bill & Melinda Gates Foundation gegründet (die Finanzierung setzt sich zusammen aus 23 Millionen US-Dollar der Foundation und 17 Millionen US-Dollar von 14 Schokoladenfirmen). Ziel ist die Verbesserung der Lebensgrundlage von 200.000 Kakaobauern in der Côte d'Ivoire, Ghana, Nigeria, Kamerun und Liberia. Das Programm unterweist die Kakaobauern in neuen, verbesserten Anbaumethoden, dem Aufbau von Agroforstsystemen, der Qualitätsverbesserung der Endprodukte, sowie besseren Produktionsverfahren und dem Erlernen von kaufmännischem Wissen.

Auch die Bundesregierung in Deutschland widmet sich dem Problem des Kinderhandels und der Kinderarbeit. Im Jahr 2002 startete die Deutsche Gesellschaft für technische Zusammenarbeit (seit Januar 2011 GIZ – Deutsche Gesellschaft für Internationale Zusammenarbeit) im Auftrag der Bundesregierung ein Projekt gegen Kinderhandel und schlimmste Formen der Kinderarbeit in der Côte d'Ivoire. Der Kakao ist lebenswichtig für die ivorische Wirtschaft und für über 600.000 Familienbetriebe. Auftraggeber des Projekts ist das Bundesministerium für Wirtschaftliche Zusammenarbeit und Entwicklung (BMZ). Die Laufzeit wurde von August 2002 bis März 2011 angesetzt.[18]

Ein weiteres Projekt mit der Laufzeit von 2007 bis 2013 im Sinne von Public Private Partnership widmet sich der Kooperation mit dem Privatsektor in der Côte d'Ivoire. Im Bereich des Kakaoanbaus strebt dieses Projekt eine direkte Zusammenarbeit mit den Kakaobauern vor Ort an. Auf diese Weise soll eine gleichbleibende und gute Qualität des Kakaos sichergestellt werden sowie die Einhaltung von ökologischen und sozialen Standards wie die Unterbindung von Kinderarbeit und die Zahlung von gerechten Preisen.

Für dieses Projekt werden international anerkannte Zertifizierungen wie UZT CERTIFIED, Rainforest Alliance oder Fair Trade angestrebt.[19] Weiterhin schult die GIZ seit März 2010 Kleinbauern in Ghana, Nigeria und der Côte d'Ivoire über die Anforderungen der unterschiedlichen Zertifizierungssysteme. Denn oft wissen die Bauern nicht, welche Ansprüche die verschiedenen Label stellen und was sie beachten müssen.

3 Dorfschule in Abekro (Côte d'Ivoire).
Sie ist im Rahmen eines Fairtrade-Projektes der GEPA entstanden und sichert die schulische Grundausbildung der Kinder.

Die Côte d'Ivoire gilt als beliebtes Einwanderungsland für Arbeitssuchende aus den vergleichsweise ärmeren Nachbarländern wie zum Beispiel Mali oder Burkina Faso. Gegenwärtig hat das Land einen Migrantenanteil von über 30 Prozent. Untersuchungen haben gezeigt, dass Kinderhandel und ausbeuterische Formen von Kinderarbeit stark verbreitet sind. Kinder werden aus den Nachbarländern, aber auch aus ländlichen Regionen der Côte d'Ivoire, über Arbeitsvermittler an verschiedenste Arbeitgeber verkauft. Nach Schätzungen von UNICEF werden so jährlich circa 200.000 Kinder in West- sowie Zentralafrika Opfer von Kinderhändlern. Es hat sich mittlerweile ein gut organisiertes Netz von Vermittlern, Schleppern, korrupten Grenzbeamten und Polizisten entwickelt. Jungen werden vor allem auf Kakaoplantagen eingesetzt und Mädchen in städtischen Privathaushalten. Die Kinder sind oft vollkommen ungeschützt, werden körperlich und teilweise auch sexuell missbraucht und erhalten – wenn überhaupt – nur einen geringen Lohn. Neben körperlichen und psychischen Schäden beeinträchtigt mangelnde Schulbildung die Zukunftschancen der Kinder. Diese haben meist keine Möglichkeit, aus dieser Lage zu entkommen.

Um die Lebenssituation der Kinder zu verbessern, fördert das Projekt der GTZ/GIZ die Vernetzung von Akteuren aus Staat, Zivilgesellschaft und Privatwirtschaft. Die Bevölkerung sowie Entscheidungsträger in Politik, Wirtschaft und Verwaltung sollen für die Menschenrechtsverletzungen bei Kinderhandel und Kinderarbeit sensibilisiert werden. Das ist eine wesentliche Voraussetzung dafür, dass die Rechte zum Schutz der Kinder auch eingehalten werden. Im Rahmen des Projektes werden sogenannte »Wachsamkeitskomitees« zur Bekämpfung der Kinderarbeit eingesetzt. Finanziell unterstützt werden diese Maßnahmen von der Stiftung der Deutschen Kakao- und Schokoladenwirtschaft und gemeinsam mit der GTZ/GIZ umgesetzt. Bis zum Beginn des Jahres 2009 wurden ungefähr 9.000 Personen in 360 Wachsamkeitskomitees unterrichtet. Hierzu wurde ein Handbuch entwickelt, damit die Akteure erkennen können, ob es sich bei den Arbeiten um sozialisierende Arbeiten oder aber ausbeuterische Arbeiten handelt. Mittlerweile sind in 40 Prozent der Kakaoanbaugebiete solche Wachsamkeitskomitees aktiv.[20]

Das Projekt unterstützt zusammen mit den lokalen Regierungen Maßnahmen zur Bekämpfung der Kinderarbeit in Dörfern, die etwa die Hälfte des Kakaoanbaugebiets abdecken. Über 200 neu gegründete Komitees zur Bekämpfung von Kinderarbeit auf allen Verwaltungsebenen führen Sensibilisierungsmaßnahmen durch und setzen sich auf lokaler Ebene für Kinderrechte ein. Mit dem Regionalbüro der internationalen kriminalpolizeilichen Organisation Interpol werden Vertreter ivorischer Ordnungskräfte wie Polizei, Zoll und Forstpolizei in diesem Bereich unterstützt.

Das Projekt stärkt Nichtregierungsorganisationen, die betroffene Kinder psychosozial betreuen, alphabetisieren, ausbilden und später sozial wie ökonomisch wieder in die Gesellschaft eingliedern. In den Jahren 2006/07 wurden fast 1.000 Kinder betreut. Als Folge der Aufklärungsmaßnahmen und der Arbeit der Komitees in den Verwaltungen wurden bereits mehrere hundert Kinder aus ausbeuterischen Arbeitsverhältnissen befreit und, wenn es möglich war, wieder in ihre Familien zurückgeführt. Verantwortliche für Kinderhandel und Ausbeutung wurden rechtlich belangt und bestraft.

Zusätzlich finanzierte das Bundesministerium für wirtschaftliche Zusammenarbeit und Entwicklung eine Studie zum Thema Kakao. Die Studie wurde von dem Südwind e.V. betreut und durch das Institut für Entwicklung und Frieden (INEF) der Universität Duisburg-Essen umgesetzt. Im Zentrum steht die Frage, ob die Unternehmen zur Einhaltung von Menschenrechtsstandards im Kakaosektor beitragen oder nicht. Die Studie ist im August 2010 erschienen und kommt zu einem eher ernüchternden Ergebnis: »Die Entwicklung in der Kakao- und Schokoladenbranche zeigt deutlich die Grenzen freiwilliger Prozesse auf. Fortschritte werden nur sehr langsam und in geringem Umfang erzielt.«[21]

Kleine Projekte – Große Wirkung

Neben diesen groß angelegten staatlichen Projekten sind in den letzten Jahren zahlreiche kleine Projekte aus privatem Engagement entstanden. Viele von ihnen haben heute einen festen Platz im Kakaosektor. Wie solche Projekte konkret aussehen können, möchten wir an drei ausgewählten Beispielen erläutern:

Kuapa Kokoo Union in Ghana

Bis Anfang der 1990er-Jahre war die Kakaovermarktung in Ghana ausschließlich in staatlicher Hand. 1992 wurden die Strukturen liberalisiert und auch private Unternehmen zugelassen. Im April gründete eine Gemeinschaft von Kakaobauern unter der Führung von Nana Frimpong Abrebrese die Kooperative Kuapa Kokoo (KKU) mit Sitz in Kumasi.[22] Ziel des Projektes ist, dass die Bauern selber einen Einfluss auf den Verkauf ihres Kakaos haben und auf diese Weise ihre Lebensbedingungen verbessern können. Kuapa Kokoo bedeutet so viel wie »good cocoa farmer« (guter Kakaobauer) in Twi, einer lokalen Sprache.

Von Beginn an wurde und wird Kuapa Kokoo fachkundig und finanziell von einer holländischen und einer englischen Nichtregierungsorganisation unterstützt. Im Jahr 1995 erhielt die Kooperative die erste Fairtrade-Zertifizierung und schon im selben Jahr lieferte die Genossenschaft den Kakao an den Fairen Handel in Europa.

Die Produzenten sind selbst Eigentümer der Handelsfirma Kuapa Kokoo Ltd. Der Export des Kakaos erfolgt jedoch vor allem über die staatliche Cocoa Marketing Company Ltd. Heute zählen knapp 50.000 Bauern zu den Mitgliedern von Kuapa Kokoo. Sie produzierten im Jahr 2008 mit 35.000 Tonnen Kakao immerhin fünf Prozent der ghanaischen Kakaoproduktion. Für die Familien ist der Kakaoanbau die wichtigste Einnahmequelle, er macht 95 Prozent des gesamten Einkommens aus (Abbildung 4). Neben Kakao werden aber auch noch andere Produkte wie Bananen, Cassava, Yams, Mais, Obst und Palmen angebaut, die vor allem der Selbstversorgung

4 Ernte der reifen Kakaofrüchte durch eine Bäuerin in einem Fairtrade-Projekt in Ghana.

und dem Verkauf auf den lokalen Märkten dienen. Ein zusätzliches von Kuapa Kokoo gefördertes Projekt soll den Frauen helfen, ein eigenes Einkommen zu erzielen. Hier werden Kakaoschalen zu Seife verarbeitet und auf den lokalen Märkten verkauft. – Die Kooperative beliefert allerdings nicht nur den Fairen Handel, sie ist zudem an dem britischen Schokoladenhersteller Divine Chocolate beteiligt.[23]

Cooproagro in der Dominikansichen Republik

Die Kooperative Cooproagro (Cooperativa de Productores Agropecuarios), die 1984 gegründet wurde, ist ein Zusammenschluss von Kakaobauern in der Dominikanischen Republik.[24] Die Organisation war eines der Gründungsmitglieder des nationalen Zusammenschlusses der Kakaoproduzenten-Organisation Conacado. Die Bauern von Cooproagro haben dort bis Mitte 2007 ihren Bio-Kakao vermarktet. Im Jahre 2007 gründeten sie ihre eigene Organisation. Zu dieser gehören 15 Teilkooperativen, in denen 1.400 Kakaobauern zusammengeschlossen sind. Nach der Ernte fermentiert nur ein Teil der Kakaobauern den eigenen Kakao. Ein Viertel der Bauern verkauft den unfermentierten Kakao an Cooproagro. Die weitere Verarbeitung, der

Transport zum Hafen und der anschließende Export werden von der Organisation übernommen. Zurzeit produziert die Cooproago jährlich 920 Tonnen Kakao.

Die Zusatzeinnahmen durch den Verkauf von fair gehandeltem Kakao werden hauptsächlich in die Infrastruktur der Kooperative und in die Qualitätsverbesserung des Kakaos investiert. So wurden zum Beispiel Straßen repariert, Brücken gebaut, in einer Teilkooperative Haushalte mit Strom versorgt, ein Vereinsgebäude wieder aufgebaut, eine Schulkantine gebaut und eine Schule saniert.

Neben dem Exportgut Kakao pflanzen die Bauern Bananen, Zitrusfrüchte, Kartoffeln und Gemüse für den Eigenbedarf an. Früher wurde in der Region auch in großen Mengen Kaffee angebaut, der aufgrund der niedrigen Preise in der Vergangenheit jedoch immer mehr durch Kakao ersetzt wurde.

Kallari-Kooperative in Ecuador

Wie die Lebensqualität der Kakaobauern sich verbessern kann, zeigt ein Beispiel aus dem ecuadorianischen Amazonastiefland. In einer GEO-Reportage hat der 53-jährige Cesar Dahua, ein Kischwa-Indianer, sein Leben beschrieben, nachdem er sich einer Kakaokooperative angeschlossen hat: »Zu seinem Besitz zählen ein Kanu, eine Hütte auf Stelzen mit einem ausrangierten Elektroherd als Küchenschrank, sowie ein 100 mal 200 Meter großer Streifen Land auf einer Insel im Rio Napo, den schon seine Eltern bewirtschaftet haben. Dort steht in einem Wald aus Bananenstauden und Guavebäumen, Papaya und Maniok das Wertvollste, was Duhua besitzt: 200 mannshohe, knorrige Stämme, an denen karmesinrote Früchte hängen. ›Den Baum hier‹, sagt Cesar Dahua und zeigt auf ein gut vier Meter hohes Exemplar, ›habe ich meiner Mutter gewidmet. Sie hat ihn einst gepflanzt.‹ Schon Dahuas Eltern ernteten jedes Jahr zwischen Februar und Mai die Früchte, schälten vorsichtig die gut drei Dutzend in einem milchig-zitronigen Fruchtfleisch verborgenen Bohnen heraus und brachten sie auf den Markt. Dahua selbst hätte von dem wenigen Geld, das die Zwischenhändler dort für den Kakao zahlen, seine Familie nicht ernähren können. Er hat deshalb 30 Jahre lang als Bootsführer bei einer Erdölgesellschaft sein Geld verdient, fünf Bootsstunden von Finca, Frau und Kindern entfernt.

Vor gut zwei Jahren aber änderte sich alles. Da trat Cesar Dahua der Kallari-Kooperative bei. Für ihn als ›Cacaotero‹ – Kakaobauer – ist das Genossenschaftsbüro in der Kleinstadt Tena Lobby und Außenhandelsvertretung zugleich – eine direkte Verbindung zum Weltmarkt. So hat Kallari etwa mit Christian Aschwandens Felchlin AG einen langfristigen Exklusivvertrag geschlossen. Der Chocolatier aus der Schweiz garantiert den Genossenschaftlern einen Preis, der mehr als doppelt so hoch liegt wie üblich, Ernte für Ernte. Cesar Dahua liefert seine Bohnen seither nicht mehr bei den Zwischenhändlern, sondern bei der Kallari-Sammelstelle im Dörfchen Shandia ab.«[25]

Diese drei Beispiele zeigen, dass die Lebensbedingungen der Kakaobauern durch entsprechende Initiativen und neue Kooperationsformen verbessert werden können und dass häufig bereits kleine Änderungen helfen. Weltweit sind sich Experten einig, dass auch die Überwindung von Kinderarbeit nur möglich ist, wenn den Familien wirtschaftliche Alternativen geboten werden. Kinderarbeit wird zu einem großen Teil durch Armut verursacht. Eine Lösung liegt daher in nachhaltigem Wirtschaftswachstum, das zu sozialem Fortschritt, insbesondere zur Linderung von Armut und zu universeller Bildung führt.[26]

Die Schokoladenindustrie – Erste Schritte auf neuen Wegen

Während Aktivisten in der letzten Zeit kritisieren, dass sich die Situation in den Kakao anbauenden Ländern kaum verändert hat, gehen die Großen der Schokoladenindustrie mit neuen Projekten voran. So stellt *Cadbury* seinen Riegel »Dairy Milk« ab Juli 2009 in England und Irland mit fair gehandelter Schokolade her. Nestlé zieht hinterher und kündigt an, ab Januar 2010 den KitKat-Riegel in diesen beiden Ländern auch aus fair gehandelter Schokolade herzustellen.

Weitere Schokoladenunternehmen folgen dem neuen Kurs der Nachhaltigkeit und haben eigene Projekte eingerichtet. Das schweizerische Unternehmen *Barry Callebaut* startete im September 2005 zusammen mit den Tochtergesellschaften in der Côte d'Ivoire eine langfristige Initiative zugunsten von 47 Bauernkooperativen. Unter dem Projekt »Partenaire de Qualité« (Qualitätspartner) soll das Programm die Qualität der Kakaofarmen und der Kakaobohnen fördern und zur Verbesserung der allgemeinen Lebensbedingungen der Kakaobauern und ihrer Familien führen.[27] Das Unternehmen hat eine Reihe von Projekten angestoßen. Unter anderem werden Programme in den örtlichen Kooperativen durchgeführt, die auf die Problematik der Kinderarbeit aufmerksam machen. Im April 2008 übernahm Barry Callebaut 49 Prozent an Biolands in Tansania. Biolands ist einer der größten afrikanischen Exporteure von zertifiziertem Bio-Kakao.

Ein weiteres Projekt von Barry Callebaut in den Anbauländern ist die Nutzung von Kakaobohnenschalen zur Energiegewinnung. So decken mittlerweile fünf Fabriken in der Côte d'Ivoire, Ghana, Kamerun und Brasilien 60 bis 100 Prozent ihres Bedarfs an Dampf durch die Verbrennung von Kakaobohnenschalen.[28]

Seit Januar 2011 verkauft Barry Callebaut seine vier Klassiker der »feinsten belgischen Schokolade« unter dem Fair Trade Label. Es sind Schokoladen für die weitere Verarbeitung zum Beispiel für Konditoren oder Chocolatiers.

Die Firma *Kraft Foods* arbeitet seit 2005 mit Rainforest Alliance und staatlichen Entwicklungshilfeorganisationen in Deutschland (GIZ) und den USA (USAID) sowie dem Kakaohändler Armajaro zusammen, um den nachhaltigen Kakaoanbau in der Côte d'Ivoire zu fördern. Ab 2010 werden die ersten Schokoladen der Marken Côte d'Or und Marabou aus Rainforest-Alliance-zertifizierter Schokolade hergestellt. Bis 2012 hat sich das Unternehmen verpflichtet, für das ganze Sortiment der beiden Marken ausschließlich Kakaobohnen von Betrieben mit dem Zertifikat zu verwenden.[29]

Die Rainforest Alliance wurde 1987 gegründet und ist eine internationale gemeinnützige Umweltschutzorganisation.[30] Ihr Ziel ist die Bewahrung der Artenvielfalt und die Förderung von nachhaltigen Wirtschaftsformen. Das Leben der Menschen in den Anbauregionen soll verbessert und Kinderarbeit verhindert werden. Bei Einhaltung festgesetzter Standards vergibt Rainforest Alliance ein Siegel, dessen Standards jedoch nicht unumstritten sind. Beanstandet wird, dass die Organisation ihren Bauern weder einen Mindestabnahmepreis noch festgesetzte Mindestlöhne garantiert. Außerdem wird das Siegel auch dann für Produkte vergeben, wenn lediglich 30 Prozent der Inhaltsstoffe von zertifizierten Betrieben stammen.[31]

Mit dem Produkt »Wild Cocoa de Amazonas« bietet die Firma *Hachez* eine nachhaltige Produktlinie. Seit der Entdeckung einer wilden Kakaosorte arbeitet die Firma Hachez mit dem Regenwaldinstitut zusammen, das die Verwendung des Wildkakaos zertifiziert. In Kooperation mit der GIZ hat Hachez Infrastrukturen für die Ernte und Weiterverarbeitung des Kakaos in Brasilien geschaffen.[32]

Lindt & Sprüngli startete im Jahr 2008 das Projekt »Ghana Traceable« in Zusammenarbeit mit dem COCOBOD und einer einheimischen Organisation. Es handelt sich hierbei um ein hausinternes Kakao-Einkaufsmodell, durch welches die Rückverfolgbarkeit der Kakaobohnen gewährleistet ist und die Beschaffungskette kontrolliert werden kann, sodass Missstände wie Kinderarbeit sofort auffallen.

In diesem Projekt werden während eines Erntejahres festgeschriebene Kakaopreise garantiert, die sich über dem Niveau anderer westafrikanischer Länder bewegen. Für die Kakaobohnen wird eine zusätzliche Prämie gezahlt, welche direkt in eine lokale Stiftung fließt. Hier wird das Geld unter anderem in Projekte für Gesundheit, Bildung, sanitäre Einrichtungen und die Ausbildung von Farmern investiert.[33]

Die Firma *Mars* hat sich 2009 dazu verpflichtet, bis zum Jahr 2020 ausschließlich Kakao aus nachhaltiger Produktion zu verarbeiten. Um dieses Ziel zu erreichen, ist Mars ebenfalls eine Partnerschaft mit der Rainforest Alliance und zusätzlich mit UTZ CERTIFIED eingegangen.[34] In diesem Rahmen wird der Riegel Balisto seit Juni 2011 aus UTZ-zertifizierter Schokolade hergestellt werden.

Für den Kakao startete UTZ CERTIFIED das Zertifizierungsprogramm im Jahr 2007. Seit 2011 sind die ersten UTZ-zertifizierten Schokoladenprodukte auf dem deutschen Markt zu erhalten. Das Label steht für eine rückverfolgbare und nachhaltige Produktion im Kakaoanbau. Hier sollen gute Agrar- und Geschäftspraktiken, soziale Standards sowie ökologische Kriterien eingehalten werden.[35]

Seit 1990 unterstützt die Firma *Ritter* das private Entwicklungsprojekt Cacaonica in Nicaragua. Getragen wird das Projekt von der Entwicklungshilfeorganisation Pro Mundo Humano e.V. in Bonn. Im Jahr 2000 erhielten die Kakaobauern zum ersten Mal das Zertifikat der Europäischen Union für Bioanbau. Von 2002 bis 2004 wurde das Projekt von der Deutschen Gesellschaft für Technische Zusammenarbeit (GTZ) im Rahmen des Konzeptes der Public-Private-Partnership begleitet und unterstützt. Seit 2007 erhält das Projekt Cacaonica auch eine Unterstützung vom Deutschen Entwicklungsdienst (DED). Zudem betreut und berät ADDAC (Associación para la Diversificación y Desarrollo Agrícola Communal) die Bauern beim Anbau von Bio-Kakao. Im Jahre 2002 kam dann der erste Bio-Kakao aus Nicaragua nach Waldenbuch, dem Sitz der Firma Ritter. Aufgrund des fairen Preises, den Ritter Sport für den Bio-Kakao zahlt, liefern mittlerweile fünf Kooperativen, die sich dem Cacaonica-Projekt angeschlossen haben, ungefähr 250 Tonnen biologisch angebauten Kakao pro Jahr. Seit dem Frühjahr 2008 gibt es erste Ritter-Sport-Bio-Schokoladen mit dem Kakao aus dem Cacaonica-Projekt.[36]

Die *Zotter Schokoladen Manufaktur* des Chocolatiers Josef Zotter aus Österreich ist seit 2004 fester Lizenzpartner von Fairtrade Österreich. Die Basisrohstoffe wie Kakao und Rohzucker bezieht die Firma in Bio-Qualität über den Fairen Handel. Alle Produkte der Manufaktur werden aus fair gehandelter Schokolade hergestellt.[37]

Trotz all dieser Bemühungen gibt es jedoch noch viel zu tun, wie Berichte über den immer noch florierenden Kinderhandel und Kinderarbeit zeigen.[38] Auch wenn diese Berichte und Medienbeiträge in einigen Details nicht unumstritten sind, zeigen sie doch deutlich, dass sich generell die Situation in den Anbauländern des Kakaos noch nicht grundlegend verbessert hat.

Die Verpflichtung, hieran etwas zu ändern, liegt jedoch nicht alleine bei der Schokoladenindustrie. Auch der Verbraucher trägt Verantwortung. Denn jede Verbraucherin und jeder Verbraucher kann für sich entscheiden, welche Tafel er in Zukunft genießen möchte. Auch hat er die Möglichkeit nachzufragen, woher der Kakao für seine Lieblingsschokolade kommt und wie die Situation der Kakaobauern vor Ort aussieht. Wenn die Nachfrage nach ökologischer, sozial verträglicher und nach nachhaltig produzierter Ware weiter wächst, wachsen auch die Chancen, dass dieser Mehrwert in den Anbaugebieten den Kakaobauern und ihren Familien zugute kommt.

KAPITEL 4

Kakao als Welthandelsgut

Kostbare Fracht – Der weite Weg der Kakaobohnen

Obwohl über zwei Drittel der jährlichen Weltkakaoernte in Westafrika produziert werden, erfolgen die Verarbeitung der Bohnen und der Konsum der Schokolade nach wie vor in Europa und Nordamerika. Lediglich in einigen wenigen kakaoproduzierenden Ländern konnten in den letzten Jahren eigene Anlagen zur Kakaoverarbeitung und Schokoladenherstellung aufgebaut werden. Allerdings geschah das in den allermeisten Fällen unter der Regie großer internationaler Konzerne. Ein Beispiel ist der Bau einer Schokoladenfabrik durch das schweizerische Unternehmen Barry Callebaut in der Nähe der brasilianischen Stadt São Paulo. Es bleibt abzuwarten, ob sich an dieser Situation in den nächsten Jahren und Jahrzehnten etwas ändern wird. Der überwiegende Anteil der Kakaowertschöpfung wird nach wie vor in den westlichen Industrieländern vollzogen.

Es gibt aber auch Beispiele für einheimische Unternehmungen aus Kakaoanbauländern, die neben dem Kakaoanbau auch die Verarbeitung der Bohnen und die Herstellung von Schokolade übernommen haben. Dabei handelt es sich in der Regel um kleine, oftmals genossenschaftlich organisierte Unternehmen, die für einen überschaubaren Markt produzieren. Der bekannteste Vertreter ist sicherlich die bolivianische Kakaokooperative El Ceibo, deren Anfänge bis in die 1960er-Jahre zurückreichen. Damals siedelte die bolivianische Regierung Bauern und Bergarbeiter aus dem Hochland im Amazonasgebiet an und stellte ihnen Land, Werkzeuge und Saatgut für den Kakaoanbau zur Verfügung. Da es den Bauern aber an Wissen und Erfahrung fehlte, waren ihre Bemühungen zunächst wenig erfolgreich. Erst mit der Gründung einer Kooperative im Jahr 1977 veränderte sich die Situation. Es konnten Transportfahrzeuge angeschafft und eigene Verarbeitungsanlagen für den Kakao aufgebaut werden. Heute betreibt El Ceibo eine eigene Fabrikanlage zur Herstellung von Kakaopulver in El Alto bei La Paz.[1] Außerdem stellt die Kooperative eigene Schokolade her. Im Angebot sind zwei Produktreihen: dunkle Bitterschokolade und Trinkschokolade. Letztere wird als gepresste Schokoladenscheibe verkauft, die in heißem Wasser aufgelöst werden muss. Die Kooperative exportiert ihre Schokoladenprodukte hauptsächlich ins Ausland, erzielt aber immerhin etwa ein Drittel der jährlichen Umsätze auf dem heimischen Markt.

Das Beispiel El Ceibo zeigt sehr deutlich die Schwierigkeiten, aber auch die Möglichkeiten, die im Anbau und in der Vermarktung von Kakao liegen. Außerdem zeigt es die Besonderheit des Kakaoanbaus auf, der sich vom Anbau anderer Wirtschaftspflanzen, wie beispielsweise Kaffee oder Tee, deutlich unterscheidet. Denn Kakao wird in der Regel von Kleinbauern angebaut, deren jährliche Kakaoproduktion in den meisten Fällen nur bei wenigen hundert Kilogramm liegt (Abbildung 1). Kakao bildet für diese Bauern eine wichtige Einnahmequelle, durch die alle Anschaffungen des täglichen Bedarfs finanziert werden. Neben Kakao bauen sie verschiedene weitere Pflanzen als Nahrungsmittel für sich und ihre Familien an.

1
Abwiegen des Kakaos, bevor er auf die lange Reise zu den Verarbeitern und Konsumenten in den westlichen Industrieländern geht. Das Bild stammt aus der Kakao-Kooperative Kuapa Kokoo in Ghana, in der etwa 45.000 Kleinbäuerinnen und -bauern vom Fairen Handel profitieren.

Aus dem kleinbäuerlichen Anbau und der Organisation des internationalen Kakaohandels resultieren für alle beteiligten Akteure verschiedene Schwierigkeiten. Eine ergibt sich unmittelbar nach der Ernte und der ersten Verarbeitung der Bohnen: Wie kommen die Kakaobohnen von den verstreut liegenden Feldern der Kleinbauern zu den Sammelstellen der Händler und Exporteure? Denn erst von dort werden die Bohnen zum nächstgelegenen Überseehafen des Landes und schließlich in die kakaoverarbeitenden Länder der nördlichen Erdhalbkugel transportiert. Der Weg zu den Sammelstellen der Händler stellt alle Beteiligten vor große logistische Probleme. Unzureichende Transportmittel, schwierige Straßenverhältnisse, ungünstige klimatische Verhältnisse und lange Transportwege verhindern oftmals, dass der Kakao unbeschadet an sein Ziel gelangt.

Nach der Ernte werden die Kakaobohnen von den Produzenten und Händlern zu den Exporteuren transportiert, die ihren Sitz in den großen Überseehäfen haben und für die Verschiffung der Kakaobohnen nach Europa oder Nordamerika sorgen. Wie bereits erwähnt, sind die Kakaobauern in hohem Maße von den Erlösen abhängig, die sie durch den Verkauf ihrer Kakaoernte erzielen. Oftmals ist der Anbau von Kakao die einzige Erwerbsquelle der Familie. Die Transportmöglichkeiten, über die ein Kakaobauer verfügt, entscheiden letztlich wesentlich über den Preis, den er für

2
Kakaobauer auf dem Weg zum nächstliegenden Händler. Der Weg von den verstreut liegenden Feldern der Kleinbauern zu den Sammelstellen der Händler und Exporteure ist oft lang und beschwerlich.

seine Kakaobohnen erhält. Besitzt er lediglich ein kleines Boot, ein Fahrrad (Abbildung 2) oder ein Lasttier, ist er darauf angewiesen, seinen Kakao dem nächstliegenden Händler zu verkaufen. Das bedeutet aber, dass er den Preis akzeptieren muss, den ihm der Händler bietet. In der Regel kennt der Kleinbauer die unterschiedlichen Kakaopreise auch nicht, da er kaum eine Möglichkeit zur Information hat. Während die Kakaopreise in der Vergangenheit in verschiedenen afrikanischen Ländern von staatlicher Seite einheitlich festgelegt wurden, muss sich der Kleinbauer nun durch die Zeitung oder über das Radio informieren. In der Realität entfällt diese Möglichkeit aber, da viele Kleinbauern nicht lesen können und auch kein Radio besitzen.

Um diese Benachteiligung zu beseitigen, haben sich vielerorts Kleinbauern zu Genossenschaften zusammengeschlossen, um sich ein Auto oder einen LKW kaufen zu können. Dadurch konnten sie ihre Stellung im Kakaohandel wesentlich verbessern. Die Kakaogenossenschaft Kavokiva aus der Côte d'Ivoire kaufte zum Beispiel nach ihrer Gründung im Jahr 1999 gleich mehrere LKWs und Pritschenwagen und setzte sich für die Reparatur der schlechten Straßen ein. Nur so konnten die verstreut liegenden Farmen der Kakaobauern erreicht werden. Die Fahrzeuge der Genossenschaft dienen heute aber nicht nur dem Transport von Kakaobohnen, sondern bieten auch Platz für Reisende. Außerdem werden sie für Krankentransporte genutzt.[2] Das Beispiel zeigt, dass von den Erfolgen der Kooperativen in der Regel eine ganze Region profitiert, da finanzielle Überschüsse in Straßen, Schulen und Krankenhäuser investiert werden.

In Westafrika ist es häufig der Fall, dass die Händler selbst zu den Feldern der Kakaobauern kommen, um den Kakao dort abzuholen. In diesem Zwischenhandel spielen bis heute syrische und libanesische Kaufleute eine gewisse Rolle. Viele Syrer und Libanesen waren in den 1920er-Jahren nach Westafrika gekommen und hatten in der Folgezeit einen beachtlichen Anteil am westafrikanischen Wirtschaftsleben. In den 1950er-Jahren wurden zwei Fünftel des ghanaischen Kakaoexports durch syrische Firmen abgewickelt.[3]

Sobald nun der Rohkakao beim Händler oder Exporteur angekommen ist, übernimmt dieser den Export der Bohnen in die kakaoverarbeitenden Länder. Der Überseetransport des Kakaos wird seit vielen Jahren durch bestimmte Unternehmen abgewickelt, die sich auf den Transport leicht verderblicher Güter spezialisiert haben. Ein solches Produkt sind auch Kakaobohnen beziehungsweise Halbfertigprodukte wie Kakaomasse oder Kakaobutter. Da der Kakao durch die hohe Luftfeuchtigkeit der Tropen relativ schnell Schaden nehmen kann, muss eine längere Lagerung in dem feuchten Klima unbedingt vermieden werden. Aus diesem Grund werden die Kakaobohnen in der Regel bereits kurz nach der Ernte verschifft. Um sie überhaupt transportieren zu können, werden sie zunächst getrocknet. Ihr Feuchtigkeitsgehalt darf nicht über sechs Prozent liegen, da sie sonst Schimmel ansetzen können. Auch während des Transportes müssen die Kakaobohnen gegen hohe Schwankungen von Temperatur und Luftfeuchtigkeit geschützt werden. Es muss auf eine möglichst kühle und trockene Lagerung sowie auf eine ausreichende Belüftung geachtet werden. Insbesondere im Winterhalbjahr kann es leicht zu Schäden durch Kondensationswasser, den sogenannten Containerschweiß, kommen (Abbildung 3). Dieser wird durch die hohen Temperaturschwankungen zwischen Tag und Nacht verursacht. Wenn die Temperatur in der Nacht stark sinkt, kondensiert die warme Luft im Inneren des Containers. Dadurch werden die Kakaobohnen feucht und verderben. Um dem vorzubeugen, müssen die Container vor dem Beladen absolut sauber und trocken sein. Außerdem wird der Container oft mit Papier oder Antikondensationsfolie ausgekleidet, die das Wasser aufnehmen und dadurch die empfindlichen Bohnen schützen sollen. Eine sehr gute Lösung ist der Transport der Bohnen in ventilierten Containern. Da diese Variante sehr kostenintensiv ist, kommt sie aber nur selten zum Einsatz.

3
Hohe Temperaturschwankungen zwischen Tag und Nacht führen oft zu Kondenswasser in den Transportcontainern (»Containerschweiß«). Vor allem im Winterhalbjahr kommt es so oft zu Transportschäden bei den empfindlichen Kakaobohnen.

Neben der Feuchtigkeit ist der Befall der Kakaobohnen durch Schädlinge, wie die Kakao- und Mehlmotte sowie Ameisen und Schaben ein großes Problem. Um dieses in den Griff zu bekommen, wird die befallene Ware begast. Neben Gas werden auch Räuchertabletten eingesetzt, was allerdings zu Staubablagerung auf den Säcken führen kann. Dieser Staub ist für den Menschen gefährlich. Die Qualität der Kakaobohnen kann auch durch Schimmelbefall erheblich gemindert werden. Einige Schimmelpilze können sogar starke Toxine bilden.[4]

Eine Gefahr für die Arbeiter auf den Schiffen und in den Häfen ergibt sich aus der Nachfermentation der Kakaobohnen während des Transports. Dadurch kann es zur Entwicklung von Kohlendioxid in den Containern kommen, sodass den Arbeitern im schlimmsten Fall der Erstickungstod droht. Um das zu verhindern, werden vor dem Betreten der Laderäume Gasmessungen vorgenommen. Neben der Gasentwicklung gibt es aber noch eine weitere Gefahrenquelle: Unter bestimmten äußeren Bedingungen, wie einer hohen Temperatur und einem Abschluss der Sauerstoffzufuhr, kann es zu Selbsterhitzung der Kakaobohnen und dadurch zum Ausbruch eines Brandes kommen. Aufgrund der genannten Schwierigkeiten zeigt sich, wie problematisch der lange Weg der Kakaobohnen in die Verbraucherländer ist. Oftmals kommt es dadurch zu einer deutlichen Verschlechterung der Kakaoqualität, die den Empfänger zu Nachverhandlungen über den Preis zwingt. Im schlimmsten Fall kann es passieren, dass ein Teil des Kakaos oder sogar die gesamte Ladung bei Seetransporten verloren geht.

Um den Seetransport möglichst effizient zu gestalten, wird seit einigen Jahrzehnten ein spezieller Schiffstyp, der sogenannte Baco-Liner, eingesetzt. Er wurde insbesondere für die schwierigen Verhältnisse in den westafrikanischen Häfen mit ihren langen Be- und Entladezeiten entwickelt. Bei

4 Für den Transport des Kakaos wird neben den üblichen Containerschiffen auch ein spezieller Schiffstyp eingesetzt: Der Baco-Liner kann in seinem Inneren bis zu zwölf Boote mit Fracht aufnehmen. Das verkürzt die Be- und Entladezeiten und ermöglicht ein Arbeiten auch außerhalb der oftmals überfüllten Häfen.

den Baco-Linern handelt es sich um über 200 Meter lange Schiffe, die in ihrem Rumpf bis zu zwölf unmotorisierte Boote aufnehmen können (Abbildung 4). Jedes dieser Boote ist 24 Meter lang und kann bis zu 800 Tonnen Kakao laden. Um die Boote aufnehmen zu können, kann die Bugseite des Baco-Liners geöffnet und der Schiffsrumpf geflutet werden. Sobald die Boote im Rumpf des Mutterschiffes befestigt sind, wird das Wasser abgepumpt. Anschließend kann das Schiff seine Fahrt aufnehmen. Durch die Baco-Liner wird die Verweildauer im Hafen deutlich reduziert. Jedes Schiff verfügt über drei Sätze Boote, von denen sich je ein Satz im Ladehafen, ein Satz an Bord des Mutterschiffes und ein Satz im Löschhafen befinden. Kommt ein Baco-Liner im Hafen an, werden die Boote einzeln zu den Entladeterminals gezogen, wo sie jeweils von etwa zehn bis 15 Arbeitern entladen werden. Während ein Satz Boote entladen wird, kann das Mutterschiff bereits einen zweiten Satz Boote aufnehmen und wieder in See stechen. Durch die Möglichkeit, die Schiffe autark zu beladen und zu löschen, wird eine verzögerte Abfertigung in den überfüllten westafrikanischen Häfen vermieden. Außerdem kann das Beladen und Löschen auch außerhalb von Hafenanlagen, beispielsweise vor einem Hafen oder in einer Flussmündung, geschehen. Die Fahrten der Baco-Liner sind, wie die Fahrten aller anderen Transportschiffe, durch Fahrpläne genauestens festgelegt. Für die Fahrt von den westafrikanischen

Kakaohäfen nach Hamburg benötigt ein Schiff durchschnittlich etwa zehn Tage.[5] Trotz ihrer Vorzüge bei der Abwicklung der westafrikanischen Kakaotransporte sind die Baco-Liner aber bis heute eine Ausnahme geblieben. Sie wickeln gegenwärtig nur einen geringen Teil der jährlichen Kakaotransporte ab. Der weitaus größere Teil wird von Containerschiffen befördert. Damit unterscheidet sich der Kakaotransport in keiner Weise vom Transport der meisten anderen Weltwirtschaftsgüter.

Der Transport des Kakaos auf den Schiffen kann auf unterschiedliche Art und Weise erfolgen. Traditionell werden Kakaobohnen als Sackware transportiert (Abbildung 5). Dabei wird der Kakao in etwa 60 bis 70 Kilogramm schweren Säcken aus Jute oder Sisal verpackt, was allerdings mit einem gewissen Aufwand verbunden ist. Die Kakaobohnen müssen in die Säcke verpackt und später auch wieder entpackt werden. Das benötigt, neben einer größeren Zahl von Arbeitskräften, vor allem Zeit. Eine weniger aufwendige und schnellere Methode ist dagegen der Transport als Bulk, die seit einigen Jahren immer mehr an Bedeutung gewinnt. Bulk ist die englische Bezeichnung für lose, unverpackte Massenware (Abbildung 6). Dabei können die Kakaobohnen entweder lose im Container oder als Megabulk lose im Schiff transportiert werden. Das aufwendige Ver- und Entpacken entfällt, was eine erhebliche Zeit- und Kostenersparnis bedeutet. Allerdings ist bei dieser Transportweise die Anfälligkeit der Kakao-

5 Kakaobohnen werden traditionell in Säcken verschifft.
In jüngster Zeit setzt sich jedoch aus Kostengründen immer mehr der Transport als unverpackte Massenware (Bulk) durch (Abbildung 6, s. S. 92).

6

bohnen gegen Schäden relativ groß. Es kann sehr leicht zu den bereits angesprochenen Feuchtigkeitsschäden kommen, da eine ausreichende Durchlüftung der Kakaobohnen schwierig ist.

Ausladen und Lagern – Die Ankunft der Kakaobohnen

Der Hamburger Hafen ist nach Amsterdam der zweitgrößte Umschlagplatz für Kakao in Europa. Im deutschen Vergleich steht er sogar mit weitem Abstand unangefochten an erster Stelle. Im Jahr 2010 wurden etwa 212.000 Tonnen Kakao über Hamburg nach Deutschland importiert. Das entspricht ungefähr zwei Dritteln der gesamten deutschen Kakaoeinfuhr. Die anderen deutschen Überseehäfen spielen dagegen so gut wie keine Rolle. Lediglich in Bremen wurden im gleichen Jahr etwa 4.000 Tonnen Kakao umgeschlagen.[6] Bei dieser vergleichsweise geringen Menge stellt sich die Frage, warum in Bremen überhaupt noch Kakao umgeschlagen wird. Der Grund liegt in der Tatsache, dass in den letzten 150 Jahren verschiedene Schokoladenfabriken in der Stadt und im näheren Umfeld gegründet wurden. Ein Beispiel ist die Schokoladenfabrik Hachez, die 1890 von Joseph Emil Hachez und Gustav Linde gegründet wurde. Die Kakaonachfrage von Hachez und anderen Schokoladenunternehmen wird auch in Zukunft dafür sorgen, dass weiterhin ein geringer Teil der deutschen Kakaoeinfuhr über Bremen abgewickelt wird.

Nach ihrer Ankunft in den europäischen Zielhäfen werden die Kakaobohnen zunächst kontrolliert und eingelagert. Dabei werden Stichproben entnommen und überprüft, ob die Qualität der Kakaobohnen unter dem Transport gelitten hat. Wichtiges Kriterium ist dabei der Feuchtigkeitsgehalt der Bohnen, der im Löschhafen bei etwas über sechs Prozent liegen sollte, damit der Kakao bei der folgenden Einlagerung keine Schäden davon trägt. Da es bis zum Weitertransport des Kakaos unter Umständen auch etwas länger dauern kann, wird darauf geachtet, dass die Bohnen nach ihrer Ankunft möglichst kühl und trocken gelagert werden. Außerdem besteht auch bei der Lagerung ständig die Gefahr von Schädlingsbefall.

Das Ausladen, die Lagerung und den Weitertransport der Kakaobohnen übernehmen im Hamburger Hafen die sogenannten Quartiersmannunternehmen. Die Quartiersleute arbeiteten früher in den Lagerhäusern der Speicherstadt, wo die Kakaosäcke mühsam mit Flaschenzügen in die oberen Etagen gezogen werden mussten. Weil diese Arbeit körperlich sehr anstrengend war, arbeitete man immer zu viert, woraus sich auch der Name ableitet (lat. quartus = vier). Mittlerweile arbeiten die Quartiersleute aber in modernen ebenerdigen Lagerhallen und benutzen Kräne, Bagger und Fließbänder für ihre Arbeit. Eines der ältesten Quartiersmannunternehmen im Hamburger Hafen ist die Firma H. D. Cotterell, die bereits 1890 gegründet wurde (Abbildung 7). Für die Lagerung von Kakao stehen besondere Flächen zur Verfügung (Abbildung 8). Außerdem betreibt das Unternehmen eine spezielle Reinigungsanlage für Kakaobohnen und seit April 2010 auch eine Aufschmelzanlage für Kakaomasse. In dieser schmilzt das Unternehmen Kakaomasse, die dann in flüssiger Form an die Schokoladenindustrie geliefert wird. Diese kann die Kakaomasse dann ohne weitere Vorbehandlung zu Schokolade oder anderen kakaohaltigen Produkten verarbeiten. H. D. Cotterell beschäftigt zurzeit etwa 60 Mitarbeiter und schlägt jährlich mehrere 10.000 Tonnen Kakao um.[7]

Für den Transport und die Handhabung der Kakaosäcke benutzten die Hafenarbeiter verschiedene Werkzeuge. Das wichtigste Werkzeug war der Sackhaken, der plattdeutsch »Griepen« (Greifer) genannt wurde. Dabei handelte es sich um zwei krallenförmig umgebogene Metallspitzen, die in einem Holzgriff steckten. Durch sie konnten die Kakaosäcke einfacher und schneller bewegt werden. In der Regel arbeitete jeder Hafenarbeiter immer nur mit einem Griepen.[8] In den Hamburger Lagerhäusern wird der Kakao in Jute- oder Sisalsäcken gelagert. Diese eignen sich sehr gut, da ihre Fasern Wasser aufnehmen können und so die Feuchtigkeit regulieren. Es muss aber darauf geachtet werden, dass die Säcke nicht mit Mineralölen behandelt wurden – was gelegentlich vorkommt – da sich dies verständlicherweise auf den Kakao auswirkt und zu Qualitätsminderungen führt. Neben der Sacklagerung ist die Bulklagerung weitverbreitet. Bei dieser werden die Bohnen lose zu riesigen Haufen aufgetürmt.

7 Die Firma H.D. Cotterell zählt zu den ältesten Quartiersmannunternehmen im Hamburger Hafen. Seit 1890 kümmert sie sich um das Ausladen,
die Lagerung und den Weitertransport der Kakaobohnen.

8 Lagerhalle im Hamburger Hafen.
Die Lagerung der Kakaobohnen kann bis zu einem Jahr und länger dauern.
Die Schokoladenhersteller können so Preis- und Nachschub-
schwankungen ausgleichen.

Die Lagerung der Bohnen dauert oftmals bis zu einem Jahr, da die Schokoladenhersteller durch die dadurch entstehende Reserve an Bohnen Preis- oder Nachschubschwankungen ausgleichen können. Es sollen aber auch schon Lagerzeiten von über 20 Jahren vorgekommen sein.[9] Obwohl eine so lange Lagerzeit durchaus möglich ist, führt sie zu einer Verringerung der flüchtigen Aromastoffe in den Kakaobohnen, die insbesondere in den hochwertigen Kakaos vorhanden sind. Wie der Transport, so muss auch die Lagerung sachgemäß sein. Die Bohnen müssen trocken gelagert werden und dürfen nicht in der Nähe von anderen stark aromatischen Rohstoffen wie beispielsweise Pfeffer oder Palmenkernen aufbewahrt werden, da die Kakaobohnen dazu neigen, diese Aromen anzunehmen.

Die Kakaohandelshäuser, Quartiersmannunternehmen und alle anderen Unternehmen, die am Kakaohandel teilhaben, sind im Verein der am Rohkakaohandel beteiligten Firmen organisiert. Dieser wurde im Jahr 1911 unter dem Namen Verein der Cacaohändler gegründet. Damit versuchten die Kakaohändler ihre Position gegenüber der mächtigen Schokoladenindustrie zu stärken. Gegenwärtig umfasst der Kakaoverein 28 Mitgliedsfirmen. Neben klassischen Kakaohandelsunternehmen findet man auch andere Dienstleister, die im Kakaobereich arbeiten. Dazu gehören beispielsweise die Transport- und Versicherungsunternehmen. Ein besonderes Ereignis im Vereinsleben ist das seit 1952 alle vier Jahre stattfindende »Cocoa-Dinner«, zu dem sich in der Regel etwa 250 Repräsentanten aus Wirtschaft, Politik und Verwaltung zusammenfinden. Das regelmäßige Treffen dient dem Austausch von Informationen und Erfahrungen. Außerdem gilt es als willkommener Anlass, um Kontakte zu knüpfen oder zu festigen.[10]

Auf dem Prüfstand – Qualitätsprodukt Kakao

Die Kakaobohnen werden auf ihrem Weg von den Plantagen in die Schokoladenfabriken immer wieder hinsichtlich ihrer Qualität überprüft. Eine erste Kontrolle erfolgt bereits im Anbauland, kurz nach der Fermentation und Trocknung der Bohnen. Auch beim Weiterverkauf durch den Zwischenhändler wird die Qualität der Bohnen kontrolliert. Für den Endabnehmer ist es wichtig zu wissen, ob die tatsächliche Qualität der Bohnen mit den Qualitätsforderungen und Vereinbarungen des Kaufvertrages übereinstimmt. Dazu müssen sie einwandfrei fermentiert, getrocknet und transportiert worden sein.

Die Überprüfung der Qualität der Bohnen erfolgt im Hamburger Hafen anhand von Stichproben, die aus den verschiedenen Kakaosäcken entnommen werden. Das geschieht mit Hilfe eines sogenannten Probenstechers. Dabei handelt es sich um ein angespitztes Metallrohr, das in die Kakaosäcke gestochen wird. Dadurch entsteht eine Öffnung, durch die die Kakaobohnen in eine Probenschale laufen. Nach dem Herausziehen des Probenstechers verschließt sich das Loch im Kakaosack wieder von alleine. Die Kakaobohnen in den Schalen werden hinsichtlich ihrer äußeren und inneren Beschaffenheit bewertet. Außerdem werden ihr Gewicht und ihre Größe ermittelt und gegebenenfalls wird eine chemische Analyse durchgeführt. Die äußere Beschaffenheit der Bohnen lässt erste Rückschlüsse auf ihre Qualität zu. Auch spielt ihre Farbe eine wichtige Rolle, da sie das Aussehen des späteren Fertigprodukts Kakao oder Schokolade bestimmt. Die Färbung der Bohnen kann zwar auch bei ihrer Verarbeitung beeinflusst werden, was aber aufwendiger und teurer ist. Kakaobohnen aus Kamerun zum Beispiel haben eine eher rötliche Färbung, während Kakaobohnen aus Südostasien eine eher orange Färbung aufweisen. Neben der Färbung ist eine gleichmäßige Größe der Bohnen wichtig, da dadurch die spätere maschinelle Verarbeitung erleichtert wird. Die innere Beschaffenheit der Bohnen wird durch einen Schnitttest überprüft (Abbildung 9). Mittels eines speziellen Schneidegerätes wird eine Handvoll Kakaobohnen aufgeschnitten, sodass das Innere der Bohnen begutachtet werden kann. Die Farbe im Inneren der Bohnen, das heißt der Anteil schiefriger, violetter, hellbrechender und brauner Bohnen, gibt dabei Aufschluss über ihren Fermentierungsgrad und ihre Herkunft. Ein hoher Anteil an schiefrigen und violetten Samen deutet auf eine unzureichende Fermentation hin. Der Käufer kann in diesem Fall die Lieferung ablehnen oder einen Preisnachlass verhandeln. Üblicherweise wird auch der Wassergehalt der Kakaobohnen bestimmt, der nicht zu hoch sein darf.[11]

Für den Schokoladenhersteller ist es von großer Bedeutung, dass er jedes Jahr Kakaobohnen von möglichst gleichbleibender Qualität erhält. Allerdings kann die Kakaoqualität innerhalb eines Jahres oder auch innerhalb eines Landes sehr stark schwanken. Die Ursachen liegen meist in einer schlecht durchgeführten oder frühzeitig beendeten Trocknung, die zu vermehrtem Schimmelbefall führen kann. Auch eine fehlende oder unzureichend durchgeführte Fermentation wirkt sich negativ aus. Außerdem können Preisschwankungen am Weltmarkt oder politische Veränderungen im Produktionsland zu einer Verschlechterung der Kakaoqualität führen. Es kommt immer wieder vor, dass qualitativ minderwertige Kakaobohnen aus Krisengebieten in andere Länder transportiert und mit den dortigen qualitativ höherwertigen Kakaobohnen vermischt werden.[12] Dadurch kann sich die Gesamtqualität der Handelsware innerhalb einer bestimmten Anbauregion deutlich verschlechtern. Bei den qualitativ minderwertigen Kakaos ist in der Regel der Anteil der schiefrigen, das heißt unfermentierten, und violetten, das heißt unterfermentierten, Bohnen relativ hoch. Allerdings ist es auch möglich, dass ein Schokoladenhersteller insbesondere an diesen Bohnen interessiert ist. Die un- und unterfermentierten Kakaobohnen enthalten

9 Qualitätsprüfung in der Kakao-Kooperation Kuapa Kokoo (Ghana) mit Hilfe eines Schnitt-Tests: Über die Farbe im Inneren der Bohnen lassen sich Rückschlüsse über deren Herkunft und den Fermentierungsgrad ziehen.

beispielsweise einen relativ hohen Anteil an Polyphenolen, der für die Herstellung von funktionellen Schokoladenprodukten erwünscht ist. Diese speziellen Produkte werden mit zusätzlichen Inhaltsstoffen angereichert, die einen positiven Effekt auf die menschliche Gesundheit haben sollen.[13]

Entsprechend der späteren Verwendung der Kakaobohnen werden unter Umständen noch verschiedene weitere Prüfungen durchgeführt. Dazu gehören Untersuchungen des Fettgehalts, der Fetthärte, des Gehalts an freien Fettsäuren oder die Ermittlung des Schmelzpunkts des Fettes. Die letzten beiden Werte geben Aufschluss über die klimatischen Bedingungen, unter denen die Kakaobohnen gewachsen sind. Der Gehalt an freien Fettsäuren ist höher, wenn krankheits-, schädlings- oder schimmelbefallene Kakaobohnen fermentiert wurden.[14]

Von bestimmten allgemeinen Anforderungen abgesehen, unterscheiden sich die Schokoladenhersteller hinsichtlich ihres speziellen Qualitätsanspruchs an die Kakaobohnen zum Teil erheblich. Während ein Hersteller auch größere Mengen von unfermentiertem und bitterem Kakao zulässt, würde ein anderer Hersteller dies nicht tun. Darüber hinaus gibt es auch größere Unterschiede hinsichtlich der Bewertung des Aromapotenzials von Rohkakao. In der Regel haben die Schokoladenhersteller hier eigene Aroma-Test-Panels entwickelt. Der Arriba-Kakao aus Ecuador hat beispielsweise ein blumiges und fruchtiges Aroma, während die Java-Kakaos eher ein mildes und leicht nussiges Aroma aufweisen. Allerdings bezieht sich die Prüfung des Aromas eher auf die fertigen oder halbfertigen Kakaoprodukte, da das Kakaoaroma erst durch das Rösten vollständig ausgebildet wird. Es entwickelt sich aus den bei der Trocknung und Fermentation der Bohnen entstandenen Aromavorstufen. Bis heute sind über 400 Kakaoaromen bekannt, wobei jedoch immer noch weitere entdeckt werden. Für den Großteil der Schokoladenprodukte spielen die Aromen aber keine große Rolle, da nach Ansicht der Schokoladenindustrie ein durchschnittliches Kakaoaroma ausreicht. Eine spezielle Aromanote wird in der Regel nur bei Edelschokoladen angestrebt, deren Marktanteil zwar noch verhältnismäßig gering ist, allerdings seit einigen Jahren stark ansteigt.

Kleinbauern und Konzerne – Der internationale Kakaomarkt

Die weltweite Kakaoproduktion stieg seit den 1960er-Jahren fast kontinuierlich an und erreichte im Erntejahr 2007/08 mit etwa 3,74 Millionen Tonnen einen neuen Rekordwert. Im Vergleich zum Vorjahr bedeutete das einen Anstieg von über neun Prozent. Da mehr Kakao verarbeitet als erzeugt wurde, musste wie im Jahr zuvor auf die weltweiten Lagerbestände zurückgegriffen werden. Diese betrugen gegen Ende des Jahres 2008 etwa 1,56 Millionen Tonnen.[15] Aufgrund der weltweiten Finanz- und Wirtschaftskrise kam es 2008/09 erstmals wieder zu einem leichten Rückgang der weltweiten Kakaoerzeugung auf 3,604 Millionen Tonnen.[16] Allerdings kann man davon ausgehen, dass sich diese Entwicklung schon bald wieder umkehren wird.

Wie in den letzten Jahrzehnten, stammt der überwiegende Teil der Kakaoernte aus Westafrika. Dessen Anteil an der Weltproduktion liegt gegenwärtig bei etwa 70 Prozent. Damit konnte der afrikanische Weltmarktanteil weiter auf hohem Niveau gehalten werden – in den 1990er-Jahren betrug er noch etwa 54 Prozent. Der Weltmarktanteil der asiatisch-ozeanischen Kakaoregion sank dagegen leicht und liegt zurzeit bei etwa 16,5 Prozent. Der Anteil Lateinamerikas an der jährlichen Kakaoerzeugung liegt bei etwa 13,5 Prozent.[17] Für die afrikanischen Staaten hatte der Export von Kakaobohnen insbesondere in den 1960er- bis 1980er-Jahren eine herausragende Bedeutung als Einnahmequelle. Allerdings verliert der Kakao seitdem mehr und mehr an Bedeutung und wird teilweise durch die Abhängigkeit von anderen Rohstoffen, wie beispielsweise dem Öl, abgelöst. Trotzdem ist der Kakaoexport für einige westafrikanische Staaten weiterhin ein wichtiges Standbein ihrer Exportwirtschaft. In der Côte d'Ivoire machten die Erlöse durch den Verkauf von Kakao im Jahr 2003 noch etwa 15 Prozent der Gesamteinnahmen aus. Außerdem waren etwa 700.000 Menschen im Kakaoanbau beschäftigt.[18]

Seine Bedeutung als wichtige Einnahmequelle stellte der Kakao in der Vergangenheit auch immer wieder auf negative Weise unter Beweis. In der Côte d'Ivoire deckte ein UN-Komitee im November 2005 auf, dass ein Fünftel des ivorischen Militärhaushaltes von den Kakaobehörden des Landes finanziert wurde. Diese hatten von den Kakaobauern ein Fünftel des Produzentenpreises eingefordert. Außerdem mussten die Bauern weitere Steuern und Zölle sowie Gebühren an die Straßensperren der Milizen zahlen.

Eine Studie der Vereinten Nationen aus dem Jahr 2009 kam ebenfalls zu dem Schluss, dass Regierung und Rebellen einen Großteil der Einnahmen aus dem Kakaohandel für »undurchsichtige Zwecke« missbrauchten. Nur ein geringer Teil käme dagegen dem öffentlichen Haushalt zugute.[19] Dabei kam es auch immer wieder vor, dass ivorianischer Kakao als ghanaischer Kakao verkauft wurde, da für Letzteren aufgrund seiner besseren Qualität höhere Preise gezahlt werden. Die Bedeutung der Kakaoeinnahmen für die Finanzierung kriegerischer Auseinandersetzungen wurde auch im jüngsten Konflikt in der Côte d'Ivoire deutlich. Der international anerkannte Präsident Alassane Quattara erließ im Januar 2011 einen Exportstopp für Kakao, um seinem Widersacher Laurent Gbagbo eine wichtige Einnahmequelle zu verschließen.[20]

Die Côte d'Ivoire ist seit mehr als 30 Jahren das größte Kakaoerzeugerland der Welt (siehe Grafik).[21] Im Jahr 2008/09 wurden über 1.223.000 Tonnen Kakao produziert. Gemeinsam mit Ghana liefert das Land jährlich mehr als die Hälfte der gesamten Weltproduktion von Kakao. Der bedeutendste asiatische Kakaoproduzent ist mit 490.000 Tonnen Indonesien. Das Land nimmt in der Weltrangliste den dritten Platz ein. Auf Platz sechs liegt Brasilien, der mit 157.000 Tonnen größte Kakaoerzeuger Lateinamerikas.

Der überwiegende Teil der jährlichen Kakaoernte gelangt in die westlichen Industrieländer. Aufgrund des dort seit Jahren wachsenden Scho-

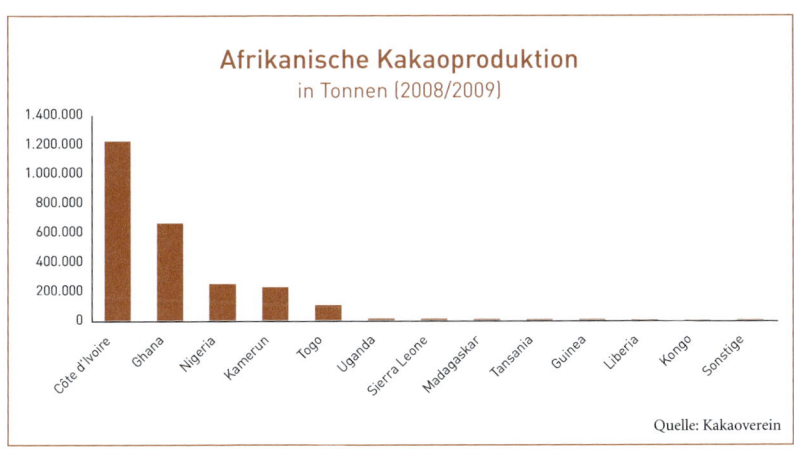

koladenkonsums steigt der Kakaoverbrauch beständig an. Wie bei den Erzeugerländern, gibt es auch bei den kakaoverarbeitenden Staaten eine gewisse Konzentration des Kakaoimports. Traditionell gehören die Niederlande, die USA und Deutschland zu den größten Kakaoverarbeitern der Welt (siehe Grafik). Interessanterweise haben in den letzten Jahren aber auch verschiedene Entwicklungs- und Schwellenländer eigene Kakaoverarbeitungskapazitäten aufgebaut. In der Côte d'Ivoire konnten diese von 95.000 Tonnen im Jahr 1992/93 auf 419.000 Tonnen im Jahr 2008/09 ge-

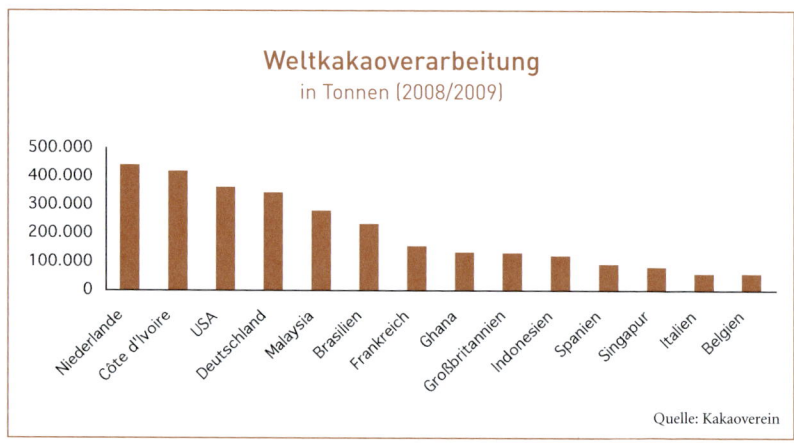

Quelle: Kakaoverein

steigert werden. Damit stieg das Land zum zweitgrößten Kakaoverarbeiter der Welt hinter den Niederlanden auf, gefolgt von den USA und Deutschland. Für die nächsten Jahre wird damit gerechnet, dass der Anteil der Kakaoverarbeitung in den Erzeugerländern weiter zunehmen wird. Als Gründe werden der Abbau von Zollschranken für Halbfertigprodukte in den Industrieländern, die geringeren Produktionskosten und die steigende Nachfrage nach Schokolade auf den Wachstumsmärkten in Asien und Lateinamerika genannt. Vor diesem Hintergrund lohnt es sich für die großen Verarbeitungskonzerne offenbar, in den kakaoproduzierenden Ländern direkt zu investieren. Auch für die Zukunft sind weitere Fabrikneubauten geplant. Damit scheint sich das starre Welthandelssystem zumindest im Falle der Côte d'Ivoire etwas aufgelockert zu haben: Die Produzentenländer beschränken sich nicht mehr allein auf die Erzeugung des Rohstoffes Kakao, sondern versuchen sich auch Anteile im Markt der Halbfertigprodukte zu verschaffen. Es bleibt spannend, ob diesen Schritt auch andere Produzentenländer gehen werden. Die Schokoladenherstellung bleibt aber weiterhin fest in den Händen der Industrieländer.

Wie bereits erwähnt, wird der Großteil der jährlichen Kakaoernte von kleinbäuerlichen Betrieben angebaut. Die Kleinbauern tauchen auf dem

Weltmarkt aber so gut wie nicht auf, da sie ihre Ernte an Zwischenhändler verkaufen. Damit unterscheidet sich der Kakao von zahlreichen anderen tropischen Wirtschaftspflanzen wie Rohrzucker, Kaffee oder Tee, die auf großen Plantagen angebaut werden. Im westafrikanischen Kakaoanbau blieben große Plantagen immer eine Ausnahmeerscheinung. Wenn überhaupt vorhanden, verschwanden sie jedoch spätestens nach dem Zweiten Weltkrieg. Die Kakaovermarktung wurde dagegen schon früh von wenigen großen Handelshäusern kontrolliert. Diese kauften Kakao und verkauften industrielle Handelsgüter. Für die Kleinbauern war es dadurch immer schwer, ihre Interessen gegenüber diesen Handelsgesellschaften durchzusetzen. Eine Möglichkeit ergab sich durch die Bildung von genossenschaftlichen Aufkauforganisationen oder die Direktvermarktung in den Verbraucherländern. Es kam immer wieder zu Konflikten, in deren Verlauf Handelshäuser boykottiert wurden. Der Höhepunkt dieser Auseinandersetzung lag in den 1930er-Jahren in den kakaoproduzierenden Ländern Westafrikas.[22]

Nach dem Zweiten Weltkrieg wurden in einigen westafrikanischen Ländern, wie beispielsweise in Ghana und Nigeria, sogenannte Marketing Boards gegründet. Diese kauften die Ernten der Kleinbauern auf, setzten Preise und Exportquoten fest und unterstützten die Kakaobauern durch fachliche Beratung, Bereitstellung von Pestiziden und Fungiziden sowie der Vergabe von Krediten. Trotz einiger Vorteile, die die Marketing Boards den Kakaobauern boten, zeichneten sich diese in erster Linie durch Missmanagement und Korruption aus. Internationaler Druck von der Weltbank und anderen Organisationen führte seitdem zu einer Liberalisierung der Kakaovermarktung in diesen Ländern.[23] Zwei zentrale Probleme sind mit dem Wegfall der Marketing Boards gegeben: Die Kakaobauern müssen die Preise für ihren Kakao nun selbst mit den Kakaohändlern ausmachen. Allerdings fehlt es ihnen dazu an Informationen über die Preise an den Kakaobörsen in London oder New York. Außerdem erhalten sie keine Subventionen mehr für den Kauf von Schädlingsbekämpfungsmitteln, wodurch in stärkerem Maße ganze Kakaoernten gefährdet werden.[24]

Der Handel mit Kakaobohnen ist sehr vielfältig und wird von vielen verschiedenen Akteuren bestimmt (Grafik S. 102). Die wichtigsten Akteure auf dem internationalen Kakaomarkt sind dabei natürlich die Kakaoproduzenten. Neben den Kleinbauern, die von ihrer gesamten Familie unterstützt werden, existieren auch mittel- und großbäuerliche Betriebe, die es sich leisten können, Pächter und Lohnarbeiter zu beschäftigen. Schließlich gibt es in verschiedenen Kakaoanbauregionen auch Großplantagen. Alle diese verschiedenen Kakaoproduzenten treten mit ihren sehr unterschiedlichen Mengen an Kakao auf dem Weltmarkt auf. Im einfachsten Fall kauft der Schokoladenproduzent direkt beim Kakaobauern. Dies kommt in der Regel aber

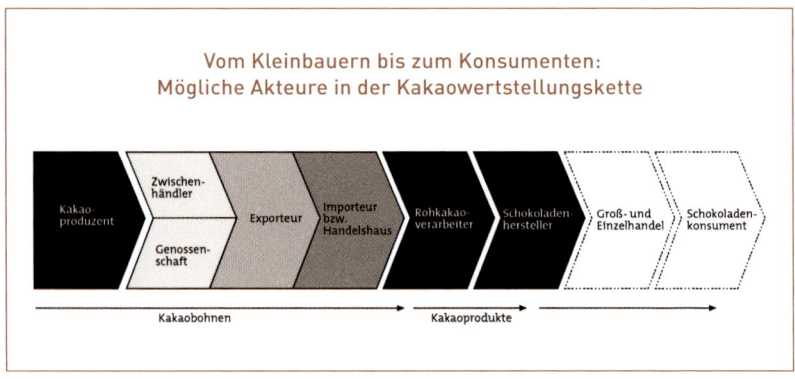

nur bei den großen Schokoladenherstellern und Kakaoverarbeitern vor. Zu letzteren gehört beispielsweise das amerikanische Unternehmen Archer Daniels Midland (ADM). Gemeinsam mit sieben weiteren Konzernen verarbeitet ADM etwa zwei Drittel der jährlichen Kakaoernte in der Welt.[25] Neben diesen Großkonzernen gibt es aber auch verschiedene kleinere, mittelständische Schokoladenhersteller, die ihren Kakao direkt bei den Produzenten vor Ort beziehen. Ein Beispiel ist hier das österreichische Unternehmen Zotter, das einen Teil seiner Kakaobohnen direkt von Kakaobauern aus Nicaragua bezieht. In der Regel gelangt der Kakao aber über eine Kette von Händlern, Spekulanten und Maklern vom Kakaoproduzenten zum Schokoladenhersteller.

Im Allgemeinen gibt es zwei Möglichkeiten, Käufe und Verkäufe auf dem Kakaomarkt zu tätigen. Im einfachsten Fall wird ein sogenanntes Bargeschäft abgeschlossen, bei dem die Lieferung der gewünschten Kakaomenge und die Bezahlung des vereinbarten Preises unmittelbar erfolgen. Der weitaus kompliziertere Fall ist der Abschluss eines Termingeschäftes an einer Warenterminbörse. Dort wird nicht nur die gegenwärtige Kakaoernte, sondern auch im Vorgriff bereits die Ernte des nächsten und übernächsten Jahres gehandelt.[26] Das ist unter Umständen mit hohen Risiken verbunden. Für alle am Kakaohandel beteiligten Personen ist Kakao ein besonders problematisches Handelsgut, dessen Verfügbarkeit von zahlreichen Faktoren bestimmt wird. Dazu gehören vor allem schwankende klimatische Bedingungen, Kakaokrankheiten oder unsichere politische Verhältnisse. Insbesondere die politischen Verhältnisse im größten kakaoproduzierenden Land der Erde, der Côte d'Ivoire, haben großen Einfluss auf den Kakaopreis. So trieb der dortige Staatsstreich im September 2002 den Kakaopreis innerhalb kürzester Zeit auf ein 17-Jahreshoch. Auch der aktuelle, seit 2010 aufflammende Konflikt in diesem Land wird nicht ohne Folgen bleiben. Als Folge der anhaltenden politischen Unruhen hat im Frühjahr 2011 bereits der führende Kakaoverarbeiter und Exporteur ADM seine Kakaoverarbeitung in der Côte d'Ivoire geschlossen. Wegen eines Exportverbotes wurden 475.000 Tonnen Kakao nicht ausgeliefert.[27] Die Abhängigkeit des Preises von den politischen Verhältnissen gilt zwar im Prinzip auch für andere Rohstoffe, allerdings fallen die Preisschwankungen beim Kakao in der Regel deutlich höher aus.

Der Reiz des Spiels – Bohnen an der Börse

Da die Produktion landwirtschaftlicher Güter stark durch ungünstige Witterungsverhältnisse oder Schädlingsbefall beeinflusst ist, unterliegen landwirtschaftliche Produkte immer auch erheblichen Preisschwankungen, die sich schlichtweg nach dem Verhältnis von Angebot und Nachfrage richten. Fällt eine Ernte allgemein gut aus, kann der Preis aufgrund des großen Angebotes deutlich sinken und der Landwirt kommt unter Umständen nicht auf seine Kosten. Um sich gegen dieses für Agrarprodukte typische Preisrisiko abzusichern, wurden bereits im Mittelalter Warentermingeschäfte für solche Güter abgeschlossen. Der Käufer verpflichtete sich dabei schon lange vor der Ernte, eine bestimmte Menge zu einem bestimmten Preis zu kaufen. Dadurch hatten beide Parteien einen Preis, mit dem sie in der Folgezeit kalkulieren konnten. Der Verkäufer konnte nun durch einen eventuellen Preisverfall keinen Verlust mehr machen, dafür allerdings auch nicht mehr von einer möglichen Preissteigerung profitieren. Später entstanden Warenterminbörsen an festen Orten, an denen Warentermingeschäfte getätigt werden konnten. Die erste Börse dieser Art war die »Royal Exchange«, die 1570 in London gegründet wurde. Neben Metallen und Holz wurde dort Getreide gehandelt. Eine größere Bedeutung erhielten Warenterminbörsen aber erst mit der Gründung der »Chicago Board of Trade« im Jahr 1848, die heute die umsatzstärkste Warenterminbörse der Welt ist.

In Deutschland entstanden im 19. Jahrhundert ebenfalls Warenterminbörsen in Hamburg, Magdeburg und Berlin. Aufgrund übermäßiger Spekulationen und zahlreichen Betrügereien wurden diese aber in der Folge des Börsengesetzes von 1896 verboten und nach und nach aufgelöst. Erst nach dem Zweiten Weltkrieg versuchte man in Deutschland wieder Warenterminbörsen einzurichten, was aber ebenfalls ohne Erfolg blieb. Die Letzte der neu eingerichteten Warenterminbörsen wurde 1971 geschlossen. Nach längerer Diskussion entstand erst wieder 1996 eine Warenterminbörse in Hannover – die einzige bis heute existierende Börse dieser Art in Deutschland.

Warenterminbörsen für Kakao befinden sich in London und New York. Dort treffen die Verkäufer und Käufer von Kakao aufeinander. Wird ein Geschäft abgeschlossen, dann verpflichtet sich der Verkäufer dem Käufer eine bestimmte Menge Kakao zu einem bestimmten Preis an einem bestimmten

Tag in der Zukunft zu liefern. Damit haben Verkäufer und Käufer lange im Voraus einen Preis, mit dem sie planen können. Das ist angesichts der Instabilität des Kakaomarktes zunächst einmal ein Vorteil. Jetzt kann es aber sein, dass der tatsächliche Kakaopreis vor Abschluss des Warentermingeschäftes sinkt oder steigt. Sinkt der Preis, dann macht der Kakaoverkäufer ein gutes Geschäft, da er seinen Kakao über dem Marktpreis verkauft hat. Steigt der Preis dagegen, macht der Käufer ein gutes Geschäft, da er den Kakao unter dem Marktpreis gekauft hat. Tatsächlich funktioniert eine Warenterminbörse noch wesentlich komplexer. So kann eine bestimmte Menge auch mehrmals verkauft werden und den Besitzer wechseln. Das zeigt sich sehr eindrucksvoll daran, dass der Wert der gehandelten Kakaomenge den Wert der tatsächlichen Kakaomenge um ein Vielfaches übersteigt.

In den letzten Jahrzehnten kennzeichnete sich der Kakaopreis hauptsächlich durch relativ starke kurzfristige Schwankungen, bei einem langfristigen allmählichen Preisverfall. So verlor der Kakaopreis zwischen 1978/79 und 1999/2000 etwa drei Viertel an Wert. In den letzten Jahren änderte sich diese Situation aber. Der Kakaopreis stieg allmählich an, wobei die teilweise enormen Preisschwankungen bestehen blieben. So stieg der Kakaopreis im Jahr 2002 auf über 1.800 US-Dollar pro Tonne Kakao an, sank er im Folgejahr um über 40 Prozent und blieb auf diesem Niveau. Seit Ende 2007 konnte dann ein allmählicher Preisanstieg beobachtet werden, der sich trotz einer zwischenzeitlichen Schwächeperiode Anfang 2009 bis heute fortsetzte. Der Preis für eine Tonne Kakao stieg zeitweise auf über 3.500 US-Dollar. Dieser Anstieg wurde zu einem großen Teil durch die großen institutionellen Anleger verursacht, die ihre Geldanlagen aus Aktien und Anleihen in Rohstoffe umschichteten, um ihre Ertragssituation zu verbessern. Der Kakaomarkt litt 2008 insgesamt sehr stark unter der Finanzkrise und damit ver-

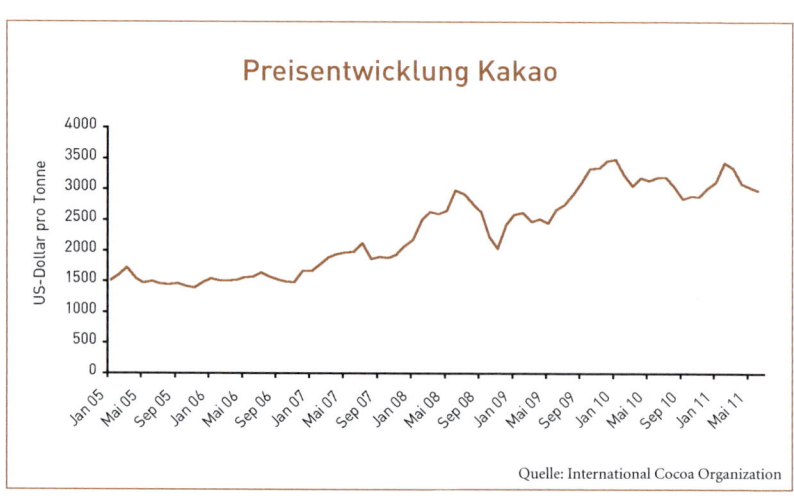

Quelle: International Cocoa Organization

bundener Rohstoffspekulationen, was nicht nur hohe Preise, sondern auch starke Preisschwankungen zur Folge hatte. Der Notverkauf der fünftgrößten Investmentbank der USA, Bear Stern, führte zu Panik an den Finanzmärkten und zur Gewinnmitnahme an den Rohstoffmärkten. Als Folge sank der Rohkakaopreis innerhalb von vier Tagen um 15 Prozent.[28] Aber auch Erntedefizite in verschiedenen Erzeugerländern und die damit verbundene Verschärfung der Angebotssituation führten zu einem Anstieg der Preise.

In diesem Zusammenhang ist auch zu beachten, dass der an der Börse notierte Kakaopreis nur einen Durchschnittswert darstellt. Der tatsächlich gezahlte Preis kann zum Teil erheblich unter beziehungsweise über diesem Preis liegen. So lag der Kakaopreis in der Vergangenheit insbesondere bei Edelkakaosorten deutlich über dem an der Börse gehandelten Preis. Wurde an der Londoner Börse in der Vergangenheit eine Tonne Kakao für etwa 1.000 Britische Pfund gehandelt, lag der Aufpreis für Kakao aus Ghana bei circa 100 Pfund und stieg für Kakao aus Ecuador zeitweise auf mehrere 100 Pfund an. In bestimmten Fällen kann der gezahlte Kakaopreis sogar das Zwei- bis Dreifache des an der Warenterminbörse dotierten Preises ausmachen. Darin zeigt sich der aktuelle Trend zur Herstellung von Schokolade aus Edelkakao, der unter anderem aus Venezuela und Ecuador kommt. Während die Produktion von Konsumkakao in den letzten Jahren oftmals über dem Verbrauch lag, kommt es im Edelkakaobereich aufgrund der stark gestiegenen Nachfrage zeitweise zu Lieferengpässen.

Die aktuelle Situation auf dem Kakaoweltmarkt ist sehr schwierig und kennzeichnet sich insbesondere durch ein sehr hohes Maß an Spekulation und einen vergleichsweise hohen Kakaopreis. Dieser stieg im Sommer 2010 an der Londoner Börse auf 2.720 Pfund und erreichte damit den höchsten Stand seit über 30 Jahren. Als Folge wandten sich eine Gruppe von Händlern und Kakaoverarbeitern an den Börsenvorstand und beschwerten sich über mangelnde Transparenz und »verschiedene Auffälligkeiten« im Handel. Dabei kritisierten sie vor allem die Praxis des sogenannten »Cornering« – das Leerkaufen eines Marktes durch spekulative Anleger, um die Preise in die Höhe zu treiben. Ein Beispiel ist der Ankauf von 240.000 Tonnen Kakao durch den Londoner Hedge-Fond-Anbieter Armajaro. Tatsächlich gibt es schon seit Jahren Klagen über die zunehmende Spekulation auf dem Kakaomarkt. Dies betrifft aber vor allem die Londoner Börse. Die zweite wichtige Rohstoffbörse für Kakao in New York kennt dagegen strengere Regelungen bezüglich des Kakaohandels. Die dortige Börsenaufsicht veröffentlicht jede Woche einen Bericht über die Positionen an den einzelnen Märkten. Dabei wird offengelegt, wie viele Kontrakte auf einzelne Händler entfallen. Ähnliches wird von Händlern und Verarbeitern auch für die Londoner Börse gefordert. Das verhindert aber nicht, dass die großen Kakaohändler über bessere Informationen im physischen Handel verfügen, was ihnen Vorteile bei der Preisfestlegung für Kakao bietet. Cargill beispielsweise beschäftigt in jedem Lagerhaus in Abidjan an der Côte d'Ivoire einen Mitarbeiter, der an die Zentrale Ein- und Auslieferungen von Kakao meldet. LKW-Fuhren der Konkurrenz werden gezählt, um sich ein besseres Bild vom Angebot zu verschaffen. Armajaro wiederum unterhält Wetterstationen, um die Erntebedingungen besser einschätzen zu können.[29]

Fairer Handel – Wachstum auf niedrigem Niveau

In den 1960er-Jahren wurde erstmals ernsthaft über ein internationales Kakaoabkommen zwischen den kakaoexportierenden und kakaoimportierenden Ländern nachgedacht. Die Gründe waren ein relativ stark schwankender Kakaopreis und die große Abhängigkeit vieler afrikanischer Länder vom Kakao. Dies lässt sich besonders gut am Beispiel des westafrikanischen Landes Ghana verdeutlichen.

Bereits unter englischer Kolonialherrschaft wurde der Kakaoanbau in Ghana – zu Lasten anderer landwirtschaftlicher Produkte – massiv ausgebaut. Bis zur Mitte der 1960er-Jahre konnte die Kakaoproduktion auf über 560.000 Tonnen gesteigert werden. Das Land war zu dieser Zeit der größte Kakaoproduzent der Welt. Während in Ghana immer mehr Kleinbauern in den Kakaoanbau einstiegen, wuchsen aber auch die Produktionszahlen anderer westafrikanischer Länder, sodass der Kakaopreis nach unten gedrückt wurde. Als Reaktion wurde die Kakaoproduktion in allen kakaoproduzierenden Ländern von staatlicher Seite mehr oder weniger stark unterstützt, um sinkende Preise durch größere Produktionsmengen auszugleichen. Dies führte zu einer wachsenden Abhängigkeit vom Kakao. So erwirtschaftete Ghana Mitte der 1980er-Jahre etwa 70 Prozent seiner Deviseneinnahmen aus dem Kakaoexport. Bestimmend blieben aber die kurzfristig stark schwankenden Kakaopreise, die zu entsprechend unsicheren und schwankenden Einnahmen führten. Im Jahr 1960 erwirtschaftete Ghana Erlöse in Höhe von 186 Millionen US-Dollar aus dem Kakaoexport. Diese betrugen 1980 etwa 700 Millionen Dollar, 1985 etwa 366 Millionen Dollar und lagen 1987 schließlich bei 417 Millionen Dollar. Es liegt auf der Hand, dass auf der Basis solcher stark schwankender Einnahmen kaum eine solide Haushaltsplanung möglich ist.[30]

Diese Situation galt aber nicht nur für Ghana, sondern im Prinzip für alle kakaoproduzierenden Länder. Als Folge dieser schwierigen Situation wurde 1972 das Erste Internationale Kakaoabkommen abgeschlossen. Dem Abkommen traten verschiedene Produzenten- und Konsumentenländer mit Ausnahme der USA und der Côte d'Ivoire bei. Die zentralen Abmachungen waren ein Exportquotensystem und ein Ausgleichslager, das bei einer Abweichung des Kakaopreises von einer bestimmten Preisspanne, Stützungskäufe beziehungsweise -verkäufe tätigen sollte. Durch diese beiden Maßnahmen sollte der Kakaopreis relativ stabil gehalten werden. Als die Kakaopreise bereits 1972 stark anstiegen, konnte das Ausgleichslager aber nicht aktiv werden, da noch keine ausreichenden Lagerbestände aufgebaut waren. Da das Abkommen somit gleich zu Anfang wirkungslos blieb, wurde bereits 1975 ein zweites Kakaoabkommen abgeschlossen, in dem eine erweiterte Preisspanne vereinbart wurde. Es folgten weitere Abkommen, die aber alle nicht erfolgreich waren. Im Juni 2010 kam es zur Verabschiedung des Siebten und vorerst letzten Internationalen Kakaoabkommens, das 2012 in Kraft treten soll. Es wird dann erstmals eine Gültigkeit von zehn Jahren haben. Wie die beiden vorangegangenen Vereinbarungen wird es lediglich allgemeine Maßnahmen wie die Förderung der internationalen Zusammenarbeit oder die generelle Stärkung der Kakaowirtschaft in den Mitgliedsstaaten beinhalten. Das Abkommen soll insbesondere den kleinbäuerlichen Anbau unterstützen und die allgemeine Kakaoqualität verbessern.

Neben den geschilderten Versuchen, den Kakaohandel auf staatlicher Ebene zu reglementieren, um Preisschwankungen zu minimieren und einen Mindestpreis zu sichern, wurden auch auf privater Ebene Initiativen ergriffen. Die Anfänge des Fairen Handels liegen in den Niederlanden. Dort gründete sich 1967 die Organisation S.O.S. (Stiftung Entwicklung und Zusammenarbeit), die Waren aus Entwicklungsländern importierte, um sie in den Niederlanden zu einem höheren Preis verkaufen zu können. In Deutschland führte ein im Jahr 1969 veröffentlichter Bericht der Weltbank (Pearson-Bericht) über die Auswirkungen der Entwicklungshilfe zu einer größeren Diskussion insbesondere innerhalb der kirchlichen Verbände. Als Folge wurden Komitees gegründet, die Kontakt zur niederländischen S.O.S. aufnahmen und über Dritte-Welt-Läden deren Produkte verkauften.

Als es zu Unstimmigkeiten mit S.O.S. kam, entstanden in Deutschland Anfang der 1970er-Jahre eigenständige Organisationen wie beispielsweise die Gesellschaft zur Förderung der Partnerschaft mit der dritten Welt (GEPA). Die GEPA wurde 1975 gegründet und ist mittlerweile die größte Fair-Handelsorganisation in Europa.[31] Die Gesellschaft wird von verschiedenen kirchlichen Organisationen geführt und möchte durch einen Fairen Handel die benachteiligten Produzenten im Süden fördern. Dazu werden den Produzenten vor Ort unter anderem höhere Preise gezahlt und langfristige Handelsbeziehungen aufgebaut. Das erste Produkt der GEPA, wie des Fairen Handels überhaupt, war Kaffee. Seitdem wurden aber zahlreiche andere Produkte in das Sortiment des Fairen Handels aufgenommen. Die Gesellschaft arbeitet mit etwa 170 Genossenschaften, Vermarktungsorganisationen und engagierten Privatbetrieben in etwa 40 Ländern Afrikas, Lateinamerikas, Asiens und einigen europäischen Ländern zusammen. Von diesen Organisationen werden verschiedene Rohstoffe bezogen, die in Deutschland zum fertigen Produkt verarbeitet werden. Teilweise kommen aber auch schon Fertigprodukte in Deutschland an, wie beispielsweise Bananen oder Fußbälle.

Die für die Herstellung der Kakao- und Schokoladenprodukte der GEPA benötigten Rohstoffe stammen von verschiedenen Genossenschaften. Die Kakaobohnen werden von Kavokiwa aus der Côte d'Ivoire und Cooproagro aus der Dominikanischen Republik geliefert (siehe S. 76). Der für die Schokoladenherstellung verwendete Vollrohrzucker stammt von der Genossenschaft Alter Trade auf den Philippinen. Die Herstellung der Schokolade erfolgt in Deutschland. Die GEPA bietet mittlerweile ein umfangreiches Kakao- und Schokoladensortiment an. Alle Schokoladen werden ohne Zugabe von Soja-Lecithin hergestellt. Bei diesem besteht die Gefahr, dass es gentechnisch verändert ist. In der Schokoladenherstellung dient Lecithin als Emulgator, durch den sich die Fett- und Wasserbestandteile der Schokolade besser miteinander verbinden. Außerdem wird für die GEPA-Schokolade ausschließlich Kakaobutter verwendet, obwohl die EU auch den Einsatz preiswerter Ersatzfette erlaubt.

Die letzten Jahre verliefen für die GEPA relativ erfolgreich. Das ist auf ein wachsendes Bewusstsein der Konsumenten für die Hintergründe der Nahrungsmittelproduktion zurückzuführen. Im Geschäftsjahr 2009/10 konnte der Umsatz auf über 54 Millionen Euro gesteigert werden. Aktuell zeigt sich insbesondere der Süßwarenbereich des Unternehmens als sehr erfolgreich. So konnte im gerade zu Ende gegangenen Geschäftsjahr 2010/11 im Bereich der Tafelschokolade ein Umsatzplus von über 24 Prozent verzeichnet werden. Dieser Erfolg ging vor allem auf die Einführung eines neuen Schokoladensortiments und ein erfolgreiches Weihnachtsgeschäft mit Schokoladenbischöfen zurück. Trotz dieses Erfolges leidet die GEPA zurzeit an den stark gestiegenen Rohstoffpreisen für Kaffeebohnen, auf die mit Preiserhöhungen, Standortschließungen und Stellenabbau reagiert werden musste. Der Verkauf von Kaffee macht schließlich immer noch etwa 50 Prozent des Umsatzes aus. Von diesen kurzfristigen wirtschaftlichen Veränderungen abgesehen, erreicht der Faire Handel trotz aller Erfolge in den letzten Jahren in Deutschland noch lange nicht den Umfang, den er in anderen europäischen Staaten, wie beispielsweise Großbritannien oder den Niederlanden, hat. In Großbritannien kündigte der Schokoladenhersteller Cadbury im März 2009 sogar an, seine gesamte Produktion innerhalb von zehn Jahren auf fair gehandelten Kakao umzustellen. Damit erklärte sich erstmals ein großer internationaler Schokoladenkonzern zur Umstellung seiner gesamten Schokoladenproduktion und Förderung eines nachhaltigen Kakaoanbaus bereit.[32]

Ein weiterer, allerdings deutlich kleinerer Hersteller fair gehandelter Schokolade ist das österreichische Unternehmen Zotter, das seit einigen

10 Firmeninhaber Josef Zotter beim Kakaoschöpfen.
Die österreichische Schokoladen-Manufaktur verwendet nur Zutaten aus
ökologischem Anbau und Fairem Handel.

Jahren auch auf dem deutschen Markt sehr erfolgreich ist. Das Unternehmen wurde 1999 von Josef Zotter gegründet, der von Anfang an auf ein Angebot von sehr exotischen und ausgefallenen Schokoladensorten setzte.[33] Die Schokolade wird zu einem großen Teil in Handarbeit hergestellt, im sogenannten Handschöpfungsverfahren. Dabei wird die Schokoladenmasse nicht wie üblich in Formen gegossen, sondern in Lagen aufgeschichtet und dann portioniert. Das Ausgießen der Schichten erfolgt per Hand (Abbildung 10). In der Riegersburger Schokoladenfabrik des Unternehmens produzieren über 100 Mitarbeiterinnen und Mitarbeiter jährlich etwa 460 Tonnen Schokolade. Mittlerweile umfasst das Sortiment circa 180 verschiedene Sorten. Josef Zotter verwendet für seine Schokoladen ausschließlich Edelkakao aus Ecuador, Peru, der Dominikanischen Republik und Nicaragua. Die Rohstoffe Kakao und Zucker stammen zu 100 Prozent aus dem Fairen Handel. Außerdem werden nur Rohstoffe aus biologischem Anbau verwendet.

Im Jahr 1992 wurde die gemeinnützige Organisation TransFair – Verein zur Förderung des Fairen Handels mit der »Dritten Welt« e.V. gegründet. Das Ziel des Vereins ist es, benachteiligte Produzentenfamilien in Afrika, Asien und Lateinamerika zu fördern und deren Arbeits- und Lebensbedingungen durch einen Fairen Handel zu verbessern. TransFair wird gegenwärtig von 36 Mitgliedsorganisationen aus den Bereichen Entwicklungshilfe, Kirche, Umwelt, Sozialarbeit, Verbraucherschutz, Genossenschaftswesen und Bildung getragen.

STANDARDS DES FAIREN HANDELS
Die folgenden Standards gelten für Genossenschaften oder Plantagen, um in das Produzentenregister des Fairen Handels aufgenommen zu werden und das Fairtrade-Siegel zu erhalten.

Genossenschaften
- Unabhängigkeit und demokratische Kontrolle. Mitglieder entscheiden gemeinsam über Ziele und Verwendung der Mehrerlöse aus dem Fairen Handel.
- Transparenz von Management und Verwaltung.
- Wenn zusätzliche Arbeitskräfte eingestellt werden, müssen Vorteile des Fairen Handels geteilt und soziale Mindeststandards eingehalten werden.

Plantagen
- Eigenständige und unabhängige Vertretung der Landarbeiter, die für den Dachverband des Fairen Handels, die Fairtrade Labelling Organisations International (FLO), als Ansprechpartner immer erreichbar ist.

- Alle Beschäftigten sind berechtigt, sich gewerkschaftlich zu organisieren und kollektiv über Löhne, Sozialleistungen und Arbeitsbedingungen zu verhandeln.
- Gewerkschaft oder Arbeiterorganisation entscheidet mit über die Beteiligung am Fairen Handel und die Verwendung entsprechender Mehrerlöse.

Soziale Mindeststandards
- Abschaffung von Zwangsarbeit und ausbeuterischer Kinderarbeit (Altersgrenze 14 Jahre).
- Recht auf sichere und nicht gesundheitsgefährdende Arbeitsbedingungen.
- Gleiche Entlohnung für gleichwertige Arbeit.
- Keine Diskriminierung nach Geschlecht, Rasse, Religion oder politischer Zugehörigkeit.

Ökologische Mindeststandards
- Integrierter Pflanzenbau (Mischkulturen).
- Schutz von Ökosystemen mit hohem ökologischen Wert.
- Auflagen zum Gewässer- und Erosionsschutz.
- Allmählicher Ersatz von Pestiziden und Mineraldünger durch biologische Pflanzenschutz- und organische Düngemittel.
- Kontinuierliche Durchführung ökologischer Fortbildungsprogramme.

Kakaohändler und Schokoladenproduzenten, die ebenfalls das Fairtrade-Siegel für ihr Produkt erhalten möchten, müssen die folgenden Kriterien erfüllen.

Importeure und Händler
- Direkter Einkauf von Kakao und Zucker bei den zertifizierten Produzentengruppen.
- Garantiepreis von 2.000 US-Dollar pro Tonne Kakao, Aufschlag von 200 US-Dollar für soziale Projekte und Zahlung von 300 US-Dollar für biozertifizierten Kakao.
- Vorfinanzierung der Ernte.
- Aufbau langfristiger Lieferbeziehungen.

Schokoladenproduzenten
- Inhaltsstoffe, die zu FLO-Bedingungen beziehbar sind, müssen zu 100 Prozent aus dem Fairen Handel stammen. Der Gewichtsanteil dieser Stoffe muss mindestens 51 Prozent betragen.

Im Gegensatz zu den oben genannten Organisationen, produziert TransFair selbst keine Waren, auch keine Schokolade. Stattdessen vergibt die Organisation an Produzenten, Importeure, Verarbeitungsbetriebe, Händler oder Schokoladenfabrikanten, die die Standards des Fairen Handels einhalten, ein sogenanntes Fairtrade-Siegel. Es soll Verbrauchern helfen, beim Einkauf fair gehandelte Produkte zu erkennen. Die beiden oben genannten Schokoladenhersteller haben sich zur Einhaltung der Standards verpflichtet und dafür das Fairtrade-Siegel erhalten. Die Einhaltung der Standards wird in regelmäßigen Abständen von TransFair überprüft.

Zu den Standards des Fairen Handels gehören insbesondere die Zahlung eines garantierten Mindestpreises, die Vorfinanzierung der Ernte und der Aufbau langfristiger Handelsbeziehungen (siehe oben S. 110 f.). Für die Einführung eines kontrollierten biologischen Landbaus wird ein zusätzlicher Aufschlag gezahlt. Durch die Festlegung der Standards, die Vergabe eines Siegels und eine gezielte Öffentlichkeitsarbeit versucht der Verein den Produzentenfamilien in den Entwicklungsländern einen Zugang zu den Märkten der Industriestaaten zu verschaffen. Die bestehenden Weltmarktstrukturen, die die Produzenten in den Entwicklungsländern deutlich benachteiligen, können dadurch umgangen werden.

Trotz der Vorteile und Möglichkeiten, die die Fairtrade-Standards den Kakaobauern bieten, werden auch einige Kritikpunkte genannt. Beispielsweise gilt es allgemein als problematisch, dass die Einführung und Überprüfung der Standards die Lebenssituation der Bauern in wichtigen Punkten unberücksichtigt lässt. So können viele Kakaobauern nicht lesen und schreiben und stoßen bei der Bearbeitung von bis zu 200 Kontrollfragen zur Einhaltung der Standards auf entsprechende Schwierigkeiten. Außerdem arbeitet Fairtrade nur mit Kooperativen zusammen, obwohl in Westafrika zahlreiche Kakaobauern nicht organisiert sind. Dadurch wird die flächendeckende Einführung der Fairtrade-Standards verhindert. Schließlich müssen die Kakaobauern die mit der Einführung der Standards verbundenen Kosten und damit das gesamte Risiko alleine tragen. Das war unproblematisch, solange der Preis des fair gehandelten Kakaos deutlich über dem für konventionellen Kakao lag. Mittlerweile haben sich beide Preise aber angeglichen.[34]

Aktuell (2011) verhandeln die am Kakaohandel beteiligten Produzenten, Händler, Hersteller und internationalen Fairtrade-Vertreter über die Weiterentwicklung der Fairtrade-Standards. Ein zentraler Punkt ist dabei die Festlegung der aktuellen Preise und Prämien. Bevor diese aber festgelegt werden können, müssen erst die Kosten für die Kakaoproduktion definiert werden. Die Ergebnisse der Verhandlungen werden im Verlauf des Jahres 2011 vorliegen.

Mittlerweile arbeitet TransFair mit über 150 Lizenznehmern zusammen, die etwa 1.000 verschiedene Produkte anbieten, von Kaffee, Tee und Schokolade über Bananen und Fruchtsäfte bis hin zu Sportbällen und Rosen. Die Produkte werden von über 6.000 Aktionsgruppen, 800 Weltläden und 30.000 Supermärkten vertrieben. Das Jahr 2009 war das erfolgreichste Jahr in der Geschichte von TransFair. Es wurden Produkte im Wert von

267 Millionen Euro verkauft, was im Vergleich zum Vorjahr eine Steigerung von etwa 26 Prozent bedeutete. Die umsatzstärksten Produktgruppen waren dabei Kaffee, Blumen und Südfrüchte. Eine wachsende Bedeutung erhalten seit einiger Zeit ökologisch zertifizierte Produkte, die mittlerweile einen Anteil von fast 70 Prozent am gesamten Sortiment haben.[35]

KAPITEL 5
Aus Kakao wird Schokolade

Wertvolle Zutaten für den süßen Genuss

Osterhasen im Frühjahr, Weihnachtsmänner im Winter, dazwischen der ein oder andere Schokoriegel und ab und an ein paar Pralinen: Über neun Kilogramm Schokolade und Schokoladenwaren isst jeder/jede Deutsche pro Jahr. Deutschland steht damit weltweit an fünfter Stelle beim Pro-Kopf-Verbrauch an Schokoleckereien – Spitzenreiter ist die Schweiz mit knapp elf Kilogramm pro Eidgenosse (siehe Grafik S. 118). In den letzten Jahren wurden in Deutschland so viele neue Schokoladenprodukte auf den Markt gebracht wie nie zuvor. Die Hersteller überbieten sich mit immer neuen Ideen und abenteuerlichen Kreationen. Für den Käufer ist dieses Angebot aber kaum noch zu überschauen. Während ein Supermarkt vor wenigen Jahren lediglich vier verschiedene Schokoladensorten anbot, finden sich heutzutage über 90 unterschiedliche Sorten in den Regalen. Dem Konsumenten wird beim Kauf einer Tafel Schokolade viel Fachwissen abverlangt, wenn er auf den Verpackungen mit Begriffen wie Plantagenschokolade oder handgeschöpfte Schokolade konfrontiert wird. Bevor wir aber auf diese Begriffe näher eingehen werden, möchten wir zunächst auf die Grundlagen der Schokoladenherstellung zu sprechen kommen.

Die Zusammensetzung, Herstellung und der Vertrieb von Schokolade ist in Deutschland durch verschiedene Gesetze und Verordnungen klar geregelt. Von zentraler Bedeutung ist die »Verordnung über Kakao- und Schokoladenerzeugnisse (Kakaoverordnung)«,[1] in ihrer derzeit gültigen Fassung vom 15. Dezember 2003. Sie gibt Auskunft darüber, was unter Schokolade zu verstehen ist und welche Zutaten und Mindestmengen die verschiedenen Schokoladensorten enthalten müssen. Damit sich das Produkt überhaupt Schokolade nennen darf, sind zwei Zutaten vorgeschrieben: Kakao und Zucker. Wer aufmerksam in die Regale gut sortierter Süßwarengeschäfte sieht, wird feststellen, dass tatsächlich auch Schokolade angeboten wird, die »lediglich« diese Mindestvoraussetzung erfüllt. Allerdings in einer ganz besonderen Form. Sie besteht aus 99 Prozent Kakao und einem Prozent Zucker. Obwohl diese Schokolade für die meisten Menschen gewöhnungsbedürftig ist, findet sie trotzdem ihre Liebhaber. Der Hersteller warnt auf der Verpackung allerdings davor, dass ein zu großer Bissen unter Umständen zu Übelkeit führen kann, wenn man das Produkt nicht gewohnt ist.[2] Neben einer Definition von Schokolade nennt die Kakaoverordnung verschiedene

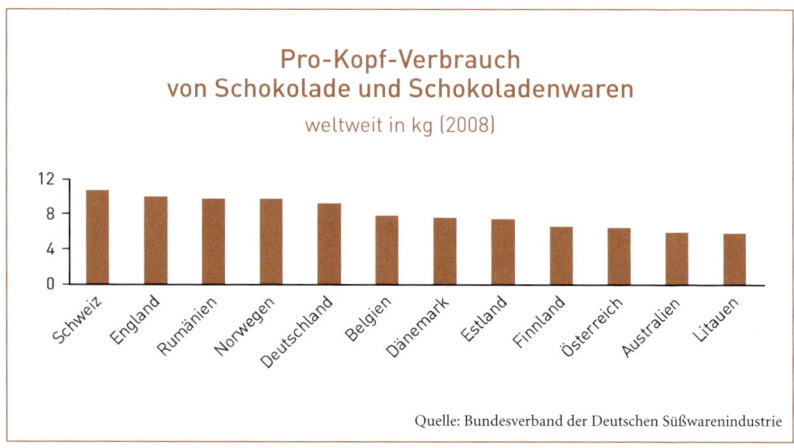

Rohstoffe, die bis auf ganz bestimmte Ausnahmen nicht verwendet werden dürfen. Dazu gehören beispielsweise Getreidemahlerzeugnisse. Diese wurden in der Vergangenheit immer wieder benutzt, um Schokolade zu strecken und den teuren Kakaoanteil reduzieren zu können. Auch künstliche Aromen, die den Geschmack von Schokolade oder Milch nachahmen, sind laut Kakaoverordnung nicht erlaubt. Welche Zutaten sind es aber nun, die für eine Tafel Schokolade verwendet werden?

Die wichtigste Zutat für die Schokoladenherstellung ist der Kakao. Im vorherigen Kapitel haben wir deutlich gemacht, welche hohen Anforderungen an die Kakaobohnen gestellt werden. Deren Qualität kann durch unsachgemäßen Transport oder schlechte Lagerung stark leiden, was natürlich nicht ohne Wirkung auf das Endprodukt bleibt. Kakaobohnen unterscheiden sich in Geschmack und Qualität deutlich voneinander. Die verschiedenen Schokoladenhersteller mischen oftmals mehrere Kakaosorten zusammen, um den für ihre Schokolade gewünschten Geschmack beziehungsweise das typische Aroma zu erhalten. Die Schokoladenindustrie teilt die verschiedenen Kakaosorten in Edelkakao und Konsumkakao ein. Welche Kakaosorten als Edelkakao bezeichnet werden dürfen, ist im »Internationalen Kakaoabkommen« zwischen den Produzenten- und Konsumentenländern geregelt.[3] Besteht eine Tafel Schokolade aus mindestens 40 Prozent Edelkakao, dann wird sie als Edelschokolade bezeichnet. Diese Bestimmung ist allerdings nicht gesetzlich geregelt. Sie hat sich aber innerhalb der deutschen Schokoladenindustrie eingebürgert und ist mittlerweile allgemein üblich.[4]

Für die Schokoladenherstellung werden genau genommen keine Kakaobohnen verwendet, sondern Kakaomasse. Darunter versteht man die gerösteten, geschälten und gemahlenen Kakaobohnen. Durch die beim Mahlen entstehende Wärme verwandeln sich die Bohnen zu einer dickflüssigen dunkelbraunen Kakaomasse. Diese dient als Grundlage der Schokoladenherstellung. Viele Schokoladenhersteller verzichten allerdings auf den Aufwand der Herstellung von Kakaomasse und kaufen diese bei den Produzenten von Halbfertigerzeugnissen ein. Dadurch haben sie selbst aber keinen Einfluss mehr auf die Herstellung der Masse und müssen sich auf ihren Lieferanten verlassen. Die Hersteller hochwertiger Schokolade weisen gerne darauf hin, dass sie selbst »von der Bohne« produzieren, das heißt die Kakaomasse selbst herstellen. Das wird sowohl von den Schokoladenherstellern als auch von den Konsumenten als wichtiges Qualitätsmerkmal gesehen.

Neben Kakaomasse wird der Schokolade häufig noch Kakaobutter zugefügt, obwohl sich diese bereits in der Kakaomasse befindet. Die Zugabe sorgt für einen cremigen Geschmack. Kakaobutter ist das in der Kakaobohne enthaltene Fett. Während es für viele Schokoladensorten verwendet wird, ist es der Hauptbestandteil der weißen Schokolade. Wir werden auf diese später noch zu sprechen kommen. An dieser Stelle sei nur der Hinweis erlaubt, dass Kakaobutter nicht nur für die Schokoladenherstellung, sondern auch als Konsistenzgeber bei der Herstellung kosmetischer Produkte, insbesondere Cremes und Seifen, verwendet wird. Sie hat verschiedene Eigenschaften, die sie für diesen Verwendungszweck besonders brauchbar macht: Sie schmilzt bei Körpertemperatur und zieht dadurch gut in die Haut ein. Außerdem wird sie erst nach langer Zeit ranzig und ruft keine Allergien hervor. Neben der Kosmetik wurde Kakaobutter in der Vergangenheit lange Zeit auch als pharmazeutischer Hilfsstoff für die Herstellung von Zäpfchen verwendet. Heutzutage geschieht dies aber nur noch in ganz seltenen Fällen, da mittlerweile preisgünstigere Alternativstoffe verwendet werden.

Die zweitwichtigste Schokoladenzutat ist in der Regel der Zucker. Bis in das 18. Jahrhundert wurde ausschließlich Rohrzucker verwendet. Das änderte sich mit der Entdeckung des Zuckergehalts der Runkelrübe durch Andreas Sigismund Marggraf im Jahr 1747. Heute wird fast ausschließlich Rübenzucker verwendet, während nur einige wenige Schokoladenhersteller noch Rohrzucker einsetzen. Hierzu gehören vor allem die Unternehmen aus dem Bereich des Fairen Handels. Der Grund liegt in erster Linie in dem Versuch der in diesem Bereich tätigen Organisationen, Rohstoffe aus Entwicklungsländern zu beziehen, um die wirtschaftliche Entwicklung dieser Länder zu fördern. Außerdem betonen Schokoladenhersteller wie die GEPA die geschmacklichen Vorteile des Rohrzuckers, insbesondere des Vollrohrzuckers. Dieser enthält noch Anteile an Einfachzuckern und verschiedenen organischen Bestandteilen, was einen intensiveren Eigengeschmack zur Folge hat.[5] Allerdings wurde gerade diese geschmackliche Besonderheit bei einer Untersuchung verschiedener Tafelschokoladen durch die Stiftung Warentest kritisiert. Im Testbericht wurde von einer »deutlichen Fremdnote« gesprochen, was zeigt, wie weit die Meinungen beim Thema Geschmack auseinander gehen können.[6]

1 Schokoladenzutaten (von links nach rechts):
Kakaobohnen, Kakaomasse, Kakaobutter, Zucker, Milchpulver, Schokoladenmasse.

Neben Kakao und Zucker kommen je nach Schokoladensorte und Hersteller noch weitere Zutaten hinzu (Abbildung 1). Für Vollmilchschokolade beispielsweise Milchpulver, das in Bitterschokolade nicht enthalten ist. Nachdem über Jahrzehnte ausschließlich Kuhmilch verwendet wurde, wird in jüngster Zeit auch mit anderen Milchsorten ungezwungen experimentiert. So wird beispielsweise auch Vollmilchschokolade mit Stuten- oder Schafsmilch angeboten. Eine der neuesten Schöpfungen in diesem Bereich ist Schokolade aus Kamelmilch, die in Dubai hergestellt und unter anderem in den Luxus-Suiten des Sieben-Sterne-Hotels »Burj al Arab« angeboten wird. Das Dubaier Schokoladenunternehmen, an dem auch die Herrscherfamilie des Landes beteiligt ist, möchte seine Schokolade in Zukunft nach Europa exportieren, wobei die Besonderheit ihren Preis hat – 70 Gramm Schokolade kosten ungefähr fünf Euro.[7] Weniger spektakulär ist dagegen Alpenvollmilchschokolade. Im Gegensatz zu »gewöhnlicher« Vollmilchschokolade, darf für diese nur Milch aus den Alpen oder dem Alpenvorland verwendet werden.[8] Unabhängig von der Herkunft der Milch wird in der Schokoladenherstellung übrigens keine flüssige Milch verwendet, auch wenn das in der Fernsehwerbung gerne suggeriert wird. Die Verwendung von flüssiger Milch würde bedeuten, dass die Schokolade am Ende nicht fest wird. Daher wird üblicherweise Milchpulver eingesetzt. Es gibt verschiedene Verfahren zur Herstellung von Milchpulver. Bei der Sprühtrocknung wird die Milch in einem heißen Luftstrom zerstäubt, während ihr bei der Walzentrocknung die Feuchtigkeit durch heiße Walzen entzogen wird. Neben Milchpulver wird für Vollmilchschokolade auch Sahnepulver verwendet, das mit den gleichen Verfahren aus Sahne gewonnen wird. Sahne ist der fettreiche Anteil der Milch, der sich beim Stehenlassen an deren Oberfläche sammelt.

Eine insbesondere in Deutschland sehr beliebte Schokoladenzutat ist Vanille (Abbildung 2). In der Regel wird diese aber in so geringen Mengen verwendet, dass es als eigenständiges Aroma kaum zu erkennen ist. Vanille dient vielmehr dazu, das Kakaoaroma zu unterstützen und die bittere Note etwas abzumildern. Neben der echten Vanille wird für Schokolade in den meisten Fällen aber das künstlich erzeugte Vanillin verwendet, das kostengünstig biotechnologisch hergestellt werden kann. Da es allerdings weniger Aromastoffe als die natürliche Vanille enthält, kann es diese nicht vollständig ersetzen. Dementsprechend wird für hochwertige Edelschokolade natürliches Aroma verwendet. In anderen Ländern werden anstelle von Vanille aber auch gerne andere Zutaten eingesetzt. Darin zeigen sich sehr schön die unterschiedlichen Geschmacksvorlieben der Europäer. In England sind beispielsweise Minze und Ingwer traditionell sehr beliebte Zutaten. In Deutschland sind sie als Schokoladenzutaten weniger bekannt, aber seit einiger Zeit auch hier zu finden.[9]

2
Eine wichtige Schokoladenzutat ist Vanille. Sie mildert die bittere Note des Kakaoaromas ab. Statt echter Vanille wird hierfür jedoch meist künstlich erzeugtes Vanillin verwendet.

Eine Zutat, die nicht wirklich etwas mit dem Geschmack der Schokolade zu tun hat, ist Lecithin. Es handelt sich dabei um einen natürlichen Begleitstoff von Fetten und Ölen, der sich insbesondere im Eidotter und in ölhaltigen Pflanzen befindet. Für die industrielle Verwendung wird Lecithin aus Sojabohnen gewonnen. Für andere Produkte werden auch Raps, Mais, Sonnenblumen oder Erdnüsse als Grundlage für die Lecithinherstellung verwendet. Lecithin fungiert bei der Schokoladenherstellung als Emulgator, der die wässrigen und fetthaltigen Schokoladenbestandteile miteinander verbindet. Außerdem dient es zur Verbesserung der Konsistenz und wird insbesondere bei der Herstellung von Schokoladenprodukten mit Füllung eingesetzt. Es bewirkt dabei eine Verbesserung der Fließeigenschaften der Schokolade und gewährleistet eine gleichmäßige Dicke der Schokoladenumhüllung. Wird Sojalecithin bei der Schokoladenherstellung verwendet, dann muss dieses auf der Verpackung mit dem Ausdruck »Emulgator Sojalecithin« vermerkt werden. Da Sojabohnen häufig gentechnisch verändert sind, stellt sich für den kritischen Verbraucher die Frage, ob das auch für das Lecithin in seiner Schokoladentafel gilt. Auch hier ist es vorgeschrieben, dass der Anteil der gentechnisch veränderten Zutaten angegeben werden muss, wenn er bei über 0,9 Prozent liegt. Da gentechnisch veränderte Lebensmittel in Deutschland nur schwer zu verkaufen sind, verzichten die Schokoladenhersteller in Deutschland bisher konsequent auf die Verwendung solcher Zutaten. Sie arbeiten daher mit bestimmten zertifizierten Lieferanten zusammen und führen strenge Qualitätskontrollen der verwendeten Rohstoffe durch.[10]

Wie bereits anfangs erwähnt, werden mittlerweile die ausgefallensten Zutaten für Schokolade verwendet. Den Anfang machte vor einigen Jahren Schokolade mit Chili, die im Grunde ein Rückgriff auf die traditionelle Schokolade Mittelamerikas war. Mittlerweile ist scharf gewürzte Schokolade fest am Markt etabliert. Außerdem wurde die Verwendung von Chili schon auf andere Süßwarenprodukte übertragen, wie beispielsweise Marzipan, Bonbons oder Lakritz. Der Chilischokolade als dem ersten wirklich exotischen Schokoladenprodukt folgten zahlreiche weitere Kreationen. Beispielhaft seien hier nur Schokoladen mit Ingwer, Thymian, Basilikum, Oliven genannt – oder Schokoladen und Pralinen mit 4711-Kölnisch Wasser (Abbildung 3).

Aber kehren wir wieder zur Kakaoverordnung zurück. Wie bereits erwähnt, regelt diese die Zusammensetzung der einzelnen Schokoladensorten. Die erste Kakaoverordnung trat 1933 in Kraft und war das Resultat eines jahrzehntelangen Kampfes für die Festlegung von Standards in der Schokoladenherstellung. Die Verordnung musste mehrmals der allgemeinen Entwicklung angepasst werden. Die aktuelle Kakaoverordnung vom 15. Dezember 2003 löste die Verordnung vom 30. Juni 1975 ab und enthielt eine wichtige Neuerung. Sie setzte eine Richtlinie der EU aus dem Jahr 2000 um, die die Verwendung von Fremdfetten anstelle der Kakaobutter erlaubte. Die deutschen Schokoladenhersteller dürfen nun bis zu fünf Prozent des Kakaobutteranteils in der Schokolade durch bestimmte pflanzliche Kakaobutteräquivalente ersetzen. Bis zu diesem Zeitpunkt war das in Deutschland und einigen anderen EU-Ländern verboten, in Dänemark, Großbritannien und Irland aber erlaubt. Diese Änderung löste in der Schokoladenbranche eine heftige Diskussion aus, da man eine Verschlechterung der Schokoladenqualität befürchtete. Außerdem wurde ein Rückgang der Kakaoproduktion um bis zu 200.000 Tonnen vorhergesagt.[11] Beides ist ausgeblieben, da kaum ein Schokoladenhersteller von dieser neuen Möglichkeit Gebrauch macht. Wer das in Zukunft aber tun möchte, muss die Verwendung von Fremdfetten auf der Vorder- und Rückseite der Verpackung angeben. In Frankreich und Belgien können Schokoladenhersteller, die auf die Verwendung von Fremdfetten verzichten, dies durch verschiedene Markenzeichen auf der Verpackung

3 Die Zutaten für Schokolade werden immer ausgefallener: Kollektion mit 4711-Kölnisch Wasser oder mit dem Geschmack von Kartoffeln, Äpfeln und gesüßten Zwiebeln (»Himmel & Erd«).

kundtun.[12] In Deutschland fehlt ein solches Markenzeichen zwar, allerdings arbeiten alle Hersteller weiterhin ausschließlich mit Kakaobutter und verzichten auf die Verwendung anderer pflanzlicher Fette.

Für die verschiedenen Schokoladensorten sieht der Gesetzgeber bestimmte Zutaten und Mindestmengen vor. Diese sind in der Kakaoverordnung festgelegt. Eine Tafel Schokolade muss mindestens 35 Prozent Kakao enthalten, davon mindestens 18 Prozent Kakaobutter und mindestens 14 Prozent fettfreie Kakaotrockenmasse. Die Kakaoverordnung unterscheidet darüber hinaus zwischen Milchschokolade und Vollmilchschokolade. Während Milchschokolade lediglich einen Kakaoanteil von 25 Prozent und einen Milchanteil von 14 Prozent aufweisen muss, werden bei Vollmilchschokolade höhere Anteile verlangt. Der Kakaoanteil muss bei mindestens 30 Prozent und der Milchanteil bei 18 Prozent liegen. Interessanterweise gibt es eine bekannte Tafelschokolade, die die Kriterien der Vollmilchschokolade erfüllt, aber trotzdem als Milchschokolade bezeichnet wird – die Milka Alpenmilchschokolade.

Während der Kakaoanteil bei den Milch- und Vollmilchschokoladen relativ niedrig ist, ist der Zuckeranteil oftmals sehr hoch. Bei einigen dieser Schokoladen liegt er bei etwa 50 Prozent. Höhere Kakaoanteile finden sich dagegen bei den Bitterschokoladen. Bei Zart- oder Halbbitterschokolade liegt er bei mindestens 50 Prozent und bei Bitterschokolade bei mindestens 60 Prozent. Wie bereits zu Anfang kurz angesprochen, ist der Kakaoanteil nach oben hin offen. In Deutschland werden mittlerweile häufig Bitterschokoladen mit Kakaoanteilen von über 70 Prozent nachgefragt und auch Bitterschokolade mit 99 Prozent Kakao wird angeboten, was vor einigen Jahren noch völlig undenkbar war. Sowohl bei Bitter- als auch bei Halbbitterschokolade ist darüber hinaus ein Mindestgehalt an Kakaobutter von mindestens 18 Prozent vorgeschrieben.[13]

Rühren und Walzen – Die Herstellung von Schokolade

Die Herstellung von Schokolade ist ein aufwendiger und langandauernder Prozess. Angesichts der vergleichsweise niedrigen Schokoladenpreise wird dies meist außer Acht gelassen. Kaum einem Schokoladenkonsumenten ist bewusst, dass die Herstellung einer Tafel Schokolade bis zu drei Tage dauern kann. Allerdings gibt es zwischen den einzelnen Herstellern beträchtliche Unterschiede in der Anwendung und Dauer bestimmter Arbeitsschritte, insbesondere im Hinblick auf das Rösten der Kakaobohnen und das sogenannte Conchieren der Schokoladenmasse. Das hat seinen Grund vor allem in den Unterschieden zwischen den verwendeten Kakaosorten und Bohnenqualitäten. Im Folgenden sollen nun die verschiedenen Arbeitsschritte der Schokoladenherstellung beschrieben und die Unterschiede zwischen einfacher Konsumschokolade und hochwertiger Edelschokolade erläutert werden.

Für die Herstellung einer Tafel Schokolade werden in der Regel verschiedene Kakaosorten miteinander vermischt. Dadurch ergibt sich der typische Geschmack der jeweiligen Schokolade. Wie bereits zu Anfang geschildert, werden mehrere Kakaosorten unterschieden, die teilweise erhebliche geschmackliche Unterschiede aufweisen. Aber auch Kakaobohnen der gleichen Sorte können sehr unterschiedliche Aromen aufweisen, was seine Ursache in verschiedenen Bodenqualitäten und Unterschieden hinsichtlich der Niederschlagsmenge und Sonneneinstrahlung hat. Außerdem spielt die Fermentation und die Trocknung der Kakaobohnen eine wichtige Rolle für die Aromabildung. Es kann daher leicht nachvollzogen werden, welche Bedeutung der Auswahl der Bohnen zukommt. Auch ist es kaum verwunderlich, das die verwendete Sortenmischung von den Schokoladenherstellern geheim gehalten wird, da sie ihrer Schokolade das typische einzigartige Aroma verleiht. Um die gleichbleibende Qualität der verwendeten Kakaobohnen zu gewährleisten, schließen die Schokoladenhersteller langfristige Verträge mit bestimmten Händlern beziehungsweise direkt mit den Kakaoproduzenten ab. Letzteres stellt sicher, dass es keine allzu großen geschmacklichen und qualitativen Unterschiede zwischen den jährlichen Ernten gibt. Wären die Schwankungen hier zu groß, könnte der gleichbleibende Geschmack einer bestimmten Schokolade nicht garantiert werden. Das bedeutet aber auch, dass die Kakaobohnen vor ihrer Verwendung sorgfältig geprüft werden, um unangenehme Überraschungen zu vermeiden.[14]

In der Schokoladenfabrik werden die Kakaobohnen immer erst gereinigt und von unerwünschten Beimengungen befreit. Dabei kommen Sauganlagen, Siebe, Bürsten oder Magneten zum Einsatz, die Jutefasern, Metallteile, Steine oder kleinere Äste entfernen. Sobald dieser erste Schritt getan ist, folgt mit dem Rösten der Kakaobohnen einer der wichtigsten Arbeitsschritte der gesamten Schokoladenproduktion (Abbildung 4). Dies geschieht mittels Heißluft bei etwa 150 Grad Celsius auf übereinander angeordneten Gitterrosten oder in großen rotierenden Trommeln. Durch das Rösten reduziert sich der Feuchtigkeitsgehalt der Bohnen nochmals und das typische Kakaoaroma kann sich entfalten. Außerdem entsteht so die endgültige dunkelbraune Färbung der Kakaobohnen. Je nach gewünschtem Röstgrad kann dieser Arbeitsschritt bis zu 35 Minuten dauern. Da das Röstverfahren zwischen den einzelnen Kakaosorten variiert, dürfen diese nur getrennt voneinander geröstet werden. Die meisten Schokoladenhersteller beschäftigen Röstmeister für die Entwicklung und Überwachung schonender und wirkungsvoller Röstverfahren.

Da sich durch das Rösten die Schale von den Kernen löst, können beide im nächsten Schritt voneinander getrennt werden. Dazu werden die Bohnen zerkleinert und die Schalen durch ein Sieb oder ein Heißgebläse entfernt. Die Schalen können beispielsweise als Viehfutter oder Düngemittel verwendet werden. In der Vergangenheit war Kakaoschalentee weitverbreitet, da er eine preisgünstige Alternative zum teureren Kakao darstellte. Auch heute noch ist Kakaoschalentee in Drogerien oder Apotheken erhältlich. Außerdem finden sich Kakaoschalen in verschiedenen Teemischungen. Diese haben aufgrund des Theobromingehalts eine kreislaufanregende Wirkung, ähnlich wie das Koffein im Kaffee. Es wirkt allerdings schwächer, dafür dann aber länger anhaltend.

Die zerkleinerten Kakaokerne (Nibs) gelangen nach dem Brechen in die Kakaomühle, wo sie zwischen rotierenden Metallscheiben zerkleinert werden. Durch die dabei entstehende Reibungswärme schmilzt das in der Bohne enthaltene Fett, die Kakaobutter, und es entsteht eine dunkle, intensiv duftende, allerdings sehr bittere Kakaomasse. Diese dient nun als Grundlage für die eigentliche Schokoladenherstellung. Die Schokoladenhersteller, die nicht »von der Bohne« an produzieren, lassen sich die Kakaomasse von Unternehmen liefern, die sich auf die Herstellung von Halbfertigprodukten spezialisiert haben. Die größten Kakaoverarbeiter sind die amerikanischen Unternehmen ADM und Cargill sowie die beiden schweizerischen Unternehmen Barry Callebaut und Nestlé. Diese verarbeiten zusammen etwa die Hälfte der jährlichen Kakaoernte.[15] Neben Kakaomasse stellen alle vier

Unternehmen auch Kakaopulver und Kakaobutter her. Diese liefern sie an zahlreiche Schokoladenhersteller auf der ganzen Welt.

Die Kakaomasse dient nicht nur zur Schokoladenherstellung, sondern auch zur Herstellung von Kakaopulver. Dazu wird die Kakaomasse, die zwischen 50 und 60 Prozent Fett enthält auf etwa 90 Grad Celsius erwärmt und in eine hydraulisch arbeitende Kakaopresse gegeben. Durch den hydraulischen Druck gelangen die Pressstempel in die Presskammern, wobei die Masse gegen Edelstahlsiebe mit mikroskopisch feinen Löchern gepresst wird. Dabei entsteht ein Druck von etwa 900 bar. Je nach Dauer und Intensität des Vorgangs wird ein unterschiedlich hoher Fettanteil aus der Kakaomasse gewonnen. Nach dem Pressvorgang bleibt in den Kammern ein Rest von Kakaomasse zurück, der als Kakaopresskuchen bezeichnet wird. Dieser ist das Ausgangsprodukt für die Herstellung von Kakaopulver. Er wird zunächst zerkleinert und anschließend gemahlen. Damit sich durch die dabei entstehende Reibungswärme die restliche Kakaobutter im Presskuchen nicht verflüssigt, wird das Kakaopulver in einem ständigen Luftstrom abgekühlt und auf einer gleichbleibend niedrigen Temperatur gehalten.[16] Die Schokoladenindustrie unterscheidet zwischen zahlreichen verschiedenen Kakaopulversorten. Allgemein wird Kakaopulver nach dem Fettgehalt unterschieden. Stark entöltes Kakaopulver enthält weniger als 20 Prozent Kakaobutter, schwach entöltes Kakaopulver über 20 Prozent Kakaobutter.[17]

Für die Schokoladenherstellung wird die Kakaomasse zunächst mit den übrigen Zutaten vermischt. Das sind, je nach Schokoladensorte, im wesentlichen Zucker, Milchpulver und Vanille. Damit die Schokolade später den gewünschten Feinheitsgrad erreicht, mischt man der Masse, zusätzlich zur bereits enthaltenen Kakaobutter, weitere Kakaobutter hinzu. Diese wird oftmals von einem der kakaoverarbeitenden Unternehmen bezogen und in beheizten Tankwagen oder in Blöcken angeliefert. Das Vermischen der Zutaten erfolgt in einem Mischer oder Kneter und dauert etwa eine halbe Stunde. Die Temperatur beträgt dabei etwa 40 bis 60 Grad Celsius. Sie darf jetzt nicht mehr zu hoch sein, da das der Masse zugefügte Milchpulver höhere Temperaturen nicht verträgt.[18] Als Resultat des Mischens entsteht eine zähflüssige, teigartige Masse, die nun sehr grobkörnig ist und ein sandiges Gefühl im Mund erzeugt. Damit daraus eine feine, zart schmelzende Schokolade entstehen kann, muss sie gewalzt werden. Dazu wird die Schokoladenmasse auf einen Walzenstuhl gegeben, wo sie zwischen mehreren Metallwalzen bearbeitet wird. Die Masse erreicht einen Feinheitsgrad von weniger als 25 Tausendstel Millimetern, sodass der grobkörnige Zucker später nicht mehr im Mund zu spüren ist. Um einen solchen Feinheitsgrad zu erreichen, ist selbstverständlich eine gewisse technische Ausstattung nötig. Fehlt diese, entsteht eine eher sandige, grobkörnige Schokolade. Oftmals sind es preiswerte Konsumschokoladen, denen es an Feinheit mangelt. Darüber hinaus

4 Nach dem Reinigen der Kakaobohnen werden diese geröstet.

5
Conchieren:
Die Kakaomasse wird gerührt und umgewalzt. Dabei wird sie auf 90 Grad Celsius erhitzt.

ist der Feinheitsgrad einer Schokolade nicht für alle ein Qualitätsurteil. Kinder mögen grobkörnige Schokolade in der Regel lieber als Erwachsene und auch in einigen anderen Ländern, wie beispielsweise in England oder Frankreich, entspricht eine grobkörnige Schokolade eher dem Geschmack der Mehrheit. Durch das Walzen entsteht ein hauchdünner Schokoladenfilm, der mit einem Rakelmesser abgenommen wird. Da die Metallwalzen innen hohl und wassergekühlt sind, werden aus der teigartigen Schokoladenmasse hauchdünne Schokoladenstreusel, die in einem weiteren Verarbeitungsschritt conchiert werden.

Das Conchieren ist mit dem Rösten der wichtigste Arbeitsschritt in der Schokoladenherstellung und entscheidet maßgeblich über den Geschmack und die Qualität der Schokolade. Diese erhält dadurch ihr typisches Aroma und ihren charakteristischen Schmelz. Beim Conchieren wird die Schokoladenmasse einer mechanischen Behandlung unterzogen, das heißt durch Metallstäbe gerührt und permanent umgewälzt (Abbildung 5). Dabei wird die Masse auf eine Temperatur von etwa 90 Grad Celsius erhitzt. Durch diesen Prozess wird ihr Feuchtigkeitsgehalt auf unter ein Prozent reduziert. Außerdem können unerwünschte Aromen entweichen und angenehme Aromen aufgeschlossen werden. Insgesamt kann das Conchieren bis zu 72 Stunden dauern. Die Unterschiede zwischen den einzelnen Schokoladenherstellern sind hier sehr groß. Während einige Hersteller bis zu mehreren Tagen conchieren, begnügen sich andere mit wenigen Stunden. Allerdings muss dabei gesagt werden, dass sich die Conchierzeit auch nach der verwendeten Kakaosorte richtet. Das Conchieren sollte demnach immer so lange dauern, bis das optimale Aroma erreicht ist.

Als Erfinder dieses wichtigen Verfahrens gilt übrigens Rodolphe Lindt aus Bern, der das Verfahren laut einer Firmenlegende nur durch einen Zufall entdeckt haben soll. Lindt hatte im Jahr 1879 das Problem, dass sich bei seiner Schokolade immer wieder ein unansehnlicher Fettreif zeigte. Um dieses Problem zu beseitigen, bearbeitete er die Schokoladenmasse in einem Walzentreiber. Durch das Rühren und Walzen der Masse erhoffte er sich, die überschüssige Feuchtigkeit austreiben zu können. Angeblich soll Lindt an einem Freitag vergessen haben, seinen Walzentreiber auszuschalten, sodass er so lange lief, bis Lindt am folgenden Montag wieder in seine kleine Schokoladenfabrik kam. Es zeigte sich, dass das dreitägige Rühren und Walzen Wunder gewirkt hatte und eine feine, zart schmelzende Schokoladenmasse entstanden war. Das Verfahren, das man später als Conchieren bezeichnete, wurde in der Folgezeit zum festen Bestandteil der Schokoladenherstellung.[19]

Mit dem Conchieren ist der Herstellungsprozess der Schokoladenmasse aber immer noch nicht abgeschlossen. Es folgt als letzter Arbeitsschritt das Temperieren. Die Schokoladenmasse durchläuft dabei eine bestimmte Temperaturkurve. Zuerst wird sie auf etwa 50 Grad Celsius erhitzt, bevor sie in zwei Schritten zunächst auf 34 Grad Celsius und schließlich auf 28 Grad Celsius herunter gekühlt wird. Anschließend wird die Temperatur der Schokoladenmasse wieder auf 32 Grad Celsius erhitzt, bevor sie abschließend auf 30 Grad Celsius gesenkt wird.[20] Durch das Temperieren wird die Schokolade länger haltbar, sie entwickelt einen seidigen Glanz und einen knackigen Bruch. Alles Kriterien, die für die Beurteilung der Qualität der Schokolade sehr wichtig sind. Mit dem Temperieren endet der Herstellungsprozess der Schokoladenmasse. Diese ist nun fertig und kann zu verschiedenen Produkten verarbeitet werden. Einige der wichtigsten Schokoladenerzeugnisse sollen im Folgenden kurz beschrieben werden.

Braune Vielfalt – Die wichtigsten Schokoprodukte

Tafelschokolade

Der Großteil der in Deutschland produzierten Schokoladenmasse wird zu Tafelschokolade verarbeitet. Diese bildet nach wie vor das meistverkaufte Produkt der deutschen Schokoladenindustrie. Für die Herstellung von Tafelschokolade wird die fertige Schokoladenmasse in Formen gefüllt, die in breiten Bahnen über ein Fließband laufen. Nach dem Einfüllen der Masse werden die Formen kurz geschüttelt, damit sich die Masse gleichmäßig in der Form verteilen kann. Außerdem können eventuell eingeschlossene Luftbläschen entweichen. Eine Besonderheit ist allerdings die sogenannte Luftschokolade, bei der die Schokoladenmasse vor dem Abfüllen in die Form mit einem Gas aufgeschäumt wird. Durch das Erzeugen der Bläschen wird die Oberfläche der Schokolade vergrößert, was im Mund zu einem intensiveren Geschmackserlebnis führen soll. Ob das aber tatsächlich der Fall ist, kann zumindest bezweifelt werden. Stückige Zusätze, wie Haselnüsse oder Mandeln, werden der Schokoladenmasse schon vor dem Einfüllen zugegeben. Unabhängig von der Schokoladensorte läuft die Schokoladenmasse nach dem Abfüllen in die Formen durch einen Kühltunnel. Dort wird die Schokolade auf etwa sechs Grad Celsius herunter gekühlt, wodurch sich die Masse zusammenzieht und später leicht aus der Form löst. Um die Schokoladentafeln aber endgültig herausnehmen zu können, muss zusätzlich mechanischer Druck angewendet werden. Eine Möglichkeit besteht darin, die Formen zu wenden und die Schokolade mit einem großen flachen Hammer herauszuschlagen. Auf dem Transportband laufen die Tafeln anschließend zur Verpackungsstation, während die Formen gewendet und zurück zum Anfang der Eintafelanlage geführt werden. Dort werden diese dann sofort wieder neu befüllt.

Etwas aufwendiger als die Herstellung von Tafelschokolade ist die Herstellung von gefüllter Schokolade. Hierbei muss zwischen Schokoladen mit fester und mit flüssiger Füllung unterschieden werden, wobei Letzteres im Tafelschokoladenbereich eigentlich nur selten vorkommt. Hier werden meist feste Füllungen verwendet. Dazu wird zunächst die Füllung in Tafelform gepresst. Über diese lässt man anschließend die flüssige Schokoladenmasse laufen. Nach dem Abtropfen der überschüssigen Schokolade und dem Erkalten der Schokoladenmasse ist die gefüllte Schokoladentafel fertig. Bei einer flüssigen Füllung wird die Schokoladenform zunächst mit flüssiger Schokoladenmasse gefüllt. Anschließend wird die Form gewendet, sodass ein großer Teil der eingefüllten Schokolade wieder hinaus fließt. Es bleibt lediglich eine durch Kühlung erkaltete Schicht zurück. Nun wird die Füllung in diese Form gegeben. Damit eine Schokoladentafel entsteht, wird auf die Füllung ein Schokoladendeckel gegeben, der später den Boden der Tafel bildet.[21]

In den letzten Jahren kamen verstärkt Schokoladen auf den Markt, die laut Herstellerangaben »handgeschöpft« waren. Dieser Begriff wurde von dem österreichischen Schokoladenhersteller Josef Zotter geprägt, der seine Schokolade seit 1995 als handgeschöpft bezeichnete. Damit kennzeichnet er das besondere Herstellungsverfahren seiner Schokolade, die zu großen Teilen in Handarbeit produziert wird. Übernommen hat er den Begriff aus der Papierherstellung, wo in vorindustrieller Zeit Papierbögen handgeschöpft wurden. Nach dem großen Erfolg der handgeschöpften Schokolade wurde der Begriff von zahlreichen anderen Schokoladenherstellern übernommen und hat sich in der Schokoladenherstellung mittlerweile fest eingebürgert.

Schokoladenriegel

Im Jahr 1922 stellte die Firma Mars erstmals Schokoladenriegel her. Die Herstellung eines Schokoladenriegels verläuft in der Regel in drei Schritten. Zunächst wird das Innere des Riegels hergestellt und durch eine Formtrommel flach in Streifen ausgeformt. Auf diese Schicht wird in einem zweiten Arbeitsschritt die Karamelschicht gegeben. Ist diese zweischichtige Masse abgekühlt, wird der Streifen durch ein Schneidewerk in einzelne Riegel geschnitten. Diese gelangen dann zu einer Überziehstation, wo sie mit Schokolade übergossen werden. Nach einer weiteren Kühlstation können die Riegel verpackt werden.[22]

Hohlfiguren

Die ersten Hohlfiguren entstanden in der ersten Hälfte des 19. Jahrhunderts. Bis dahin waren lediglich massive Figuren aus anderen Bereichen der Süßwarenproduktion bekannt, beispielsweise in der Zuckerwarenherstellung. Die Herstellung der Gießformen für Schokoladenfiguren war lange Zeit problematisch. Man experimentierte mit verschiedenen Materialien, von denen sich viele nicht durchsetzen konnten. Dazu gehörte beispielsweise Holz oder Kupfer. Erst die Verwendung von Silber oder Zinn sowie versilbertes oder verzinntes Eisen lösten das Problem des geeigneten Materials für die Formen. Heute werden für die Herstellung von Hohlfiguren hauptsächlich Formen aus Polycarbonaten verwendet.[23]

Die Hohlfigurenformen bestehen aus zwei Hälften, die beispielsweise durch Magneten zusammengehalten werden. Für die Herstellung der Figuren wird die Form auseinander genommen und in eine der beiden Hälften flüssige Schokolade gegossen. Anschließend wird die Form wieder verschlossen und auf einer Schleudermaschine längere Zeit um die eigene Achse gedreht. Dabei verteilt sich die Schokoladenmasse gleichmäßig an den Außenwänden der Form, wo sie erstarrt. Nach einer Kühlung kann die Schokoladenfigur aus der Form genommen werden. Ein besonderer Fall sind zweifarbige Hohlfiguren. Bei diesen werden Teile der Form vorab mit einer der beiden Schokoladensorten bestrichen, bevor nach einer Kühlung die zweite Sorte eingefüllt wird.

Hohlfiguren sind in erster Linie Saisonartikel und werden überwiegend zu Ostern und Weihnachten produziert. Im Jahr 2010 wurden über 13.000 Tonnen Schokoladenosterhasen hergestellt, was über 130 Millionen Stück entspricht. Damit sind Osterhasen die meistproduzierte Hohlfigur, sogar noch vor Nikoläusen oder Weihnachtsmännern. Sie machen 57 Prozent der Produktion von saisonalen Hohlfiguren aus.[24] Neben Ostern und Weihnachten werden aber auch andere Ereignisse oder Modeerscheinungen als Anlass für die Herstellung von Hohlfiguren genommen. Beispiele sind Fußbälle zu Weltmeisterschaften oder Dinosaurier.

Pralinen

Zu den besonderen Schokoladenprodukten gehört die Praline, die nicht nur aus Schokolade, sondern auch aus zahlreichen anderen Rohstoffen bestehen kann. Allerdings darf das Produkt nur Praline genannt werden, wenn der Kakaoanteil mindestens 25 Prozent beträgt.[25] Außerdem muss das Produkt mundgerecht sein (Abbildung 6). Ist es größer, dann wird es als Konfekt bezeichnet. Im Schokoladenbereich spielt die Praline eine große Rolle und verkörpert das Edle und Luxuriöse meist weitaus stärker als die Tafelschokolade.

Über die Entstehungsgeschichte der Praline ranken sich verschiedene Mythen, von denen die bekannteste sicherlich die folgende ist: Die Praline entstand nicht in Frankreich, wie man vielleicht vermuten könnte, sondern in Regensburg. Dort tagte 1663 der »Immerwährende Reichstag«, zu dem der französische König Ludwig XIV. seinen Gesandten Herzog Choiseul aus dem Geschlecht der Grafen du Plessis-Praslin entsandte. Zu dessen Ehren soll eine süße Kreation aus Mandeln, Datteln und Marzipan mit einem Überzug aus Schokolade hergestellt worden sein, die den Namen Praline erhielt. Damit wurde der Familienname des Herzogs in Deutschland unsterblich, nicht aber im Heimatland des Franzosen. Dort werden Pralinen heute als »chocolat« bezeichnet.[26] Es gibt aber noch eine zweite Theorie zur Entstehungsgeschichte. Das belgische Unternehmen Neuhaus behauptet, dass Jean Neuhaus, ein Enkel des Unternehmensgründers, die Praline 1912 erfunden habe.[27] Es ist aber kaum vorstellbar, dass die Praline erst so spät erfunden worden sein sollte. Aber wie dem auch sei, angesichts der sehr dünnen Quellenlage kann hier ohnehin nur spekuliert werden. Heutzutage gilt Belgien als die Hochburg der Pralinenherstellung. Dort sitzen die Stammhäuser verschiedener bekannter Schokoladenproduzenten, wie beispielsweise Godiva, Leonidas oder Neuhaus.

Es gibt verschiedene Herstellungsverfahren für Pralinen: das Hohlkörperverfahren, das Überziehverfahren und das Schicht- und Schneideverfahren. Der Geschmack und die Konsistenz werden bei der Praline durch die Ganache bestimmt, die Grundmasse aus Schokolade und Sahne. Für deren Herstellung wird Kuvertüre mit einem hohen Kakaobutteranteil von mindestens 31 Prozent verwendet. Eine andere Schokoladenmasse, die wie die Kuvertüre auch gerne für den Hausgebrauch verwendet wird, ist die Blockschokolade. Hier ist allerdings nicht eindeutig festge-

6 Eine Praline muss mundgerecht sein und einen Kakaogehalt von mindestens 25 Prozent haben.

legt, was darunter zu verstehen ist. Im Allgemeinen besitzt Blockschokolade einen Zuckeranteil von über 50 Prozent und einen Kakaobutteranteil von unter 25 Prozent.[28]

Unabhängig vom Produkt, folgt dem Herstellen das Verpacken der Schokolade. Heutzutage wird dieser Arbeitsschritt in den modernen Schokoladenfabriken weitgehend maschinell durchgeführt. Der Einsatz von menschlicher Arbeitskraft beschränkt sich in der Regel nur auf verschiedene einfache Handgriffe und Arbeitsschritte. Die Verpackung hat in erster Linie die Aufgabe, das Schokoladenprodukt vor schädlichen Umwelteinflüssen zu schützen. Dass sie dabei aber selbst zum Problem werden kann, zeigt die bereits angesprochene Untersuchung verschiedener Schokoladen durch die Stiftung Warentest. Eine Schokolade enthielt Konservierungsmittel, die aus der Verpackung in die Schokolade gelangt waren.[29] Neben dieser Funktion soll die Verpackung aber natürlich auch für das Produkt werben und dem Verbraucher alle wichtigen Informationen vermitteln. Welche das im Einzelnen sind, ist in Deutschland durch die »Verordnung über die Kennzeichnung von Lebensmitteln« geregelt.[30] Dort ist vorgeschrieben, dass eine Tafel Schokolade mit ihrem Namen und ihrer Verkehrsbezeichnung sowie mit Angaben zu Menge und Preis versehen werden muss. Hinsichtlich der Menge gibt es seit 2009 eine neue Regelung. Die bis dahin geltenden Einheitsgrößen für Schokolade, wie beispielsweise 100 Gramm, verloren ihre Gültigkeit. Nun ist es den Herstellern erlaubt, ihre Schokolade mit einem anderen Gewicht zu verkaufen. Die Kritiker dieser neuen Regelung befürchten, dass dadurch versteckte Preiserhöhungen ermöglicht werden. Neben den genannten Angaben müssen weitere Informationen auf der Schokoladenverpackung angegeben sein. Dazu zählen ein Mindesthaltbarkeitsdatum, die verwendeten Zutaten und alle genetisch veränderten Inhaltsstoffe.

Neben der Verpackung ist die richtige Lagerung der Schokolade für ihre Qualität von großer Bedeutung. Die notwendigen Lagerbedingungen richten sich nach der angestrebten Lagerdauer. Bei einem Zeitraum von einigen Wochen reichen normale Bedingungen aus, das heißt eine Temperatur von 16 bis 18 Grad Celsius und eine relative Luftfeuchtigkeit von 45 bis 60 Prozent. Bei einem längeren Zeitraum muss die Temperatur reduziert werden, sollte aber nicht unter zehn Grad Celsius liegen.[31] Eine Lagerung von über drei Monaten kommt in der Regel nur bei Saisonwaren vor, insbesondere bei Weihnachts- und Osterartikeln. In diesen Fällen muss schließlich lange im Voraus produziert werden, um die Nachfrage befriedigen zu können. Da die Kakaobutter stark antioxydative Eigenschaften besitzt, dauert es bei milchfreien Schokoladen relativ lange, bis eine geschmacklich deutlich wahrnehmbare Qualitätsminderung eintritt. Hier sind Lagerzeiten von 18 bis 24 Monaten möglich. Lediglich Milchschokoladen erlauben aufgrund der vergleichsweise geringen Haltbarkeit des Milchpulvers nur Lagerzeiten von sechs bis zwölf Monaten.[32]

Eine unsachgemäße Lagerung kann in jedem Falle zu einer Beeinträchtigung der Schokoladenqualität führen. Die häufigsten Probleme, die sich in diesem Zusammenhang ergeben, sind der Fettreif und der Zuckerreif. Wir werden im Folgenden darauf zu sprechen kommen. Wie bei den Kakaobohnen auch, besteht bei der gelagerten Schokolade immer die Gefahr des Schädlingsbefalls. Die größte Gefahr geht dabei wieder von verschiedenen Mottenarten aus. Diese werden bei einem Befall der Schokolade mit verschiedenen chemischen Mitteln bekämpft.[33]

Alle Sinne gefordert – Der Schokoladengenuss

Der ungebrochene Trend zu hochwertigen Edelschokoladen zeigt, dass das Qualitätsbewusstsein der Verbraucher in den letzten Jahren stark gestiegen ist. Der Genuss von Schokolade steht wieder im Vordergrund. Als Folge dieser Entwicklung werden in fast allen großen deutschen Städten Seminare zur Verkostung von Schokolade angeboten. Einer besonderen Beliebtheit erfreuen sich dabei Veranstaltungen, die die Verkostung von Schokolade und Wein miteinander kombinieren. Im Folgenden möchten wir einige Anmerkungen zur Verkostung von Schokolade machen. Welche Aspekte sind es, auf die beim Genuss von Schokolade zu achten ist?

Um die Qualität einer Tafel Schokolade beurteilen zu können, sind alle Sinne gefragt. Den Anfang macht nach dem Öffnen einer Tafel Schokolade das Sehen, der für den Menschen wichtigste Sinn. Entsprechend dem Kakaoanteil und der verwendeten Kakaosorte haben die verschiedenen Schokoladenprodukte eine unterschiedliche Braunfärbung. Es lohnt sich, hier einmal verschiedene Schokoladen zu vergleichen. Dann wird schnell deutlich, dass Braun nicht immer gleich Braun ist. Allerdings sagt die jeweilige Färbung nicht wirklich etwas über die Qualität der Bohnen aus, da selbst ein Fachmann anhand dieses Merkmals kaum etwas zur Herkunft der Bohnen sagen kann. Edelkakaosorten können von einem hellen oder dunklen Braun sein. Viel wichtiger für die Qualitätsbeurteilung der Schokolade ist dagegen die Betrachtung der Oberfläche. Hier muss darauf geachtet werden, dass sich an der Oberfläche kein Fettreif abgelagert hat. Das geschieht, wenn die Schokolade starken Temperaturschwankungen ausgesetzt war. Die Kakaobutterkristalle steigen dann an die Oberfläche und verursachen den Fettreif. Ähnliches kann bei einer zu kalten und feuchten Lagerung auch mit Zucker passieren. Dieser lagert sich dann ebenfalls an der Oberfläche ab. Insgesamt sollte darauf geachtet werden, dass die Schokolade gleichmäßig in Farbe und Beschaffenheit ist. Sie sollte seidig glänzen und nicht stumpf sein.

In den oben angesprochenen Seminaren wird auch immer wieder auf die Bedeutung des Tastsinns hingewiesen. Man kann durchaus einmal über die Oberfläche einer Tafel Schokolade fühlen. So kann ertastet werden, ob sie glatt und fest ist. Beides sind wichtige Qualitätsmerkmale für Schokolade.

Wichtigstes Sinnesorgan, auch für das Schmecken, ist die Nase. Es ist allgemein bekannt, dass der Geschmackssinn bei Erkältungen und einer verstopften Nase nicht richtig funktioniert. Es gibt zwei Möglichkeiten der Geruchsanalyse: Bei der direkten Geruchsanalyse atmet man den Geruch der Schokolade tief ein. Bei der indirekten Geruchsanalyse nimmt man ein Stück Schokolade in den Mund, lässt es schmelzen, und atmet dann die Luft, die sich im Mund angesammelt hat, durch die Nase aus. Bei beiden Methoden nimmt man die Aromen der Schokolade wahr. Sie kann beispielsweise nach Milch, Karamell oder Vanille duften. Eine geübte Nase riecht darüber hinaus die Qualität der Bohnen, zumal Kakao relativ schnell unerwünschte Gerüche annimmt. Insbesondere unzureichend fermentierte, getrocknete oder unsachgemäß gelagerte Kakaos können schlechte Gerüche entwickeln, was sich dann auch auf den Geruch der Schokolade auswirkt.

Das wichtigste Beurteilungskriterium für die Qualität der Schokolade ist aber selbstverständlich das Geschmackserlebnis. Dazu lässt man die Schokolade langsam im Mund zergehen und verteilt sie, um den Kontakt mit den Geschmacksnerven zu erhöhen. Wie empfindet man den Schmelz der Schokolade? Ein wichtiges Qualitätskriterium ist das Schmelzen der Schokolade im Mund. Schmilzt die Schokolade glatt oder eher sandig und rau ab? Schmilzt sie schnell oder klebt sie am Gaumen? Sobald alle diese Fragen beantwortet sind, kommt man zum Geschmack selbst. Eine gute Schokolade muss ausgewogen schmecken, ohne dass eine Geschmacksrichtung, wie süß oder herb, dominiert. Wer über die entsprechende Erfahrung und Übung verfügt, kann bei der Geschmacksprüfung der Schokolade aber noch weiter gehen. Er kann die verschiedenen Aromen erschmecken oder die einzelnen Nuancen der Schokolade herausfinden.

Alle diese Punkte können eine Hilfe sein, die Qualität einer Schokolade zu beurteilen. Letztendlich ist aber alles eine »Geschmacksfrage, die es jedem einzelnen überlässt, seine Lieblingsschokolade zu finden. Ob es sich dabei um eine hochwertige Plantagenschokolade oder ein Discountprodukt aus dem Supermarkt handelt, spielt keine Rolle. Allerdings muss jede Schokolade bestimmte Qualitätskriterien erfüllen. Diese beurteilen zu können, dazu dient diese kleine Hilfestellung.

Dick und glücklich durch Schokolade?

Obwohl wir in Deutschland seit einigen Jahren einen Trend zu hochwertiger Edelschokolade beobachten, erleben wir zugleich eine Diskussion über Schokolade als Dickmacher. Es existieren zahlreiche Studien, die die Übergewichtigkeit, insbesondere bei Kindern und Jugendlichen, belegen und auf Seiten der Politik Gegenmaßnahmen fordern. Ein Resultat dieser Diskussion ist die Idee eines Ampelsystems für kalorienreiche Lebensmittel oder der Vorschlag, Süßwaren im Kassenbereich der Supermärkte zu verbieten und dort stattdessen Obst und Gemüse anzubieten. Wie sieht es aber nun wirklich mit den gesundheitlichen Auswirkungen des Schokoladenkonsums auf Körper und Geist aus? Macht Schokolade dick und hat sie vielleicht sogar noch weitere schädliche Eigenschaften?

In der öffentlichen Diskussion um die richtige Ernährung wird immer wieder von einer gesunden und ausgewogenen Ernährung gesprochen. Dabei stellt sich schnell die Frage, was darunter eigentlich zu verstehen ist. Für die Ernährungswissenschaft ist die Ernährung dann gesund und ausgewogen, wenn sie den Körper über einen längeren Zeitraum mit der Menge an Nährstoffen versorgt, die er für die Aufrechterhaltung seiner Leistungsfähigkeit und Gesundheit benötigt. Die Nährstoffe, um die es dabei geht, sind Kohlenhydrate, Eiweiß, Fett, Vitamine sowie Mineral- und Ballaststoffe. In welchen Mengen sie benötigt werden, ist von verschiedenen Faktoren wie beispielsweise dem Alter, dem Geschlecht oder der körperlichen Aktivität abhängig. Eine unausgewogene oder mangelhafte Ernährung führt zu Mangelerscheinungen und Krankheiten. Eine Mangelerscheinung, die uns in Europa hauptsächlich noch aus der Seefahrt vergangener Jahrhunderte bekannt ist, ist Skorbut. Skorbut ist ein Mangel an Vitamin C und geht mit Zahnfleischbluten, Muskelschwund, Gelenkentzündungen und zahlreichen anderen Beschwerden einher. Wenn keine Gegenmaßnahmen eingeleitet werden, führt Skorbut letztendlich zum Tod. Eine heute noch stark verbreitete Mangelerscheinung ist Rachitis, die durch eine zu geringe Aufnahme an Calcium entsteht. Während Mangelernährung in der Regel mit Entwicklungsländern in Zusammenhang gebracht wird, ist sie auch in Deutschland bei bestimmten Bevölkerungsgruppen ein Problem. So gibt es beispielsweise Schätzungen, die davon ausgehen, dass etwa zwei Drittel der Bewohner von Alten- und Pflegeheimen mangelhaft ernährt sind.

Ein durchaus weitverbreitetes Problem ist aber, dass viele Menschen mehr Nährstoffe zu sich nehmen als eigentlich angemessen wäre. Im Allgemeinen sollte sich die Nahrung zu 60 Prozent aus Kohlenhydraten, zu 30 Prozent aus Fett und zu zehn Prozent aus Eiweiß zusammensetzen. Die meisten Menschen ernähren sich dagegen zu fett- und zuckerhaltig. Es werden zu viele tierische Lebensmittel und zu wenig Obst und Gemüse gegessen. Diese unausgewogene Ernährung geht dabei häufig mit einem Bewegungsmangel einher. Nach Empfehlung der Deutschen Gesellschaft für Ernährung benötigt ein erwachsener Mann bis zu 2.600 Kilokalorien pro Tag. Eine Tafel Vollmilchschokolade liefert etwa 550 Kilokalorien. Ob Schokolade zu Übergewicht führt, muss dabei sehr differenziert betrachtet werden. Das hängt davon ab, wie viel Schokolade gegessen wird, wie die übrige Ernährung aussieht und ob sich die betreffende Person viel bewegt und eventuell Sport treibt. Hier ist natürlich Selbstdisziplin gefragt. Jeder muss selbst für eine angemessene Ernährung und eine ausreichende Bewegung sorgen. Tatsächlich machen Süßwaren durchschnittlich etwa fünf Prozent der täglichen Ernährung aus, sodass sie kaum die Hauptursache für Übergewicht sein können. Bei den meisten Übergewichtigen spielen stattdessen fettreiche Speisen eine viel größere Rolle.

Wie bereits erwähnt, wird der hohe Zucker- und Fettanteil in der Schokolade häufig kritisiert. Ein übermäßiger Konsum von fettigen Speisen kann zu Übergewicht führen und das Risiko eines Herzinfarktes erhöhen. Dieses steigt mit der Cholesterinkonzentration im Blut, die durch die Zufuhr von gesättigten Fettsäuren erhöht und durch die Zufuhr von mehrfach ungesättigten Fettsäuren gesenkt wird. Bei der Diskussion um die Nachteile von Fett muss aber beachtet werden, dass die tägliche Energiezufuhr zu dreißig Prozent in Form von Fetten erfolgen soll und dass Fette ein wichtiger Träger von fettlöslichen Vitaminen sind. Die tägliche Zufuhr von Fetten sollte zu jeweils einem Drittel in Form von gesättigten, einfach ungesättigten und mehrfach ungesättigten Fettsäuren erfolgen. Gesättigte Fettsäuren finden sich vor allem in tierischen Lebensmitteln wie Fleisch, Butter und Milchprodukten. Auch in der Kakaobutter findet sich mit der Stearinsäure eine gesättigte Fettsäure. Ungesättigte Fettsäuren finden sich dagegen in einigen Pflanzenölen.

Das heißt, dass ein maßvoller Genuss von Schokolade nicht zu Übergewicht führt. Sie gehört vielmehr zu einer gesunden und ausgewogenen Ernährung dazu. Allerdings sollte darauf geachtet werden, dass sich der Schokoladenkonsum in Grenzen hält. Außerdem spielt die Qualität der Schokolade eine große Rolle. Eine hochwertige Schokolade mit einem hohen Kakao- und geringen Zuckeranteil ist einer Schokolade, die zu über fünfzig Prozent aus Zucker besteht, sicherlich vorzuziehen.

Schokolade enthält verschiedene Stoffe, die für eine ausgewogene Ernährung und körperliches Wohlbefinden wichtig sind. Neben Kohlenhydraten, Eiweiß und Fett sind das vor allem verschiedene Mineralstoffe und Vitamine. Schokolade fördert die geistige Leistungsfähigkeit. Der in der Schokolade enthaltene Zucker versorgt das Gehirn und die Nervenzellen schnell und effektiv mit Energie. Für die Aufrechterhaltung der körperlichen und geistigen Leistungsfähigkeit ist täglich eine gewisse Zuckerzufuhr nötig. Im Schnitt benötigt unser Gehirn etwa 60 bis 80 Gramm Glukose am Tag. Diese Menge kann sich in Stresssituationen, wie beispielsweise in Prüfungsphasen, deutlich erhöhen. Schokolade enthält darüber hinaus noch zwei Stoffe, die anregend auf das Nervensystem wirken, Müdigkeit mindern und die körperliche Leistungsfähigkeit steigern. Bei diesen beiden Stoffen handelt es sich um das bereits angesprochene Theobromin und Koffein, die allerdings nur in geringen Mengen in der Schokolade enthalten sind. Theobromin ist ein Alkaloid, das ähnlich wirkt wie Koffein – kreislaufanregend und stimmungsaufhellend. In sehr hohen Dosierungen kann es sogar Rauschzustände auslösen. Während Theobromin auf den menschlichen Kreislauf anregend wirkt, kann es für Hunde, Katzen oder Pferde sehr gefährlich sein, da ihnen das Enzym fehlt, um Theobromin im Körper abzubauen. Aufgrund seiner Wirkung wird Theobromin aber gerne in der Medizin für die Herstellung von gefäßerweiternden und harntreibenden Medikamenten verwendet. Außerdem wird ihm eine hustenlindernde Wirkung zugeschrieben.

INHALTSSTOFFE DER KAKAOBOHNE

Kakaobutter	54 Prozent	Mineralstoffe	2,6 Prozent
Eiweiß	11,5 Prozent	Organische Säuren	2,0 Prozent
Zellulose	9,0 Prozent	Theobromin	1,2 Prozent
Stärke	7,5 Prozent	Zucker	1,0 Prozent
Gerbstoffe	6,0 Prozent	Koffein	0,2 Prozent
Wasser	5,0 Prozent		

Quelle: www.theobroma-cacao.de

Eine Besonderheit der Schokolade ist die Kombination von Fett und Zucker, die sich in diesem Maße bei keinem anderen Lebens- oder Genussmittel findet. Durch den Abbau von Fett und Zucker werden im Körper bestimmte Stoffe freigesetzt, die sich positiv auf das körperliche Wohlbefinden auswirken. In den Medien wird immer wieder behauptet, dass Schokolade glücklich macht. Diese Meinung wird von vielen Schokoladenliebhabern sicherlich geteilt. Insbesondere in schwierigen Stimmungslagen oder an dunklen und kalten Wintertagen greift man gerne zur Schokolade. Was ist aber dran an der Behauptung, dass Schokolade glücklich macht? Tatsächlich ist es so, dass die Aufnahme von Zucker den Serotoninspiegel im Körper anhebt. Serotonin ist ein Hormon, das im Körper verschiedene Funktionen ausübt und sich unter anderem auf das Herz-Kreislauf-System auswirkt. Ein erhöhter Serotoninspiegel bewirkt ein Glücksgefühl, während ein niedriger Serotoninspiegel mit Depressionen in Zusammenhang steht. Aufgrund seiner Wirkung wird Serotonin auch umgangssprachlich als Glückshormon bezeichnet. Allerdings muss deutlich gemacht werden, dass die Wirkung von Serotonin von Mensch zu Mensch verschieden ist. Während der eine durch den Anstieg des Serotoninspiegels ein kleines Glücksgefühl erlebt, bleibt der Schokoladengenuss beim anderen ohne entsprechende Wirkung. Oftmals ist das Glücksgefühl beim Schokoladengenuss auch gar nicht physiologisch, sondern vielmehr psychologisch zu erklären. Mit dem Genuss von Schokolade verbinden viele Menschen positive Erinnerungen an ihre Kindheit. Kleine Verletzungen wurden oftmals mit Schokolade geheilt. Außerdem diente diese in vielen Fällen als Belohnung. Diese Erinnerungen haben sich bei vielen Menschen unbewusst eingeprägt. Es kann in solchen Momenten auch vorkommen, dass der Körper Endorphine produziert, die ebenfalls ein Glücksgefühl auslösen können.

Viele Wissenschaftler attestieren der Schokolade eine gesundheitsfördernde Wirkung, die insbesondere durch Polyphenole hervorgerufen wird. Diese befinden sich in roten Weintrauben, grünem Tee und in Kakaobohnen. Allerdings gehen die Polyphenole bei der Verarbeitung der Kakaobohnen zu einem Großteil verloren. Einige Hersteller bieten mittlerweile aber auch Schokoladen an, die aufgrund einer schonenden Verarbeitung einen höheren Anteil an Polyphenolen enthalten. Auf den Verpackungen dieser Schokolade wird in der Regel mit dem Begriff Antioxidantien geworben. Diese werden seit einigen Jahren wissenschaftlich untersucht, mit dem Ziel, sie für die Herstellung von Medikamenten verwenden zu können. Polyphenolen wird nachgesagt, dass sie vor Herz- und Kreislauferkrankungen schützen und einen positiven Einfluss auf die Körpergefäße haben. Verschiedene Studien zeigen, dass Polyphenole in Kakao und Schokolade blutdrucksenkend wirken und es dadurch zu einer Verminderung des Sterblichkeitsrisikos bei Herz-Kreislauf-Erkrankungen kommen kann. Außerdem bewirken sie eine Verbesserung der Gefäßfunktion, was bei der Behandlung von verschiedenen Krankheiten, wie beispielsweise Arteriosklerose, eine Rolle spielt. Polyphenole könnten zukünftig für die Entwicklung von Medikamenten eingesetzt werden, beispielsweise zur Behandlung von Durchfall. An dieser für Europäer vergleichsweise harmlos anmutenden Krankheit sterben in den Entwicklungsländern jährlich schätzungsweise mehrere hunderttausend Menschen. Da Polyphenole aus Kakao gewonnen werden, der in vielen Entwicklungsländern selbst angebaut wird, könnte ein vergleichsweise preiswertes Mittel hergestellt werden, das eine gute Alternative für die teuren bisher verwendeten Medikamente wäre.

Im Zusammenhang mit der Diskussion um die gesundheitliche Wirkung der Schokolade wird suggeriert, dass Schokolade Diabetes verursacht, was aber falsch ist. Die Ursache dieser Krankheit ist vielmehr eine Funktionsstörung der Bauchspeicheldrüse bei der Insulinproduktion. Sie darf nicht unterschätzt werden, da es bei einer unzureichenden Behandlung zu Folgeschäden wie Erblindung, Nierenversagen und der Amputation von Gliedmaßen kommen kann. Diabetes kann nicht durch einen Verzicht auf Zucker therapiert werden, sondern durch die medikamentöse Versorgung mit Insulin. Wer an Diabetes leidet, muss aber nicht auf Schokolade verzichten, sondern darf diese in moderaten Mengen konsumieren. Die Schokoladenindustrie bietet Diabetikerschokolade an, bei der der »schädliche« Zucker durch »unschädlichen« Fruchtzucker oder Zuckeraustauschstoffe wie beispielsweise Sorbit oder Isomalt ersetzt wird. Diese sorgen zwar für eine gewisse Süße, können den Schokoladengeschmack aber auch nachteilig beeinflussen. Die moderne Ernährungswissenschaft betont aber, dass spezielle Diabetikerschokoladen im Grunde nicht nötig sind. Ein moderater Schokoladenkonsum verbunden mit einer angemessenen medikamentösen Versorgung reicht hier völlig aus.

Eine weitere Frage, die mit dem Konsum von Schokolade verbunden ist, ist die Frage nach Allergien. Dabei muss zwischen einer Lebensmittelintoleranz und einer echten Lebensmittelallergie unterschieden werden. Bei einer Lebensmittelintoleranz kommt es nicht zu einer Abwehrreaktion des Körpers. Diesem fehlt vielmehr ein bestimmtes Enzym zur Verdauung. Im Zusammenhang mit Schokolade spielt häufig eine Laktoseunverträglichkeit eine Rolle. Der betreffenden Person fehlt das Enzym zur Aufspaltung des Milchzuckers. Sie kann in diesem Fall nur auf Bitterschokolade ausweichen, die keine Milchbestandteile enthält. Neben der Lebensmittelintoleranz kommen aber auch echte Lebensmittelallergien vor. Diese werden beispielsweise durch eiweißhaltige Lebensmittel wie Milch, Soja oder Nüsse ausgelöst. Aus diesem Grund findet sich auf Schokoladenverpackungen häufig der Hinweis »kann Spuren von Nüssen enthalten«, der sich an Konsumenten wendet, die allergisch gegen Nüsse sind. Das Problem ergibt sich durch die Eigenarten der Schokoladenherstellung. Nach der Umstellung einer Produktionsstraße von Nuss- auf Vollmilchschokolade kann nicht garantiert werden, dass die ersten Tafeln Vollmilchschokolade nicht noch Reste von Nüssen enthalten.

Die Welt der Schokolade – Immer exotischer, immer besser?

Deutschland gehört seit vielen Jahren mit den USA und den Niederlanden zu den größten Schokoladenproduzenten der Welt. So wurden in Deutschland im Jahr 2009 etwa 980.000 Tonnen Schokolade mit einem Gesamtwert von etwa 4,7 Milliarden Euro hergestellt. Damit war die Menge der produzierten Schokolade allerdings das erste Mal seit 1999 wieder leicht rückläufig. Die Gründe dafür lagen vor allem in einem sinkenden Exportgeschäft. Das deutsche Inlandsgeschäft ist schon seit einigen Jahren durch einen stagnierenden oder nur leicht steigenden Absatz gekennzeichnet, was auf verschiedene Gründe zurückzuführen ist. In den letzten Jahren litt die deutsche Schokoladenindustrie beispielsweise wiederholt unter zu heißen Sommern, wegen der im Inland weniger Schokolade verkauft werden konnte. Für die Zukunft rechnet die Schokoladenindustrie weiterhin nur mit einem verhaltenen Wachstum von Produktion und Absatz. Insbesondere die hohen Rohstoffpreise werden als problematisch empfunden.[34]

Die Hoffnungen der Schokoladenindustrie liegen weiter im Ausland, was unter anderem durch die wachsende Schokoladennachfrage einiger asiatischer Länder begründet ist. So stieg der Konsum in Indonesien zwischen 1999 und 2003 um über 23 Prozent. In China stieg er im gleichen Zeitraum um über zehn Prozent und in Indien um über sieben Prozent.[35] Allerdings ist das Ausgangsniveau in allen diesen Ländern sehr niedrig, sodass es noch sehr lange dauern kann, bis auch nur annähernd ein europäisches Niveau erreicht wird. Dabei stellt sich zusätzlich die Frage, ob ein solches Ziel realistisch ist. In vielen asiatischen Ländern besteht nur ein sehr geringes Interesse an Schokolade. In Japan wird der Schokoladenkonsum durch verschiedene kulturelle Faktoren eingeschränkt. So ist beispielsweise das öffentliche Essen von Schokoladenriegeln verpönt. Gegenwärtig wird aber bereits ein großer Teil der deutschen Schokoladenproduktion ins Ausland exportiert. Von der 2009 hergestellten Schokolade wurden etwa 40 Prozent ins Ausland verkauft. Mit ihren Produktionszahlen ist die Süßwarenindustrie ein wichtiger Wirtschaftsfaktor in Deutschland. Sie beschäftigt gegenwärtig etwa 52.000 Menschen.[36]

Der Schokoladenmarkt in Deutschland wird von einigen wenigen großen Unternehmen bestimmt. Dazu gehören in erster Linie Ferrero, Kraft Foods,

Lindt & Sprüngli und Ritter. Daneben existieren aber auch zahlreiche kleinere innovative Unternehmen, die sich zumeist auf die Herstellung von hochwertiger Edelschokolade spezialisiert haben und damit sehr erfolgreich agieren konnten. Ein Beispiel für ein solches Unternehmen ist Coppeneur, das 1993 gegründet wurde und sich auf die Herstellung von Pralinen spezialisiert hat. Die Entwicklung des Unternehmens ist ein gutes Beispiel, wie an einem gesättigten und innovationslosen Markt Erfolge erzielt werden konnten. Die Liste der Schokoladenunternehmen, denen es ähnlich erging, ist lang. Der Erfolg der kleineren Unternehmen zwang aber auch die großen Firmen neben dem Standardsortiment von Vollmilch- und Bitterschokolade weitere Schokoladenprodukte in ihre Produktpalette aufzunehmen. Als Grund für diese allgemeine Innovationsfreude wurde immer wieder ein wachsendes Qualitätsbewusstsein vieler Konsumentinnen und Konsumenten genannt, das wesentlich durch die Lebensmittelskandale der letzten Jahre hervorgerufen wurde. Im Schokoladenbereich haben zusätzlich Filme wie »Chocolat« oder »Charlie in der Schokoladenfabrik« ein großes Interesse an Schokolade und ausgefallenen Schokoladenkreationen hervorgerufen. Ein wichtiges Ereignis war auch die Umstellung auf den Euro, der den Schokoladenunternehmen Preiserhöhungen ermöglichte. Dadurch erhielten die Unternehmen einen größeren finanziellen Spielraum, der ihnen die Herstellung ausgefallenerer Schokoladenprodukte erlaubte.

Seit einigen Jahren zeigt sich in Deutschland ein Trend zu qualitativ hochwertigen Schokoladen mit einem hohen Kakaoanteil. Die Auswahl der Kakaobohnen spielt dabei eine immer größere Rolle. Die Schokoladenhersteller überbieten sich damit, immer wieder neue und exotische Kakaosorten auf den Markt zu bringen. Wie bei Weinen findet sich die Herkunft der Kakaobohnen auf der Schokoladenverpackung. Kakaobohnen aus Madagaskar, Java oder Venezuela stehen dabei für eine besonders hohe Qualität. Schokoladen aus Edelkakaobohnen werden manchmal als »Cru«- oder »Grand Cru-Schokolade« verkauft. Der Begriff »Grand Cru« stammt aus dem Weinbau und bedeutet »großes Gewächs«. Er steht für reinsortigen Wein und seit einiger Zeit auch für reinsortige Schokolade. Allerdings ist der Begriff nicht geschützt und wird von den verschiedenen Schokoladenherstellern unterschiedlich interpretiert. Der Ausdruck »Grand-Cru-Cuvee« bezeichnet schließlich Schokoladen, die aus verschiedenen Edelkakaosorten hergestellt wurden.[37]

Einige Schokoladenhersteller sind noch einen Schritt weiter gegangen und nennen die Plantage, von der der Kakao für ihre Schokolade stammt. Hier wird allgemein von Plantagenschokolade gesprochen. Für einige Kakaosorten wurden auf den Kakaomärkten in der Vergangenheit sehr hohe Summen gezahlt, da sie aufgrund der verhältnismäßig großen Nachfrage bereits knapp wurden. Wie sich dieser Trend in der Zukunft weiter fortsetzen wird, ist schwer zu sagen. Allmählich ist aber schon eine gewisse Sättigung bei den Käufern zu beobachten. Das gilt auch für die Schokoladen mit exotischen Zutaten. Während Chilischokolade noch vor einiger Zeit als etwas Besonderes galt, ist sie mittlerweile vielen Verbrauchern bekannt. Seitdem wurden zahlreiche andere ausgefallene Zutaten verwendet, wie beispielsweise Wein, Käse oder Zwiebeln, was auf mehr oder weniger große Begeisterung traf. Die verwendeten Zutaten werden auch immer häufiger der jeweiligen Jahreszeit angepasst. So werden im Winter beispielsweise mit Rotwein verfeinerte Schokoladen angeboten, während im Sommer eher Schokoladen mit Fruchtfüllungen beliebt sind. Bestand das Angebot noch vor einigen Jahren im Wesentlichen aus Erdbeer- und Kirschfüllungen, ist es mittlerweile enorm gewachsen.

Vermutlich wird in den nächsten Jahren auch der Anteil der Bioschokoladen weiter steigen. Diesen Markt haben mittlerweile auch größere Firmen für sich entdeckt. So brachte beispielsweise die Firma Ritter im Jahr 2008 ein Sortiment Bioschokoladen auf den Markt. In jüngster Zeit sind sogenannte »funktionale« Schokoladen groß im Kommen. Dabei handelt es sich um Schokolade, die ganz bestimmte gewünschte Eigenschaften besitzt, wie beispielsweise fettreduzierte oder zuckerfreie Schokolade. Für Menschen mit einer Milchallergie wird mittlerweile auch laktosefreie Schokolade angeboten.

Einige Schokoladenprodukte haben in den letzten Jahrzehnten einen enormen Bekanntheitsgrad erlangt. Oftmals begleiten sie uns seit unserer Kindheit und sind mit zahlreichen Erinnerungen verbunden. Wir sprechen hier von Markenprodukten, die unverwechselbare Merkmale besitzen und für viele Konsumenten sehr attraktiv sind. Viele dieser Markenprodukte haben dabei einen regelrechten Kultstatus erreicht. Was macht aber ein Markenprodukt aus? Welche Wirkung Markenprodukte auf Konsumenten haben, wurde bereits durch zahlreiche Studien belegt. Selbst Kinder unterliegen schon im Vorschulalter dem Einfluss der Marke. So wurde bei einer Untersuchung herausgefunden, dass dasselbe Produkt in der Verpackung des Markenherstellers besser schmeckt, als in einer neutralen Verpackung.[38] Wie in der gesamten Warenwelt gibt es auch bei Schokoladenprodukten zahlreiche bekannte Markenprodukte, die teilweise auf eine bereits hundertjährige Geschichte zurückblicken.

Eine der bekanntesten Marken ist sicherlich die Milka-Schokolade, die jüngst wieder zur beliebtesten Schokolade in Deutschland gewählt wurde. Sie wird bereits seit 1901 hergestellt und gehört zu den frühen Vollmilchschokoladen. Diese verdrängten um 1900 die bis dahin üblichen dunklen und bitteren Schokoladen. Die Zugabe dieser neuen wichtigen Zutat schlug sich dann auch im Namen der neuen Schokolade nieder. Die Bezeichnung Milka setzt sich aus den Anfangsbuchstaben der Wörter Milch und Kakao

7
Lange bevor die Lila Kuh als Werbeträgerin für die Milka-Schokolade ins Spiel kam, war Bernhardinerhund »Barry« von 1906 bis 1936 im werblichen Dauereinsatz.

zusammen. Die Zeit um 1900 war die Hochzeit der Schweizer Schokoladenindustrie, deren Produkte in ganz Europa aufgrund ihrer hohen Qualität sehr geschätzt wurden. Da die Herkunft der Schokolade somit ein wichtiges Verkaufsargument war, tat auch Suchard alles Mögliche, um seine Milka als Schweizer Produkt zu kennzeichnen. So fanden sich schon auf der ersten Verpackung Berge und Tannen und auch die Tiere der Alpen spielten eine große Rolle. Die erste große Werbefigur der Milka-Schokolade war zwischen 1906 und 1936 der Bernhardiner »Barry« (Abbildung 7). Im Jahr 1973 trat dann aber die Lila Kuh ans Tageslicht, die Barry und auch zahlreiche andere bekannte Werbefiguren weit in den Schatten stellte. Die Lila Kuh erlangte eine solche Bekanntheit, das bei einem bayrischen Malwettbewerb im Jahr 1995 von etwa 40.000 Kindern jedes dritte Kind seine Kuhvorlage lila anmalte. Warum gerade die Farbe Lila für die Milka ausgesucht wurde ist unklar. Tatsache ist, dass die Farbe seit 1901 typisch für Milka ist und nach einem Urteil des Bundesgerichtshofes vom 7. Oktober 2004 auch nur ausschließlich für die Verpackung von Milka-Produkten verwendet werden darf. Während über die Herkunft der Farbe nur spekuliert werden kann, ist der Erfolg der Milka-Schokolade unbestritten. Mit einer Jahresproduktion von etwa 400 Millionen ist sie die meistverkaufte Schokolade Deutschlands.

Ein weiteres Markenprodukt, bei dem die Schweizer Herkunft unverkennbar ist, ist die Toblerone. Das längliche, dreieckige Schokoladenprodukt wurde bereits 1908 von Theodor Tobler (1876–1941) und seinem Produktionsleiter Emil Baumann (1883–1966) entwickelt. Der Ausdruck Toblerone ist eine Wortschöpfung, die sich aus dem Namen »Tobler« und dem Wort »Torrone« zusammensetzt, das eine Mischung aus Honig, Mandeln und Nougat bezeichnet. Das Markante der Toblerone ist die dreieckige Form. Sie ist so prägnant, dass mittlerweile längliche, dreieckige Gegenstände in der

8 Die markante Form des Schweizer Matterhorns stand vermutlich Pate für die auffallende, dreieckige Gestaltung der Toblerone. Emailleschild aus den 1930er-Jahren.

Schweiz allgemein als Toblerone bezeichnet werden. Die Form der Toblerone ist vermutlich durch das Matterhorn inspiriert (Abbildung 8). Der Berg befand sich auch als Logo auf den ersten Verpackungen. Darüber hinaus wurde der Bezug zur Bergwelt der Schweiz zusätzlich durch die Abbildung von Adlern und Bären verstärkt. Wie die lila Farbe der Milka-Schokolade ist die Form der Toblerone als wichtiges Markenzeichen geschützt und darf von anderen Herstellern nicht verwendet werden.

KAPITEL 6

Die Ursprünge des Kakaos

»Sie ist ganz leicht mit sich zu führen und als Nahrungsmittel zu verwenden und enthält auf kleinem Raum viel nährenden und anregenden Stoff. Man sagt zu Recht, in Afrika helfen Reis, Gummi und Shea-Butter dem Menschen durch die Wüsten. In der neuen Welt haben Schokolade und Maismehl ihm die Hochebenen der Anden und ungeheure unbewohnte Wälder zugänglich gemacht.«[1]
Während seiner fünfjährigen Amerikareise von 1799 bis 1804 lernte Alexander von Humboldt (1769–1859) das Schokoladengetränk kennen. Er war so begeistert von diesem köstlichen Nahrungsmittel, dass er die Kakaobohnen als Reiseproviant nutzte und immer wieder über sie berichtete.

Viele der uns heute vertrauten Nutzpflanzen stammen aus Mittel- und Südamerika, wie zum Beispiel Sonnenblumen, Kartoffeln, Kürbisse, Mais, Avocados, Tabak, Tomaten, Bohnen und auch der Kakao. Für uns sind der Kakao und die aus den Kakaobohnen gewonnene Schokolade ein vertrautes Gut geworden, welches für viele Menschen zum täglichen Genuss gehört. Bei dem Gedanken an eine Tafel Schokolade kann jeder nachvollziehen, wie begeistert Alexander von Humboldt war. Aber kaum jemand bedenkt, dass die Süßigkeit auf eine lange Vergangenheit zurückblickt. Dieser Geschichte möchten wir nun nachgehen und den Weg der Kakaobohne von den Anfängen des Schokoladengetränks bis in die Gegenwart verfolgen. Da die meisten Wissenschaftler vermuten, dass das Schokoladengetränk von Mesoamerika ausgehend die Welt eroberte, beschäftigen wir uns im Folgenden mit diesem Gebiet.

Mit dem Begriff Mesoamerika wird seit 1943 ein Gebiet von bestimmten gemeinsamen kulturellen Merkmalen in Mittelamerika bezeichnet. Zu diesem zählte in der Zeit unmittelbar vor Ankunft der Spanier das moderne Staatsgebiet Mexikos, ungefähr südlich des 21. Breitengrades, ganz Guatemala und Belize, sowie Honduras und El Salvador, westlich des 88. Längengrades (Abbildung 1).[2] Bei allen Kulturen, die in diesem Gebiet lebten, findet man gewisse Übereinstimmungen. So vermutet man, dass sie alle den Kakao kannten und das Schokoladengetränk bei der adligen Bevölkerung weitverbreitet war. Weiterhin waren die Völker in Stadtstaaten organisiert. Diese Städte waren große zeremonielle Zentren mit aufwendigen Bauten, imposanten Palästen, großen Tempelanlagen und riesigen Prachtstraßen. In den Metropolen findet man oft Ruinen großer Ballspielanlagen, die uns bis heute Rätsel aufgeben (Abbildung 2). Dem Ballspiel kam vermutlich eine große kultische Bedeutung zu. Es findet sich immer wieder auf Steinreliefs

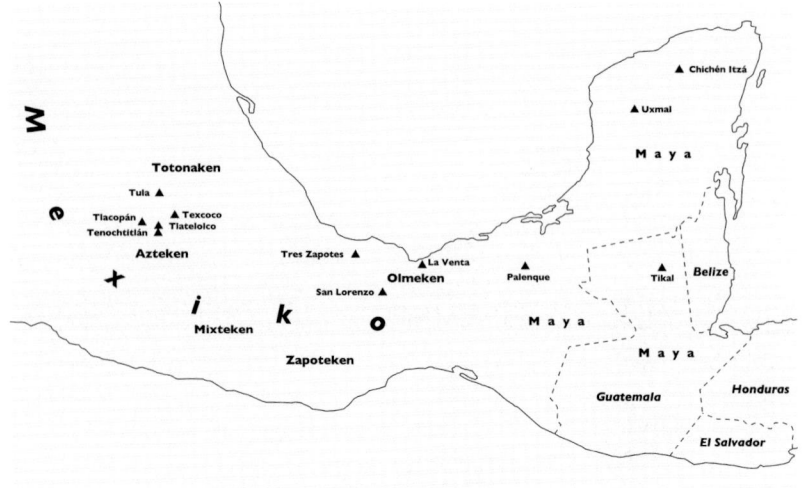

1 Siedlungsgebiete der Olmeken, der Maya und der Azteken in Mesoamerika, den heutigen Staatsgebieten von Mexiko und den Anrainerstaaten im Süden.

oder Vasen. Einige Darstellungen lassen erahnen, dass es Varianten des Spiels gab, bei dem Gefangene eingesetzt wurden. Auch scheint es zur Opferung einer Spielerpartei gekommen zu sein.[3]

Keine der in Mesoamerika lebenden Kulturen kannte Eisen. Als Ersatz diente Obsidian. Aus diesem Stein stellte man äußerst scharfe Messer und Klingen her.

Die unterschiedlichen Völker lebten nach einem ähnlichen Kalendersystem und viele Kulturen entwickelten ein Schriftsystem. So zum Beispiel die Mixteken, die in den Bergen Südmexikos lebten. Ihre Blütezeit begann um 900 n. Chr. und endete etwa 600 Jahre später. Acht der mixtekischen Schriften, auch Codizes genannt, sind erhalten geblieben. Bei diesen Codizes handelt es sich um bunte Bildschriften, die einem fortlaufenden Comic ähneln. In den Schriften findet der Kakao immer wieder Erwähnung. So ist in einem der Codizes, dem sogenannten Wiener Codex, in der Darstellung einer Hochzeit eine dampfende Tasse Schokolade abgebildet.[4] Eine weitere Schrift, der Zouche-Nuttall-Codex, zeigt die Hochzeit des Herrschers »Jaguarkralle« mit »Dreizehn Schlangen«. Hier reicht die Braut ihrem Gemahl einen Becher mit kostbarer Schokolade.[5] Dass die Schokolade in diesen beiden Codizes überhaupt gezeigt wird, lässt erahnen, dass dem Getränk eine bedeutende Rolle zukam. Wie aber kam man auf die Idee, den Kakao beziehungsweise den Inhalt der Kakaofrüchte zu probieren, und wer waren die ersten, die den Kakao nutzten?

2 Ballspielplatz in Chichén Itzá.
Der Juego de pelota ist der bedeutendste von über 500 Ballspielplätzen der Mayakultur. Der Platz war aufgrund seiner Größe vermutlich vor allem für zeremonielle Zwecke bestimmt.

Wenn man sich einen Kakaobaum mit seinen bunten, schillernden, seltsam aussehenden riesigen Früchten vorstellt, kann man verstehen, dass die Menschen auf ihn aufmerksam wurden. Beobachtet man nun auch noch, dass Tiere, wie zum Beispiel Affen (Abbildung 3), immer wieder von den Früchten naschen, ist es verständlich, dass auch die Einwohner Mesoamerikas die Früchte probierten. Wann genau das zum ersten Mal geschah, ist allerdings nicht zu klären. Man weiß heute jedoch, dass der Kakaobaum (*Theobroma cacao*) schon vor über 3.000 Jahren sowohl in Mittelamerika als auch in Südamerika bekannt war. In Südamerika verwendete man ausschließlich das Fruchtmus der Kakaofrucht. Aus diesem stellte man entweder ein fruchtiges Getränk her oder erhielt durch Gärung eine berauschende alkoholische Flüssigkeit. In Mittelamerika verarbeitete man sowohl das Fruchtfleisch als auch die darin eingebetteten Kakaobohnen. Hier hatte vor allem das Getränk, welches man aus den Bohnen herstellte, eine große Bedeutung. Die Menschen in Mittelamerika experimentierten folglich mit der Kakaobohne, während man sich in Südamerika mit dem Fruchtmus begnügte. Die Wissenschaftler Nathaniel Bletter und Douglas C. Daly haben hierzu eine interessante Theorie entwickelt. Sie gehen davon aus, dass die Suche der Menschen nach anregenden, koffeinhaltigen Genussmitteln ein Motiv ist. Während es in Südamerika einige Pflanzen gab, die den Einwohnern als aufputschendes Elixier dienten (wie zum Beispiel Mate, Guaraná oder auch Tabak), waren in Mesoamerika keine Pflanzen bekannt, die größere Mengen

3
Figur eines Affen, der auf einer Kakaofrucht sitzt. Die Figur ist aus gebranntem Ton und wird datiert auf die Zeit zwischen 600 und 900 nach Christus.

an koffeinhaltigen Stoffen enthielten. Die Kakaobohne bot aber gleich zwei anregende Substanzen: Theobromin und Koffein.[6] In Mittelamerika erkannte man diese Eigenschaft und nutzte sie. Es war die Geburt des Schokoladengetränks.

Die wohl älteste bildliche Darstellung des Kakaos stammt allerdings nicht aus Mittelamerika, sondern aus Peru. Wissenschaftler haben auf einem circa 2.500 Jahre alten Gefäß die Darstellung einer Kakaofrucht identifiziert.[7] Wann genau der Kakaobaum zum ersten Mal kultiviert wurde, ist nicht endgültig geklärt. Die zurzeit ältesten Gefäße, in denen der Kakao nachgewiesen werden konnte, stammen aus Mexiko, zum einen aus Paso de la Amada in Chiapas und zum anderen aus der Grabungsstätte El Manati in Vera Cruz. Das erste Gefäß wurde von dem Wissenschaftler Terry G. Powis auf das Jahr 1900 v. Chr. datiert und das zweite präolmekische Stück auf 1750.[8] Auf elf Keramikscherben aus dem Ulúa-Tal in Nord-Honduras konnten Forscher mit Hilfe spezieller Analysemethoden Spuren des Kakaos nachweisen. Diese Scherben stammen aus dem 11. Jahrhundert v. Chr.

Gefäße aus dem Andenraum, in denen Reste des Kakaos entdeckt wurden, werden auf 1000 v. Chr. datiert. Diese Daten zeigen, dass die Nutzung des Kakaos schon sehr früh weitverbreitet war.

Neben *Theobroma cacao* kannten die Menschen im vorspanischen Süd- und Mittelamerika auch noch weitere Arten des Kakaos. Wir werden uns in den folgenden Texten mit dem Begriff Kakao und Schokolade immer auf diese Art beziehen.

Kolossale Köpfe – Die Olmeken

Die Olmeken gelten als erste Hochkultur in der Region des heutigen Mexikos. Sie lebten ungefähr von 1500 bis 400 v. Chr. und siedelten im südlichen Gebiet des Golfes von Mexiko, in den heutigen Bundesstaaten Veracruz und Tabasco.

Berühmt wurde die Kultur der Olmeken aufgrund der gigantischen Kolossalköpfe, die in den ehemaligen Siedlungsgebieten gefunden wurden. Bis heute entdeckte man 17 dieser riesigen Monumentalplastiken. Sie haben eine Höhe von bis zu drei Metern und zeigen das Antlitz eines Mannes (Abbildung 4 und 5). Experten nehmen an, dass es sich bei den Köpfen um Herrscherabbildungen der Olmeken handelt. Der Helm weist entweder auf einen Krieger oder aber einen Ballspieler hin. Jeder Kopf hat individuelle Gesichtszüge. Gemeinsam ist allen eine wulstige nach unten gezogene Lippe, ein rundes Gesicht sowie ein Helm. Der erste Fund eines Kolossalkopfes stammte aus dem Jahre 1862. Der Entdecker José Maria Melgar y Serrano hatte auf seiner Reise durch Mexiko mehrfach von den steinernen Riesen gehört. Begeistert von der Idee, Kunstwerke aus vergangenen Zeiten zu finden, machte er sich auf den Weg, das Gerücht zu prüfen und wurde fündig. Sein Bericht war die erste bekannte Beschreibung eines Kolossalkopfes und bildete die Grundlage für die weitere Erforschung der olmekischen Kultur.[9]

Bis heute gibt die Zivilisation der Olmeken immer noch große Rätsel auf. So ist selbst der ursprüngliche Name der Kultur unbekannt. Die Bezeichnung Olmeken geht zurück auf ein Volk, welches zur Zeit der spanischen Eroberung im nördlichen Mexiko lebte. Diese Kultur hatte allerdings keine Verbindung zu der Hochkultur, die 3.000 Jahre früher in diesem Gebiet lebte, und die man heute als Olmeken bezeichnet. Übersetzt bedeutet das Wort aus dem Nahuatl »Bewohner des Gummi- oder Kautschuklandes«. Das Nahuatl ist eine indianische Sprache, die heute noch in Mexiko verbreitet ist. Sie wurde unter anderem von den Azteken gesprochen und war später die Verkehrssprache im gesamten aztekischen Reich. Seit etwa 60 Jahren gebrauchen Wissenschaftler die Bezeichnung Olmeken, um die erste große Zivilisation in Mesoamerika zu beschreiben. Bis heute hat man keine großen Kenntnisse über diese Kultur. Man weiß, dass die Olmeken Mais anbauten und über eine hohe Kunstfertigkeit im Bereich der Steinbearbeitung verfügten. Über ihr tägliches Leben jedoch, ihr Weltbild und ihre Religion ist nicht viel bekannt. Archäologen fanden Überreste großer Ortschaften. Die erste stadtähnliche Siedlung entstand vermutlich um 1200 v. Chr. Es ist der Ort San Lorenzo, welcher sich im Süden des heutigen Bundesstaates Veracruz befand. Die Stadt lag auf einem Plateau am Coatzacoalco Fluss. Der Zugang zum Wasser war wichtig für den Handel, denn so gelangten wichtige Rohstoffe wie Basalt, Schiefer, Jade, Obsidian und vermutlich auch

4 + 5
Fund eines von insgesamt 17 Kolossalköpfen. Das Alter dieser Köpfe, die bis zu drei Meter groß sind, wird auf rund 3.000 Jahre geschätzt. Da die Köpfe individuelle Gesichtszüge haben, geht man davon aus, dass es sich um Abbildungen von Herrschern handelt.

154　Kapitel 6 – Die Ursprünge des Kakaos

der Kakao nach San Lorenzo. Weitere Zentren der olmekischen Kultur entstanden im Laufe der Zeit, wie zum Beispiel Laguna de los Cerros, La Venta oder Tres Zapotes. In den Siedlungen fand man große Paläste der Herrscher, Tempelanlagen und Wasserkanäle.

Im Gegensatz zu den Kulturen der Maya und Azteken, aus deren Zeit es schriftliche Überlieferungen gibt, findet man bei den Olmeken fast keine schriftlichen Zeugnisse. Bis zum Fund des Cascajal-Steins Ende der 1990er-Jahre bezweifelten die Wissenschaftler, dass die Olmeken überhaupt eine Schriftkultur hatten. Der Cascajal-Stein ist ein Steinblock in der Größe eines DIN A 4-Blattes und wiegt ungefähr zwölf Kilo. Hierbei handelt es sich vermutlich um das älteste Zeugnis einer Schriftkultur auf dem amerikanischen Kontinent. Neben dem Steinblock fand man Scherben und Teile von Lehmfigürchen. Aufgrund dieser Funde datierten Forscher den Stein in die sogenannte San-Lorenzo-Epoche auf etwa 900 v. Chr.[10] Auf dem Stein finden sich 62 Zeichen, die in wort- oder satzähnlichen Gruppen angeordnet sind. Bisher ist es allerdings noch nicht gelungen, die Schriftzeichen zu entschlüsseln.

Da man über die Kultur der Olmeken sehr wenig weiß, stellt sich die Frage, ob sie den Kakaobaum oder das Schokoladengetränk überhaupt kannten. Die Küstenregion am Golf von Mexiko mit seinem tropischen bis subtropischen Klima bietet ideale Voraussetzungen für den Kakaobaum. Es ist daher möglich, dass die Olmeken dort auf den Kakao trafen oder ihn einführten. Bis vor Kurzem wusste man noch nicht, ob die Olmeken den Kakao als Getränk zu sich nahmen. Im Jahr 2008 wiesen Untersuchungen von Gefäßen aus der Stätte El Manati auf Rückstände des Kakaos hin. Kürzlich wurden solche Ergebnisse auch für die Stadt San Lorenzo bestätigt. Diese Untersuchungen belegen, dass Kakaoprodukte bereits 1800 bis 1000 v. Chr. unter der Elite der olmekischen Bevölkerung verbreitet waren.[11]

Ein weiterer Hinweis auf die Nutzung des Kakaos stammt aus einer anderen Disziplin, und zwar der Sprachwissenschaft. Es war lange Zeit nicht klar, welche Sprache die Olmeken gesprochen haben. Nun sind Linguisten dem Rätsel auf der Spur. Man vermutet, dass sie eine Urform der Mixe-Zoque-Sprachen gesprochen haben.[12] Mixe-Zoque ist eine Familie von Sprachen, die heute noch im südlichen Mexiko gesprochen wird. Viele Worte der Urform der Sprachfamilie wurden im Laufe der Zeit von anliegenden Kulturen übernommen und überdauerten bis in die Gegenwart. So auch das Wort für Kakao. Wissenschaftler haben herausgefunden, dass dieses Wort ursprünglich »kakawa« ausgesprochen wurde und schon um 1000 v. Chr. zum Wortschatz der Urform der Mixe-Zoque-Sprachen gehörte.[13] Durch diese Herleitung lässt sich beweisen, dass die Olmeken das Wort kannten. Es war Bestandteil ihres Wortschatzes und es ist wahrscheinlich, dass sie aus dem Samen des Kakaobaums ein Getränk herstellten.

Im Land des Kakaos – Die Maya

Mit dem Begriff Maya bezeichnet man ein indigenes Volk in Mittelamerika, das durch seine hoch entwickelte Zivilisation in präkolumbischer Zeit bekannt wurde. Heute leben etwa acht Millionen Maya in den Staaten Mexiko, Guatemala, El Salvador, Belize und Honduras. Trotz Konquista, Kolonisation und Unterdrückung: Bis in die Gegenwart konnten die Maya ihre Kultur bewahren.

Bis zum heutigen Tag gehören der Kakao und die Zubereitung von Schokolade zum Alltag der Maya. Schokolade reduziert sich nicht, wie oftmals in Europa, auf ein abgepacktes, industriell gefertigtes Produkt. In Mexiko ist es üblich, Kakaobohnen oder Kakaomasse in ihrer Rohform zu kaufen oder aber ganz frisch zubereitet als Schokoladengetränk auf der Straße zu genießen. Wie sah es aber vor über 1.500 Jahren aus? Im Folgenden werden wir uns genauer mit den klassischen Maya bis zur Zeit der spanischen Eroberung beschäftigen. Diese lernten als Nachbarn der Mixe-Zoque-sprachigen Kulturen den Kakao kennen und schätzen. Sie bauten den Kakao in großem Maßstab an und verkauften ihn an die angrenzenden Völker, wie beispielsweise an die Azteken.

Die klassischen Maya besiedelten ein Gebiet, welches ungefähr mit der Größe von Deutschland verglichen werden kann. Es setzt sich zusammen aus der Halbinsel Yucatán im Osten, im Süden wurden die Gebiete der Hochländer von Chiapas, Guatemala, El Salvador und Honduras hinzugezählt, im Westen bildet der Unterlauf des Rio Grijalva die natürliche Grenze.

Da nur drei der Maya-Codizes aus vorspanischer Zeit gerettet werden konnten, ist es heute schwierig, einen genauen Einblick in die Kultur der Maya vor der spanischen Eroberung zu bekommen. Als Quelle dienen vor allem die selbstverfassten Schriften der Maya nach der Konquista. Mit dem Begriff Konquista bezeichnet man den über ein Jahrhundert andauernden Prozess der Eroberung und Erschließung des Festlandes von Mittel- und Südamerika nach der Landung des Christoph Columbus im Jahr 1492.

Spanische Missionare unterrichteten den einheimischen Adel im lateinischen Schriftsystem. Dadurch waren die Maya ab der Mitte des 16. Jahrhunderts in der Lage, Schriften in ihrer eigenen Sprache, aber mit dem lateinischen Alphabet zu verfassen. Weitere wichtige Hinweise bieten die Aufzeichnungen der spanischen Konquistadoren und Missionare. Hier sind vor allem die Schriften des Franziskanermönchs Diego de Landa (1524 bis 1579) zu nennen.[14] De Landa wurde als adliger Sohn in Kastilien geboren. Er trat in den Franziskanerorden ein und gelangte 1549 als Missionar nach Yucatán. 1572 wurde er zum Bischof von Yucatán ernannt und trat dieses Amt ein Jahr später an. De Landa war maßgeblich an der Zerstörung der Maya-Kultur und der Vernichtung der Maya-Schriften beteiligt. 1566 verfasste er seinen Bericht aus Yucatán, in dem er das Leben, Brauchtum, Bauten, Religion, Weltvorstellung und die Schrift der Maya beschrieb. Auch wenn er selber keine Sympathie für die Kultur der Maya hegte, ist sein Werk eines der wertvollsten Zeitzeugnisse.

Weitere wichtige Informationen über die Maya erhalten wir heute aus der Archäologie, der Inschriftenforschung oder der Sprachwissenschaft. Eine Problematik lässt sich hierbei allerdings erkennen. Viele der Untersuchungsgegenstände stammten aus der Oberschicht, so zum Beispiel Grabbeigaben, Schriften oder die bemalten und verzierten Wände der Ruinenstädte. Auf diese Weise konnten Wissenschaftler einiges über das Leben und Wirken des Adels herausfinden. Allerdings weiß man heute recht wenig über die ärmeren Schichten, die aber den größten Teil der Bevölkerung ausmachten. Wenig ist auch über die Herkunft der Maya bekannt. Sie liegt, wie bei den Olmeken, im Dunkeln. Erste Siedlungsspuren stammen aus der Zeit vor 1800 v. Chr., wobei die Blütezeit der Kultur zwischen 250 bis 900 n. Chr. liegt. Die Siedlungen der Maya waren zunächst kleine Ansammlungen von Häusern aus Lehm und Holz. Es handelte sich meist um hierarchiearme bäuerliche Gemeinschaften. Vermutlich lebten in den Dörfern nicht mehr als zwanzig Familien. Die Siedlungen wurden im Laufe der Zeit größer und erste Städte entstanden um 600 v. Chr. Es entwickelten sich komplexere soziale Gebilde mit einer klaren Hierarchie. Spezialisierte Berufsgruppen bildeten sich heraus und so gab es Künstler, Handwerker, Bauern, Krieger, Kaufleute, Adlige, Priester und die Familie des Herrschers.

Zwischen 400 und 500 n. Chr. existierten bereits viele kleine Stadtstaaten. Diese bestanden aus einem Hauptort und einem bäuerlich geprägten Umland. Das Gebiet einer politischen Einheit umfasste vermutlich eine Fläche, die nicht größer war als das, was man mit einem Fußmarsch an einem Tag erreichen konnte. Bald aber wurden einige Städte mächtiger als andere und es bildeten sich Abhängigkeiten und Hierarchien heraus.[15] Beispielhaft kann hier die Stadt Tikal im Tiefland des Maya-Siedlungsgebietes genannt werden. Sie war eine der größten und beeindruckendsten Städte und hatte in ihrer Blütezeit zwischen 680 und 830 n. Chr. circa 90.000 bis 125.000 Einwohner. Immer wieder berichteten die europäischen Eroberer sehr fasziniert von ihren ersten Begegnungen mit den Städten der Maya. Solche groß angelegten Metropolen kannten sie aus ihrem Heimatland nicht.

So berichtete Diego de Landa Folgendes von den Städten, auf die er in Yucatán traf: »Wenn Yucatán sich durch die Vielzahl, Größe und Schönheit seiner Bauwerke einen Namen machen und Berühmtheit erlangen sollte, […] so hätte sich sein Ruf so sehr wie jener Perus und Neuspaniens verbreitet, denn gerade die Bauwerke und ihre Vielzahl sind das Bedeutsamste, was man bis heute in den Indias entdeckt hat, weil sie so zahlreich sind, sich an so vielen Orten befinden und in ihrer besonderen Art so gut aus Quadersteinen errichtet wurden, dass es in Erstaunen setzt, und da dieses Land gegenwärtig nicht so beschaffen ist, wenn es auch ein gutes Land ist, wie es allem Anschein nach in der Blütezeit aussah, als man in ihm so viele und so vortreffliche Bauwerke errichtete [...].«[16]

Eine Maya-Stadt war meist ringförmig aufgebaut. Im Mittelpunkt befanden sich die Tempel wie zum Beispiel in der Stadt Chichén Itzá (Abbildung 6). Angrenzend an die Tempel lagen die Paläste des Herrschers und seiner Familie. Es folgten die Gebäude der Adligen. Die wichtigsten Bereiche waren mit gepflasterten Straßen verbunden. Um den Stadtkern herum fand man die Häuser der Händler, umringt von denen der Handwerker. Den Rand einer Siedlung bildeten die Unterkünfte der Bauern. Je weiter man nach außen gelangte, desto unbeständigeres Material wurde zum Bau der Häuser verwendet. So bestanden die Niederlassungen der Bauern vor allem aus Holz, Lehm und Pflanzenmaterial.

Im Umland der größeren Städte befanden sich weitere bäuerliche Siedlungen und auch kleinere Landstädte. Diese gehörten zum Einzugsgebiet der großen Stadt. Es entstanden einzelne Stadtstaaten, die aus unterschiedlichsten Gründen immer wieder miteinander in Konflikt gerieten. So war die Kontrolle über die Handelswege wichtiger Rohstoffe und Elitegüter, wie zum Beispiel der Kakao, ein häufiger Anlass für kriegerische Auseinandersetzungen. Ein weiterer Grund für Feldzüge war der Wettbewerb um humane Ressourcen. Hierzu sind nicht nur die Gefangennahme von Kindern und Frauen zur Eingliederung in die eigene Gesellschaft zu nennen, sondern ganz allgemein die Beschaffung von Kriegsgefangenen. Diese galten als besonders kostbares Gut, da sie zur Opferung der Götter dienten oder als Sklaven verkauft wurden.[17]

An der Aufteilung der Maya-Städte ist eine deutliche soziale Trennung zu erkennen. Die Gesellschaft scheint in zwei soziale Gruppen unterteilt gewesen zu sein: der Adel auf der einen Seite und die Gemeinfreien auf der anderen Seite. Beide soziale Gruppen waren wiederum in Schichten unterteilt. Die oberste Schicht der Maya-Kultur bildete der Geburtsadel. Ihm standen der Herrscher und seine Familie vor. Ob zu dieser Schicht auch der Klerus gehörte, ist noch nicht vollkommen geklärt. Zudem ist es möglich, dass der Herrscher oder seine nächsten Verwandten auch religiöse Ämter ausübten. Weiterhin scheint es so, dass die wichtigen Wirtschaftszweige wie der Fernhandel, die Pflege von Kakaoplantagen und die Nutzung von Salinenfeldern dem Adel vorbehalten waren.[18]

Die Grundlage der Maya-Gesellschaft bildeten die Gemeinfreien. Hier sind vor allem die Bauern zu nennen, denn sie erwirtschafteten die Nahrungsmittel für die Städte. Zu den Gemeinfreien gehörten zudem die reichen Kaufleute. Eine weitere soziale Schicht bildeten die Kunsthandwerker. Wahrscheinlich waren diese höher angesehen als die Bauern. Zu der Gruppe der

6 Stufenpyramide im Zentrum der Tempelanlage von Chichén Itzá.

Kunsthandwerker zählten zum Beispiel die Maler, Steinmetze, Stuckateure, Goldschmiede oder Schneider. Weiterhin gab es eine Schicht der weltlichen und religiösen Verwaltung. Hierzu gehörten Palast- und Tempeldiener, Buchhalter, Steuereinnehmer, Lehrer, Hofchronisten und Kalenderpriester. Die unterste soziale Schicht bildeten die Sklaven. »Sklave war man von Geburt an, oder man wurde dazu durch Heirat eines Sklaven. Auch bestimmte Eigentumsdelikte endeten für den ertappten Verbrecher mit der Versklavung. Solche Sklaven bearbeiteten vor allem die pflegeintensiven Kakaoplantagen des Adels und der ayik'al«.[19] Mit dem Wort »ayik'al« werden die reichen Kaufleute bezeichnet.

Das wichtigste Nahrungsmittel, das die Bauern anpflanzten, war der Mais. Man stellte aus ihm Getränke, Brei und Speisen her. Er wurde geröstet oder vermahlen. Der Mais war die Grundlage des Lebens und besaß daher auch eine mythologische Bedeutung. Er galt als heilige Pflanze, und man verehrte ihn als Gabe der Götter. Die Maya glaubten, dass die Menschen einst von den Göttern aus Maisteig geformt worden seien. Zunächst hatten die Götter versucht, die Menschen aus Erde und Holz zu erschaffen, aber all diese Versuche waren fehlgeschlagen. Mit dem Mais aber funktionierte es, die Maya nannten sich daher auch die Maismenschen.[20]

Zur Produktion des Mais und anderer Nahrungsmittel setzten sie den Wanderfeldbau ein. Dieser ist eine der ältesten Anbaumethoden der Erde und wird heute noch in Mittelamerika genutzt. Die traditionelle Form ist die Wald-Feld-Wechselwirtschaft, welche auch »Shifting Cultivation« genannt wird. Sie geht meist mit Brandrodung einher. Beim Wanderfeldbau wird zunächst der Baumbestand des Feldes abgeholzt. Danach wird der restliche Baum- und Strauchbestand abgebrannt. Hierbei ist es eine besondere Kunst, keinen Waldbrand zu entfachen, sondern das Feuer auf eine vorher bestimmte Fläche zu begrenzen. Das Abbrennen hatte einen wichtigen Nebeneffekt, es brachte nicht nur Dünger in Form von Asche, sondern vernichtete auch jegliches Ungeziefer. War das Feld abgebrannt, konnte es nun drei Jahre lang bewirtschaftet werden. Nach dieser Zeit musste es allerdings fünf Jahre brach liegen, damit wieder Salze und Mineralien in den Boden gelangen konnten.[21] Aufgrund der großen Flächen, die man für diese Form der Bewirtschaftung benötigt, kann mit dem Wanderfeldbau nur eine geringe Bevölkerungszahl ernährt werden. Steigt die Bevölkerungszahl massiv an, führt das zu einer Intensivierung der Wirtschaftsform. Dadurch kommt es zu einer erhöhten Rodung von Regenwaldflächen. Es treten vermehrt Waldbrände auf, und Verwüstung ist die Folge. Maya-Bauern nutzten allerdings nicht nur diese eine Bewirtschaftungsform. Neuere Grabungen mit agrargeografischem Schwerpunkt haben ergeben, dass neben dem Wanderfeldbau vielfältige technische Möglichkeiten eingesetzt wurden. Man nutzte hierfür zum Beispiel unterschiedliche, künstliche Bewässerungssysteme.[22]

Weitere wichtige Nutzpflanzen neben dem Mais waren Kürbisse, Bohnen, Chilischoten, Süßkartoffeln, Yucca, Avocados und Tomaten. Zu einem reichhaltig gedeckten Tisch gehörten natürlich auch Fleischprodukte, die sich jedoch nur die reichen Bürger leisten konnten. Hierzu zählten neben verschiedenen Vogelarten auch Truthähne, die bei den spanischen Eroberern sehr beliebt waren, Hirsche, Nabelschweine sowie Fische aus den Seen, Flüssen und dem Meer. Diego de Landa berichtete ausführlich von den unterschiedlichen Tierarten, die als Nahrungsmittel genutzt wurden: »Es gibt eine bestimmte Art von kleinen Steinböcken [gemeint sind kleine Rothirsche], die sehr schnell und von annähernd dunkelbrauner Farbe sind. Dort leben auch Schweine, die kleine Tiere sind und sich stark von den unsrigen unterscheiden; sie haben den Nabel auf dem Rücken und stinken ungemein. Es gibt so viele Hirsche, dass es ein Wunder ist, und sie sind klein und haben wohlschmeckendes Fleisch. Kaninchen gibt es unendlich viele, die in allem den unsrigen gleichen, nur dass sie ein langgestrecktes Gesicht haben, das nicht flach, sondern wie bei einem Hammel ist; sie sind groß und haben sehr schmackhaftes Fleisch. Es gibt ein Tierchen, das ein äußerst trübseliges Wesen hat, und nachts läuft es ständig in Höhlen und Verstecken umher; um es zu jagen, stellen ihm die Indios eine besondere Falle, und darin fangen sie es; es ähnelt dem Hasen, ist furchtsam und bewegt sich in Sprüngen vorwärts. Es hat sehr lange und dünne Vorderzähne, ein noch kleineres Schwänzchen als der Hase, seine Haarfarbe ist grünlich und sehr dunkel; wenn man es im Haus hält, ist es überaus zahm und freundlich, und es heißt Zub (Goldhase, in Yucatán Aguti genannt).«[23]

Weitere wichtige Einblicke in das alltägliche Leben erhalten wir aus den eigenen Schriften der Maya. Die Ursprünge der Maya-Schrift liegen im vierten oder dritten Jahrhundert v. Chr. und sie geriet im 17. Jahrhundert während der spanischen Konquista in Vergessenheit. Damit blickt sie auf eine zweitausendjährige Geschichte zurück und ist die älteste in Mittelamerika. Man vermutet heute, dass die Maya das Schriftsystem von den Mixe-Zoque-sprachigen Völkern übernahmen und es weiterentwickelten. Im Gegensatz zu anderen präkolumbischen Hieroglyphen war es mit der Schrift der Maya möglich, alle gesprochenen Wörter und alle grammatikalischen Formen der gesprochenen Sprache niederzuschreiben. Seit über 200 Jahren arbeitet man an der Entzifferung der Hieroglyphen der Maya, aber eine komplette Entschlüsselung ist bis zum heutigen Tag nicht gelungen.[24] Es gab mehr als 700 verschiedene Schriftzeichen, jedoch nutzte ein Gelehrter nur zwischen 300 und 400 Zeichen.

Neben den Steinschriften schrieben die Maya ihre Texte auch in Büchern nieder, den schon erwähnten Codizes. Diese bestehen aus mehrere Meter langen Streifen von Bastpapier, das aus der Rinde des Feigenbaumes hergestellt war. Das Papier wurde mit einer feinen Kalkschicht als Schreibgrund überzogen. In einem nächsten Schritt faltete man die schmalen Streifen wie ein Leporello und schützte es mit hölzernen Buchdeckeln. Teilweise erhielten die Schriften einen Umschlag aus Jaguarfell. Wie viele der Maya-Bücher es gegeben hat, ist nicht mehr zu klären. Man nimmt jedoch an, dass es eine ungeheure Menge war. Eine große Anzahl der Bücher fielen den klimatischen Bedingungen der feuchtheißen Tropen zum Opfer. Weitaus tragischer war jedoch die Vernichtungswut der Spanier. Aus religiösem Eifer wurden die Schriften systematisch zerstört. Fanatiker wie Diego de Landa glaubten, so die Wurzeln und die Machtgrundlagen der einheimischen Priester für immer beseitigt zu haben. Er beschreibt sein Vorgehen folgendermaßen: »Wir fanden bei ihnen eine große Zahl von Büchern mit diesen Buchstaben, und weil sie nichts enthielten, was von Aberglauben und den Täuschungen des Teufels frei wäre, verbrannten wir sie alle, was die Indios zutiefst bedauerten und beklagten«.[25]

Die Vernichtung der Codizes war gründlich. Nur drei der Maya-Schriften konnten gerettet werden. Sie werden heute nach den Orten benannt, in deren Bibliotheken sie aufbewahrt werden: Der Dresdner Codex (Codex Dresdensis), der Madrider Codex (Codex Tro-Cortesianus) und der Pariser Codex (Codex Peresianus). Diese drei Codizes stammen aus dem nördlichen Tiefland und waren kurz vor der spanischen Invasion verfasst worden.

Gelesen werden konnten die Schriften nur von circa einem Prozent der Bevölkerung, denn das Erlernen war den Priestern und den Adligen vorbehalten. Die Schreiber verewigten in ihren Schriften politische und geschichtliche Ereignisse, sie sprechen von religiösen Zeremonien, der Entstehung der

Welt, Kriegszügen, Geburten, Hochzeiten und dem Leben der Herrscher. Der Kakao findet in dem Dresdner und dem Madrider Codex Erwähnung. Es werden jedoch keine Aussagen über die Zubereitung und die Verwendung von Kakao gemacht. Auch dass der Kakao zu einem Getränk verarbeitet wurde, weiß man nicht aus den Büchern, sondern durch die Aufschriften und Bemalungen auf Gefäßen. Diese kunstvoll verzierten Behältnisse mit einem Hinweis auf den Kakao waren allerdings den Adligen vorbehalten. Alle Keramiken wurden zum alltäglichen Gebrauch genutzt, galten aber auch als Prestigeobjekte. Die kostbaren Gefäße wurden zum Beispiel besonderen Gästen, Alliierten oder untergeordneten Fürsten zum Geschenk gemacht. Sie dienten dazu, die sozialen Kontakte zu verfestigen. Zusätzlich gab man den Toten gefüllte Keramikgefäße als Grabbeigaben mit auf den Weg in das Jenseits.[26] Wobei hier die Getränke in den Gefäßen nicht als Nahrung für die Toten gedacht waren, sondern als Geschenke für besonders ehrenvolle Ahnen.

Da die Maya, wie auch andere Kulturen Mesoamerikas, keine Töpferscheibe kannten, stellten sie ihre Keramiken ohne Werkzeuge her. Die Handwerker, welche diese bemalten, besaßen eine hohe Kunstfertigkeit (Abbildung 7). Sie hatten einen hohen sozialen Status und gehörten vermutlich dem Adel an. Die Inhalte der Malereien sind der Welt der Maya-Elite zuzuordnen und beschäftigten sich mit zwei Themenbereichen. Es wurden zum einen das höfische Leben oder auch historische Ereignisse dargestellt und zum anderen die Welt der Maya-Mythologie. Auf vielen Gefäßen, die sich mit dem höfischen Leben beschäftigen, findet man die Abbildungen von Kakaobäumen, -früchten, -bohnen und Schokoladengetränken. Einige Keramiken zeigen Klammerschwanzaffen oder Eichhörnchen, die in ihren Händen Kakaofrüchte halten (Abbildung 8). Beide Tierarten sind bis zum heutigen Tag hauptsächlich für die natürliche Verbreitung des Kakaos zuständig.[27]

Als besonders wichtig galten die Glyphentexte auf den Keramiken. Sie beschrieben die Malerei und dienten zudem als Weihe-Inschrift. Der Anthropologe und Epigraph Michael D. Coe fand heraus, dass die Aufschrift auf einer Keramik immer einer bestimmten Abfolge von Glyphenzeichen folgt, der »Primären Standardsequenz«, kurz PSS genannt. Auch wenn Coe die Glyphen zu diesem Zeitpunkt in den 1970er-Jahren noch nicht entziffern konnte, legte er einen wichtigen Grundstein. Später zeigte sich, dass die Abfolge der Glyphen auf einem Trinkgefäß folgende Informationen enthält: Zunächst findet man eine Widmung, entweder für einen Gott oder aber auch für die Person, für die dieses Getränk bestimmt war. Danach wird die Form des Gefäßes beschrieben, das heißt, ob es sich um ein Trinkgefäß oder um eine Schale handelt. Im nächsten Schritt beschreibt der Künstler, wie er die Oberfläche des Gefäßes bearbeitet hat, zum Beispiel ob sie geritzt oder

7 Zeremonialgefäß aus gebranntem Ton (500 bis 700 n. Chr.).

8 Hoher Becher mit Darstellung eines Affen, der eine Kakaofrucht in seinen Händen trägt (550 bis 900 n. Chr.).

gemalt ist. Auf manchen Gefäßen findet man an dieser Stelle zusätzlich den Namen des Schreibers. Im Anschluss folgt der Inhalt, der auch Rezept genannt wird, und ganz zum Schluss der Name des Auftraggebers.[28] Aufgrund dieser Information weiß man heute, dass für den Genuss der Schokolade üblicherweise hochwandige, schmale Gefäße verwendet wurden, während zum Beispiel Atole in flachen, tellerartigen Gefäßen gereicht wurde. Atole ist ein breiiges Getränk aus Maismehl, welches in Wasser aufgeschwemmt und mit Honig gesüßt wird. Es wird heiß serviert. Wissenschaftler haben herausgefunden, dass es neben dieser klassischen Variante aber auch eine »Schokoladen-Atole« gab.[29] Verschiedene Atole-Rezepturen mit Kakao sind auch heute noch in Mexiko und Guatemala verbreitet.

Für das ursprüngliche Schokoladengetränk kennt man gegenwärtig erst einige Zutaten, wie zum Beispiel Mais oder auch Achiote. Bei der Achiote handelt es sich um den Samen des Annatto-Strauchs (*Bixa orella*), der aus Südamerika stammt. Dieser wird bis heute hauptsächlich als Gewürz und Färbemittel genutzt. Achiote hat einen leicht blumigen Geschmack und eine stark rötliche Farbe.

Das erste Rezept zum Inhalt eines Gefäßes, das Wissenschaftler entschlüsseln konnten, war übrigens die Hieroglyphe für Kakao. Es war »eine Leistung des hervorragenden Epigraphen David Stuart, der die Maya-Schrift im zarten Alter von acht Jahren zu studieren begann. Stuart erkannte, dass es aus der Zeichnung eines Fisches bestand, dem ein kammähnliches Zeichen vorausging, welches als die Silbe ka identifiziert werden konnte, und mit dem Zeichen für -w endet. Vieles deutete darauf hin, dass ›Fisch‹ nur der Ersatz für das ›Kamm‹-ka-Zeichen war (der ›Kamm‹ stellt in Wirklichkeit eine Fischgräte dar), sodass Stuart das ganze Gebilde als ka-ka-w, sprich cacao, las.«[30] (Abbildung 9 und 10)

9 + 10 Zwei Hieroglyphen für das Wort ka-ka-w (Kakao).

Die Glyphentexte auf den gefundenen Gefäßen und Codizes geben nicht nur Auskunft über den Inhalt derselben, sondern über viele Bereiche des täglichen Lebens. So erfahren wir einiges über die Erschaffung der Welt, über die Götter und über die Einteilung des täglichen Lebens. Während für uns in der »Alten Welt« die Zahl Zehn eine bedeutende Rolle spielt und der gesamte Alltag durch das auf dieser Zahl beruhende Dezimalsystem geprägt ist, finden wir bei den Maya ein anderes System. Aus mesoamerikanischer Tradition übernahmen sie ein Zahlungssystem, welches auf der Zahl 20 basierte, ein Vigesimalsystem. Allen rechnerischen Formeln wurde diese Zahl zugrunde gelegt. Zudem kannte man auch schon die Zahl Null, die die zeitgenössischen Europäer noch nicht benutzten. Auf der Grundlage des Vigesimalsystems basierte der Handel: Da die Maya keine Waage kannten, nutzten sie beim Handeln keine Gewichte, sondern zählten alles akribisch ab.

Das ausgeklügelte Rechensystem, basierend auf der Zahl 20, war zudem Grundlage der Zeiteinteilung der Maya. Sie lebten nach einem komplexen zyklischen Kalender, der eine der bedeutendsten intellektuellen Leistungen des voreuropäischen Mesoamerika war. In Observatorien verfolgten die Maya die Laufbahn der Sterne. So konnten sie das Sonnenjahr, die Mondphasen und die Venusbahn auf wenige Minuten genau festlegen sowie Sternbilder bestimmen. Das Sonnenjahr der Maya belief sich auf 365,242129 Tage.[31] Um die Zahl hinter dem Komma auszugleichen, führten sie schaltjahrartige Korrekturen ein. Und auch hier waren die Maya den Bewohnern der »Alten Welt« voraus, denn mit dieser Berechnung war das Maya-Jahr exakter als das Jahr des zeitgenössischen Julianischen Kalenders.

Das Maya-Jahr war in 18 Monate à 20 Tage unterteilt. So blieben am Ende fünf Tage übrig. Diese wurden an den 18. Monat angefügt und galten oft als Unglückszeit. Jeder Monat hatte einen eigenen Namen. Der als »Haab« bezeichnete Kalender diente öffentlichen Zwecken. Neben diesem Jahreskalender existierte zusätzlich der rituelle Wahrsagekalender »Tzolkin«. Dieser Kalender, welcher heute noch bei den Quiché-, Ixil- und Mam-Indianern in Guatemala genutzt wird, basiert auf 260 Tagen. Hier werden die einzelnen Abschnitte in 13 mal 20 Einheiten unterteilt. Fügt man nun beide Kalender ineinander, kommt man auf einen Zyklus von 52 Jahren.

Das Kalenderjahr der Maya wurde nach einem bestimmten Muster zur Ehrung der Götter eingeteilt. Die Götterwelt bestand aus einem vielschichtigen verflochtenen Pantheon. Es gab regionale und zeitliche Unterschiede in der Bedeutung der Götter. So galten einige Gottheiten nur zu bestimmten Zeiten eines Kalenderjahres oder waren an einen Ort gebunden. Die Grenzen zwischen Göttern, Schutzgeistern und Ahnen verschwammen. Wichtige Gottheiten waren jene, denen elementare Naturkräfte zugeschrieben wurden. Wie zum Beispiel der Regengott Chaak oder die Personifikation der Sonne, der Gott K'inich Ajaw. Weiterhin zentral im Maya-Pantheon war der Maisgott Ixiim, die Verkörperung der Maispflanze. Er repräsentierte das wichtigste Nahrungsmittel, die Grundlage des Lebens. Auch der Kakao wurde in Verbindung mit einer eigenen Gottheit gesehen (siehe unten). Neben den Gottheiten, die himmlischen oder irdischen Aspekten zugeschrieben wurden, gab es aber auch noch den Todesgott und weitere Unterweltgottheiten.

Die Götter und Schutzgeister mussten ständig umsorgt werden. So gehörten zu den wichtigsten Aufgaben eines Herrschers, der als Vermittler zwischen den Schutzgöttern und seinem Volk agierte, das Umsorgen und Nähren der vergöttlichten Ahnen und der Gottheiten. Verschiedene Rituale wurden hierfür eingesetzt, wie das Darbringen von Opfergaben, hierzu zählte auch der Kakao, das Verbrennen von Kopal und das Einkleiden der Kultbilder. Zugleich wurden den Göttern Blutopfer durch Selbstkasteiung und Menschenopfer dargebracht. Solche Opferungen wurden bei besonderen Festen vorgenommen oder aber in außergewöhnlichen Notlagen eingesetzt. Die menschlichen Opfer waren zumeist Kriegsgefangene sowie Sklaven, aber auch Kinder und als besonders schön angesehene Frauen und Männer.[32] Zum Ende der Blütezeit der Maya nahmen die Opferungen von Menschen zu. Das Leben hatte sich verschlechtert und mit diesen Opferungen versuchte man, die Götter zu besänftigen. In diese Zeit fällt auch der Untergang der Maya-Städte zwischen 750 und 900 n. Chr. In den unterschiedlichen Regionen vollzog sich der Untergang der Städte zu verschiedenen Zeiten und Etappen. Nicht alle Städte zeigten dieselben Verfallsmerkmale auf. Bis heute ist nicht genau geklärt, welche Ursachen der Niedergang der Kultur der Maya hatte. Wahrscheinlich handelte es sich aber um vielschichtige Wirkungszusammenhänge.[33] Ein wichtiger Faktor war vermutlich die Überbevölkerung der Städte. So leben heute in der größten Provinz Guatemalas in El Petén 367.000 Menschen. Schätzungen ergeben für diese Region im 8. Jahrhundert n. Chr. eine Bevölkerungszahl von zehn Millionen Menschen.[34] Weitere Ursachen waren die Auslaugung der Böden, in manchen Regionen eine anhaltende Dürre sowie die Zerstörung der Wälder. Dem voraus aber ging eine Auflösung der politischen Ordnung. Das Gottkönigtum zerfiel. »Die außergewöhnlich dichte Bevölkerung verlangte nach immer mehr Ressourcen, um zu überleben, mit dem Ende der Herrschaftsinstitutionen jedoch fehlte eine politische Macht, die in der Lage gewesen wäre, neue Formen der landwirtschaftlichen Produktion zu entwickeln, genug Arbeitskräfte zu rekrutieren, um große Wasserreservoirs, Feldbauterrassen oder Bewässerungssysteme anzulegen und die Verteilung von lebenswichtigen Gütern sicherzustellen.«[35]

Zunächst verließ der Adel die großen Städte. Die bäuerliche Bevölkerung lebte weitere 100 bis 200 Jahre in den Ruinen der Städte und besetzte die Paläste. In den darauf folgenden Jahrzehnten verließen Millionen von Maya das südliche Tiefland, das heutige El Petén, und wanderten in den Norden nach Yucatán oder in den Süden in das Hochland des heutigen Guatemalas. Die Maya-Städte blieben sich selbst überlassen und wurden bald vom Regenwald überdeckt. Sie gerieten für einige Jahrhunderte in Vergessenheit.

Das Getränk der Herrscher

Die Maya übernahmen das Wort Kakao von den Mixe-Zoque-sprachigen Kulturen. Dies geschah vermutlich zwischen 300 v. und 400 n. Chr.[36] So hieß das Wort für Kakao im Mixe-Zoque »kakawa«. Von den Maya wurde dieses Wort entlehnt und entwickelte sich zu dem Wort »kakaw«. Besonders beeindruckend ist, dass die Maya die Kakaofrüchte nicht an wild wachsenden Kakaobäumen pflückten. Sie züchteten die Art *Theobroma cacao* und bauten sie in großem Maßstab auf Feldern an. Der Anbau des Kakaos war bei den Maya ein bedeutender Wirtschaftszweig. Er war allerdings nur in bestimmten Gebieten möglich. Der Kakao ist in den Tropen beheimatet und benötigt bestimmte klimatische Bedingungen, um wachsen zu können. Diese Bedingungen begrenzten den Anbau des Kakaos auf folgende Regionen: So wurde der Kakao in der Chontalpa Region im Osten des heutigen Bundesstaates Tabasco angebaut. Weitere Anbauregionen waren die pazifische Küstenebene von Guatemala und der heutige Bundesstaat Chiapas im Südosten Mexikos. In den Kakao anbauenden Regionen gab es raffinierte Bewässerungssysteme, sodass eine möglichst große Ernte erreicht werden konnte.[37] Durch ein ausgeklügeltes Handelssystem von Fernhandelskaufleuten gelangte der Kakao in alle Regionen des Maya-Gebietes und später auch in das Reich der Azteken.

11
Reibstein (»Metate«) mit Handwalze. Sie diente vor allem zur Verarbeitung des Maiskorns, dem Grundnahrungsmittel der Maya. Aber auch für das Mahlen des Kakaos wurden Metaten genutzt.

Obwohl der Kakao in einigen Gebieten eigentlich nicht gedeihen konnte, versuchten Adlige dennoch ihr Glück. So zum Beispiel in Yucatán. Hier nutzte man feuchte Dolinen und unterirdische Brunnen, sogenannte Cenotes, die mit Dung angefüllt wurden und in denen man schließlich Kakaobäume einpflanzte. »Sie scheinen privates Eigentum wohlhabender Familien gewesen zu sein, doch sehr viel Kakao können sie nicht hervorgebracht haben. [...] Im Gegensatz zum professionellen Kakaoanbau in Soconusco und der Chontalpa waren diese Dolinengärten in Yucatán nicht mehr als das Freizeitvergnügen wohlhabender Maya, den Penthouse-Gewächshäusern reicher Amerikaner in Manhattan mit ihren tropische Orchideen und Designertomaten vergleichbar«.[38] Wie schon erwähnt, stammen die meisten Erkenntnisse, die wir heute über den Genuss des Kakaos bei den Maya haben, von den Bemalungen und den Beschriftungen der adligen Trinkgefäße. Leider weiß man daher nicht, ob die einfachen Maya Schokolade tranken, ob sie es sich überhaupt leisten konnten. Die Bemalungen der Gefäße weisen darauf hin, dass der Besitz von Kakao ein Zeichen von Reichtum und Macht war. Aber auch bei dem Getränk der Elite bleiben viele Fragen offen. So vermutet man, dass Schokolade bei den Maya sowohl kalt, lauwarm als auch heiß genossen wurde. Die Maya kannten eine ganze Bandbreite an verschiedensten Rezepturen für das Schokoladengetränk. Es gab viele Zutaten und unterschiedliche Zubereitungsarten. So wurde der Kakao in Form von Brei und

Grützen genossen oder man zerrieb die Kakaobohnen beispielsweise mit Handwalzen (Abbildung 11) und verwendete sie als Pulver zum Beispiel als Gewürz für Saucen.[39] Derzeit sind viele der Gewürze nicht mehr bekannt oder sie sind noch nicht identifiziert. Viele der auf den Gefäßen beschriebenen Zutaten können noch nicht komplett entschlüsselt werden.[40] Es wird jedoch angenommen, dass es fruchtige, blumige, süße und auch scharfe Variationen des Getränks gab. Beliebt war zudem die Zugabe von zerriebenem Mais, wie wir von Diego de Landa erfahren: »Sie rösten auch Mais, mahlen ihn und lösen ihn in Wasser auf, was ein sehr erfrischendes Getränk ergibt, wenn man etwas Nelkenpfeffer oder Kakao hinzu gibt. Aus Mais und gemahlenem Kakao machen sie einen gewissen Sirup, der sehr schmackhaft ist und mit dem sie ihre Feste feiern; aus dem Kakao gewinnen sie ein Fett, dass wie Butter aussieht, und daraus und aus Mais stellen sie einen anderen schmackhaften und geschätzten Trank her.«[41] In Verbindung mit dem Mais erhielt man ein stärkehaltiges Getränk, das sehr nahrhaft war. Neben diesem nicht-alkoholischen Schokoladengetränk, das weitverbreitet war, gab es eine berauschende Variante. Hier wurde, wie bei den Kulturen Südamerikas, das Fruchtmus vergoren. Dieses Getränk erhielt den bezeichnenden Namen »baumfrischer Kakao«. »Frisch« bedeutete in diesem Fall, dass man das Fruchtmus nicht allzu lange gären lassen durfte, denn sonst entwickelte sich aus dem Alkohol Essig.

Bei den Maya, wie später auch bei den Azteken, war eine hohe Schaumschicht auf dem Getränk beliebt. Dies zeigt sich immer wieder auf Abbildungen, auf denen Kakaogefäße mit einer Schaumschicht zu erkennen sind.[42] Die Schaumschicht wurde hergestellt, indem die Schokolade aus großer Höhe von einem Gefäß in ein anderes gegossen wurde. Auch hierzu gibt es eine Reihe von Abbildungen auf Trinkgefäßen. Der Botaniker Nisao Ogata stellt eine weitere These auf. Bei seinen Forschungen in Mexiko lernte er die Pflanze *Gonolobus niger* kennen. Diese wird heute noch dem Schokoladengetränk beigegeben. Sie hat die Eigenschaft, die Schaumschicht zu verstärken und anwachsen zu lassen. Wir vermuten heute, dass die präkolumbischen Ethnien diese Pflanze schon kannten und nutzten.[43]

Eine hohe Schaumschicht war beliebt, da sie das Geschmackserlebnis des Kakaos verstärken sollte. So setzen sich beim Zerplatzen der Schaumblasen im Mund die bis dahin eingeschlossenen Aromastoffe frei.

Das Schokoladengetränk wurde im Allgemeinen nicht täglich genossen, sondern bei besonderen Anlässen, wie Verlobungs- oder Hochzeitsfeiern, aufgetischt. Auch bei Festlichkeiten des Adels, die der Untermauerung der sozialen Kontakte und politischen Bündnisse dienten, war es üblich, Schokolade zu reichen. »Oft verschwendeten sie bei einem Gastmahl, was sie in vielen Tagen mit Handeln und Feilschen verdient hatten; und sie feiern diese Feste auf zwei Arten. Bei der ersten, die den Häuptlingen und vornehmen

Herren eigentümlich ist, hat jeder Gast die Pflicht, ein ebensolches Gastmahl auszurichten und jedem anderen Gast einen gebratenen Vogel, Brot und reichlich Kakaotrank vorzusetzen.«[44] Aufschluss über die Verschwendung und den Luxus bei solchen großen Festen geben die Müllhalden in den Palästen der Adligen. Bei Ausgrabungen fand man besonders große Müllberge, die vermutlich bei solchen Feierlichkeiten entstanden waren. Sie enthielten viele zerbrochene Kunstgegenstände, religiöse Figürchen sowie vor allem Trink- und Essgeschirr, das von Tierknochen umgeben war.[45] Wie es zu diesen großen Müllbergen gekommen ist und warum die Maya diese nicht entsorgt haben, bleibt bis heute ein großes Rätsel.

Zum Abschluss eines großen Festes machte der Gastgeber wertvolle Geschenke, die der Festigung der politischen Allianzen dienten. Geschenkt wurden besonders wertvolle Nahrungsmittel und Kunstgegenstände. Hierzu gehörten zum Beispiel Quetzalfedern, Muscheln, Baumwollumhänge, Truthähne, Körbe gefüllt mit Mais, Säcke gefüllt mit Kakao und besonders edel gestaltete Schokoladentrinkgefäße aus Keramik. Diese Keramiken waren für den privaten Gebrauch gedacht. Oft wurden sie jedoch auch bei religiösen Zeremonien eingesetzt. Man verwendete Schokolade in Ritualen, so zum Beispiel bei einem Taufritual in Yucatán. Während des Rituals taufte man Kinder im Alter von ungefähr zwölf Jahren. Für diesen Brauch kamen sie und ihre Eltern in einem vorher bestimmten privaten Haus zusammen. Hatten sich die Familien, Priester und Würdenträger versammelt, folgten nun eine ganze Reihe von feierlichen Handlungen.

Die Schokolade, die für das Taufritual genutzt wurde, sollte aus »jungfräulichem« Wasser hergestellt worden sein. Dieses Wasser musste aus Baumhöhlen und Steinmulden in den Wäldern zusammengetragen werden. Der Kakao wurde mit diesem Wasser und Blüten des Plumeria Strauchs zubereitet. Ein vorher ausgewählter adliger Herr bekam nun von einem Priester einen Knochen gereicht. Er ging zu den Kindern und berührte sie neunmal an der Stirn. Dann tauchte er den Knochen in ein Gefäß mit der Schokolade. Nun bestrich er allen Kindern damit die Stirn, Teile des Gesichts, die Zehenzwischenräume und die Spalten zwischen den Fingern.[46] Dieses Taufritual wurde von Diego de Landa ausführlich beschrieben. Es handelte sich hierbei um einen Pubertätsritus. Die heranwachsenden Jugendlichen wurden so in die Gemeinschaft der Erwachsenen aufgenommen und galten von nun an als heiratsfähig. In seinen Aufzeichnungen spricht de Landa von einer Taufe, was vermutlich daran liegt, dass Gesicht und Gliedmaßen der Jugendlichen mit »jungfräulichem« Wasser in Berührung kamen, ähnlich wie bei der christlichen Taufe das Weihwasser. Einige der Rituale haben bis in die Gegenwart überlebt und werden heute immer noch zu wichtigen Ereignissen durchgeführt, wie zum Beispiel bei Geburten oder Hochzeiten.

Welche religiöse Bedeutung der Kakao für die Maya hatte, kann man daran erkennen, dass er in Verbindung zu einer Gottheit stand: dem Gott Ek Chuah. Wie viele andere Gottheiten auch hatte Ek Chuah eine doppelte Natur. So galt er zum einen als Gott des Krieges und zum anderen war er der Gott der Kaufleute, Reisenden und des Kakaos[47] (Abbildung 12). Ek Chuah wurde in einer bestimmten Art und Weise illustriert. So zeichnete man seine Gestalt immer in Schwarz. Das Wort ›Ek‹ bedeutet in fast allen Maya-Sprachen genau das, nämlich schwarz. Mit dem Begriff ›chuh‹ wird im yukatekischen Maya eine Skorpionart bezeichnet.[48] Oft wurde Ek Chuah daher mit einem langen Skorpionschwanz dargestellt. Zusätzlich erkennt man ihn an der besonders groß gezeichneten, nach unten hängenden Unterlippe. Im Monat Muan, welcher nach dem heutigen gregorianischen Kalender zwischen Ende April bis Anfang Mai lag, feierten die Besitzer von Kakaopflanzungen ein Fest zu Ehren der Götter Ek Chuah, Chaak und Hobnil: »Zu der Feier begaben sie sich auf das Grundstück eines der Teilnehmer, wo sie einen gefleckten Hund opferten, was wegen der Farbe des Kakaos geschah; sie verbrannten vor den Götzenbildern ihren Weihrauch und brachten ihnen blaue Leguane, bestimmte Vogelfedern und weitere Jagdbeute dar; und jedem Amtsgehilfen gaben sie eine Kakaoschote. Nach dem Opfer und ihren Gebeten aßen sie die Speiseopfer und tranken, wie es heißt; nicht mehr als dreimal von dem Wein, womit sie es bewenden ließen; dann gingen sie in das Haus desjenigen, der mit dem Fest beauftragt war, und freudig bezechten sie sich.«[49]

Eine weitere wichtige Rolle spielt der Kakao bei Bestattungen. Als Grabbeigaben dienten nicht nur die Gefäße, die man zum Genuss des Schokoladengetränks nutzte. Auch die Kakaobohnen wurden den Toten auf dem Weg ins Jenseits mitgegeben. So zählten zu den wertvollsten Dingen, die man einem toten König mitgab, Jadeobjekte, Rochenstachel und andere Utensilien für den rituellen Aderlass, Pyritspiegel, Bücher, Klistiergeräte, Tiere, Musikinstrumente, Kopalharz, Feuerstein, Obsidian und schließlich Tongefäße, die mit Nahrungsmitteln und Kakaobohnen gefüllt wurden.

Der Kakao nahm zudem im Bereich der medizinischen Versorgung eine besondere Stellung ein. So beschreiben Maya-Schriften aus der Zeit der spanischen Konquista den Kakao als Heilmittel gegen Unterleibsbeschwerden: »Lass ihm ein Abführmittel geben, wenn Gas in den Eingeweiden ist. Dann nimmst du fünf rohe Kakaobohnen und den Stein (Samen) von xkanlol (*Tecoma stans*, ein Trompetenbaum-Gewächs) und messe ihn aus an einem Realstück (spanische Münze). Lass dieses mischen und zum Trinken geben. Er wird sich auf diese Weise wieder erholen.«[50] In der Gegenwart widmen sich viele Forscher den Kakaobohnen. Während bei uns die Forschung noch in den Kinderschuhen steckt, galt der Kakao bei den Maya als Allheilmittel und fand bei Durchfall, Masern oder Geburtsschmerzen Verwendung. Den

12 Ek Chuah, der Gott der Kaufleute und der Kakaopflanze.
Er wurde meist schwarz und mit einem langen Skorpionsschwanz dargestellt
und oft mit einer großen, roten unteren Lippe gezeichnet.
Das Bild stammt aus dem Maya-Codex Madrid (Codex Tro Cortesianus),
dem umfangreichsten Buch der Maya.

Maya war zudem die leicht desinfizierende Wirkung der Kakaobutter bekannt. Man gewann die Kakaobutter, indem man zunächst ein flüssiges Getränk herstellte. Bei dem Erkalten des Getränks setzte sich auf der Oberfläche die Butter ab. Diese schöpften die Maya ab und verwendeten sie weiter. Aufgrund der desinfizierenden Wirkung wurde die Kakaobutter äußerlich zum Beispiel bei Entzündungen, Schuppen und Tierbissen eingesetzt. Zur Pflege der Haut verwendete man sie zudem als Körperlotion.

Neben der Verwendung des Kakaos als Nahrungs- und Heilmittel kam ihm eine weitere Bedeutung zu. Er wurde als Tauschware eingesetzt und als Währung genutzt. Man ging mit den wertvollen Bohnen einkaufen und tauschte so auf den Märkten der Städte Nahrungsmittel und Güter des täglichen Bedarfs. Auch Tributzahlungen wurden in Form von Kakaobohnen geleistet. Aus den Überlieferungen der Codices weiß man, dass die Maya ein ausgeklügeltes Tributsystem hatten. Untergeordnete Königreiche mussten den obersten Herrscher der mächtigen Königreiche Tributzahlungen leisten. Diese bestanden unter anderem aus Kakao. Die Tributleistungen wurden in den Codices genau festgehalten.

Der Adler auf dem Kaktus – Die Azteken

»Lange staunten wir dieses herrliche Gebäude unter uns an. Dann besahen wir uns von hier oben aus noch einmal den Marktplatz mit seinem Gewimmel von Menschen, die einen Lärm machten, den man über eine Stunde weit hören konnte. Leute, die Konstantinopel und Rom gesehen hatten, erzählten, dass sie noch nirgendwo einen so großen und volkreichen Marktplatz gefunden hätten.«[51] Diese Szenerie beschrieb Bernal Díaz del Castillo am 22. November 1519. Die Spanier waren nach ihrem Einzug in die Hauptstadt der Azteken von deren Größe und Schönheit sehr beeindruckt. Bernal Díaz del Castillo (1492 bis etwa 1581), in Spanien geboren, segelte 1514 nach Kuba und verpflichtete sich als Soldat. Er nahm an den Entdeckungsfahrten des Cordoba und Grijalva teil und trat 1519 in den Dienst des Hernán Cortés. Er erlebte die Eroberung des Azteken-Reichs. Im Alter von 84 Jahren schrieb er seine Erinnerungen nieder. Diese gelten heute als die zuverlässigsten und informationsreichsten Quellen der Eroberung Mexikos durch die Azteken.

Die Azteken wanderten Anfang des 13. Jahrhunderts in das Tal von Mexiko ein. Bis zur Ankunft der Spanier im Jahr 1519 hatten sie ein riesiges Reich errichtet. Das Machtzentrum bildete die Stadt Tenochtitlan, die sich auf einer Höhe von 2.240 Metern befand. Man vermutet, dass dort zur Zeit der Konquista weit mehr als 150.000 Einwohner lebten.[52] An der Stelle der historischen Metropole befindet sich heute die Hauptstadt Mexikos, Mexiko-City. Unter dem Beton der Moderne liegt die Hauptstadt der Azteken begraben und bewahrt ihre Vergangenheit. Bei großen Bauvorhaben gibt sie allerdings immer wieder ein Stück des untergegangenen Reiches preis.

Die Stadt Tenochtitlan befand sich im Tal von Mexiko, auf mehreren kleinen Inseln im westlichen Teil des Texcoco Sees. Die Hauptstadt der Azteken war im Norden, Westen und Süden durch Dammwege mit dem Festland verbunden. Heute existiert der Texcoco See nicht mehr in seinen ursprünglichen Ausmaßen. Er wurde im Laufe der Zeit von den Spaniern schrittweise trockengelegt. Nur noch im Süden von Mexiko-City ist ein kleines Gewässer von dem ehemals 70 Kilometer langen See geblieben. Das abflusslose Becken von Mexiko wird im Westen, Süden und Osten von vulkanischen Bergketten begrenzt, die teilweise eine Höhe von bis zu 5.000 Metern haben. Hierzu zählen zum Beispiel die beiden Vulkane Popocatépetl und Izaccíhuatl. Richtung Norden geht die Landschaft in die Steppenregion des nordamerikanischen Plateaus über. Aufgrund der großen Höhenunterschiede waren die Temperaturen im Siedlungsgebiet der Azteken sehr unterschiedlich.

Im Vergleich zu den Kulturen der Olmeken und Maya wissen wir heute sehr viel mehr über das Leben der Azteken. Der Grund hierfür sind zum einen die aztekischen Schriften aus der Zeit nach der Eroberung und zum anderen die Berichte der Eroberer und Missionare. Man darf allerdings nicht vergessen, dass deren Beschreibungen von persönlichen, politischen und religiösen Motiven geprägt waren. Vor diesem Hintergrund beginnt die Beschreibung der Geschichte der Azteken durch die Spanier an einem Punkt, an dem das Ende der aztekischen Kultur naht. Hinzu kommt, dass die Schriften der Azteken aus der Zeit vor der Konquista dem Missionseifer der Eroberer zum Opfer fielen. So verlieren sich Berichte aus weit entfernter Vergangenheit im Nebel von Erzählungen und Mythen.

Daher ist auch die genaue Herkunft der Azteken, die sich selber Mexica nannten, nicht bekannt. Den Begriff Azteken für das Volk, welches von den Spaniern unterworfen wurde, führte im 18. Jahrhundert der Jesuit Francisco Xavier Clavijero ein.[53] Vorher war es üblich, das Wort Mexica oder Mexikaner zu verwenden. Der Begriff Mexica ist in der Vergangenheit allerdings nicht ganz einheitlich genutzt worden, er meinte nicht immer ausdrücklich das Volk der Azteken. Die Bezeichnung Mexikaner beschrieb auch jene Menschen verschiedener Herkunft, die später Einwohner des modernen Staates Mexiko werden sollten. Mit dem Wort Azteken wurden die Einwohner des magischen Ortes Atzlan bezeichnet. Wissenschaftler nehmen an, dass die Azteken aus dieser Region, dem »Land der Weißen Reiher«, zu Beginn des 13. Jahrhunderts in das Tal von Mexiko einwanderten. Der sagenhafte Ort soll im Westen oder Nordwesten Mexikos gelegen haben. Über die Ursache der Wanderung gibt es nur mythische Erzählungen. Der Stammesgott der Azteken Huitzilopochtli (übersetzt: links wie ein Kolibri) hatte seinem Volk prophezeit, dass sie Atzlan verlassen sollten. Sie würden nach einer langen Wanderung zu einer Insel im See gelangen. Dort würden sie einem Adler mit einer Schlange im Schnabel auf einem Feigenkaktus begegnen. An diesem Ort sollten sie eine Stadt gründen, von der aus sie später die Welt beherrschen würden.[54]

In dem Gebiet, in dem sich vorerst niederließen, lebten jedoch schon andere Völker. Zunächst ordneten sich die Azteken unter und lebten als Vasallen und Leibeigene. Doch bald verärgerten sie ihre Nachbarn, sodass sie auf die sumpfigen Inseln des Texcoco Sees vertrieben wurden. Wie das Schicksal es will, erfüllte sich nun die Prophezeiung und sie trafen dort auf den Adler, der auf einem Kaktus saß. In kurzer Zeit sollte hier die mächtige Stadt Tenochtitlan entstehen, der Ausgangspunkt der Macht über ganz Mittelamerika. Der Adler auf dem Kaktus wird später zum Symbol des modernen Staates Mexikos und ziert heute die Nationalflagge.

Die Gründungsgeschichte der Stadt Tenochtitlan hat einen mythischen Charakter, aber archäologische Funde zeigen, dass die Stadt schon vor den Azteken besiedelt war. Wissenschaftler vermuten heute, dass sich die Azteken zwischen 1320 und 1350 in der Region niederließen. Der erste Herrscher der Stadt Tenochtitlan wurde Acamapichtli, das war ungefähr im Jahr 1371.

Zu diesem Zeitpunkt wurden die Azteken noch von den Tepaneken beherrscht und hatten diesen Tributzahlungen sowie Kriegsdienste zu leisten. Die Tepaneken wanderten um 1300 in das Tal von Mexiko ein. Sie gelangten zu Beginn des 15. Jahrhunderts zum Höhepunkt ihrer Macht und beherrschten fast das gesamte Tal von Mexiko. Nach dem Sieg der Azteken über die Tepaneken Mitte des 15. Jahrhunderts gliederte man die Tepaneken in das aztekische Reich ein. Es bestand aus einem Bündnis von drei großen Städten und ihren Reichen, die alle im Becken von Mexiko lagen: Mexiko mit der Hauptstadt Tenochtitlan und der Schwesterstadt Tlatelolco, Acolhuacan mit der Hauptstadt Texcoco und das Gebiet der Tepaneken mit der Stadt Tlacopan.

Eine gemeinsame Führung hatte das Bündnis nicht. Es gab eine Übereinkunft hinsichtlich gemeinsamer politischer Ziele. Allerdings konnte jedes Reich auch selbstständig für sich Entscheidungen treffen. Unter den Bündnispartnern gab es eine formelle Gleichstellung, wobei Tenochtitlan tatsächlich eine übergeordnete Stellung zukam. Das gesamte Reich war weiterhin in eine große Anzahl von Stadtstaaten unterteilt, welche tributpflichtig waren. Zwischen diesen bestanden wiederum politische Verbindungen und Verflechtungen. Ein komplexes und kompliziertes System entstand, welches die Spanier später geschickt ausnutzten, um die Herrschaft des Azteken-Königs Montezuma II. zu untergraben.

Die genaue Anzahl der Menschen, die in dem großen Reich von ungefähr 324.000 Quadratkilometern wohnten, ist nicht bekannt. Schätzungen gehen davon aus, dass zu dieser Zeit in Zentralmexiko zwischen zehn bis elf Millionen Menschen lebten.[55] Im Vergleich hierzu hat die Bundesrepublik Deutschland eine Größe von 357.104 Quadratkilometern und ist damit nur geringfügig größer als das Reich der Azteken. Allerdings lebten in Deutschland im Jahr 2010 circa 82,3 Millionen Menschen.

Jeder Stadtstaat hatte entweder einen einzigen oder aber mehrere gleichrangige Herrscher. Der oder die Herrscher hatten administrative, religiöse und richterliche Aufgabenbereiche. Die Legitimation der Herrscher wurde aus der Zeit der Einwanderung in das Tal von Mexiko abgeleitet. Die Herrscherfamilien sorgten durch Heiraten untereinander für eine Aufrechterhaltung des sozialen Gefüges. Die gesellschaftliche Ordnung war bei den drei Bündnispartnern ähnlich. Es gab eine Zweiteilung der Bevölkerungsschicht, so gehörten zehn Prozent dem Geburtsadel an, während die restliche Bevölkerung nichtadliger Herkunft war. Eine Mobilität zwischen den sozialen Schichten, aber auch innerhalb der einzelnen Schichtgruppen gab es nicht. Die einzige Ausnahme waren Krieger, sie konnten nach besonderen Leistungen in den Adelsstand erhoben werden. Die Adelsschicht an sich war klar gegliedert und man unterschied nach Herkunft und Prestige. Durch Kleidung, Haartracht und Schmuck wurden diese feinen Unterschiede sichtbar gemacht. So durften Adlige Baumwollumhänge und Lederschurze, goldfarbene Sandalen, Ohrringe und Lippenpflöcke tragen. Nichtadlige Menschen mussten ihre Kleidung aus Agavefasern herstellen, die Umhänge waren nur knielang und in Gegenwart eines Adligen durften sie keine Sandalen tragen.[56]

Nur der *Adel* verfügte über Landbesitz. Dessen Wert lag aber nicht in dem möglichen Verkaufswert des Grundbesitzes, sondern in den darauf erwirtschafteten Grundnahrungsmitteln. Um diese anzubauen, benötigte der Adlige abhängige Bauern, die das Land bestellten. Diese mussten einen Teil des Ertrages abführen, Dienste im Haushalt des Adligen verrichten und auch bei Bedarf Kriegsdienst leisten.

Die Stellung der *Frauen* im Reich der Azteken war in vielem mit der Position der zeitgenössischen Europäerinnen zu vergleichen. Sie konnten ohne Zustimmung der Männer Eigentum erwerben und als Klägerinnen vor Gericht ziehen. Sie arbeiteten auf den Märkten und verkauften ihre Waren. Das Priesteramt war ihnen zugänglich, wobei ihnen die ganz hohen Positionen verschlossen blieben. Teilweise spielten Frauen allerdings beim Tempelkult von weiblichen Gottheiten eine große Rolle. Adlige Frauen hatten vor allem die Aufgabe, sich um die Kinder und den Haushalt zu kümmern. Jedoch beschränkte sich ihr Wirkungskreis nicht nur auf diese Bereiche. Sie konnten genauso wie die Männer einen hohen Bildungsstand erreichen. Weiterhin erlangten Frauen als Mütter von großen Kriegern eine besondere religiöse Wertschätzung. Gleichzeitig aber war es üblich, dass Töchter als Geschenke überreicht wurden. Auch erwartete man von den Ehefrauen, dass sie ihre Männer mit großer Achtung behandelten und ihnen gehorchten. Die Frauen der Bauern und Handwerker waren für die häuslichen Arbeiten und die Erziehung der Kinder zuständig. Nebenher leisteten sie handwerkliche Tätigkeiten oder Dienstleistungen für die Tributzahlungen an die Adligen.

Die nichtadlige Bevölkerung bestand zu einem großen Teil aus *Bauern* und *Handwerkern*. Das Leben der Bauern und einfachen Handwerker war vermutlich genauso beschwerlich wie das der Bauern und Handwerker im zeitgenössischen Europa. Die Nichtadligen arbeiteten und lebten auf dem Land eines Adligen und mussten diesem Abgaben zahlen. Sie waren jedoch nicht fest an ihn gebunden. »Obwohl sie zumeist in lockerer Siedlungsweise auf dem Land des Adligen wohnten, waren sie jedoch nicht unlösbar an diesen gebunden, sondern konnten fortziehen und das Land eines anderen unter ähnlichen Bedingungen bearbeiten. Zumindest in der frühen Kolonialzeit wurde von dieser Möglichkeit immer wieder Gebrauch gemacht.«[57]

Eine besondere Stellung unter den Nichtadligen nahmen die *Fernhandelskaufleute*, die »pochteca« ein. Sie durften sich zwar nicht in prachtvolle Gewänder hüllen und mussten den Herrschern Abgaben zahlen, aber dennoch waren sie mächtig und reich. Sie durchquerten das gesamte aztekische Reich und führten Handel mit den Maya und den Tarasken. Sie handelten mit wertvollen Produkten, zu denen auch der Kakao zählte. Aber nicht nur das, sie brachten auch Wissen mit zurück in die Heimat. Sie waren die verlängerten Augen und Ohren des Herrschers und dienten als eine Art geheimer Nachrichtendienst.[58] Da sie wertvolle Güter mit sich führten, reisten sie in Karawanen, um sich besser schützen zu können. Oft kehrten sie von ihren Reisen erst nachts zurück, damit niemand sah, welche Waren sie mit sich führten. Da man weder Rad noch Lasttiere kannte, waren Lastträger für die Fernhändler äußerst wichtig. Sie transportierten die Waren von einem Ort zum anderen. Die Arbeit war allerdings sehr mühsam und wenig angesehen. Die Träger mussten oft schwere Lasten über weite Strecken hinweg tragen.

Als unterste Bevölkerungsschicht sind die »tlacotli« zu nennen. Diese wurden häufig mit dem Begriff *Sklaven* übersetzt. Allerdings handelt es sich bei den »tlacotli« nicht um Menschen, die als Eigentum anderer behandelt wurden. Sie überließen nur für einen gewissen Zeitraum ihre Arbeitskraft anderen, beispielsweise, wenn sie sich verschuldet hatten. Hatten sie ihre Pflicht erfüllt, waren sie wieder frei. Während der Pflichtzeit blieben aber die Ehepartner und auch die in dieser Zeit geborenen Kinder frei. Es gab allerdings eine Ausnahme: Wiederholt rückfällige Verbrecher blieben lebenslänglich »tlacotli«. Sie konnten zum Verkauf auf dem Markt verurteilt und später als Kaufsklaven geopfert werden.

In der Hauptstadt Tenochtitlan lebten die unterschiedlichen sozialen Schichten streng getrennt in ihren eigenen Stadtvierteln. Die Stadt war ähnlich aufgebaut wie eine Stadt der Maya. In den Außenbezirken befanden sich die Wohnviertel der ärmeren Bevölkerungsgruppen. Im Zentrum lagen die mehrstöckigen Paläste, die meistens von Gärten umringt waren. Während im Zentrum und in den Zeremonialbereichen riesige Gebäudeanlagen überwogen, gab es in den Randbezirken kleine Häusereinheiten umringt von Feldern. Diese wurden »chinampas« genannt und waren aus dem Seeboden aufgeschüttet worden. So entstanden Kanäle, die den Wasserhaushalt der Felder regulierten und gleichzeitig als Transportwege genutzt werden konnten. Die Felder waren so fruchtbar, dass sie mehrere Ernten im Jahr ermöglichten. Das reichte zur Versorgung der Bevölkerung in der Hauptstadt allerdings nicht aus. Der Anzahl der Bauern, die für die Lebensmittelproduktion zuständig waren, war im Vergleich zum Adel, den Handwerkern und Kriegern verhältnismäßig gering. Lebensmittellieferungen mussten daher von außerhalb der Stadt bezogen werden. Hierzu hatten die Azteken ein großflächiges Handelsnetzwerk sowie ein System von Tributzahlungen entwickelt. Für Tenochtitlan sind 38 Tributprovinzen belegt.[59] Die unterworfenen Völker mussten den aztekischen Herrscher verschiedenste Abgaben leisten. Das geschah in Form von Grundnahrungsmitteln wie Mais, Bohnen sowie Kürbissen. Weitere Leistungen waren Kleidung, Schilde und Uniformen bis hin zu Luxusgütern wie Gold, Federn, Baumwolle, Felle, Meeresschnecken oder Honig. Von den Kakaoanbauregionen erwartete man zusätzlich Zahlungen in Form von Kakaobohnen. So wurden zum Beispiel aus der Region Xoconochco alle sechs Monate 4.600 Kilogramm Kakaobohnen, 400 Kakaogefäße aus Ton sowie 400 Kakaogefäße aus Stein geliefert.[60] Aber auch andere Regionen mussten die Trinkgefäße für den Kakao liefern, wie zum Beispiel die Provinz Tlapan, die jedes halbe Jahr 800 Kürbisschalen zahlte. Die Tributzahlungen in Form von Kakao gehen zurück auf den Aztekenkönig Montezuma I. (Regierungszeit 1440 bis etwa 1469). Für ihn wurden die ersten Tributzahlungen in Kakaobohnen geliefert.

Über alle Tribute wurde genau Buch geführt, wie der Codex Mendoza aus dem 16. Jahrhundert beschreibt.[61] Die Azteken nutzten ähnlich wie die Maya eine Schrift. Sie war jedoch weniger entwickelt. Die Azteken verwendeten überwiegend Bilder und nur kleine Hieroglyphenzeichen. Mit diesen konnte man jedoch keine vollständigen Sätze bilden. Sie dienten nur zur Bezeichnung von Personen-, Zeit- oder Ortsangaben.

Der Codex Mendoza zeigt aber auch, dass nicht nur die Kakaoanbauregionen Kakao an die Herrscher von Tenochtitlan liefern mussten. So waren zum Beispiel die Herren der Schwesterstadt Tlatelolco dazu verpflichtet, alle 80 Tage 40 Körbe mit gemahlenem Kakao und Maismehl als Tribut zu zahlen. Auch die Anzahl der Bohnen, die in einem Korb verarbeitet sein sollte wurde genau festgelegt, es handelte sich um 1.600 Stück.[62]

Kontrolliert wurden die Abgaben der tributpflichtigen Regionen von aztekischen Tributverwaltern. Diese waren gleichzeitig die Repräsentanten der aztekischen Zentralmacht und galten als unnachgiebig und hart. Sie waren meist sehr verhasst. Blieben die Tributzahlungen aus und brachten auch die Besuche der Tributverwalter keinen Erfolg, waren kriegerische Auseinandersetzungen die Folge. Die alte Ordnung sollte dadurch wiederhergestellt werden.

Neben diesen wirtschaftlichen Beweggründen spielten aber auch weitere Motive für die Eroberungsfeldzüge der Azteken eine Rolle. So kam es zu bewaffneten Übergriffen bei Unrechtsfällen oder bei Streitigkeiten mit anderen Kulturen.

Weitere Feldzüge wurden unternommen, um Handelsrouten zu sichern oder neue einzurichten. So sollte gewährleistet werden, dass wichtige Güter aus weit entlegenen Gebieten, wie zum Beispiel der Kakao, immer den Weg nach Tenochtitlan fanden. Von Zeit zu Zeit wurden zudem Feldzüge aus für uns heute kaum nachvollziehbaren Beweggründen durchgeführt. Man führte Krieg, um Menschen gefangen zu nehmen, die für Opferungen benötigt wurden. Menschenopfer spielten eine wichtige Rolle im Kalenderjahr der Azteken. Diese Form der Gewalt war in Mesoamerika verbreitet und sollte der Besänftigung der Götter dienen. So war an bestimmten Daten die Opferung von Menschen vorgesehen. Die Opfer wurden ehrerbietig behandelt, bekamen die beste Kleidung, sie lebten besonders luxuriös und erhielten das Privileg, Schokolade zu trinken und Tabak zu rauchen, bis sie am Festtag geopfert wurden. Kurz vor der Opferung bekam der Gefangene ein spezielles Getränk, das »Göttliche Getränk« gereicht. Hierbei handelte es sich vermutlich um Pulque oder Schokolade, die mit einem berauschenden Mittel versetzt war.[63]

Zusätzlich zu den persönlichen Opferungen für eine bestimmte Gottheit, wie etwa den Windgott Ehecatl (Abbildung 13), gab es eine hohe Anzahl von Menschenopfern zu bestimmten Anlässen. Zum Beispiel bei der Einweihung eines Tempels, dem Amtsantritt eines Herrschers, bei Naturkatastrophen und zu späteren Zeiten aus Angst vor den spanischen Eroberungen. Die große Anzahl von Menschen, die man hier benötigte, erhielt man durch die Gefangennahme bei Kriegshandlungen.

In vielen spanischen Berichten wurde die Opferung von Menschen geschildert. Die Konquistadoren berichteten von zehntausenden von Opfern zu bestimmten Anlässen. Diese Zahl entsprach vermutlich nicht der Realität, denn dann wären ganze Landstriche entvölkert worden.[64] Man nimmt an, dass die Zahl der Opfer von den Spaniern stark übertrieben wurde, um ihr eigenes brutales Handeln zu rechtfertigen. Aber dennoch war die Opferung von Menschen für die Azteken selbst äußerst wichtig. Die Azteken gingen

13
Der Windgott Ehecatl ist für die Azteken nicht nur für Wind, Regen und Fruchtbarkeit zuständig, sondern generell für Leben. Auch Kakaobohnen wurden als geeignete Opfergaben für Ehecatl angesehen (gebrannter Ton, circa 1300 n. Chr.).

davon aus, dass nur durch die Opferung von Menschen die Sonne immer wieder aufgehen würde. Diese religiöse Pflicht musste erfüllt werden. Neben dieser täglichen Pflicht gab es eine ganze Reihe von anderen vorgeschriebenen religiösen Handlungen. Diese folgten einem rituellen Kalender.

Cacahuatl – Getränk, Medizin, Zahlungsmittel

Wie schon bei den Maya, spielte der Kakao eine wichtige Rolle für das alltägliche und religiöse Leben der Azteken (Abbildung 14). Die Kakaoanbaugebiete und die Handelsrouten, auf denen der Kakao transportiert wurde, standen unter besonderer Beobachtung. So ist es auch zu verstehen, warum die Azteken ihr Reich im Laufe der Zeit bis an die Pazifikküste im Süden ausdehnten. Hier befand sich die wichtige Kakaoanbauregion Xoconochco (Soconusco). Der Kakao aus dieser Region galt als besonders schmackhaft. Daher gab es um dieses Gebiet immer wieder Besitzstreitigkeiten. Die Fernhandelskaufleute nutzten diese Unsicherheiten und zettelten einen Aufstand an. Aztekische Krieger wurden nun in die Region um Xoconochco gesandt, um sie militärisch abzusichern. Zusätzlich baute man im heutigen Guerrero an der Südküste Mexikos eine Festungslinie. Für die Verteidigung siedelte man aztekische Familien an. Diese waren für die Absicherung des Gebietes zuständig und mussten als Tributleistungen zusätzlich Kakao anbauen. Der Plan der »pochteca« war aufgegangen – dem Handel mit dem Kakao stand nun nichts mehr im Wege, die Region Soconusco galt als sicher.

Weitere wichtige Bezugsquellen für den Kakao waren die Küstengebiete von Veracruz und die Küste des heutigen Staates Guerrero. Hier bezogen die Azteken den Kakao aber überwiegend aus Tributzahlungen.

Die Azteken nannten den Kakaobaum »cacahuacuauhuitl«.[65] Diese Bezeichnung wurde zusammengesetzt aus dem Wort für Kakao »cacahuatl« und dem Wort Baum »cuauhhuitl«. Dem spanischen Arzt und Botaniker Francisco Hernández (etwa 1514 bis 1587), der sieben Jahre in Mittelamerika reiste, wurden bei Untersuchungen zum Kakao vier gezüchtete Kakaobaumsorten genannt: »cuauhcacahuatl« (Holzkakao oder Adlerkakao), »mecacahuatl« (Magueyfaserkakao), »xochicacahuatl« (Blumenkakao) und »tlalcacahuatl« (Erdkakao). Alle vier Sorten gehörten vermutlich zum Criollo-Kakao.

In frühen Quellen nutzten die Azteken das Wort »cacahuatl« sowohl für die Kakaobohnen als auch für das Schokoladengetränk. Die Zubereitung des Getränks war ähnlich wie bei den Maya. Allerdings vermutet man, dass die Azteken das Getränk am liebsten kalt zu sich nahmen.

Der spanische Missionar und Ethnologe Bernardino de Sahagún (1499 bis 1590) beschreibt in seinem zwölfbändigen Werk mit dem Titel »Historia

14
Kakaofrucht
aus Stein
(etwa 1250 bis
1521 n. Chr.).

general de las cosas de Nueva España«, welches er im Jahre 1569 fertigstellte, die Zubereitung des Schokoladengetränks von einer Schokoladenköchin auf folgende Weise: »Sie mahlt den Kakao (die Bohnen); sie zerstampft, bricht und zerkleinert sie zu Pulver. Sie sortiert sie aus, verliest und trennt sie. Sie durchtränkt sie, durchfeuchtet sie, weicht sie ein. Sie fügt sparsam, zurückhaltend Wasser hinzu; sie reichert es mit Kohlensäure an, filtert es, siebt es, schüttet es hin und her, bringt es zum Sprudeln; sie lässt es eine Krone bilden, stellt Schaum her; sie entfernt die Krone, lässt es dickflüssig werden und trocknen, gießt Wasser dazu, rührt Wasser hinein.«[66]

In spanischen Quellen wird als Utensil für die Zubereitung des Schokoladengetränks ein Holzquirl genannt (Abbildung 15). Dieser wird vor allem dazu genutzt, eine Schaumschicht zu erzeugen. In frühen vorspanischen Texten wird dieser Quirl, im Spanischen »molinillo« genannt, nicht erwähnt. Man nimmt daher an, dass dieses Hilfsmittel erst ab dem 16. Jahrhundert für die Getränkherstellung genutzt wurde und wahrscheinlich aus Spanien stammte.[67] In der Zeit vor der Konquista wurden zur Zubereitung der Schokolade aber durchaus Rührstäbe und Löffel zum Beispiel aus Schildkrötenpanzer genutzt. Auch war es üblich, das Getränk aus einer großen Höhe von einem Gefäß in ein anderes zu schütten. Hierdurch erhielt man die gewünschte Schaumschicht. Der Tudela Codex aus dem 16. Jahrhundert zeigt diese Zubereitungsart. Hier ist eine aztekische Frau abgebildet, die im Stehen Schokolade von einem Gefäß in ein anderes auf dem Boden stehendes Gefäß schüttet.

Auch bei den Azteken kannte man verschiedenste Kakaorezepturen. In Mittelamerika war die Zugabe von getrocknetem, zerriebenem Chilipulver beliebt. Da es eine ganze Reihe von unterschiedlichen Chilisorten gab, herrschte nicht nur eine Geschmacksrichtung vor, sondern von leicht würzig bis ungemein scharf war alles vertreten. Aber nicht nur die Kakaobohnen wurden genutzt, auch das Fruchtfleisch der Früchte fand Verwendung. Ließ man das Fruchtmus gären, erhielt man eine berauschende Variante des Getränks. Bei den Herrschern Tenochtitlans wurde es der »Grüne Kakao« genannt. Grün bezieht sich hier auf die Farbe der Kakaofrüchte. Sind diese grün, dann sind sie noch nicht reif. Übertragen auf das Fruchtmus bedeutet das, dass der Gärungsprozess noch nicht beendet und somit genügend Alkohol vorhanden ist.

Weitere Zutaten des Getränks waren zum Beispiel Honig, Aloe, Achiote, Annatto (der Samen hat eine tiefrote Farbe und einen blumigen Geruch), Vanille, *Cymbopetalum penduliflorum* (ein pikantes Gewürz), Faserblume (*Piper sanctum*, mit dem schwarzen Pfeffer verwandt), Herzblume (*Magnolica mexicana*, blumiger strenger Geschmack), Popkornblume (vermutlich eine Art aus der Familie der Borretschgewächse, würzig im Geschmack) sowie Piment (auch Nelkenpfeffer genannt, würzig-pfeffrig im Geschmack). Außerdem wurden die Kakaobohnen auch gerne mit gemahlenem Mais oder den Samen der Sapotillefrucht (bitter im Geschmack) angereichert. Der Kakao wurde allerdings nicht nur zu einem Getränk zubereitet, die Bohnen wurden auch gegessen und als Gewürz für andere Nahrungsmittel genutzt.

15
Holzquirle für die Zubereitung des Kakaos, die vermutlich jedoch erst nach der Eroberung durch die Spanier verwendet wurden.

Da die Kakaobohnen wertvoll waren, war auch das Schokoladengetränk ein teures Gut. Das Getränk war den Herrscherfamilien, dem Adel, den Fernhandelskaufleuten und den besonderen Kriegern vorbehalten. In den ärmeren Bevölkerungsschichten war es vermutlich nur den Soldaten möglich, Schokolade zu genießen. Sie bekamen diese als Marschverpflegung gereicht.[68] Weigerte sich nun aber ein adliger Soldat an den Kampfhandlungen teilzunehmen, wurde er verachtet und eine ganze Reihe an Statussymbolen wurden ihm entzogen. So durfte er zum Beispiel keine baumwollene Kleidung mehr tragen, sich nicht mehr mit Federn schmücken, er durfte keinen Tabak mehr rauchen, keine feinen Speisen zu sich nehmen und keine Schokolade mehr trinken.

Gelangte ein großes Kriegsheer mit häufig Tausenden bis Zehntausenden von Soldaten auf seinem oft tagelang andauernden Marschweg durch größere befreundete Städte, wurden die adligen Krieger und Heerführer von den Stadtvorstehern begrüßt. Man stellte ihnen eine Unterkunft zur Verfügung und versorgte sie mit allem, was sie benötigten. Zu Ehren der adligen Krieger reichte man ihnen besonders wertvolle Nahrungsmittel, zu denen auch das Schokoladengetränk gehörte. Verließen sie nun wieder die Stadt, wurde das Heer mit weiteren Nahrungsmitteln, wie gebackenem Maisbrot, gemahlenen Bohnen, Maiskörnern, Kürbiskörnern, Chili und gemahlenem Kakao ausgestattet.

Dem Kakao und auch dem Schokoladengetränk wurde in Mesoamerika ein hohes soziales Prestige zugeschrieben. Wurde ein Adliger zu einem privaten oder religiösen Fest eingeladen, brachte er luxuriöse Geschenke mit, wie zum Beispiel besonders schöne Mäntel, Stoffe, Gold, Edelsteine, Baumwolle, Blumen, Vanille und Kakao.

Die Elite der Azteken nahm das Getränk auf Empfängen oder Feierlichkeiten zu sich. So ist zum Beispiel im Codex Mendoza ein Schokoladengetränk bei einem gesellschaftlichen Fest im Rahmen einer Hochzeit zu sehen.[69] Weiterhin beschreibt der dominikanische Mönch Diego Duran (ca. 1537 bis 1588) in seinem Werk »Historia de las Indias de Nueva España e Islas de Tierra Firme«, dass schon der aztekische König Montezuma I. auf seinen Festlichkeiten das Schokoladengetränk reichte. Sehr häufig trank man es aus Schalen. Diese wurden aus Flaschenkürbissen hergestellt und waren von innen und außen bemalt. Zudem gab es Gefäße aus gebranntem Ton.

Sobald die Gäste des Montezuma I. die Stadt Tenochtitlan wieder verließen, bekamen sie eine ganze Reihe von sehr wertvollen Geschenken, zu denen auch die Kakaobohnen gehörten, mit auf den Weg. Diese Praktiken waren allerdings nicht nur bei den unterschiedlichen aztekischen Königen üblich, sondern wurden in ganz Mesoamerika gepflegt.

Wie bei den Maya wurde der Kakao auch bei den Azteken als Medizin eingesetzt. Man verordnete den Kakao bei Blasenleiden, Verdauungsstörungen, Schlangenbissen und Durchfall. Die Kakaobutter mit ihrer leicht desinfizierenden Wirkung fand Einsatz bei der Behandlung von Wunden. Frauen nutzten sie als Mittel zur Schönheitspflege. Zusätzlich wurde das Kakaogetränk aber auch als Grundlage für die Verwendung weiterer Arzneimittel genutzt. Viele Mythen und Geschichten ranken sich auch um das Kakaogetränk als Aphrodisiakum. Die spanischen Eroberer sprechen immer wieder von dieser besonderen Eigenschaft des Kakaos. »Nach den warmen Speisen wurden Früchte aufgetragen. Aber Montezuma [gemeint ist hier Montezuma II. – die Verf.] aß davon sehr wenig. Dafür trank er öfters aus einem goldenen Becher ein kakaoartiges Getränk, das gewisse Triebe wecken soll.«[70]

Zusätzlich hatte der Kakao eine große rituelle und symbolische Bedeutung. Die Kakaobohnen wurden bei Regen- und Fruchtbarkeitszeremonien eingesetzt. Das Getränk galt als Symbol für das menschliche Blut. Vermutlich spielten bei dieser Zuschreibung die Farbe der Schokolade in Verbindung mit dem roten Farbstoff Achiote sowie der Wert der Bohnen eine große Rolle. Aufgrund dieser Bedeutung fand es Verwendung in speziellen Ritualen. So wurde das Getränk bei der Erhebung von Kriegern in den Adelsstand gereicht. Auch bei verschiedenen Opferzeremonien fand die Schokolade Verwendung.

Die Kakaobohnen wurden bei den Azteken, wie bei anderen mesoamerikanischen Kulturen auch, als Zahlungsmittel eingesetzt. Da Geld in Form von Münzen nicht gebräuchlich war, gab es andere Wertmesser für den Handel, dazu zählten Goldstaub in Federkielen und Kakaobohnen. Sind die Kakaobohnen einmal getrocknet, verfaulen sie nicht und sind sehr lange haltbar. Sie sind daher als Zahlungsmittel geeignet. Aus diesem Grund ist es auch nicht verwunderlich, dass die Herrscherhäuser den Kakao in großen, stark bewachten Lagerhallen aufbewahrten. Die Bohnen wurden allerdings nicht gewogen, denn Waagen kannte man nicht, sondern in Zahlwerten angegeben, das heißt, man zählte jede einzelne Kakaobohne. Man wusste zum Beispiel, dass die durchschnittliche Last, die ein Lastenträger auf dem Rücken tragen konnte, um damit weite Strecken zurücklegen zu können, bei drei »xiquipillis« oder 24.000 Bohnen lag.

Die spanischen Eroberer erkannten den Wert sehr schnell und bedienten sich der Bohnen ohne Skrupel. So wird von dem spanischen Eroberer Pedro de Alvarado (1486–1541), den Cortés zu seinem Stellvertreter machte, folgendes berichtet: »Eines Nachts, als der aztekische Kaiser in seinem eigenen Palast gefangen gehalten wurde, brachen etwa 300 indianische Diener der Spanier in das Magazin ein und arbeiteten bis zum Morgengrauen, um so viel Kakao wie möglich fortzuschaffen. Als dies Alvarado zu Ohren kam, befahl er einem gewissen Alonso de Ojeda, der Montezuma bewachte: Wenn die Zeit deiner Wachablösung gekommen ist und du siehst, dass es soweit ist, rufe mich, denn ich will auch etwas von dem Kakao haben.«[71] In dieser Nacht, in der die Spanier das Kakaomagazin Montezumas II. beraubten, entnahmen sie etwa 43.200.000 Kakaobohnen, was allerdings nicht einmal einem Zwanzigstel des kaiserlichen Kakaobestandes entsprach.

Leider ist wenig über den Wert des Kakaos vor der Landung der Spanier bekannt. Welche Kaufkraft eine Kakaobohne besaß, wurde erst im 16. Jahrhundert dokumentiert. Es finden sich auf einer Liste von Warenpreisen aus dem Jahre 1545, die auf Nahuatl verfasst wurde, folgende Preise:

- »Eine Truthenne ist 100 dicke Kakaobohnen wert oder 120 geschrumpfte Kakaobohnen.
- Ein Truthahn ist 200 Kakaobohnen wert.
- Ein Hase (Eselhase) oder ein Waldkaninchen ist je 100 Kakaobohnen wert.
- Ein kleines Kaninchen ist 30 wert.
- Ein Truthennenei ist drei Kakaobohnen wert.
- Eine frisch gepflückte Avocado ist drei Kakaobohnen wert; wenn eine Avocado ganz reif ist, entspricht ihr Wert einer Kakaobohne.
- Eine große Tomate entspricht einer Kakaobohne.«[72]

Sophie D. und Michael D. Coe berichten, dass der Tageslohn eines Lastenträgers zu Zeiten der Eroberung Tenochtitlans im Jahre 1521 einhundert Kakaobohnen betrug. Der spanische Chronist Gonzalo Fernández de Oviedo y Valdés (1478–1557), der das Währungssystem der Nicarao in Nicaragua (zitiert in Tozzer 1941) kennenlernte, berichtete von zehn Kakaobohnen für ein Kaninchen, 100 Kakaobohnen für einen Sklaven und acht Kakaobohnen für die Dienste einer Prostituierten.[73] Er schilderte weiterhin, dass es durchaus üblich war, Dienstleistungen in Kakaobohnen zu zahlen. So wurden auch Beamte mit Kakaobohnen entlohnt. Oviedo y Valdés gilt als einer der wichtigsten Chronisten der Eroberung Südamerikas. In seiner Funktion als königlicher Berichterstatter für Westindien unternahm er fünf Reisen in die Neue Welt. Sein Lebenswerk fasste er unter dem Titel »Historia general y natural de las Indias« zusammen.

Da die Kakaobohnen als Zahlungsmittel eingesetzt wurden, ist es nicht verwunderlich, dass einige Zeitgenossen auf die Idee kamen, diese zu fälschen. Man ersann Methoden, die Bohnen so zu bearbeiten, dass sie größer wurden oder in Farbe und Form der besten Kakaoqualität entsprachen. Fray Bernardino de Sahagún berichtete folgendes über die Fälschung von Kakaobohnen: »Der unreelle Händler verfälschte die Bohnen durch Brühen, ja er röstete sie, um ihnen ein gutes Aussehen zu geben, ließ sie in Wasser quellen, damit sie dicker wurden, er betrog die Käufer, indem er den Bohnen künstlich eine aschgraue oder fahlrote Farbe gab. Dies war die Farbe der besten Sorten. Geschickt behandelte er die Bohnen so, dass sie dicker wurden, er legte sie eine Zeit in heiße Asche und umgab sie mit Kreide oder feuchter Erde, damit die kleinen Bohnen ein großes frisches Aussehen erhielten. Andere Täuschungen, zu denen er seine Zuflucht nahm, bestanden darin, dass er in Kakaoschalen eine Masse oder schwarzes Wachs füllte, dass dem Kern ähnlich sah; er zerkleinerte die Nüsse des Avocadobaumes und presste die Stücke in leere Kakaoschalen; … alles um die Käufer zu täuschen.«[74]

KAPITEL 7
Kakao und die Eroberung der Neuen Welt

Seltsame Fremde – Die spanischen Eroberer

»*Es ist wahr, dass Fremde an der Küste des Meeres gelandet sind. Einige von ihnen fischten mit Ruten, andere mit einem Netz. Sie fischten bis zum späten Nachmittag. Dann stiegen sie in ein Kanu und ruderten zurück zu dem Gebilde mit den beiden Türmen, zu dem sie hinaufkletterten. Es müssen etwa fünfzehn Männer gewesen sein; einige trugen rote Beutel, andere blaue, wieder andere graue und grüne … und einige von ihnen trugen rote Tücher auf ihren Köpfen, andere scharlachrote Hüte, die zum Teil sehr groß und rund waren, so aussahen wie kleine Bratpfannen und als Sonnenschutz dienten. Die Haut dieser Männer ist weiß, viel heller als unsere Haut. Alle tragen lange Bärte und ohrenlanges Haar.*«[1] Dies berichteten kaiserliche Gesandte ihrem Herscher Montezuma II. im Jahr 1518. Sie beobachteten die Spanier vom Land aus. Die Neuigkeiten über die seltsamen Fremden verbreiteten sich unter den Azteken wie ein Lauffeuer.

Durch den Vertrag von Tordesillas aus dem Jahre 1494 wurden die neu entdeckte Welt und die noch zu entdeckenden Gebiete zwischen Spanien und Portugal aufgeteilt. Die Trennungslinie verlief entlang einer vom Nordpol zum Südpol verlaufenden Demarkationslinie, 370 spanische Leguas (circa 1.770 Kilometer) westlich der Kapverdischen Inseln. Die östlichen Gebiete wurden Portugal zugesprochen, die westlichen fielen an Spanien. Vor diesem Hintergrund sind die Eroberungsfahrten der beiden Mächte zu sehen. Es entstanden riesige Kolonialreiche, die nicht nur daran interessiert waren, neues Land zu entdecken, sondern dieses zu erobern, auszubeuten und dem Mutterland Gold und neue landwirtschaftliche Produkte, wie zum Beispiel Tabak und Kakao, zukommen zu lassen.

Nach den Reisen des Christoph Columbus nahm die Zahl der Spanier, die sich auf den Inseln Hispaniola (Haiti) und Kuba niederließen, bald zu. Expeditionen in den unbekannten Westen, mit dem Ziel Sklaven und Gold zu finden, wurden vorbereitet.

1511 strandeten die ersten Europäer auf der Halbinsel Yucatán. Es waren 15 Schiffbrüchige, deren Karavelle auf dem Weg von Panama nach Santo Domingo auf Klippen gelaufen war.[2] Hernán Cortés wird später auf seiner Expedition zwei Überlebende dieses Schiffsbruchs treffen. Einer der Spanier, Gonzalo Guerrero, zieht es allerdings vor, bei den Maya zu blei-

1
Der spanische Konquistador Hernán Cortés eroberte das Aztekenreich und legte damit den Grundstein für das Kolonialreich Spaniens in Mittelamerika.

ben. Der andere Spanier, Jerónimo de Aguilar, folgt Hernán Cortés und wird ihm wertvolle Dienste als Dolmetscher leisten.

Der erste Europäer, der die Küstengebiete Mittelamerikas erkundete, war Juan Ponce de León (um 1460–1521). Er traf auf die Halbinsel Yucatán. Wenige Zeit später, im Jahr 1517, umfuhr Hernández de Córdoba Yucatán (um 1475–1526). Er traf auf die Maya und es kam zu einer kriegerischen Auseinandersetzung. Fünfzig Spanier fanden den Tod. Ein Jahr später folgte Juan de Grijalba (1490–1527) dieser Route und konnte weiter in den Golf von Mexiko vordringen. Er sollte friedlich nach Gold suchen. Ein sagenhaftes Goldland fand Grijalba nicht, aber er erfuhr, dass es im Hinterland große Mengen Gold geben sollte. Diese Aussagen veranlassten den Statthalter von Kuba, Diego Velázquez (1465–1524), eine große Expeditionsreise zu planen. Als Befehlshaber für die Reise wurde der damals 34-jährige Hernán Cortés (1485–1547) berufen (Abbildung 1). Cortés wurde als Sohn eines Adligen in Spanien geboren. Seine Familie war jedoch nicht vermögend. Nach einem abgebrochenen Studium trat er in den Kriegsdienst und schiffte sich nach Amerika ein. Hier schaffte er es, ein beträchtliches Vermögen anzuhäufen und sich mit diesem an den Expeditionskosten des Velázquez zu zwei Dritteln zu beteiligen.

Von einem seiner Gefolgsleute wird Cortés später folgendermaßen beschrieben: »Cortés war gut gewachsen und wohl proportioniert. Sein Gesicht war meist aschgrau. Er sah nicht gerade fröhlich drein. Er wirkte ernst, konnte seinen Augen aber einen sehr freundlichen, warmen Ausdruck verleihen. Bart und Haare waren schwarz und schütter. Der schlanke Mann hatte eine breite Brust, kräftige Schultern, wenig Bauch und leicht gekrümmte Beine, dafür aber wohlgeformte Schenkel und Füße. Er war ein ausgezeichneter Reiter, ein gewandter und mutiger Kämpfer, der mit allen Waffen umzugehen verstand und vor nichts zurückscheute.«[3]

Am 10. Februar 1519 stach Hernán Cortés mit neun Schiffen in See. Er soll kurz vor der Abfahrt eine Rede an seine Mannschaft gehalten haben, deren Inhalt aber nicht geklärt ist. Eine Fahne, die er am Masttopp seines Flaggschiffes anbringen ließ, zeigt jedoch seine nicht nur friedlichen Gedanken: »Amici, sequamur crucem, et si nos fidem habemus, vere in hoc signo vincemus« (Freunde, lasst uns dem Kreuz folgen und wenn wir festen Glaubens sind, dann werden wir in diesem Zeichen siegen).[4] Zwei Schiffe waren schon vorausgeschickt worden. Die Expedition setzte sich aus 110 Seeleuten, 553 Soldaten, 200 Indianern, einigen indianischen Frauen sowie zwei Missionaren zusammen. Weiterhin hatte er zehn schwere Geschütze, vier leichtere, einen Vorrat an Schießbedarf und 16 Pferde an Bord.[5] Cortés fuhr an der Küste Yucatáns entlang. Im April legte er in der Nähe der heutigen Stadt Veracruz an, gründete am 28. Juni den Ort Villa Rica de la Vera Cruz und bereitete sich auf den Marsch durch unbekanntes Land vor. Hernán Cortés wurde bald klar, dass er es hier mit einem großen Herrschaftsgebiet zu tun hatte, in dem es viele Reichtümer gab. Sein Auftrag war jedoch der friedliche Tauschhandel und nicht die Eroberung. Ein geschickter Winkelzug half ihm aus diesem Dilemma: »Zunächst nahm er das Land formell für den spanischen König in Besitz, dann gründete er eine Stadt und ernannte einen Stadtrat, wobei er sich wohl auf eine Generalvollmacht in seinen Instruktionen stützte. Mit dem Stadtrat war eine nur dem König verantwortliche Institution geschaffen, sodass Cortés nun seine bisherigen Ämter und Vollmachten in die Hände der Ratsherren legen konnte. Von ihnen wurde er dann mit den höchsten militärischen und zivilen Ämtern betraut, wodurch er von den Instanzen auf den Antillen unabhängig wurde und unmittelbar dem König unterstand.«[6] Er schickte ein Schiff nach Spanien, um eine Bestätigung des Königs zu erhalten. Diese erlangte er allerdings erst im Jahre 1522. Cortés hatte durch diesen Winkelzug aber einen vorläufigen Rechtstitel und der Weg war frei für den Beginn seines Eroberungsfeldzuges.

Bei seinem Marsch durch Mittelamerika traf Hernán Cortés auf unterschiedliche Kulturen. Viele verschiedene Sprachen wurden gesprochen, doch als Verkehrssprache diente das Nahuatl. Es wurde fast überall verstanden und auch in Ansätzen gesprochen. Die Spanier konnten sich zunächst nur

2
Darstellung des Aztekenkönigs Montezuma II., der 1520 starb.

mühsam verständigen, bis ihnen der Zufall zu Hilfe kam: Ein Kazike (karibisches Wort für einen lokalen Herrscher) aus Tabasco schenkte Cortés eine indianische Frau mit dem Namen Malinali, auch Malinche genannt. Unter dem Namen Donna Marina leistete sie den Spaniern später als Dolmetscherin wichtige Dienste. Sie beherrschte die Sprache der Maya und auch das Nahuatl.[7]

Der aztekische Herrscher Montezuma II. (Abbildung 2) versuchte vergeblich, die Spanier mit großzügigen Geschenken von der Hauptstadt fernzuhalten. Sie erreichten am 9. November 1519 Tenochtitlan. Sie wurden zunächst herzlich willkommen geheißen und lebten sechs Monate luxuriös unter dem persönlichen Schutz des Herrschers. Bernal Diaz del Castillo beschreibt den Herrscher der Azteken folgendermaßen: »Montezuma war um diese Zeit etwa vierzig Jahre alt. Er war groß und schlank, vielleicht etwas zu mager. Seine Haut war nicht braun; sie hatte nur einen leichten Schimmer des üblichen Indianerteints. Seine schwarzen Haare fielen in Locken über seine Ohren. Sein Haar war im übrigen nicht ausgesprochen üppig. Er trug einen schwachen, aber gutaussehenden schwarzen Bart. Das Gesicht war länglich und wirkte immer heiter. Er hatte sehr ausdrucksvolle Augen, von denen man leicht Liebe oder Ernst ablesen konnte.«[8]

Im Mai 1519 erfuhr Hernán Cortés, dass eine spanische Flotte von 18 Schiffen im Auftrag des Diego Velázquez in Veracruz gelandet war. Velázquez wollte Cortés mit diesem Feldzug stoppen, um selber die Früchte der Eroberungen zu ernten. Unter dem Kommando des Panfilo de Narváez sollte Hernán Cortés verhaftet und Narváez als Verwalter über die eroberten Gebiete eingesetzt werden. Cortés verließ Tenochtitlan und machte sich auf den Weg nach Vera Cruz, das über 300 Kilometer entfernt lag. Er besiegte Narváez trotz dessen Überzahl an Kämpfern. In der Zwischenzeit hatte sich allerdings die Situation in Tenochtitlan zugespitzt. Die Indianer griffen die zurückgebliebenen Spanier an. Obwohl Hernán Cortés zur Hilfe eilte, konnte der Aufstand nicht niedergeschlagen werden. Cortés überredete Montezuma, sein Volk durch eine öffentliche Rede von den Kampfhandlungen abzuhalten. Doch der Versuch schlug fehl. Montezuma wurde während seiner Rede so schwer von seinen Untertanen verletzt, dass er kurze Zeit später starb. Die Kämpfe wurden nun mit großer Härte gefortgeführt. Cortés und sein Heer standen kurz vor der Kapitulation. Ihnen blieb nichts anderes übrig, als Tenochtitlan heimlich in der Nacht vom 30. Juni auf den 1. Juli 1520 verlassen. Diese Nacht wird später als die »Noche Triste« (spanisch für »die traurige Nacht«) in die Geschichtsbücher eingehen. Die Verluste unter den Spaniern waren groß. Im Laufe des nächsten Jahres organisierte Cortés seine Truppen neu und schloss Allianzen mit anderen indianischen Völkern gegen die Herrschaft der Azteken. Mit einem riesigen Heer von etwa 100.000 bis 150.000 indianischen Verbündeten und 600 Spaniern[9] zog er im Jahre 1521 gegen Tenochtitlan. Nach einer dreimonatigen Belagerung fiel die Hauptstadt der Azteken am 13. August 1521.

Unter Montezuma II. hatte das aztekische Reich mit seinem Dreibund die größte Ausdehnung erreicht. Die Machtstruktur des aztekischen Reiches beruhte vor allem auf der Androhung militärischer Gewalt. Es gab weder eine politische Einheit noch eine Eingliederung in ein Reich mit einer gemeinsamen Identität. Diese Tatsache machte es den Spaniern auf ihrem Eroberungszug durch Mittelamerika einfach. Sie trafen auf Menschen, die der Herrschaft der Azteken überdrüssig und nur allzu gerne bereit waren, die Spanier zu unterstützen. Die Zerstörung Tenochtitlans und der Sieg über die Azteken ist allerdings nicht nur durch die Unterstützung der indianischen Hilfstruppen zu erklären.

Wie konnte es einer kleinen Gruppe von Spaniern gelingen, Millionen von Indianern zu besiegen? Eine einzelne Ursache gibt es hierfür nicht. So war sicher die unentschlossene, ambivalente Haltung des aztekischen Herrschers Montezuma gegenüber den Spaniern ein Grund dafür, dass die Macht der Spanier zunahm. Außerdem verbreiteten die Spanier durch ihr brutales Vorgehen während ihres Feldzugs Furcht und Schrecken. Sie erlangten eine Aura des Unbesiegbaren, indem sie den Indianern mit furchterregenden, fremdartigen Waffen entgegentraten.[10] So hatten diese zum Beispiel Pferde noch nie gesehen und fürchteten sich vor deren Anblick. Man hielt sie zunächst für unsterblich und sah in den Reitern und den Tieren eine Einheit. Weiterhin waren die Einheimischen entsetzt, dass die Zerstörung ihrer Heiligtümer und Tempel anscheinend keine Auswirkungen hatten. Sie riefen nicht den Zorn der Götter hervor. Viele Indianer waren davon überzeugt, die Götter hätten sie nun verlassen. Schließlich war den Indianern nicht bewusst, dass es sich nur um eine Handvoll Spanier handelte, denen sogar der Rückweg versperrt war. Denn Cortés hatte vor seinem Aufbruch nach Tenochtitlan bis auf ein Schiff alle verbrennen lassen. Er wollte verhindern, dass seine Soldaten meuterten und nach Kuba zurücksegelten.

Die spanischen Eroberer sprechen in ihren Schriften immer wieder davon, dass sie von den Einheimischen als Götter angesehen wurden. Man vermutet jedoch heute, dass dies eine später entstandene Taktik der Spanier gewesen sei, um ihr Handeln zu legitimieren. Ähnliches ist wahrscheinlich beim Aufeinandertreffen von Hernán Cortés und Montezuma geschehen. Angeblich soll Montezuma den spanischen König Karl V. mit einem Ahnherrn der Azteken in Verbindung gebracht haben, wodurch eine Herrschaftsübergabe an Cortés erklärt wurde. »Es ist naheliegend anzunehmen, dass es sich bei dieser angeblichen Herrschaftsübergabe um eine geschickte Erfindung des Cortés handelt, durch die ein Rechtstitel Karls V. auf das aztekische Reich konstruiert und Cortés selbst zugleich in die Schlüsselposition als Statthalter gebracht werden sollte. In den späteren Geschichtsquellen ist dies zu der Sage von einem frühen, bärtigen und weißhäutigen vergöttlichten Herrscher Quetzalcoatl in Mexiko ausgebaut worden, der nach Osten aufgebrochen war und versprochen hatte, wieder zurückzukehren und in dem Franziskaner wie Jerónimo de Mendietka Christus zu erkennen glaubten.«[11]

Nach der Eroberung der Hauptstadt des aztekischen Reiches wurden weitere Feldzüge unternommen. Die Konquistadoren gingen mit ungeheurer Grausamkeit gegen die einheimische Bevölkerung vor (Abbildung 3). Viele Menschen wurden getötet oder als Sklaven verkauft. Hernán Cortés selbst schildert sein Vorgehen während des Eroberungsfeldzuges in der Provinz Pánuco in dem Bericht an Karl V. vom 15. Oktober 1524: »Den Kaziken und den Heerführer ließ ich sogleich aufhängen, und alle Kriegsgefangenen, etwa zweihundert an der Zahl, wurden zu Sklaven erklärt und auf einer öffentlichen Auktion versteigert, nachdem wir ihnen das gewöhnliche Zeichen aufgebrannt hatten.«[12]

Der Dominikanermönch und spätere Bischof von Chiapas, Bartolomé de Las Casas (1484–1566), berichtete über diese Gräueltaten. Er befand sich seit 1502 in Mittelamerika und erlebte die Eroberung Mexikos und die Vernichtung der Indianer hautnah mit. Zunächst wurde er als Feldkaplan bei der Eroberung Kubas eingesetzt und war in der Folgezeit an der Ausbeutung

3 Ein Spanier züchtigt einen Eingeborenen.
Darstellung aus der Historia de Tlaxcala (1576-1591)
des Konquistadors Diego Muñoz Camargo.

der Indianer beteiligt. Ab dem Jahr 1514 trat er aber für die Belange der einheimischen Bevölkerung ein.[13] Die Grausamkeiten der Spanier veranlassten ihn 1542 seinen »Kurzgefassten Bericht von der Verwüstung der Westindischen Länder« zu verfassen, in welchem er für die Würde und Freiheit der Menschen eintrat. Über die Eroberung der Hauptstadt Tenochtitlan berichtet er: »Nach den maßlosen und abscheulichen Gewalttaten, die diese Männer in der Stadt México und in vielen anderen Städten und in einem großen Gebiet verübten (denn zehn, fünfzehn und zwanzig Meilen rund um México wurden zahllose Menschen getötet), griff diese ihre pestartige Tyrannei weiter um sich, sie steckte die Provinz Pánuco an und verbreitete sich in ihr, sodass sie diese verwüstete, und es war bestürzend, wie viele Bewohner diese Provinz gezählt hatte und welche Verheerungen und Blutbäder die Spanier dort anrichteten. Auf die gleiche Weise zerstörten sie danach die Provinz Tututepeque, hierauf die Provinz Ipilcingo und schließlich die Provinz Colima; und jede von ihnen hat mehr Land als die Königreiche León und Kastilien. Wollte man von den Verheerungen, Mordtaten und Grausamkeiten erzählen, die sie in jeder einzelnen Provinz verübten, so wäre das zweifellos ein sehr schwieriges Unternehmen, denn man könnte unmöglich alles schildern und nur mit großer Mühe alles mit anhören.«[14] Viele Menschen zweifelten Las Casas Bericht an. Mittlerweile gelten seine Beschreibungen jedoch im Wesentlichen als korrekt.[15]

In den Jahren nach der Eroberung Tenochtitlans unterwarfen die Spanier ausgedehnte Gebiete. Sie drangen weiter in den Süden und Osten vor. Die Kakaoprovinz Soconusco unterwarf sich 1524 freiwillig. Yucatán wurde 1542 erobert und die Spanier errichteten ihre Hauptstadt in Mérida. Die letzte große Maya-Gemeinschaft fiel im Jahr 1679. Es handelte sich um die Festung Itzá im See Lago Petén Itzá.

Nach den Eroberungsfeldzügen war die Missionierung der Bevölkerung das nächste Ziel. Die Indianer sollten durch den Glauben diszipliniert und zu guten spanischen Christenmenschen erzogen werden. Zu Beginn der Missionierung wurden Tempel und religiöse Statuen zerstört. Die Spanier errichteten an deren Stelle Kirchen und stellten Marienbilder sowie Kreuze auf. Bald aber wurden auch traditionelle kultische Handlungen im privaten Bereich nicht mehr erlaubt und verfolgt. Der erste Bischof von Mexiko, Don Juan de Zumárraga (um 1468–1548), setzte sich massiv für die Zerstörung der einheimischen Kultur und die Missionierung der Menschen ein.

Chocolatl – Siegeszug des edlen Getränks

Der erste Europäer, der Kakao kennenlernte, war vermutlich Christoph Kolumbus (1451–1506). Kolumbus legte bei seiner vierten Reise nach Amerika im Jahre 1502 auf der Insel Guanaja an, welche im heutigen Gebiet der Islas de la Bahia vor der Küste von Honduras liegt. Hier trafen Kolumbus und seine Mannschaft auf ein, vielleicht auch auf zwei Handelsschiffe der Indianer. Wahrscheinlich handelte es sich hierbei um Maya aus Yucatán. »Man traf auf ein mit 25 Ruderern bemanntes Eingeborenen-Fahrzeug von erstaunlicher Größe. Unter einem bei Regen Zuflucht gewährenden Schutzdach aus Palmblättern thronte der Schiffsherr mit seiner Umgebung. Es waren stattlichere Menschen, als man sie bisher in der Neuen Welt angetroffen hatte. Ihr Schiff war mit mancherlei Waren beladen, bunten Stoffen aus Baumwolle, Geräten und Waffen aus Kupfer, tönernen Gefäßen, und außerdem führten sie eine Art Mandeln bei sich.«[16] Bei diesen »Mandeln« handelte es sich um Kakaobohnen. Der Sohn von Christoph Kolumbus, Ferdinand, wird später beschreiben, dass diese Mandeln in der Neuen Welt als Zahlungsmittel genutzt werden.

Der nächste Europäer, von dem man weiß, dass er das Schokoladengetränk zu sich nahm, war Hernán Cortés. Schon recht früh auf ihrem Eroberungsfeldzug durch Mexiko wurden Cortés und seine Soldaten auf den Kakao aufmerksam. Auf die ersten Kakaopflanzungen trafen sie im heutigen Bundesstaat Tabasco. »Die Umgebung der Stadt war mit Maisäckern und die niedrigere Gegend mit Kakaopflanzungen besetzt, welche das Getränk und vielleicht, wie in Mexiko, die Landesmünze lieferten.«[17] Auf ihrem weiteren Marsch trafen die Spanier wiederholt auf Kakaofelder. Diese finden in den Beschreibungen der Konquistadoren immer wieder Erwähnung.

Den Eroberern war früh aufgefallen, dass das Schokoladengetränk einen hohen Wert hatte und unter den adligen Indianern verbreitet war. Bernal Diaz del Castillo berichtet von einem Zwischenfall in der Stadt Quiauitztlan, als dort aztekische Steuereinnehmer eintrafen: »Während wir nämlich noch sprachen, meldeten einige der eingeborenen Indianer, dass fünf mexikanische Steuereinnehmer angekommen seien. Die Kaziken wurden bei dieser Nachricht blass vor Angst. Sie verließen Cortes, empfingen die unerwarteten Gäste und ließen sie reichlich bewirten, vor allem mit Kakao, der bei den Indianern das vornehmste Getränk ist.«[18]

Nach der Ankunft am Hofe des Montezumas schilderte Diaz del Castillo die Essgewohnheiten des Aztekenkönigs. Auch hier erwähnte er wieder den Genuss der Schokolade. Er beschrieb, dass das edle Getränk nach den warmen Speisen gereicht wurde. Montezuma schien der Schokolade gerne zugesprochen zu haben. Für ihre Zubereitung am Hof des Montezumas waren ausgebildete Schokoladenköchinnen zuständig.[19]

Den spanischen Eroberern war bald bewusst, dass die Kakaobohnen als Währung eingesetzt wurden und so schrieb Cortés an Karl V.: »Dies ist eine Frucht wie Mandeln, man verkauft sie gemahlen und schätzt sie im ganzen Lande als Münzen, sodass man auf den Märkten allen Bedarf dafür kaufen kann.«[20] Diese Gepflogenheit wurde schnell übernommen. Tributzahlungen an die Spanier wurden in der folgenden Zeit in Form von Kakaobohnen geleistet. Die ehemaligen Kakaoanbauregionen behielten ihre besondere Stellung. Zunächst versuchten die Spanier allerdings das Zählsystem der Azteken umzuwandeln. Bei den Azteken war es, wie bereits erwähnt, üblich, die Kakaobohnen, auch wenn es sich bei einer Transaktion um große Mengen handelte, abzuzählen. Die Spanier wollten dieses System vereinfachen und setzten Waagen ein, um bestimmte Kakaomengen zu definieren. Aber das System der Spanier funktionierte nicht, da die Einheimischen die Spanier immer wieder überlisteten. So kehrte man zu dem altbewährten System zurück und zählte die Bohnen.

Über Jahrhunderte hinweg blieb der Kakao Zahlungsmittel in Zentralamerika. So berichtet Alexander von Humboldt von seiner amerikanischen Reise, dass die Kakaobohnen auch im 19. Jahrhundert als Zahlungsmittel dienten. »Auch heutzutage braucht man den Cacao noch als Scheidemünze in Mexico; denn da die kleinste Münze in den spanischen Kolonien ein halber Real (un medio) ist, so findet das Volk den Cacao zur Scheidemünze bequem und läßt zwölf Bohnen für einen medio gelten.«[21]

Bei den weiteren Eroberungsfeldzügen in den Süden nutzte man das Wissen um die Bedeutung der Kakaobohnen als Druckmittel. Pedro de Alvarado

(1486–1541) war von Hernán Cortés in die Provinz Guatemala gesandt worden, um die Menschen zu unterwerfen. In dem Ort Atitan widersetzten sich ihm die Einheimischen vehement. Nach schweren Kämpfen flüchteten die Indianer schließlich. In den Kakaofeldern des Ortes konnte Alvarado zwei vornehme Indianer festnehmen. »Alvarado schickte sie, zusammen mit anderen Männern gleichen Ranges, die in den Kämpfen gefangen worden waren, zu den Kaziken und ließ ihnen sagen, sie sollten schleunigst um Frieden bitten. Alvarado werde dann alle Gefangenen freilassen und sie ehrenvoll behandeln. Blieben sie weiter widerspenstig, dann hätten sie dasselbe Schicksal zu erwarten wie die Einwohner von Utlatan. Außerdem würden ihre Kakaopflanzungen vernichtet. Daraufhin kamen die Leute doch, baten um Frieden, unterstellten sich der Hoheit unseres Kaisers und brachten Goldgeschenke.«[22]

Die ersten Konquistadoren, Siedler und Missionare lernen das Schokoladengetränk kennen. Ihre Meinungen über das neuartige Getränk waren sehr unterschiedlich. Zu denjenigen, die es schätzten, zählte Gonzalo Fernández de Oviedo y Valdés. Obwohl er die Farbe verabscheute, war er von der Nahrhaftigkeit des Getränks begeistert. Er betonte, dass es Hunger sowie Durst vertreibt und den Körper erfrischt. Außerdem berichtete er ausführlich von der medizinischen Bedeutung der Kakaobohnen und der Kakaobutter. Sie dienten den Einheimischen als Heilmittel.[23] Oviedo selber hatte Gelegenheit, die Wirkung der Kakaobutter zu testen. Er erlitt auf einer Reise eine schwere Fußverletzung, die durch Anwendung einer mit Kakaobutter zubereiteten Salbe erstaunlich schnell ausheilen konnte. Weiterhin schilderte der Chronist, dass die Indianer des heutigen Nicaragua den Kakao als Sonnenschutzmittel für ihre Haut nutzten. Gleichzeitig erwähnte er aber auch, dass die christliche Bevölkerung diesen Brauch als besonders unrein empfand. Nicht alle spanischen Siedler freilich hatten eine ungeteilt positive Meinung über Kakao und Schokolade. Es gab viele, die das Getränk für völlig ungenießbar hielten.

Aber Ende des 16. Jahrhunderts begann der Siegeszug des edlen Getränks in Mittelamerika. Grundlage hierfür waren Veränderungen in der Rezeptur. Als wichtigste Neuerung ist die Zugabe von Zucker zu nennen. Im Laufe der Kolonisierung brachten die Spanier eine Reihe von Pflanzen mit in die »Neue Welt«, unter anderem auch Zuckerrohr. Dieses traf in Mittelamerika auf ideale Bedingungen und es entstanden große Zuckerrohpflanzungen. Es dauerte nicht lange und man verwendete den Zucker bei der Zubereitung eines Schokoladengetränks. Wer genau als erster auf diese Idee kam, ist nicht geklärt. Verschiedene Klöster stritten sich darum, die ersten gewesen zu sein.

Im Laufe der Zeit gab es eine weitere Veränderung. Die Vorliebe für ein *heißes* Schokoladengetränk nahm zu, wie es bei den Maya üblich gewesen war. Zusätzlich begann man, die scharfen Gewürze wegzulassen und einen hölzernen Quirl, den »molinillo« zur Herstellung einer hohen Schaumschicht zu nutzen (siehe Abbildung 16 in Kap. 6).[24] Der molinillo ist ein Stab mit einer Verdickung am Ende. Diese Verdickung kann gezackt oder wie ein Stern mit Furchen versehen sein.

Gleich blieben aber die Methoden der Zubereitung des Getränks. So wurden die fermentierten Kakaobohnen zunächst über dem Feuer geröstet, dann entfernte man die Schalen und mahlte die Bohnen auf einem konkav geformten Reibstein, der Metate.

Die umfassendste Veränderung gab es jedoch auf der sprachlichen Ebene. In der zweiten Hälfte des 16. Jahrhunderts entstand ein neues Wort für das edle Getränk: »chocolatl«. Das Wort ist vor der Ankunft der Spanier in den Sprachen Mesoamerikas nicht belegt. »Im ersten Nahuatl-Spanischen Wörterbuch von Alonso de Molina (1555 erschienen) wird man genauso vergeblich danach suchen wie in Sahagúns großer Enzyklopädie oder im Huehuetlatolli, den ›Sprichwörtern der Alten‹, das in verschiedenen Versionen überliefert ist. In diesen ursprünglichen Quellen lautet das Wort für Schokolade ›cacahuatl‹ Kakaowasser – da das Getränk aus gemahlenen Kakaobohnen und Wasser hergestellt wurde, eine einleuchtende Wortverbindung.«[25]

Wann kam es zu der neuen Wortkreation und von wem ging diese aus? Leider sind diese Fragen nicht eindeutig zu klären. Es gibt eine Reihe von Theorien. Eine der Theorien stammt von dem mexikanischen Philologen Ignacio Dávila Garibi. Er war der erste, der darauf hinwies, dass sich das Wort erst durch den Einfluss der Spanier entwickelt hatte. So ging er davon aus, dass diese das Maya-Wort »chocol« für heiß mit dem aztekischen Wort für Wasser »atl« verbanden. Es entstand der Begriff »chocolatl«, welcher später in »chocolate« und »Schokolade« umgewandelt wurde. Für diese Theorie spricht, dass die Spanier für das neue Getränk einen Namen brauchten. Denn anders als die Azteken, bevorzugten sie eine heiße Variante des Getränks.[26]

Warum man nun aber von dem Wort »cacahuatl« ausgehend ein neues Wort kreierte, liegt bis heute im Dunkeln. Auch hier gibt es verschiedene Theorien. Der amerikanische Anthropologe Michael D. Coe weist darauf hin, dass in den meisten romanischen Sprachen das Wortteil »caca« eine Assoziation zu Fäkalien entstehen lässt. Einhergehend mit der braunen Farbe und der eher dicklichen Konsistenz des Getränkes ist plausibel, dass die Spanier nicht abgeneigt waren, einen anderen Ausdruck für das mittlerweile beliebte Getränk zu nutzen.[27]

Das Schokoladengetränk wurde zunächst von spanischen Siedlern aus Kürbisschalen getrunken, wie es auch schon bei den Maya üblich war. Die Schalen nannte man im Nahuatl »xicalli«. Durch den Einfluss der Spanier veränderte sich auch dieser Begriff und bald wurde das Wort »Jicara« für sämtliches Schokoladentrinkgeschirr in der Alten wie in der Neuen Welt genutzt.

Mit all diesen Veränderungen nahm der Verzehr des Schokoladengetränks Ende des 16. Jahrhunderts in Mittelamerika sprunghaft zu. Zunächst beschränkte sich die Nachfrage nach Kakao hauptsächlich auf Mesoamerika. Nur geringe Mengen des Kakaos gelangten zu dieser Zeit nach Europa. Erst im 17. Jahrhundert wurde das Schokoladengetränk zum Modegetränk des europäischen Adels, der Bedarf stieg und es kam zu Engpässen in der Kakaoversorgung. Was war passiert?

Im Zuge der Kolonialisierung errichteten die Spanier ein geschicktes Wirtschaftssystem, die encomienda. Hierbei handelt es sich um eine Zuteilung von Land mit den darauf liegenden indianischen Dörfern an die Eroberer, die encomenderos. In der Regel sollte dieses Lehnsystem auf zwei Generationen befristet sein, es wurde aber oft auf weitere Generationen ausgedehnt.[28] Der encomendero durfte von den auf seiner encomienda lebenden Indianern Abgaben fordern und sie als Arbeitskräfte einsetzen. Die Tribute wurden von den lokalen indianischen Kaziken eingefordert und überwacht. Zusätzlich war es den indianischen Fürsten möglich, die einfachen Indianer zu persönlichen Dienstleistungen zu verpflichten. Die Kaziken durften oft zunächst ihren Landbesitz behalten und erhielten sogar die Erlaubnis, Ländereien der ausgelöschten indianischen Führungs- und Priesterschicht einzubeziehen. Das führte dazu, dass sich die indianischen Herrscher mit den spanischen Eroberern verbündeten und sich nicht mehr für ihr eigenes Volk einsetzten. Das war ein geschickter Schachzug, denn so vergrößerte sich die Kluft zwischen den lokalen indianischen Fürsten und den einfachen Indianern.[29] Theoretisch waren die Indianer keine Leibeigenen der »encomenderos«, sondern freie Vasallen des spanischen Königs. Die Realität sah allerdings anders aus. Die Indianer mussten auf den Plantagen der spanischen Eroberer unter schwersten Bedingungen arbeiten und gleichzeitig Tributzahlungen leisten. Der englische Dominikanermönch Thomas Gage, der von 1625 bis 1637 als Dorfpfarrer in Guatemala lebte und der nach seiner Rückkehr nach England 1648 einen Bericht über seine Beobachtungen in der Neuen Welt machte, berichtete folgendes: »Es gibt kein Dorf, wie arm es auch sein mag, wo nicht jeder verheiratete Indianer wenigstens vier Reales an den König zahlt und weitere Tribute an die Encomenderos. Untersteht das Dorf jedoch direkt dem König, dann zahlen sie mindestens sechs Reales und zuweilen sogar acht Reales pro Kopf; diejenigen, die den Encomenderos unterstehen, leisten ihnen Abgaben in Naturalien, je nachdem was sie produzieren, Mais, den man überall zahlt, Honig, Hühner, Truthühner, Salz, Kakao, Wolldecken und dergleichen mehr. Die Decken, die als Tribute entrichtet werden, sind sehr geschätzt, denn sie werden besonders ausgewählt und sind größer als normalerweise üblich; ebenso verhält es sich mit dem Kakao, der Achiote und der Cochenille, denn stets legt man das Beste zur Seite, um damit den Tribut zu zahlen. Wenn die Indianer nämlich nicht ihre wertvollsten Güter abliefern, ist ihnen die Peitsche sicher und sie werden gezwungen ihre Abgaben durch andere zu ersetzen.«[30]

Offiziell wurde der Besitz von indianischen Sklaven durch die Bulle Sublima Deus von Papst Paul III. im Jahre 1537 verboten. Doch das System der encomienda, bestand unbeirrt weiter fort und sollte in einigen Gegenden noch bis Ende des 18. Jahrhunderts bestehen bleiben.[31] Die encomienda stellte sicher, dass den spanischen Herren genügend Arbeiter zur Verfügung standen. Diese wurden von den Spaniern ausgebeutet und hatten oft keinerlei Rechte. Viele Menschen fanden den Tod. Die einzigen Pflichten auf Seiten des »encomenderos« bestanden darin, »seine« Indianer zum Christentum zu bekehren, für deren Unterhalt zu sorgen und sie zu beschützen. Der Tribut, den die spanischen Landbesitzer forderten, bestand aus den Abgaben, die auch schon unter den Azteken üblich waren. In den Regionen, in denen der Kakao angebaut wurde, waren das die Kakaobohnen. Die Spanier nutzen die Bohnen allerdings nicht als Währungsmittel, sondern als Grundlage für das Getränk, welches mittlerweile auch in den spanischen Reihen große Verehrer gefunden hatte. Encomiendas auf denen Kakaopflanzungen zu finden waren, waren daher sehr beliebt.

Die encomiendas wurden im Zuge der Unabhängigkeitsbewegungen in Eigentumsverhältnisse meist an die Nachkommen der Spanier umgewandelt. Die seit dem 18. Jahrhundert »Hacienda« genannten Farmen waren kleiner, umfassten aber teilweise immer noch bis zu zehntausende Hektar Land. Es gab zwar das Verbot, Indianer als Zwangsarbeiter einzusetzen, jedoch fanden »hacenderos« Mittel und Wege, diese zur Arbeit zu verpflichten. Landarbeiter bekamen eine kleine Parzelle zugeteilt, auf der sie Subsistenzwirtschaft betreiben durften. Als Gegenleistung mussten sie Arbeitsleistungen erbringen. Die hacenderos nutzten im Allgemeinen die Situation der Arbeiter aus. So gewährten sie den Indianern zum Beispiel Vorauszahlungen für die Steuern an die spanische Krone oder gaben ihnen hohe Kredite. Viele Indianer nahmen diese Kredite an und gerieten in eine Schuldenfalle. Um ihre Schulden abzubezahlen, waren sie mit ihrer Arbeitskraft auf Jahre an eine Hacienda gebunden.

Neben den Eroberungskriegen und der Misshandlung durch die Spanier forderten Zwangsarbeit, eingeschleppte Seuchen wie die Pocken oder Malaria alleine in Mexiko Millionen Menschenleben. Lebten vor der spanischen Eroberung im heutigen Mexiko etwa 25,2 Millionen Indianer, so soll die Bevölkerungszahl elf Jahre später noch 16,8 Millionen Menschen betragen haben. Im Jahre 1605, also noch nicht einmal 100 Jahre später, war die Bevölkerungszahl auf etwa 1,1 Millionen Menschen gefallen.[32]

Sogar der fanatische Bischof von Yucatán, Diego de Landa, berichtete von den katastrophalen Zuständen in seinem Amtsgebiet. Ihm selbst war aufgefallen, wie stark die Bevölkerungszahl der Maya nach der Ankunft der

Spanier zurückgegangen war: »… und seit jener Zeit haben die Einwohner dieses Landes die erwähnten Heimsuchungen erduldet, außerdem viele andere, die begannen, als die Spanier in das Land eindrangen, denn Gott schickte sowohl Kriege als auch andere Strafen, so ist denn die Zahl der Menschen, die es heute gibt, ein Wunder, obwohl sie nicht viele sind.«[33] Ganze Landstriche waren entvölkert worden. Ähnliches geschah auch mit der wichtigsten Kakaoanbauregion Soconusco. Die Indianer, die auf den Kakaoplantagen arbeiteten, starben. Aufgrund der nun rückläufigen Produktion versuchten die spanischen Eroberer die sinkende Bevölkerungszahl aufzufangen. Sie importierten zunächst Indianer aus dem Maya-Hochland, die auf den Kakaoplantagen arbeiten mussten. Zusätzlich wurden Aufseher eingesetzt, die die Indianer antreiben und gleichzeitig kontrollieren sollten. Diese Maßnahmen schlugen allerdings fehl, sodass die Produktionszahlen des Kakaos weiter zurück gingen.[34]

Bis Ende des 16. Jahrhunderts wurde der Kakao aus den Anbaugebieten Soconusco und Guatemala in die heutigen Regionen Oaxca, Puebla und Mexiko Stadt transportiert. In dieser Zeit tranken sowohl die einheimischen Indianer verschiedener Schichten als auch die spanischen Einwanderer Schokolade.

Welche Bedeutung der Kakao für die indianische Bevölkerung hatte, lässt sich an Opferzeremonien erkennen. Ähnlich wie sie ihren Gottheiten in der vergangenen Zeit Kakaobohnen darbrachten, legten sie nun den Kakao in den Kirchen nieder. Einige Mönche sahen in diesem Brauch eine wunderbare Einnahmequelle oder nutzten die Bohnen für den eigenen Bedarf.[35]

Bei der spanischen Bevölkerung hatte das Schokoladengetränk mittlerweile eine große Beliebtheit erlangt. Adlige Damen waren so begeistert, dass sie auf das Getränk nicht mehr verzichten wollten. Thomas Gage berichtete bei seinem Aufenthalt im heutigen San Cristóbal de las Casas von folgender Begebenheit: Die spanischen adligen Damen litten zu dieser Zeit offenbar an einem ganz besonders schwachen Magen. Dieses Leiden veranlasste sie, auch während der Heiligen Messe das Schokoladengetränk zu sich zu nehmen. Um es frisch zubereitet trinken zu können, wurde es von den indianischen Bediensteten während der Messe in die Kirche gebracht. Natürlich führte dieses Gebaren zu Streitigkeiten mit dem Bischof. Zunächst versuchte der Bischof das Geschehen zu unterbinden. Er hatte allerdings keinen Erfolg, da die Damen weiterhin ihre Schokolade in die Kirche bringen ließen. Daraufhin verfügte er, dass all diejenigen, die während der Messe essen oder trinken, exkommuniziert werden sollten. Aber auch dies half nichts, die Damen waren nun aufgebracht und besuchten den Gottesdienst in der Kathedrale nicht mehr. Die Kathedrale blieb fast leer. Die Damen feierten die Messe in kleineren Kirchen und verzichteten weiterhin nicht auf ihr Getränk. Ihre finanziellen Zuwendungen ließen sie nun den kleineren Kirchen zukommen. Aufgrund des hohen finanziellen Verlusts für den Bischof drohte dieser mit der Exkommunizierung aller Priester und Mönche, die das Schokolade-Trinken in ihren Kirchen zuließen. Bald darauf erkrankte der Bischof und starb. Man vermutet, dass er mit einem Schokoladengetränk vergiftet worden war.[36]

Grausamer und gewinnbringender Handel – Kakao aus den Kolonien

Im 17. Jahrhundert schnellte der Preis für Kakao in die Höhe. Grund hierfür war der massive Rückgang der Kakaoproduktion in Guatemala und Soconusco. Viele einheimische Arbeitskräfte waren gestorben. Zeitgleich wuchs aber die Nachfrage nach dem edlen Rohstoff. Der nun beginnende Schokoladenkonsum in Europa führte zu einer Ausweitung des Kakaoanbaus in anderen Gebieten. Profitieren konnten hiervon die Plantagenbesitzer am Golf von Guayaquil, der heutigen Küste Ecuadors, sowie die spanischen Siedler im heutigen Venezuela.

Am Golf von Guayaquil ließen sich die Spanier nach der Eroberung Perus nieder. Sie fanden wilden Kakao der Forastero-Varietät vor, der in den südamerikanischen Tropen beheimatet ist. Südlich des Äquators herrschten hier ideale Bedingungen für den Anbau des Kakaos. »Anfang des 17. Jahrhunderts setzte die Kultivierung dieser Bestände ein, indem zunächst die Wälder gelichtet wurden. Schon 1635 gab es im ganzen Guayasbecken Kakaoplantagen; Händler in Guayaquil, der Provinzhauptstadt, die sich von der Invasion der niederländischen Piraten im Jahr zuvor bereits vollständig erholt hatten, schafften große Mengen Kakao auf die guatemaltekischen und mexikanischen Märkte.«[37] Die Mengen des exportierten Kakaos waren so groß, dass sich Kakaoproduzenten in Mexiko und Guatemala beschwerten. Es wurden königliche Bestimmungen erlassen, die den Import verbieten sollten. Diese zeigten allerdings kaum Wirkung. Ende des 18. Jahrhunderts stammten 41 Prozent des Kakaos aus Ecuador. Der Kakao der Forastero-Varietät hatte jedoch nicht eine solch gute Qualität wie der Kakao aus Soconusco oder Guatemala, aber er war in größeren Mengen vorhanden. Hinzu kam, dass auf den Plantagen der Region Guayaquil afrikanische Sklaven arbeiteten. Der Einsatz der Sklaven verminderte die Kosten der Besitzer. Der Kakao war folglich preiswerter, zwar nicht so gut im Geschmack, aber mit genügend Zucker dennoch ein beliebtes Getränk. Dieser Kakao, welcher bei den adligen Kolonialherren verpönt war, galt als der Kakao der Armen.[38]

Ein weiteres wichtiges Kakaoanbaugebiet lag in Venezuela. Der Kakao mit der Criollo-Varietät wurde hier vor allem in einem schmalen Streifen an der nördlichen Küste angebaut. Wegen seiner hohen Qualität war der als »Caracas« bezeichnete Kakao bald so beliebt wie der aus Soconusco. Der Caracas-Kakao stammte wahrscheinlich aus wilden Beständen der Wälder Venezuelas. Nachdem bekannt wurde, wie wertvoll der Rohstoff war, begann man ihn auf Plantagen zu züchten. Ähnliches wie in Mexiko geschah aber auch hier. Die einheimische Bevölkerung war fast ausgelöscht. Es fehlten Arbeitskräfte für die Plantagen. Man begann mit dem Import von afrikanischen Sklaven. Diese fielen nicht unter das päpstliche Verbot von 1537, welches sich nur auf indianische Sklaven bezog. Nach dem »bewährten« System des Atlantischen Dreieckhandels gelangten die Afrikaner nach Venezuela. Sklavenschiffe der kolonialen Mächte transportierten fertige Handelsgüter wie zum Beispiel Waffen oder Werkzeuge zu den afrikanischen Sklavendepots in Westafrika. Hier tauschte man diese Waren gegen die menschliche Fracht ein und segelte in die Neue Welt, wo die afrikanischen Sklaven zu den Zucker-, Kakao-, Indigo- und Tabakplantagen gebracht wurden. Die Erträge der Plantagen wurden dann wieder zum Mutterland zurückgebracht und dort mit hohen Gewinnen verkauft. Unter schrecklichen Bedingungen wurden die Menschen auf den Schiffen zusammengepfercht und angekettet (Abbildung 4). Man vermutet, dass bei einer Überfahrt circa acht bis zehn von Hundert Menschen starben.[39] Die Situation auf einem solchen Sklavenschiff beschreibt der Dichter Heinrich Heine:

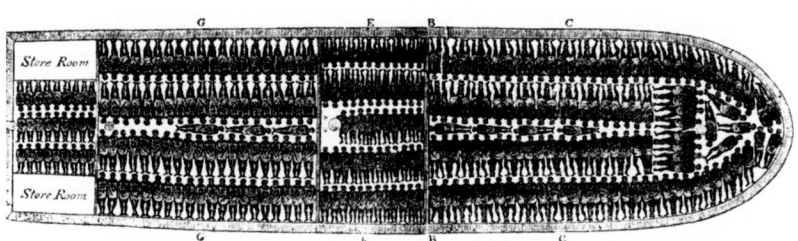

4
Sklaven wurden aus Afrika verschleppt und mit Schiffen in die Neue Welt transportiert. Viele von ihnen arbeiteten auf den Kakaoplantagen der spanischen Eroberer.

DAS SKLAVENSCHIFF VON HEINRICH HEINE

Zweite Version (ca. 1855)

I.
Der Superkargo Mynheer van Koek
Sitzt rechnend in seiner Kajüte;
Er kalkuliert der Ladung Betrag
Und die probabeln Profite.

»Der Gummi ist gut, der Pfeffer ist gut,
Dreihundert Säcke und Fässer;
Ich habe Goldstaub und Elfenbein –
Die schwarze Ware ist besser.

Sechshundert Neger tauschte ich ein
Spottwohlfeil am Senegalflusse.
Das Fleisch ist hart, die Sehnen sind stramm,
Wie Eisen vom besten Gusse.

Ich hab zum Tausche Branntewein,
Glasperlen und Stahlzeug gegeben;
Gewinne daran achthundert Prozent,
Bleibt mir die Hälfte am Leben.

Bleiben mir Neger dreihundert nur
Im Hafen von Rio-Janeiro,
Zahlt dort mir hundert Dukaten per Stück
Das Haus Gonzales Perreiro.«

Da plötzlich wird Mynheer van Koek
Aus seinen Gedanken gerissen;
Der Schiffschirurgius tritt herein,
Der Doktor van der Smissen.

Das ist eine klapperdürre Figur,
Die Nase voll roter Warzen –
»Nun, Wasserfeldscherer«, ruft van Koek,
»Wie geht's meinen lieben Schwarzen?«

Der Doktor dankt der Nachfrage und spricht:
»Ich bin zu melden gekommen,
Daß heute nacht die Sterblichkeit
Bedeutend zugenommen.

Im Durchschnitt starben täglich zwei,
Doch heute starben sieben,
Vier Männer, drei Frauen – Ich hab den Verlust
Sogleich in die Kladde geschrieben.

Ich inspizierte die Leichen genau;
Denn diese Schelme stellen
Sich manchmal tot, damit man sie
Hinabwirft in die Wellen.

Ich nahm den Toten die Eisen ab;
Und wie ich gewöhnlich tue,
Ich ließ die Leichen werfen ins Meer
Des Morgens in der Fruhe.

Es schossen alsbald hervor aus der Flut
Haifische, ganze Heere,
Sie lieben so sehr das Negerfleisch;
Das sind meine Pensionäre.

Sie folgten unseres Schiffes Spur,
Seit wir verlassen die Küste;
Die Bestien wittern den Leichengeruch
Mit schnupperndem Fraßgelüste.

Es ist possierlich anzusehn,
Wie sie nach den Toten schnappen!
Die faßt den Kopf, die faßt das Bein,
Die andern schlucken die Lappen.

Ist alles verschlungen, dann tummeln sie sich
Vergnügt um des Schiffes Planken
Und glotzen mich an, als wollten sie
Sich für das Frühstück bedanken.«

Doch seufzend fällt ihm in die Red'
Van Koek: »Wie kann ich lindern
Das Übel? Wie kann ich die Progression
Der Sterblichkeit verhindern?

Der Doktor erwidert: »Durch eigne Schuld
Sind viele Schwarze gestorben;
Ihr schlechter Odem hat die Luft
Im Schiffsraum so sehr verdorben.

Auch starben viele durch Melancholie,
Dieweil sie sich tödlich langweilen;
Durch etwas Luft, Musik und Tanz
Läßt sich die Krankheit heilen.«

Da ruft van Koek: »Ein guter Rat!
Mein teurer Wasserfeldscherer
Ist klug wie Aristoteles,
Des Alexanders Lehrer.

Musik! Musik! Die Schwarzen soll'n
Hier auf dem Verdecke tanzen.
Und wer sich beim Hopsen nicht amüsiert,
Den soll die Peitsche kuranzen.«

II.
Hoch aus dem blauen Himmelszelt
Viel tausend Sterne schauen,
Sehnsüchtig glänzend, groß und klug,
Wie Augen von schönen Frauen.

Sie blicken hinunter in das Meer,
Das weithin überzogen
Mit phosphorstrahlendem Purpurduft;
Wollüstig girren die Wogen.

Kein Segel flattert am Sklavenschiff,
Es liegt wie abgetakelt;
Doch schimmern Laternen auf dem Verdeck,
Wo Tanzmusik spektakelt.

Die Fiedel streicht der Steuermann,
Der Koch, der spielt die Flöte,
Ein Schiffsjung' schlägt die Trommel dazu,
Der Doktor bläst die Trompete.

Wohl hundert Neger, Männer und Fraun,
Sie jauchzen und hopsen und kreisen
Wie toll herum; bei jedem Sprung
Taktmäßig klirren die Eisen.

Sie stampfen den Boden mit tobender Lust,
Und manche schwarze Schöne
Umschlingt wollüstig den nackten Genoß –
Dazwischen ächzende Töne.

Der Büttel ist Maître des plaisirs,
Und hat mit Peitschenhieben
Die lässigen Tänzer stimuliert,
Zum Frohsinn angetrieben.

Und Dideldumdei und Schnedderedeng!
Der Lärm lockt aus den Tiefen
Die Ungetüme der Wasserwelt,
Die dort blödsinnig schliefen.

Schlaftrunken kommen geschwommen heran
Haifische, viele hundert;
Sie glotzen nach dem Schiff hinauf,
Sie sind verdutzt, verwundert.

Sie merken, daß die Frühstückstund'
Noch nicht gekommen, und gähnen,
Aufsperrend den Rachen; die Kiefer sind
Bepflanzt mit Sägezähnen.

Und Dideldumdei und Schnedderedeng –
Es nehmen kein Ende die Tänze.
Die Haifische beißen vor Ungeduld
Sich selber in die Schwänze.

Und Schnedderedeng und Dideldumdei –
Die Tänze nehmen kein Ende.
Am Fockmast steht Mynheer van Koek
Und faltet betend die Hände:

»Um Christi willen verschone, o Herr,
Das Leben der schwarzen Sünder!
Erzürnten sie dich, so weißt du ja,
Sie sind so dumm wie die Rinder.

Verschone ihr Leben um Christi will'n,
Der für uns alle gestorben!
Denn bleiben mir nicht dreihundert Stück,
So ist mein Geschäft verdorben.«[40]

An dem gewinnbringenden grausamen Handel waren nicht nur spanische Gesellschaften beteiligt, sondern auch portugiesische, französische, niederländische, deutsche, englische und dänische. Der Sklavenhandel gilt als eines der größten und schwärzesten Geschäfte der Weltgeschichte. Im Laufe der folgenden 350 Jahre wurden zwischen 15 und 20 Millionen Schwarze aus Afrika verschleppt und als Sklaven nach Amerika verkauft.[41]

Der größte Teil des Kakaos, der im 17. und 18. Jahrhundert nach Europa gelangte, stammte von den Kakaoplantagen Venezuelas, welche durch Sklavenarbeit bewirtschaftet wurden. Im 19. Jahrhundert hatte sich die Situation der Kakaobauern jedoch immer noch nicht grundlegend geändert. So berichtete Alexander von Humboldt auf seiner Reise durch Venezuela von der Willkürherrschaft der Kapuzinermönche in den Missionen der spanischen Kolonien. Der Kapuzinerorden entstand 1528 als eine Reformbewegung des Bettelordens der Franziskaner. Der Name leitet sich von der Kapuze des Franziskanerhabits ab. Die Kapuziner richten sich nach der Regel des Franz von Assisi, leben als Eremiten und sind bei der Bevölkerung aufgrund ihres Engagements für arme, notleidende, kranke und obdachlose Menschen beliebt. Der Kapuzinerorden zählt heute knapp 12.000 Mitglieder weltweit. Humboldt aber berichtete folgendes: »Der Missionar versucht, sein Dorf wie ein Kloster zu behandeln. Alles geschieht nach dem Ton der Glocken; der Indio ist nicht einen einzigen Augenblick in seinen Handlungen frei; man schickt ihn nach rechts und nach links und die Flussreisen sind ausreichend, um die Missionen zu ruinieren. Der Indio will nichts anbauen, weil alles, was er hervorbringt, dem Pater gehört.

In San Fernando de Atabapo zwingt man ihn, dem Missionsmönch eine Fanega Kakao für vier bis sechs Realen zu verkaufen. Stockschläge, wenn der Indio seinen Kakao einem benachbarten Missionar zu verkaufen oder bei diesem seine Leinwand zu kaufen wagt. Jeder unterhält Monopolrecht in seinem Dorf.«[42]

Der Historiker und Humboldt-Experte Frank Holl weist auf ein weiteres, sehr aktuelles Problem hin, welches Humboldt auf seiner Reise aufgefallen war: Durch Abholzung der Regenwälder für große Kakao- oder Zuckerpflanzungen ging dieser als Wasserspeicher verloren, es verdunstete weniger Wasser, daraus folgten weniger Niederschläge. Zusätzlich kam es durch die ungehinderte Sonneneinstrahlung zu einer Austrocknung der Böden. Wüstenbildung und ein Sinken des Wasserspiegels von Flüssen und Seen sind die Folge. Humboldt erkannte, dass dort, wo keine Wälder mehr den Boden bedecken, die Landschaft austrocknet: »Je länger (…) ein Land urbar gemacht wird, desto baumloser wird es in der heißen Zone, desto dürrer, desto mehr den Winden ausgesetzt. (…) Deshalb gehen die Kakaopflanzungen in der Provinz Caracas zurück und häufen sich dafür ostwärts auf unberührtem, erst kürzlich urbar gemachtem Boden. Diese Erkenntnisse weitete er am Valencia-See, den die Indianer Tacarigua nannten und den er am 11. Februar 1800 erreichte, zu einer später viel beachteten Studie über den Zusammenhang zwischen Wald, Wasser und Klima aus.«[43]

Als zusätzliche Quelle für den Rohkakao entwickelte sich die spätere portugiesische Kolonie Brasilien. Die Ernte des Kakaos wurde hier von den jesuitischen Missionaren vorangetrieben. Die Gesellschaft Jesu, auch Jesuiten genannt, wurde 1534 von Ignatius von Loyola (1491–1556) gegründet. Ein besonderes Merkmal des Jesuitenordens ist absoluter Gehorsam gegenüber dem Papst. In die Kritik kam der Orden aufgrund seines massiven Gewinnstrebens in den Kolonien Südamerikas. Die Jesuiten besaßen hier große Haciendas, die mit Hilfe von Sklaven betrieben wurden.

Die Jesuiten hatten Anfang des 17. Jahrhunderts entlang des Amazonas wild wachsenden Kakao der Forastero-Varietät entdeckt. Wie in Paraguay teilten sie auch in Brasilien die Einheimischen in »aldeas« (Dorfgemeinschaften) ein. So hatten die Missionare der Gesellschaft Jesu einen guten Überblick über die ansässigen Menschen und konnten diese ohne großen Aufwand überwachen und kontrollieren. Die Jesuiten organisierten nun Erntezüge entlang des Amazonas, an denen die Indianer teilnehmen mussten. Der wild wachsende Kakao wurde geerntet und für die Verschiffung bereit gestellt. Er hatte zwar nicht eine solch gute Qualität wie der Criollo-Kakao und erzielte damit auch nicht so hohe Gewinne. Aber da die Jesuiten, wie andere religiöse Orden auch, zollfrei verschiffen konnten, lohnte sich der Export dennoch. Neben den Wildgründen, welche die Jesuiten nutzten, waren sie zudem an großen Kakaopflanzungen beteiligt.[44]

In den 40er- und 50er-Jahren des 17. Jahrhunderts änderte sich die Situation allerdings grundlegend. Pest- und Masern-Epidemien hatten viele Todesopfer gefordert, sodass nicht mehr genügend Arbeiter vorhanden waren und der Handel zum Erliegen kam. Bis dahin war der Kakao das wichtigste Exportgut der Amazonasregion.

In den folgenden Jahren sorgte der portugiesische Marquis Sebastião de Pombal (1699–1782) in Portugal sowie in Brasilien für die Zerschlagung der Gesellschaft Jesu. Gleichzeitig hatte er weitreichende Pläne, um die Kakaoproduktion wieder zu vergrößern. Pombal gründete eine staatliche Kakaomonopolgesellschaft. Es wurden Kakaoplantagen im Amazonasgebiet errichtet. Auf den Feldern sollten ursprünglich die noch verbliebenen Indianer arbeiten. Diese weigerten sich jedoch. Nun begann Pombal mit dem massiven Import von afrikanischen Sklaven. Bis Ende des 19. Jahrhunderts, als die Sklaverei in Brasilien abgeschafft wurde, gehörte Brasilien zu den größten Kakao exportierenden Ländern. Gerade während der Napoleonischen Kriege war es das wichtigste Anbauland für England. Die Engländer hatten zu dieser Zeit keinen Zugang mehr zum venezolanischen Kakaomarkt und mittlerweile einen riesigen Bedarf an Kakao. Mit Abschaffung der Sklaverei fehlten nun jedoch die Arbeitskräfte für die Plantagen am Amazonas. Die Produktion des Kakaos brach ein und die Anbauregionen verlagerten sich nach Bahia.

Eine weitere Region, in der Kakao angebaut wurde, waren die Karibischen Inseln. Die ursprüngliche Bevölkerung der großen und kleinen Antillen, die Arawak und die Taino, war durch die spanische Brutalität, durch Zwangsarbeit und durch eingeschleppte Krankheiten vernichtet worden. Auch hier versuchte man, die niedrigen Bevölkerungszahlen durch die Ansiedelung von afrikanischen Sklaven zu regulieren. Diese arbeiteten nun auf den Plantagen der westindischen Inseln. Ein wichtiges Exportgut war der Kakao.

Die Karibischen Inseln blieben jedoch ein Gebiet kriegerischer Auseinandersetzungen. Verschiedenen europäischen Mächten, aber auch Piraten und Freibeutern gelang es, einige Inseln in ihre Gewalt zu bekommen, um die Verbindung zwischen der Neuen Welt und dem spanischen Mutterland zu unterbrechen und wertvolle Schiffsladungen zu erbeuten. Unter anderem versuchte man das Monopol der Spanier auf den Kakaohandel zu brechen und begann mit dem Anbau des Kakaos auf den Karibischen Inseln. So förderten die Engländer ab den 1660er-Jahren den Kakaoanbau auf den Inseln Jamaika und Barbados. Die Spanier hatten hier den Kakao schon in den 1630er-Jahren eingeführt und man brauchte nur daran anzuknüpfen.[45] Auch die Franzosen begannen mit der Kakaoproduktion in den 1660er-Jahren auf Guadeloupe, Martinique, Santo Domingo, Haiti und St. Lucia. Nach anfänglichem Misserfolg, konnte man 20 Jahre später den ersten Kakao ernten, zum Beispiel auf Haiti. Hier waren die ersten Pflanzungen eingegangen, aber nach einem zweiten Anbauversuch konnte man im Jahr 1714 schon 20.000 gezüchtete Kakaobäume zählen. 1745 hatte sich die Zahl auf 100.000 Bäume erhöht und schon 1767 wurden 150.000 gezählt. Die Ausfuhr des Kakaos belief sich in diesem Jahr auf 750 Tonnen.[46] Weitere Pflanzungen entstanden auf dem anliegenden Festland, wie 1668 im niederländischen Suriname oder 1732 im französischen Cayenne. In Cayenne, dem heutigen Französisch-Guayana entdeckte der Naturforscher Fusée Aublet zwei neue Spielarten des Kakaos. Obwohl die Anbaubedingungen hier besonders günstig gewesen wären, spielte die Insel keine große Bedeutung für die Deckung des französischen Kakaobedarfs. Die Insel wurde vor allem für den Anbau von Rohrzucker genutzt.

Währenddessen versuchten auch die Spanier ihre Kakaoanbaugebiete in der Karibik auszubauen. Auf die Insel Trinidad gelangten die ersten Kakaobäume der Criollo-Varietät aus Mexiko durch spanische Mönche vermutlich im Jahr 1525.[47] Im Jahre 1727 wurde Trinidad von einer nicht genau bestimmbaren Katastrophe heimgesucht. Es handelte sich hierbei entweder um einen Orkan oder eine Seuche. Der größte Teil der Criollo-Kakaoplantagen wurde vernichtet. Dreißig Jahre später brachten die Mönche wieder Kakaopflanzen mit. Diesmal handelte es sich allerdings um Forastero-Setzlinge, vermutlich aus den Uferregionen des Orinocos. Man setzte diese zu den Criollo-Pflanzen und es entstand eine neue Mischform: der Trinitario-Kakao. Nun begann der Ausbau der Kakaoproduktion. Die Insel wurde bald zu einer der wichtigsten Kakaoanbauregionen. Sie spielte zeitweise sogar als Stützpunkt des Kakaoschmuggels eine große Rolle. Man versuchte, die Monopolstellung Spaniens zu brechen und schmuggelte den Kakao von der nah gelegenen Küste Venezuelas. Eine führende Rolle spielten hier die Niederländer. Diese waren so erfolgreich mit dem illegalen Handel, dass sogar der spanische Bedarf zeitweilig über die Umwege der niederländischen Häfen gedeckt wurde.[48]

Auch wenn es zahlreiche Bemühungen gab, den Kakaoanbau in anderen Kolonien zu etablieren, gelang dies nicht. Nach anfänglichen Misserfolgen konzentrierten sich Engländer, Franzosen und Niederländer auf den Anbau anderer tropischer Pflanzen wie Zuckerrohr, Tabak und Kaffee. Über Jahrhunderte blieben die spanischen Anbaugebiete, allen voran Venezuela, die führenden Produzenten in Mittel- und Südamerika. »Die Kakaoausfuhren des spanischen Kolonialreichs lagen 1651–1660 bei 28 Tonnen, um 1771 bis 1775 auf 3.230 Tonnen und bis 1790–1799 weiter auf 4.990 Tonnen im Jahresmittel anzusteigen. Im Vergleich dazu betrugen die Gesamtexporte Iberoamerikas in diesem letzten Jahrzehnt des 18. Jahrhunderts durchschnittlich 6.063 Tonnen. Davon kamen allein aus Venezuela 65,8 Prozent und aus Ecuador 16,5 Prozent, während Brasilien 15,2 Prozent, mithin gut

909 Tonnen, beisteuerte. Bescheidener fiel dagegen die Kakaogewinnung der west- beziehungsweise nordwesteuropäischen Konkurrenten aus, wobei insbesondere auf den Karibikinseln auch die Rückschläge des 17. und frühen 18. Jahrhunderts noch eine Rolle spielten. Erst Ende des 18. Jahrhunderts, genauer im Erntejahr 1788/89, hatten Französisch-Westindien und das niederländische Suriname ein Niveau von 580 beziehungsweise 350 Tonnen erreicht. Im britischen Jamaika hatte dagegen eine chronische Kakaopflanzenkrankheit die Jahresernten bereits im späten 17. Jahrhundert auf 4.530 Pfund reduziert, wovon sich der dortige Kakaoanbau nicht mehr erholte.«[49]

Im 17. Jahrhundert begann ein neues Zeitalter des Kakaoanbaus. Von Mittel- und Südamerika ausgehend, trat der Kakaobaum nun seinen Weg durch die tropischen Gebiete der Welt an. Die Schwierigkeit den europäischen Markt im 18. und 19. Jahrhundert mit genügend Kakao zu versorgen, brachte die Kolonialmächte dazu, den Kakao auch in den außeramerikanischen Tropengebieten einzuführen.

KAPITEL 8

Der Kakao kommt nach Europa

Der neue Trank in der Alten Welt

Die Entdeckung Amerikas durch Christoph Kolumbus war ein Ereignis von welthistorischer Bedeutung. Für die indianische Bevölkerung Lateinamerikas hatte es dramatische Folgen. Diese wurden im vorangegangenen Kapitel bereits geschildert. Welche Auswirkungen hatte die Entdeckung Amerikas aber auf die Wirtschaft und Kultur Europas? Mit dieser Frage werden wir uns im folgenden Kapitel beschäftigen. Dabei spielen der Kakao als Welthandelsgut und die Bedeutung der Schokolade für die europäischen Eliten eine zentrale Rolle.

Zunächst sollen aber kurz die Gründe skizziert werden, die die Portugiesen und Spanier im 15. Jahrhundert veranlassten, auf Entdeckungsfahrt zu gehen. Die Entwicklung hochseetüchtiger Schiffe und verschiedener nautischer Instrumente waren die technischen Voraussetzungen dafür. Es mussten aber noch weitere Ursachen hinzukommen, die zu den portugiesischen und spanischen Entdeckungsfahrten führten. Eine der wichtigsten Triebfedern der europäischen Expansion war der europäische Bedarf an Edelmetallen, insbesondere an Gold und Silber. Hier herrschte im Europa des 15. Jahrhunderts ein Mangel, der die Prägung von Münzen verhinderte und der wirtschaftlichen Entwicklung im Wege stand. Die frühen europäischen Bezugsquellen für Gold lagen unter anderem in Afrika. Von dort wurde das Edelmetall aus dem Inneren des Kontinents mühsam durch Karawanen in die nordafrikanischen Häfen transportiert. Die portugiesische Expansion in Afrika diente in erster Linie dem Zweck, die afrikanischen Goldquellen unter Kontrolle zu bringen und auf diese Weise den Nachschub für die eigene Wirtschaft zu sichern.

Neben dem Bedarf an Gold und Silber war die Suche nach Gewürzen eine weitere Triebfeder. Der Versuch, einen Seeweg nach Indien zu finden, diente allein dem Zweck, den arabischen Zwischenhandel auszuschalten und direkt zu den Ursprungsgebieten der wertvollen Rohstoffe vorzudringen. Schließlich gab es noch einen dritten Grund, der die Europäer im 15. Jahrhundert veranlasste, auf Entdeckungsfahrt zu gehen: die Suche nach neuen Heilmitteln gegen die zahlreichen in Europa grassierenden Krankheiten.[1] Auf diesen Punkt werden wir später noch zu sprechen kommen.

Den erfolgreichen portugiesischen und spanischen Entdeckungsfahrten folgte eine aggressive Expansions- und Kolonisierungspolitik, die auf der

Inbesitznahme von Land und der Unterwerfung der einheimischen Bevölkerung basierte. Im Gegensatz zu den europäischen Kolonialmächten England und Frankreich hatte die Besiedlung der neuerworbenen Kolonien in Lateinamerika durch die eigene Bevölkerung für die spanische Regierung keine große Bedeutung. Ihr ging es vor allem um die wirtschaftliche Ausbeutung der neuen Gebiete. Aus diesem Grund richtete Spanien die lateinamerikanische Wirtschaft schon bald nach der Eroberung in großem Maßstab für den Export von Rohstoffen und Nahrungsmitteln in das Mutterland aus. Dabei spielten von Anfang an zwei Exportgüter eine besondere Rolle: Silber aus Peru und Mexiko sowie Zucker aus Brasilien und Kuba.

In Form von Silber gelangten gewaltige Reichtümer nach Spanien, was sich positiv auf die spanische und europäische Wirtschaft, aber auch auf die wirtschaftlichen Verhältnisse in anderen Teilen der Welt auswirkte. So gelangte amerikanisches Edelmetall im Verlauf des 16. Jahrhunderts selbst bis nach China und Japan. Es wird angenommen, dass zwischen 1500 und 1800 etwa drei Viertel der weltweiten Edelmetallproduktion aus Amerika kamen. Die geschätzte Menge des abgebauten Silbers liegt bei etwa 130.000 bis 150.000 Tonnen. Es diente in erster Linie der Finanzierung einer kostspieligen, aber letztlich erfolglosen, spanischen Großmachtpolitik.[2]

Eine weitere wichtige Handelsware war der Zucker, den die spanischen Kolonialherren auf großen Plantagen anbauen ließen, um ihn anschließend nach Europa zu exportieren. Christoph Kolumbus hatte auf seiner zweiten Reise im Jahr 1493 Zuckerrohr von den Kanarischen Inseln nach Hispanola gebracht. Die Raffinierung des Zuckers erfolgte in Europa. Dort fand er nicht zuletzt für das neue Luxusgetränk Schokolade Verwendung, das sich schon bald in Kreisen des Adels und der hohen Geistlichkeit großer Beliebtheit erfreute. Dort war die Zubereitung von Schokolade mit Zucker von Anfang an allgemein üblich.

Im Warenaustausch mit der Neuen Welt etablierte sich mit der Zeit ein sogenannter Dreieckshandel zwischen Europa, Afrika und Amerika, auf den wir im vorigen Kapitel bereits kurz eingegangen sind. Dieser hatte über Jahrhunderte Bestand und wurde zu einer wichtigen Einnahmequelle der europäischen Staaten. Für Spanien und alle anderen beteiligten europäischen Mächte, darunter auch Deutschland, war der Dreieckshandel ein lukratives Geschäft. Auf den lateinamerikanischen Zuckerplantagen ersetzten die afrikanischen Sklaven die einheimischen indianischen Arbeiter, die den unmenschlichen Arbeits- und Lebensbedingungen zum Opfer gefallen waren. Es ist allgemein bekannt, dass es den afrikanischen Arbeitern später nicht anders erging. Viele von denen, die die Verschiffung nach Lateinamerika überlebten, starben auf den Plantagen. Es war nicht nur Zucker, der im Rahmen des Dreieckshandels eine Rolle spielte, sondern auch Kaffee und Kakao.

Alle diese neuen Nahrungs- und Genussmittel dienten fast ausschließlich der Versorgung der spanischen Oberschicht in den Kolonien sowie dem Export nach Europa. Dort veränderten sie die Ernährungs- und Konsumgewohnheiten der Menschen tiefgreifend. Wir werden das später am Beispiel der Schokolade näher erläutern. Es soll an dieser Stelle nur das Beispiel der Kartoffel erwähnt werden, die seit dem 18. Jahrhundert in Deutschland eine solche Bedeutung erlangte, dass sie mittlerweile, ungeachtet ihrer eigentlichen Herkunft, als typisch deutsch gilt. – Wie aber wurde das neue Heißgetränk Schokolade in Europa aufgenommen? Und wie wurde es von den Gelehrten der Zeit beurteilt? Welche Bedeutung maßen sie der Schokolade bei?

Der Kakao gelangte, wie die beiden anderen Heißgetränke Kaffee und Tee, im Verlauf des 16. Jahrhunderts nach Europa, wobei das genaue Jahr nach wie vor unbekannt ist (Abbildung 1). In der Literatur werden immer wieder verschiedene Jahreszahlen genannt, die aber in den meisten Fällen nicht belegt sind. In der Vergangenheit wurde dem spanischen Abenteurer und Eroberer Hernán Cortés (1485–1547) die Einführung des Kakaos in Europa zugeschrieben, wofür es allerdings keine Belege gibt.[3] Wir wissen zwar, dass er bereits kurz nach seiner Ankunft im heutigen Mexiko im Jahr 1519 ein Schiff nach Spanien zurücksandte, das verschiedene Waren und

1
Drei Heißgetränke gelangen im 16. Jahrhundert nach Europa: Kaffee aus Arabien, der Tee aus China und aus der Neuen Welt die Schokolade.

2
Der spanische Kaiser Karl V. empfängt Geschenke aus der Neuen Welt. Ob Cortés und die adligen Indianer auch Kakaobohnen mitbrachten, ist nicht überliefert (Gemälde, um 1670).

Gegenstände aus der Neuen Welt an den spanischen Hof brachte, nicht aber, dass auch Kakaobohnen dabei waren. Auch als Hernán Cortés im Jahr 1528, nach fast zehn Jahren in Mexiko, selbst wieder an den spanischen Hof zurückkehrte, führte er vermutlich keinen Kakao mit sich. Jedenfalls wird dieser in den spanischen Transportlisten nicht erwähnt. Stattdessen werden dort Menschen, verschiedene Tiere und zahlreiche Gegenstände genannt, die Hernán Cortés seinem Herrscher Karl V. (1500–1558) mitbrachte (Abbildung 2). Es wurden adlige Indianer, Jaguare, ein Gürteltier sowie Mäntel, Fächer und Spiegel nach Spanien transportiert, aber vermutlich keine Kakaobohnen. Andererseits wäre es sehr merkwürdig, wenn er nicht auch Kakaobohnen mit an den spanischen Hof gebracht hätte. Schließlich hatte Hernán Cortés schon sehr früh die Bedeutung des Kakaos in Mexiko erkannt und davon in seinen Briefen an Karl V. berichtet. Dabei war für ihn allerdings weniger die Tatsache interessant, dass sich aus den Bohnen ein Getränk machen ließ, obwohl er Schokolade als kraftspendende Nahrung für seine Soldaten zu schätzen wusste, sondern vielmehr die Tatsache, dass Kakaobohnen als Zahlungsmittel genutzt wurden. Er ließ daher später Kakaoplantagen anlegen und bezahlte mit den Bohnen seine indianischen Soldaten.

Wie dem auch sei, letztendlich muss die Frage, ob Hernán Cortés den Kakao nach Europa brachte, unbeantwortet bleiben.

Der erste wirkliche Nachweis von Kakao und Schokolade in Europa stammt aus dem Jahr 1544. Eine Gruppe Dominikanermönche unter der Führung von Bartolomé de las Casas aus dem heutigen Guatemala reiste damals mit einer Abordnung adliger Maya an den spanischen Hof und brachte Prinz Philipp von Spanien (1527–1598) zahlreiche Geschenke mit, darunter auch Gefäße mit geschlagener Schokolade. Sie waren vermutlich als Dank dafür gedacht, dass die Maya in einem kleineren Gebiet Guatemalas unter der Aufsicht der Dominikaner friedlich leben durften und von diesen freundlich behandelt wurden. Wie Prinz Philipp auf die Schokolade reagierte oder ob er sie überhaupt probierte, ist leider nicht bekannt. Es ist aber auch gut möglich, dass der Kakao bereits vor 1544 seinen Weg nach Spanien fand, da es einen ständigen Austausch zwischen dem spanischen Mutterland und den neu entdeckten Gebieten in Mittelamerika gab. Es fehlt hier allerdings, wie so oft in der frühen Geschichte der Schokolade, an entsprechenden Quellen. Das gilt auch für die Frage nach den Anfängen eines transatlantischen Kakaohandels. Laut den vorhandenen Unterlagen wurde die erste offizielle Ladung Kakaobohnen erst im Jahr 1585 von Vera Cruz im heutigen Mexiko nach Sevilla verschifft.[4]

Die ersten Reaktionen der Europäer auf das ihnen bis dahin unbekannte Schokoladengetränk sind sehr interessant. In den meisten Fällen traten sie diesem skeptisch und wenig wohlwollend gegenüber. Viele wurden durch den neuen, ungewohnten Geschmack einfach überfordert. Man muss sich dabei aber auch vor Augen führen, dass den Europäern zu dieser Zeit heiße oder warme Getränke noch völlig unbekannt waren, ebenso wie die exotischen Gewürze Chili oder Vanille, die in Mesoamerika für die Schokoladenherstellung verwendet wurden. Ein gutes Beispiel für das frühe Misstrauen und die Abneigung gegen das neue Getränk ist eine Aussage des Italieners Girolamo Benzoni (1518–1570), der fast 15 Jahre in der Neuen Welt verbracht hatte und als einer der ersten Europäer über den Kakao und die Schokolade schrieb (Abbildung 3 und 4). Über die Schokolade bemerkte er in seiner 1575 veröffentlichten Schrift »Geschichte der neuen Welt«: »Sie [die Schokolade] schien eher ein Getränk für die Schweine zu sein als für die Menschheit. Ich war seit über einem Jahr in diesem Land und wollte es nie probieren, und wann immer ich an einer menschlichen Siedlung vorbeikam, bot ein Indianer mir etwas davon an und war erstaunt, dass ich es nicht annahm, und ging lachend davon. Doch dann, als einmal der Wein knapp war, tat ich, um nicht immer nur Wasser zu trinken, wie die anderen. Der Geschmack ist ein wenig bitter, er sättigt und erfrischt den Körper, macht jedoch nicht betrunken und ist, wie die Indianer dieses Landes sagen, die beste und teuerste Ware.«[5] Es war aber nicht nur der ungewohnte

3 Abfahrt von Girolamo Benzoni 1541 in die Neue Welt, wo der Italiener 15 Jahre lang lebte.

Geschmack, sondern das Aussehen und die Konsistenz des Schokoladengetränks, die auf viele europäische Eroberer abstoßend wirkten. Diese Wirkung wurde durch die Zugabe von Achiote noch verstärkt, da sie die Schokolade rot färbte. Die Europäer fühlten sich an Blut erinnert, was durch Peter Martyr von Anghiera (1459–1525) anschaulich beschrieben wurde: »Es [das Schokoladengetränk] sieht abstoßend aus für den, der es nie getrunken hat. Ein Teil des Schaumes bleibt an den Lippen hängen. Wenn es rot gefärbt ist, sieht es schrecklich aus, wie Blut; wenn nicht, dann ist es kastanienbraun. So oder so ist das Ganze ein scheußlicher Anblick.«[6]

Die Reaktionen Benzonis oder d'Anghieras auf das neue Getränk dürften sicherlich typisch für den ersten Kontakt mit der Schokolade gewesen sein. Auch andere Europäer äußerten sich in diesem Sinne, wobei es auch Stimmen gab, die den Geschmack der Schokolade durchaus zu schätzen wussten. Dass sich die Schokolade später allgemein durchsetzen konnte, lag aber in erster Linie an verschiedenen Veränderungen in der Zubereitung. Insbesondere die Verwendung von Rohrzucker, den die Spanier im 16. Jahrhundert von den Kanaren in die Karibik brachten, spielte hier eine Rolle. Hinzu kam, dass anstelle der unbekannten amerikanischen Gewürze, wie beispielsweise Chilipfeffer oder Ohrenblume, Gewürze aus der Alten Welt verwendet wurden, die den Europäern schon lange bekannt waren. Dazu gehörten beispielsweise Zimt oder Anis. Darauf werden wir an späterer Stelle aber noch ausführlich eingehen. Zunächst wollen wir einen Blick auf die wissenschaftliche Auseinandersetzung mit der Schokolade werfen, die von den europäischen Gelehrten ab dem 16. Jahrhundert geführt wurde. Wie bei anderen Genussmitteln auch, wurde kontrovers über den Nutzen der Schokolade und ihre Bedeutung für die menschliche Gesundheit gestritten.

4
Darstellung eines Kakaobaums und der zum Trocknen ausgelegten Früchte. Das Bild stammt aus der 1575 veröffentlichten Schrift »Geschichte der neuen Welt« von Girolamo Benzoni.

Schokolade als Medizin

Nachdem die spanischen Entdecker den Kakao und die Schokolade in der Neuen Welt kennengelernt hatten, erfuhr man in Europa erst im Verlauf des 16. Jahrhunderts nach und nach von dem neuen Getränk. Es waren Seeleute, Missionare, Kaufleute und Gelehrte, die die Schokolade in Europa durch mündliche Berichterstattung, handschriftliche Aufzeichnungen oder auch gedruckte Schriften allmählich bekannt machten. Dieser Prozess verlief in den einzelnen europäischen Ländern unterschiedlich schnell. Die ersten Informationen zu Kakao und Schokolade wurden parallel zur Verbreitung der Schokolade zunächst in Spanien und den eng mit Spanien verbundenen Ländern veröffentlicht. Das waren im 16. Jahrhundert in erster Linie Italien und die Niederlande. In anderen Ländern verbreiteten sich Informationen über die Schokolade etwas langsamer, insbesondere Deutschland hinkte der Entwicklung hinterher. Dort war die Schokolade selbst einhundert Jahre nach ihrer Ankunft in Spanien noch weitgehend unbekannt. Dafür wurden gegen Ende des 17. Jahrhunderts und vor allem auch im 18. Jahrhundert ungewöhnlich viele Schriften über die Herstellung der Schokolade und ihre Wirkungen auf den Menschen veröffentlicht.

Unter den frühen schriftlichen Zeugnissen ragen besonders die Reiseberichte der spanischen Eroberer, Missionare und Gelehrten hervor, in denen die Entdeckung des Kakaos, sein Anbau und die Verwendung der Kakaobohnen mehr oder weniger ausführlich beschrieben wurden. Außerdem finden sich dort häufig detaillierte Schilderungen der Schokoladenzubereitung sowie der Anwendung und des Konsums der Schokolade. Insgesamt fällt beim Lesen der frühen Reiseberichte auf, dass den Autoren die Doppelbedeutung der Schokolade als Genuss- und Heilmittel schon bekannt war, die auch später in Europa die Bewertung der Schokolade bestimmen sollte. Zu den ersten spanischen Reiseberichten gehörten die Bücher von Hernán Cortés und seines Weggefährten Bernal Diaz del Castillo (1492–1581). Durch letzteren erfahren wir, dass viele seiner Landsleute bereits 1538 in Mexiko-Stadt Schokolade getrunken haben. Dabei erwähnt Bernal Diaz del Castillo ein großes Fest, das der spanische Vizekönig anlässlich des Friedensschlusses zwischen Kaiser Karl V. und dem französischen König Franz I. (1494–1547) gegeben haben soll. Neben importierten europäischen Weinen wurde dort auch Trinkschokolade serviert.[7] Während es zunächst aber ausschließlich Spanier waren, die über den Kakao und die Schokolade berichteten, tauchten gegen Ende des 16. Jahrhunderts auch die ersten Reiseberichte von Vertretern anderer europäischer Nationen auf. Dabei traten insbesondere italienische Reisende hervor. Ein gutes Beispiel ist der italienische Kaufmann Francesco Carletti (1573–1636), der in seinem Reisebericht ausführlich die Schokoladenherstellung und die kräftigende Wirkung der Schokolade beschrieb. Diese hatte sich, wie bereits erwähnt, schon Hernán Cortés für seine Soldaten zunutze gemacht. Die kräftigende Wirkung der Schokolade wurde später in Europa hoch geschätzt und oftmals als Grund für den Schokoladenkonsum genannt. Francesco Carletti schrieb dazu, dass die Schokolade »Kraft gibt, nährt und auf vielfältige Weise stärkt, sodass diejenigen, die es gewohnt sind, davon zu trinken, nicht bei Kräften bleiben, wenn sie das Getränk absetzen, auch wenn sie reichlich andere Nahrung zu sich nehmen würden. Und es scheint ihnen so, als nähmen sie ab, wenn sie das besagte Getränk nicht mehr hätten.«[8] Allerdings blieben Carlettis Aufzeichnungen ungedruckt, im Gegensatz zu dem Reisebericht des Engländers Thomas Gage (1600–1656), der 1648 veröffentlicht wurde. Auch Thomas Gage geht sehr ausführlich auf die Schokoladenherstellung ein und schilderte insbesondere den Schokoladenkonsum der spanischen Damen in Mittelamerika. Es waren aber nicht nur die spanischen Damen, die dem Schokoladengenuss besonders zugetan waren. Thomas Gage selbst gab an, täglich fünf Tassen Schokolade zu trinken und dadurch bester Gesundheit zu sein.[9]

Neben Reiseberichten entstanden im Verlauf des 16. Jahrhundert weitere Druckwerke zum Thema, beispielsweise geografische Schriften oder offizielle Berichte für den spanischen Hof. Die erste gedruckte Anleitung zur Zubereitung von Schokolade wurde 1616 von Bartolomeo Marradon aus Marchena in der Nähe von Sevilla geschrieben. In seiner Schrift, die eigentlich von den Gefahren des Tabakrauchens handelte, beschrieb er aber nicht nur die Zubereitung der Schokolade, sondern behandelte auch deren Wirkung auf den Menschen. Offenbar hatte Bartolomeo Marradon sein Wissen über die Schokolade aber schon nicht mehr, wie seine Vorgänger, durch eine Reise in die Ursprungsgebiete des Kakaos gewonnen. Das wurde von einem anderen Gelehrten, der sich mit Kakao und Schokolade beschäftigte, bereits heftig kritisiert. Bei diesem Kritiker handelte es sich um Antonio de Ledesma, der selbst mehrere Jahre in Amerika verbracht hatte und anschließend einen frühen »Bestseller« über die Schokolade schrieb. Dessen Buch »Cvrioso Tratado de la naturaleza y calidad de chocolate« wurde 1631 veröffentlicht und erlebte mehrere Übersetzungen und Ausgaben. Es spielte für die Verbreitung des Wissens über die Schokolade eine große, nicht zu unterschätzende Rolle. Das Manuskript wurde 1641 durch den Arzt und Naturforscher Johann Georg Volckamer (1616–1693) nach Deutschland gebracht, wo es 1644 in Nürnberg veröffentlicht wurde. Volckamer hatte es während einer Studienreise in Italien kennengelernt.[10]

Neben der Suche nach Edelmetallen und Gewürzen gehörte, wie bereits zu Beginn des Kapitels erwähnt, auch die Suche nach neuen Heilmitteln zu den zentralen Triebfedern der europäischen Expansion. Dies zeigt sich sehr deutlich an der Entsendung von Francisco Hernández (1514–1587) durch den spanischen König Philipp II. nach Mexiko. Francisco Hernández war einer der bedeutendsten Mediziner seines Landes und zudem der Leibarzt Philipps II. Das Ziel seiner Reise, die von 1570 bis 1577 dauerte, war die Sammlung von Informationen über die Fähigkeiten der aztekischen und spanischen Ärzte sowie die in Mexiko verwendeten Heilmittel. Innerhalb von sieben Jahren gelang ihm die Katalogisierung von über 3.000 Heilpflanzen, die zu einem großen Teil Eingang in die zeitgenössischen Arzneibücher fanden. Das Unternehmen gilt als die erste moderne naturwissenschaftliche Expedition. Besondere Bedeutung erlangten später das Guayaholz und die Chinarinde, die gegen zwei in Europa weitverbreitete Krankheiten eingesetzt werden konnten. Das Guayaholz, das aus dem karibischen Raum stammte, diente den Europäern als Mittel gegen die Syphilis. Außerdem wurde es gegen verschiedene andere Krankheiten empfohlen wie Gelenkbeschwerden oder Epilepsie. Mit der Chinarinde wurde endlich ein Mittel gegen die seit dem Mittelalter in Europa weitverbreitete Malaria gefunden.[11] Sie trat vor allem in Südeuropa auf, kam aber auch im Norden, beispielsweise in Deutschland vor.

In der Folgezeit entstand eine kaum zu überblickende Zahl von medizinisch-botanischen Schriften, die sich mit der Wirkung von Schokolade und anderen Genussmitteln befassten. Die Autoren dieser Schriften bezogen sich oftmals auf die oben genannte Reiseliteratur. Inhaltlich beschrieben sie in der Regel zunächst die Herkunft und die Herstellung des betreffenden Genussmittels, bevor sie sich mit seiner medizinischen Bedeutung beschäftigten. Das war nötig, da die Schokolade bei einem Großteil der Leser noch weitgehend unbekannt war und ihre Verwendung dementsprechend erklärt werden musste. Einige der frühen Schriften über den Kakao und die Schokolade hatten großen Erfolg und wurden in zahlreichen Ausgaben publiziert. Dazu gehörte die Schrift »Drey Neue Curieuse Tractätgen. Von dem Trancke Cafe, Sinesischen The, und der Chocolata«. Das Werk war von Philippe Sylvestre Dufour verfasst und von Jacob Spon (1646–1685) ins Lateinische übersetzt worden. Es erschien zwischen 1671 und 1705 in Frankreich, Deutschland, England, den Niederlanden und der Schweiz in mindestens zwölf verschiedenen Ausgaben. Schriften wie diese richteten sich an ein allgemeines, lesekundiges Publikum, bauten auf den Reiz des Neuen und Exotischen und waren in der Art eines Zeitungs- oder Zeitschriftenartikels geschrieben. Damit entsprachen sie dem Bedürfnis der Zeit, möglichst aktuelle Nachrichten auf schnellem Wege vermittelt zu bekommen.[12]

Um ein Verständnis von der Bedeutung bestimmter Pflanzen und damit letztendlich auch des Kakaos und der Schokolade zu erlangen, ist es unumgänglich, sich zumindest in Grundzügen mit der zeitgenössischen Medizin und Heilkunde zu beschäftigen. Diese basierte bis in die Neuzeit im Wesentlichen auf der Lehre des griechischen Arztes Hippokrates von Kos (460–377 v. Chr.), nach der der menschliche Körper vier verschiedene Säfte enthalte: Blut, Schleim, gelbe Galle und schwarze Galle. Deren ausgewogenes Verhältnis entschied, nach dem Glauben der Mediziner, über die Gesundheit eines Menschen. Keiner der Säfte durfte Überhand gewinnen, da durch dieses Ungleichgewicht Krankheiten hervorgerufen würden. Aus dieser Annahme resultierten bestimmte Therapieverfahren wie beispielsweise der Aderlass (Abbildung 5) oder die Verordnung von Brech- und Abführmitteln. Durch sie sollten überschüssige Körpersäfte reduziert und der gesamte Säftehaushalt wieder in ein Gleichgewicht gebracht werden. Was das für den Patienten bedeuten konnte, beschrieb Liselotte von der Pfalz (1652–1722), die spätere Herzogin von Orléans, am 10. Mai 1719 in einem Brief: »Gestern hatte ich eine widerliche occupation, man gab mir eine starcke medecin, so mich 12 mahl starck purgirte mitt so abscheulichen grimmen, daß ich ganz kranck und matt davon bin. Der vortagige aderlaß hatte mich schon geschwächt undt den apetit benohmen, aber die gestrige medecin hat es gar außgemacht, ich bin wie gerädert, kann kein viertelstundt weder gehen noch stehen. Es gereüwet mich zu haben persuadiren laßen.«[13] Es wird hier schnell deutlich, dass die Behandlung dem Patienten oftmals mehr schadete als die Krankheit. Es sind sogar Todesfälle belegt, die durch die Behandlungsmethoden der Mediziner verursacht waren. Allerdings geschah die medizinische Behandlung nicht willkürlich, sondern richtete sich exakt nach dem vorgegebenen Behandlungsschema der Vier-Säfte-Lehre.

5
Der Aderlass ist eine der ältesten medizinischen Behandlungsformen, um – entsprechend der traditionellen Vier-Säfte-Lehre – das Ungleichgewicht der vier Körperflüssigkeiten wiederherzustellen.

Der griechische Arzt Galenos von Pergamon (129–199 n. Chr.) griff die Lehre von Hippokrates auf und ergänzte sie um die Behauptung, dass die Körpersäfte sowie alle Heilmittel entweder heiß oder kalt seien. Ein Übermaß an Blut, das als heiß galt, konnte demnach nur durch ein kaltes Heilmittel ausgeglichen werden. Nach der zeitgenössischen Heillehre diente die gesamte Alltagskost zur Vorbeugung und als Mittel gegen Krankheiten. Entsprechend hieß es in einem Kochbuch aus dem Jahr 1531: »Der best Artzet [ist] ein guoter Koch«.[14] Nach ihren Anfängen in der Antike wurde die Humoralpathologie (Vier-Säfte-Lehre) im frühneuzeitlichen Europa weiter ausgebaut und beispielsweise auf die Tages- und Jahreszeiten ausgedehnt. Als Folge entstand ein umfangreiches humoralpathologisches System, das der Schokolade eine ganz bestimmte Rolle zuwies und sie nicht nur einem bestimmten Körpersaft und Organ, sondern auch einer bestimmten Tageszeit zuordnete.[15] Es lässt sich allerdings leicht nachvollziehen, dass die neuen Heißgetränke erst in dieses System eingeordnet werden mussten, was den Gelehrten der Zeit offensichtlich schwer fiel. Das bezeugt die jahrzehntelange Diskussion zu diesem Thema. Für den Kaffee löste man das Problem, indem man behauptete, dass er alle Eigenschaften besitze und somit für alle Temperamente geeignet sei.[16]

DAS HUMORALPATHOLOGISCHE SYSTEM IM BAROCK NACH GALEN

Saft	Eigenschaften	Organ	Temperament	Jahreszeit
Blut	warm u. feucht	Leber	sanguinisch	Frühling
Gelbe Galle	warm u. trocken	Gallenblase	cholerisch	Sommer
Schwarze Galle	kalt u. trocken	Milz	melancholisch	Herbst
Schleim	kalt und feucht	Nieren	phlegmatisch	Winter

Auch die Schokolade verursachte den Gelehrten der Zeit Kopfzerbrechen. Der bereits erwähnte Francisco Hernández unterzog den Kakao um 1570, als einer der Ersten, einer eingehenden Betrachtung und kam zu dem Schluss, dass er gemäßigt sei, allerdings mit einer gewissen Neigung zum Kalten und Feuchten und sich gut für die Behandlung von Fieber eigne. Außerdem hob er die besondere Nahrhaftigkeit des Kakaos hervor. Er empfahl, ihn insbesondere bei heißem Wetter und bei Fieber zu trinken. Die verwendeten Schokoladengewürze, wie beispielsweise Vanille, galten aber allgemein als heiß, sodass deren Verwendung mit Vorsicht erfolgen sollte. Allerdings blieb Hernández' Einschätzung der Schokolade nicht unwidersprochen. Der bereits erwähnte Antonio Colmenero de Ledesma beispielsweise bezeichnete die Schokolade als kalt und trocken und somit als Auslöser von Melancholie.[17] Insgesamt setzte sich im Laufe der Zeit aber die Meinung durch, dass der Kakao zwar kalt sei, dieses aber durch das Zerreiben der Kakaobohnen, die Verwendung von »heißen« Gewürzen und heißem Wasser ausgeglichen würde. Dadurch galt die fertige Schokolade für alle vier Temperamente als geeignet.[18]

Während die Schokolade bereits als Luxusgetränk am französischen Hof etabliert war und vom Adel und der hohen Geistlichkeit aus kostbarem Porzellan getrunken wurde, diskutierte man an der medizinischen Fakultät der Pariser Universität weiter über ihre gesundheitsfördernde Wirkung. Überhaupt trieb die Etablierung der Schokolade in Adelskreisen die Zahl der Publikationen zu diesem Thema gegen Ende des 17. Jahrhunderts deutlich nach oben. Obwohl dabei im Grunde immer noch dieselben Fragen diskutiert wurden, erreichte die Diskussion eine neue Qualität, da nun auch erstmals praktische Versuche unternommen wurden. Insbesondere die französische Académie Royale des Sciences tat sich hier hervor. Sie war 1666 von Jean-Baptiste Colbert (1619–1683), dem Begründer des Merkantilismus, ins Leben gerufen worden, um die naturwissenschaftliche Forschung voranzutreiben. Die Académie beschäftigte sich mit den unterschiedlichsten Themen, führte Erdmessungen durch und unternahm Expeditionen zur Erforschung der Welt. Außerdem beschäftigte sie sich mit der Schokolade.

Claude Bourdelin (1621–1699), ein Mitglied der Académie, untersuchte rohe und geröstete Kakaobohnen und andere Mitglieder unternahmen Versuche im Bereich der Schokoladenherstellung. Von besonderem Interesse sind in diesem Zusammenhang die Untersuchungen von Wilhelm Homberg (1652–1715), der ebenfalls Mitglied der Académie Royale des Sciences war. Wilhelm Homberg führte ein äußerst interessantes und abwechslungsreiches Leben. Er beschäftigte sich intensiv mit Botanik, Astronomie und Physik und unternahm Studienreisen durch Italien, Frankreich, Holland und England. In Stockholm wurde er Ratgeber des königlichen Leibarztes, unterhielt eine Praxis in Rom und wurde schließlich sogar Leibarzt des Herzogs

Philipp II. von Orléans (1674–1723). Für die Zeitschrift der Académie verfasste er Beiträge zu unterschiedlichen Themen, unter anderem auch über Kakao und Schokolade. Innerhalb der Académie war Wilhelm Homberg mit dem Lehrstuhl für Chemie betraut. Im Rahmen seiner Forschungsarbeiten untersuchte er im Jahr 1695 Kakaobohnen und Kakaobutter, die er durch Aufkochen und Abschöpfen gewann. Dabei interessierte er sich in erster Linie für ihre medizinische Wirkung.

Seinen Untersuchungen ist es zu einem guten Teil zu verdanken, dass die Kakaobutter im Jahr 1715 offiziell in die Liste der Arzneimittel aufgenommen wurde.[19] Als Heilmittel hatte die Kakaobutter in Amerika eine lange Tradition und sollte später auch in Europa in diesem Bereich eine gewisse Bedeutung erlangen. Für eine medizinische Verwendung der Kakaobutter in größerem Umfang war die verfügbare Menge aber noch zu gering. Außerdem war die Gewinnung der Kakaobutter noch recht aufwendig. Zwar gelang dem Pariser Apotheker Etienne François Geoffroy (1672–1731) bereits um 1700 die Extraktion der Kakaobutter mittels Äther, allerdings war auch dieses Verfahren noch zu umständlich und kostenintensiv. Erst durch die Erfindung der Kakaobutterpresse im Jahr 1828 wurde ein praktikables Extraktionsverfahren entwickelt. Wir werden darauf noch an späterer Stelle zu sprechen kommen.

Während Wilhelm Homberg bereits die Kakaobutter wissenschaftlich untersuchte, beschäftigten sich andere noch immer mit der Dosierung und der Häufigkeit des Schokoladengenusses. Dazu äußerte sich Cornelius Bontekoe (1647–1685), der niederländische Leibarzt Friedrichs des Großen, in seiner »Kurzen Abhandlung vom menschlichen Leben, Gesundheit, Krankheit und Tod«, die im Jahr 1692 veröffentlicht wurde (Abbildung 6 und 7). Diese Schrift trug, wie auch das bereits erwähnte Werk von Philippe Sylvestre Dufour beziehungsweise Jacob Spon, wesentlich mit dazu bei, die Schokolade in Deutschland bekannt zu machen. Bontekoe empfahl in seiner Publikation das tägliche Trinken von Schokolade bei bestimmten körperlichen Leiden. Er schrieb dort: »Wenn man die Chocolata nur bloß zur Gesundheit trinken will, so ists genug, dass sie des Tages auffs höchste zweymal, und zwar vielmehr früh, als nach Mittage gebraucht werde. Wer cholerischer Complexion ist, der kann statt des gemeinen Wassers, Endivien-Wasser, vornehmlich zur Somers-Zeit, nehmen, welches denn der hitzigen Leber undienlich seyn wird; wer aber Verstopfungen empfindet und eine kalte Leber hat, der mag es in Rhabarbar-Tinctur einnehmen, und das also bis zum Mey-Monat treiben, vornehmlich wenn das Wasser wohl temperiert ist.«[20] Die Frage nach der Häufigkeit des Schokoladengenusses spielte für alle Interessierten eine wichtige Rolle. Im Allgemeinen wurde Mäßigkeit und ein besonnener Gebrauch der Schokolade empfohlen. Der Schokoladenkonsum der Spanier wurde dagegen als übermäßig beschrieben und als

6
Der niederländische Leibarzt Friedrichs des Großen, Cornelius Bontekoe (1647–1685), war ein großer Befürworter des Kakaogenusses.

7
Teil III der »Kurzen Abhandlung« von Bontekoe handelt: »Von den Mitteln/das Leben und die Gesundheit zu unterhalten und zu verlängern/die meisten Krankheiten aber/und ein daraus entstehendes beschwerliches Alter/durch Speise/Trank/Schlafen/Thee, Coffee, Chocolathe, Tabak/und andere dergleichen zur Gesundheit dienliche Mittel/eine geraume Zeit zu verhüten.«

Verschwendungssucht kritisiert. Neben der Schokolade empfahl Bontekoe übrigens auch die anderen Genussmittel als wichtige Heilmittel und zur Vorbeugung von Krankheiten. Er selbst starb allerdings schon recht früh im Alter von 38 Jahren an den Folgen eines Treppensturzes.

Die Frage nach der gesundheitlichen Wirkung der Schokolade war damit aber noch immer nicht endgültig beantwortet. Noch im Jahr 1728 wurde der Konsum von Schokolade von einigen Zeitgenossen heftig kritisiert. Der toskanische Arzt Giovanni Batista Felici schrieb dazu: »Zu den schlimmsten der zahlreichen Verirrungen, die die Unmäßigkeit der Menschen eingeführt hat, um ihr Leben zu verkürzen, gehört meiner Ansicht nach der Verzehr von Schokolade […] Ich kenne einige ernsthafte und schweigsame Leute, die dank dieses Getränks für eine Weile zu den größten Schwätzern werden, manche werden schlaflos und hitzköpfig, andere wütend und laut. Bei den Kindern löst sie eine derartige Unruhe aus, dass sie überhaupt nicht mehr leise sein oder stillsitzen können.«[21] Allerdings beruhigte sich die Diskussion nun allmählich. Eine Doktorarbeit der Pariser Universität aus dem Jahr 1739 beantwortete die Frage, ob der Genuss von Schokolade im hohen Alter anzuraten sei, dann auch wieder deutlich positiver. Es hatte sich offensichtlich mittlerweile herumgesprochen, dass Schokolade eine hervorragende Wirkung als Stärkungsmittel, insbesondere für alte und kranke Menschen, habe. Das medizinische Wissen über die Schokolade wurde einige Jahre später von Etienne François Geoffroy in einer Schrift zusammengefasst, die in der Folgezeit in vielen Auflagen und Übersetzungen verbreitet wurde.[22]

Piraten, Priester, Prinzessinnen – Die Verbreitung der Schokolade

Durch die Entdeckung Amerikas und den Aufbau eines Kolonialreiches entwickelte sich Spanien im Verlauf des 16. Jahrhunderts zur führenden Macht in Europa, während England, Frankreich und die Niederlande gezwungen waren, sich auf Handel und Freibeuterei zu verlegen. Aufgrund ihrer schwächeren Position konnten sie nur auf diese Weise versuchen, die spanischen Handelsrouten zu stören und die Lieferung amerikanischen Silbers nach Spanien zu behindern. Vielen dürften die Kaperfahrten von Francis Drake (1540–1596) gegen spanische Handelsflotten bekannt sein, die zu einem regelrechten Privatkrieg auswuchsen. Drakes Fahrten geschahen im Interesse Englands und zwangen Spanien zu kostspieligen Schutzmaßnahmen. Insgesamt bescherte er Spanien hohe Verluste an Menschenleben, Geld und Material. Bezeichnenderweise waren es vermutlich auch englische Piraten, die als erste Engländer mit Kakaobohnen in Berührung kamen.

Als Hernán Cortés im Jahr 1519 zu seinem Eroberungszug in Mittelamerika antrat, begann der Aufstieg Karl V. zu einem der mächtigsten Herrscher in Europa. Bis 1520 wurde er König von Spanien und Deutschland sowie Kaiser des Heiligen Römischen Reiches. Nach seinem Tod im Jahr 1556 übernahm sein Sohn Philipp II. die Herrschaft und begründet das sogenannte Spanische Zeitalter. Spanische Sitte und Mode wurden in dieser Zeit zum Vorbild für ganz Europa. Erst gegen Ende des 16. Jahrhunderts begann sich das europäische Machtgefüge zu verändern. Der Niedergang der spanischen Vormachtstellung setzte ein und Frankreich trat an die Stelle Spaniens. Die Spanier besaßen aber noch bis zum Beginn des 17. Jahrhunderts das Monopol auf den Kakaohandel, da sie durch die Eroberung großer Teile Mittel- und Südamerikas die damaligen Kakaoanbaugebiete der Welt kontrollierten. Entsprechend wurde Schokolade zu dieser Zeit lediglich in den spanischen Kolonien und im spanischen Mutterland mit seinen Besitzungen in Italien und den Niederlanden getrunken. Von Spanien breitete sich der Schokoladenkonsum erst später über die europäischen Metropolen aus, während ihr Genuss zunächst ein Privileg des Adels blieb. Nicht zuletzt durch die geringen Kakaomengen, die nach Europa gelangten, blieb Schokolade lange Zeit ein Luxusgut. Der Handel mit den amerikanischen Kolonien wurde von Spanien streng überwacht, was insbesondere den Handel mit Edelmetallen, aber auch mit Kakaobohnen betraf. Dieser musste seit 1524 ausschließlich über Sevilla abgewickelt werden, wo das königliche Handelshaus und der Indienrat, die zentrale Verwaltungsbehörde für die amerikanischen Kolonien, ihren Sitz hatten. Außerdem wurde eine Flotte von Schiffen in Dienst gestellt, die die Handelstransporte vor fremden Mächten oder Piraten schützen sollten.[23]

Erst mit der Expansion anderer europäischer Mächte in die Karibik, begann die spanische Vormachtstellung allmählich zu bröckeln. Den Anfang machten England und Frankreich in den 1620er-Jahren, bevor die Niederlande etwas später folgten. Bis dahin hatten diese Länder ihren Bedarf an Rohstoffen und anderen Handelsprodukten über Handelskontakte zur einheimischen Bevölkerung Amerikas oder spanischen Händlern befriedigt. Erst als der Bedarf an Salz und Tabak im Mutterland auf diese Weise nicht mehr gedeckt werden konnte, gründeten die führenden europäischen Mächte eigene Kolonien. Der Anbau exotischer Exportgewächse, insbesondere von Tabak, stand dabei von Anfang an im Mittelpunkt des Interesses. Später wurde von Engländern und Franzosen auch Kakao angebaut, beispielsweise auf Jamaika, das 1655 von England in Besitz genommen wurde.

Zwischen Frankreich und Spanien kam es gegen Mitte des 17. Jahrhunderts zu kriegerischen Auseinandersetzungen, in deren Folge es Frankreich gelang, verschiedene spanische Besitzungen in der Karibik zu übernehmen. Den Anfang machten 1635 Martinique, Guadeloupe und einige weitere kleine Inseln. Bis 1651 folgten St. Lucia und St. Croix. Die Franzosen begannen in den 1650er-Jahren mit dem Anbau von Kakao auf Martinique, was aber nur zu bescheidenen Erfolgen führte. Zwar konnte 1679 eine erste Ladung Kakaobohnen nach Frankreich verschifft werden, allerdings spielte der Anbau von Zuckerrohr in der Folgezeit eine viel größere Rolle. Neben Martinique bauten die Franzosen auf Haiti Kakao an, was aber ebenfalls keinen großen Erfolg zeigte. Trotzdem hielt sich der Kakaoexport noch lange auf niedrigem Niveau und gegen Ende des 18. Jahrhunderts konnten jährlich noch einige hundert Kilogramm Kakao produziert werden.[24]

Der einzige nennenswerte Kakaoproduzent in der frühen Neuzeit außerhalb des spanischen Machtbereichs wurde Brasilien. Hier wurden seit der Mitte des 16. Jahrhundert in größerem Maße wildwachsende Kakaobäume geerntet. Von portugiesischer Seite wurde die Kakaoproduktion unterstützt, beispielsweise durch Zollfreiheit für brasilianische Kakaoexporte nach Portugal. In den 1720er-Jahren setzte ein regelrechter Exportboom ein, der Kakao zum wichtigsten Exportgut des Amazonasgebietes machte. Die Hauptabnehmer für portugiesischen Kakao wurden Italien und Deutschland.[25]

Der Einstieg anderer europäischer Mächte in den Kakaoanbau in der zweiten Hälfte des 16. Jahrhunderts wirkte sich positiv auf den internationalen Kakaohandel und den Konsum von Schokolade aus. Das spanische Monopol verlor dadurch mehr und mehr an Bedeutung und wurde im 18. Jahrhundert schließlich aufgegeben. Im Zuge verschiedener Reformen der Kolonialpolitik wurde das Zentrum des Amerikahandels von Sevilla nach Cádiz verlagert und Handelskompanien gegründet. Erst um 1700 kam es zu regelmäßigen Einfuhren von Kakao nach Europa. Durch die Auflösung des spanischen Kakaohandelsmonopols verlagerte sich der Handel vom spanischen Sevilla in andere europäische Hafenstädte, wie Lissabon, Amsterdam, London oder Hamburg und die Kakaoimporte nach Europa stiegen ständig an. Zu dieser Zeit hatte sich die Schokolade bereits am spanischen Hof etabliert und war innerhalb der spanischen Adelsschicht weitverbreitet. Bis zum Ende des Jahrhunderts war Schokolade in Spanien wohl auch schon für breitere Bevölkerungsschichten verfügbar, während sie in anderen Teilen Europas noch weitgehend unbekannt war.[26]

Die Verbreitung der Schokolade in Europa ist bis heute nur unzureichend erforscht und dokumentiert. In der Regel wurden immer wieder einzelne Quellen zitiert und so ein möglicher Verbreitungsweg durch Europa skizziert, der aber dringend weiter untersucht werden müsste. Im Allgemeinen wird angenommen, dass die Schokolade von Spanien und Portugal zunächst nach Italien gelangte. Dabei muss beachtet werden, dass der gesamte Kakaohandel bis in das 17. Jahrhundert noch fast vollständig über Spanien abgewickelt wurde und erst in der Zeit danach auch andere europäische Mächte am Handel mit Kakaobohnen teilnahmen. Wie nun die Schokolade von Spanien nach Italien gelangte, kann nicht in allen Einzelheiten geklärt werden.

Tatsache ist aber, dass Italien im 16. Jahrhundert in engem Kontakt zu Spanien stand, das Teile des Landes in Besitz hielt. Außerdem bestanden enge religiöse Beziehungen zwischen der spanischen Geistlichkeit und dem päpstlichen Rom. Insbesondere der im Jahr 1540 durch den Spanier Ignatius von Loyola gegründete Jesuitenorden könnte hier eine entscheidende Rolle gespielt haben. Bis in die zweite Hälfte des 17. Jahrhunderts wuchs der Orden auf über 16.000 Mitglieder an, die in Europa und der Neuen Welt sehr aktiv waren. Darüber hinaus waren die Jesuiten für ihre Schokoladenliebe bekannt und betrieben auch selbst einen lukrativen Handel mit Kakaobohnen. Hierdurch hätten sich also schon früh Austauschbeziehungen anbahnen können, für die es aber keinen Nachweis gibt. Vielleicht aber gehören die Jesuiten zu den stillen Verbreitern der Schokolade in Europa.

In der Literatur wird in der Regel Francesco d'Antonio Carletti (1573 bis 1636), ein florentinischer Geschäftsmann, genannt, der als erster Kakao nach Italien gebracht haben soll. Carletti lernte den Kakao auf einer ausgedehnten Weltreise um 1600 kennen und gab später an, auch in der Heimat nicht auf seine tägliche Tasse Schokolade verzichten zu können.[27] Carletti verfasste ein umfangreiches Manuskript, das er nach seiner Rückkehr nach Florenz im Jahr 1620 dem Großherzog der Toskana, Ferdinand I. von Medici (1549–1609), übergab. In seinen Aufzeichnungen erwähnte Carletti allerdings nicht, dass er Kakao oder Schokolade mit nach Italien gebracht hätte, sodass es auch für diese Annahme keinen wirklichen Beweis gibt. Andere Wissenschaftler schreiben den Medici eine wichtige Rolle für die Einführung der Schokolade in Europa zu. Ob die Medici die Schokolade nach Italien brachten, ist zweifelhaft, allerdings dürften sie zur Etablierung der Schokolade an den europäischen Fürstenhöfen durchaus beigetragen haben. Herausragend war in diesem Zusammenhang Cosimo III. de Medici (1642 bis 1723), der 1670 Großherzog der Toskana wurde und der für seine opulenten Bankette bekannt war. Francesco Redi (1626–1697), der Leibarzt Cosimos III., entwickelte ein berühmtes Rezept für eine Jasminschokolade, der neben Jasmin noch ein anderes stark duftendes Aroma, Ambra, beigegeben wurde.

Während die Schokolade vermutlich durch die engen geistlichen Kontakte von Spanien nach Italien gelangte, spielten im Falle von Frankreich wahrscheinlich eher dynastische Beziehungen eine Rolle. Es waren spanische Prinzessinnen, die französische Könige heirateten und im neuen Land nicht auf ihre gewohnte Schokolade verzichten wollten. Die Einführung der Schokolade in Frankreich wird im Allgemeinen der spanischen Prinzessin Anna von Österreich (1601–1666) zugeschrieben, die 1615 mit dem französischen König Ludwig XIII. (1601–1643) verheiratet wurde.[28] Die Heirat sollte die Beziehungen zwischen ihren beiden Ländern stärken und eine enge Verbindung zwischen Frankreich und Spanien begründen. Tatsächlich konnten die vorhandenen Rivalitäten durch die Hochzeit nicht beseitigt werden und fanden ihren Höhepunkt in einem mehr als 20-jährigen Krieg zwischen den beiden Ländern. Annas Ehe mit Ludwig XIII. verlief nicht ohne Spannungen, was vor allem daran lag, dass sie zunächst kinderlos blieb. Es dauerte über 20 Jahre, bis 1638 ihr erster Sohn, der spätere Ludwig XIV. (1638–1715), geboren werden sollte. Anna überlebte ihren Mann und übernahm nach dessen Tod die Regentschaft in Frankreich. Diese wurde 1651 an den 13-jährigen Ludwig übergeben. Allerdings behielt sie noch lange Einfluss auf ihren Sohn, mit dem sie ein inniges Verhältnis verband.

Anna kannte die Schokolade aus Spanien und brachte sie mit an den französischen Hof. Sie traf sich später regelmäßig mit anderen adligen Damen zu kleineren Runden, in denen der Genuss von Schokolade eine große Rolle spielte. Für die Höflinge war es von großer Bedeutung »zur Schokolade geladen zu sein«.[29] Im Jahr des Friedensschlusses mit ihrem Heimatland Spanien, konnte sie ihren Sohn dazu bringen, dem Schokoladenmacher David Chaillou 1659 ein Monopol auf die Herstellung und den Verkauf von Schokolade zu geben. Er unterhielt ein Geschäft in Paris, wo er neben Kaffee auch Schokolade verkaufte.

Am französischen Hof fand die Schokolade schon bald weitere Freunde. Einer der bekanntesten Schokoladentrinker wurde in dieser Zeit der Bruder des berühmten Kardinals Richelieu (1585–1642), der uns aus dem Roman »Die drei Musketiere« von Alexandre Dumas bekannt ist. Alphonse de Richelieu (1582–1653) stand immer im Schatten seines berühmten Bruders, obwohl er selbst politischen Einfluss erlangte und ein enger Vertrauter von König Ludwig XIII. wurde. Im Gegensatz zu dem machthungrigen Richelieu zeigte sich Alphonse in einigen Situationen sehr menschlich. So engagierte er sich während einer Pestepidemie in Lyon persönlich in der Krankenpflege. Alphonse de Richelieu war auch für seinen großen Schokoladenkonsum bekannt. Nach der Meinung einiger Autoren soll er selbst die Schokolade in Frankreich eingeführt haben. Der Genuss von Schokolade soll ihm von spanischen Geistlichen gegen seine körperlichen Beschwerden empfohlen worden sein. Auch trank er Schokolade als Heilmittel gegen seine wiederkehrenden Anfälle von Melancholie, obwohl von vielen Gelehrten gerade diese als Auslöser von Melancholie angesehen wurde.

Ob die Schokolade nun durch Anna von Österreich oder Alphonse de Richelieu nach Frankreich gebracht wurde, kann nicht mit Bestimmtheit gesagt werden. Wir können aber mit Sicherheit davon ausgehen, dass die Schokolade in der ersten Hälfte des 17. Jahrhunderts am französischen Hof und innerhalb des französischen Adels eine wachsende Rolle zu spielen begann. Außerdem fand sie mit der französischen Königin und dem Erzbischof von Lyon zwei wichtige Fürsprecher, wodurch der Schokoladenkonsum in Frankreich sicherlich weiter gefördert wurde. Überhaupt schien sich die französische Geistlichkeit für das Schokoladengetränk sehr begeistern zu können. Insbesondere die Erzbischöfe von Lyon tranken gerne Schokolade. Das galt nicht nur für den bereits erwähnten Alphonse de Richelieu, sondern auch für seinen Nachfolger Jules Mazarin (1602–1661). Dieser stammte aus Italien und hatte seine Ausbildung am Jesuitenkolleg in Rom und an der Universität von Salamanca erhalten. Es ist schwer vorstellbar, dass Mazarin hier nicht auch mit der Schokolade in Berührung kam, zumal er für seine Lebenslust und seinen Reichtum bekannt war. Schon während seiner Zeit an der Universität war er durch seine Vorliebe für das Würfel- und Kartenspielen aufgefallen, später dann für seine umfangreiche Sammlung an Kunstwerken. Für die Zubereitung seiner Schokolade vertraute Mazarin allerdings auf die Schokoladenkunst aus seinem Heimatland – er ließ 1654 zwei Schokoladenköche aus Italien nach Frankreich kommen, um sein geliebtes Schokoladengetränk in der gewünschten Form und Qualität serviert zu bekommen. Da Italien zu dieser Zeit, neben Spanien, als führendes Schokoladenland in Europa galt, folgten auch andere französische Adlige seinem Beispiel und ließen sich Schokoladenköche aus Italien kommen.[30]

Wie sein Vater, heiratete auch Ludwig XIV. eine spanische Prinzessin. Die Ehe mit Maria Theresia von Österreich hatte, wie für die Zeit üblich, rein politische Gründe. Sie war von Kardinal Mazarin inszeniert worden, um das Kriegsende und den Frieden zwischen Frankreich und Spanien im Jahr 1559 zu sichern. Maria Theresia war katholisch-fromm und spielte keine besondere Rolle am spanischen Hof. Sie sprach anfangs kein und später nur schlecht Französisch, sodass sie an Gesprächen nur schwer teilnehmen konnte. Ihre Schwiegermutter, Anna von Österreich, soll sich ihrer angenommen haben. Wahrscheinlich trafen sich beide zum gemeinsamen Schokoladetrinken, die ihnen ja aus ihrer spanischen Heimat sehr vertraut war. Maria Theresia brachte ebenfalls eine eigene Schokoladenköchin aus Spanien mit.

In der ersten Hälfte des 18. Jahrhunderts war die Schokolade in Frankreich so weit etabliert, dass man aufgrund der Verwüstung der Kakaoplantagen auf Martinique und einiger anderer Karibikinseln durch einen Vulkanausbruch und einen Orkan schon eine allgemeine Kakaoknappheit befürchtete. Als Reaktion stürzte sich der französische Adel panikartig auf die Kakaovorräte des Landes. Als ein weiteres Zeichen für die Bedeutung, die Schokolade zu dieser Zeit in Frankreich genoss, kann gewertet werden, dass sich die Schokoladenherstellung in Paris und Lyon bereits zu einem wichtigen Gewerbezweig entwickelt hatte.[31]

Wie in Italien, so besaß Spanien im 16. Jahrhundert auch Besitzungen in den Niederlanden. Es kann also vermutet werden, dass auch hier schon früh Schokolade getrunken wurde. Allerdings fehlen, wie so oft in der Geschichte der Schokolade, wieder die Belege. Die Niederländer selbst begannen 1568 einen Krieg gegen Spanien, der 80 Jahre dauern sollte und mit der Anerkennung der Niederländischen Republik durch Spanien endete. Während des Krieges versuchten die Niederlande immer wieder die spanischen

Handelstransporte aus der Neuen Welt zu unterbrechen und besetzten einige spanische Karibikinseln, die sie als militärische Stützpunkte nutzen konnten. Ein für den Kakaohandel bedeutendes Ereignis war die niederländische Besetzung einiger kleinerer, Venezuela vorgelagerter Inseln, was in der Folgezeit einen bedeutenden Schwarzhandel mit den Menschen auf dem Festland möglich machte. Ein wichtiges Handelsgut waren dabei Kakaobohnen, die den Niederländern gegen Werkzeuge, Stoffe und anderer Güter überlassen wurden. Bis in das 18. Jahrhundert, als das spanische Kakaohandelsmonopol allmählich aufgegeben wurde, war dieser Handelsstützpunkt von großer Bedeutung. Die Niederlande waren für den Import von Kakao und anderen Genussmitteln nun nicht mehr auf Spanien angewiesen, sondern konnten einen eigenen Kakaohandel aufbauen. Dieser erreichte später solche Ausmaße, dass zeitweilig sogar Spanien mit Kakao versorgt wurde. Gegen Ende des 17. Jahrhunderts hatte sich die Schokolade in den Niederlanden etabliert.[32] Insbesondere in den Schokoladenstuben, die in den niederländischen Handelsstädten entstanden, wurde schon bald Schokolade getrunken. Darauf werden wir an späterer Stelle aber noch zu sprechen kommen.

Während Italien und Frankreich mit Spanien politisch eng verbunden waren, was die vergleichsweise frühe Einführung der Schokolade in diesen Ländern möglich machte, sah es im Falle von England ganz anders aus. Hierhin gelangten der Kakao und die Schokolade zunächst durch Piraterie und Schmuggel. Dabei war den englischen Piraten die Bedeutung der Kakaobohnen anfangs noch unbekannt. Im Jahr 1579 sollen sie eine ganze Schiffsladung Kakaobohnen verbrannt haben, weil sie sie für Schafsmist hielten.[33] Zu dieser Zeit waren allerdings bereits die ersten Berichte über den Kakao in England eingetroffen, die aber noch keine allzu große Resonanz fanden. Erst die Reiseberichte von Thomas Gage (um 1597–1656) erregten in der ersten Hälfte des 17. Jahrhunderts großes Aufsehen. Gage kam 1625 als Jesuit in die Neue Welt, wo er über 20 Jahre lebte. Nach seiner Rückkehr nach England berichtete er ausführlich über die Schokolade, beschrieb deren Herstellung und ihre Bedeutung für die spanische Oberschicht in den amerikanischen Kolonien. Im Jahr 1655 gelangten die Engländer mit der Eroberung Jamaikas dann erstmals selbst in den Besitz von Kakaoplantagen. Allerdings war der englische Kakaoanbau ähnlich erfolglos wie der französische. Aufgrund mangelnder Pflege der Kakaobäume sowie verschiedener Pflanzenkrankheiten nahm der Kakaoanbau spätestens gegen Ende des 18. Jahrhunderts ein vorläufiges Ende. Zu dieser Zeit wurde bereits in englischen Zeitungen für den Konsum von Schokolade geworben.[34]

Während sich die Schokolade in Frankreich, England und den Niederlanden im Verlauf des 17. Jahrhundert einbürgerte, litt Deutschland unter dem 30-jährigen Krieg und dessen Folgen. Entsprechend spielte der Schokoladenkonsum zu dieser Zeit noch keine wirkliche Rolle. Lediglich im medizinischen Bereich fand Schokolade Verwendung und tauchte in Apotheker-Handbüchern und Apothekertaxen auf. Der Frankfurter Stadtphysikus Johann Christian Schröder (1600–1664) nannte in seinem Handbuch »Pharmacopoea medico-physika« Schokolade als kostbares Stärkungsmittel.[35] Insgesamt dauerte es in Deutschland etwas länger, bis die Schokolade, zumindest in Gelehrtenkreisen, bekannt wurde. Oftmals waren noch ganz falsche Annahmen im Umlauf, wie die, dass Schokolade der Saft der Kakaofrucht sei. Aber auch in Deutschland hatte Schokolade mit dem bereits erwähnten Cornelius Bontekoe einen eifrigen Verfechter, dessen Schriften Schokolade auch in Deutschland bekannt machten.

Nach Deutschland gelangte der Kakao und die Schokolade vermutlich zunächst über die norddeutschen Handelsstädte Bremen und Hamburg. Neben seinen weltweiten Handelsverbindungen verfügte das calvinistische Bremen gegen Ende des 17. Jahrhunderts über enge wirtschaftliche, kulturelle und religiöse Beziehungen in die Niederlande. Außerdem trieben mehrere Kriege viele Niederländer in die norddeutsche Handelsstadt.[36] Dabei brachten sie verschiedene Handelsgüter und handwerkliche Fähigkeiten mit, die sie durch die bedeutende Stellung der Niederlande im wachsenden Überseehandel erworben hatten. Dazu gehörte auch die Schokolade, die in den Niederlanden bereits gegen Ende des 17. Jahrhunderts etabliert war und in vielen niederländischen Handelsstädten ausgeschenkt wurde. Aus diesem Grunde verwundert es nicht, dass es ein Niederländer war, der im Jahr 1673 mit dem Verkauf von Schokolade in Bremen begann. Jan Jantz von Huesden war vermutlich aufgrund der politischen Spannungen und kriegerischen Auseinandersetzungen in seinem Heimatland nach Deutschland geflohen und hatte in Bremen einen kleinen Laden eröffnet, wo er Kaffee und Schokolade verkaufte.[37]

Neben den Niederlanden war Hamburg im 16. und 17. Jahrhundert der wichtigste Handelspartner Bremens. Die Stadt wurde von Bremer Kaufleuten mit Waren versorgt, die diese wiederum aus Amsterdam bezogen. Im Gegenzug nahmen die Bremer Waren aus Hamburg mit, die ursprünglich aus Spanien oder Italien stammten. Für das 17. Jahrhundert sind Fahrten von hanseatischen Handelsschiffen ins Mittelmeer und vereinzelt nach Südamerika belegt.[38] Seinen Kakaobedarf deckte Bremen in verschiedenen europäischen Häfen, insbesondere in England, das Kakao aus seiner Kolonie Jamaika sowie aus spanischen Besitzungen anbot. Die ältesten erhaltenen Statistiken stammen aus dem Jahr 1770. Diesen lässt sich entnehmen, dass in dem Jahr zwei Fässer Schokolade von Bordeaux nach Bremen gebracht wurden.[39]

Aufgrund seiner Zersplitterung in zahlreiche kleine und kleinste Staaten fehlte in Deutschland ein zentraler Hof, wie in Spanien oder Frankreich, mit einer entsprechenden Prachtentfaltung und ausschweifenden Hofhaltung. Einer der luxuriösesten deutschen Höfe, die hinsichtlich ihrer Prachtentfaltung dem französischen Hof von Versailles nacheiferten, war der Dresdener Hof. Dort regierte von 1694 bis zu seinem Tod im Jahr 1733 August der Starke, der für seine rauschenden Feste und üppigen Gelage bekannt war. Bei diesen durfte auch Schokolade nicht fehlen. August ließ seine Schokolade aber nicht in Dresden kaufen, sondern bezog sie aus Wien und Rom. Der Schokoladenverbrauch dürfte insgesamt bedeutend gewesen sein.[40] Sein Minister Graf Heinrich von Brühl (1700–1763) stand August in Sachen Schokoladenkonsum in nichts nach. Auch er ließ sich Schokolade aus Wien und aus Rom kommen. Für die von ihm veranstalteten Feste und Empfänge ließ er sich zwischen 1737 und 1842 das berühmte Schwanenservice anfertigen, das mit ursprünglich über 2.200 Teilen umfangreichste Tafelservice des 18. Jahrhunderts.

Auch am Wiener Hof hatte sich die Schokolade spätestens zu Beginn des 18. Jahrhunderts etabliert. Neben Paris war Wien im 17. und 18. Jahrhundert eine bedeutende Residenzstadt und ein Zentrum des Schokoladenkonsums in Europa. Die Schokolade hielt dort vermutlich schon im frühen 17. Jahrhundert Einzug. Dabei spielten sicherlich die engen dynastischen Beziehungen zu Spanien eine wichtige Rolle. Da für die Zeit Maria Theresias die Größe des höfischen Schokoladenservices bekannt ist, kann man daraus schließen, dass Schokolade damals am Hof nur in kleinem Kreis und nicht bei größeren gesellschaftlichen Anlässen getrunken wurde. Das Service bestand 1748 lediglich aus zwölf Schokoladenschalen mit Bechern, zwei Schokoladenkannen, sechs silbernen Schokoladentassen sowie einer Schokoladentasse auf zwei Schalen aus Silber. Allerdings beschäftige der Wiener Hof zu dieser Zeit auch schon einen italienischen Schokoladenmacher, der sowohl Kakaobohnen als auch fertige Schokolade kaufte. Letztere bezog er vornehmlich aus Turin und Mailand.[41]

Erste Erfahrungen mit dem heißen Getränk

Noch in der zweiten Hälfte des 19. Jahrhunderts galten die Spanier als die führenden Schokoladenhersteller in Europa. Allerdings war die Zubereitung der Schokolade damals noch sehr mühsam und zog sich in der Regel über ein bis zwei Tage hin. Zunächst wurden die Kakaobohnen in einer Pfanne über einem Feuer erhitzt, bis die Schalen aufplatzten und entfernt werden konnten. Die geschälten Bohnen wurden wieder erhitzt und mit einem Reibstein zu einer Masse verarbeitet. Anschließend wurden Zucker, Zimt und Vanilleschoten hinzugegeben und zwischenzeitlich immer wieder gemahlen. Letztendlich erhielt man eine Masse, die zu Tafeln oder Riegeln geformt werden konnte. Diese konnten dann später in heißem Wasser aufgelöst und mit einem Holzquirl (molinillo) schaumig geschlagen werden. Eine solche Art der Zubereitung wurde später auch in anderen Teilen Europas praktiziert und änderte sich erst mit der Erfindung der Kakaobutterpresse durch Coenrad van Houten in der ersten Hälfte des 19. Jahrhunderts. Getrunken wurde die Schokolade am spanischen Hof zunächst in kleinen offenen Schälchen, deren Form man aus Mittelamerika übernommen hatte.

Die dort üblichen Trinkgefäße wurden von Jacob Spon in den »Drey Tractätgen« beschrieben: »Die Becher aber und Schaalen, welche die Amerikaner und curiösen Europaeer zu diesem Trancke brauchen, sind aus einer Cocos-Nuß gemacht, weil sie nicht nur ihrer Größe und Form wegen sehr bequem scheinen, sondern auch, weil sich der Rand an solchen Becher nicht so bald erhitzet, daß man sich das Maul verbrenne, wie sonst am silbern und zinnernen Gefässe zu geschehen pfleget.«[42] Es zeigt sich hier sehr schön, dass die Europäer durch die neuen Heißgetränke erstmals mit dem Problem des Verbrühens konfrontiert wurden. Die Lösung lag in der Entwicklung spezieller Trink- und Zubereitungsgefäße aus Porzellan. Wir werden später noch zeigen, wie diese Gefäße aussahen. Es soll aber schon an dieser Stelle darauf hingewiesen werden, dass die neuen Heißgetränke die Entwicklung völlig neuer Tischgerätschaften zur Folge hatte. Dazu gehörte beispielsweise die Herstellung von Tassen mit Henkel oder Kannen mit ausladenden Holzgriffen. Die typische Schokoladentasse des spanischen Adels wurde um die Mitte des 17. Jahrhunderts die »mancerina«, eine Tasse, die in einen Ring auf der Untertasse gestellt wurde und dadurch vor dem Verrutschen gesichert war. Die Entstehung der Tasse geht auf den Marques de Mancera zurück, der von 1639 bis 1648 als Vizekönig von Peru amtierte. Er soll miterlebt haben, wie sich eine adlige Dame auf einem offiziellen Empfang Schokolade über ihr Kleid gegossen hatte. Daraufhin habe er die mancerina entwickelt.[43]

Wie bereits geschildert, galt Schokolade lange als Medizin und Stärkungsmittel. Dementsprechend wurde sie in Apotheken verkauft und dort in verschiedenen Formen angeboten. Sie wurde in Schachteln gegossen und als kleine Schokoladenblöcke verkauft, aber auch als Kugeln oder Rollen. Von dieser festen Schokolade wurde zu Hause etwas abgehobelt und für die Zubereitung der Schokolade genutzt. Es waren zahlreiche Rezepte im Umlauf, nach denen die Schokolade mit Wasser oder Milch zubereitet wurde. Ein Beispiel ist die Anleitung von Johann Sigismund Elsholtz, dem Leibarzt des preußischen Kurfürsten, aus dem Jahr 1682. In Deutschland hatte die Schokolade zu dieser Zeit noch eher die Stellung eines Stärkungs- und weniger eines luxuriösen Genussmittels. Elsholtz schreibt: »Die kräftigste Weise aber ist, dass man nimmt von der ambrirten Succolade ein halbes oder gantzes Loth, gestoßnen Cardamom ein Scrupel, gestoßenen Safran drey Gran, Weißen Zucker ein Loth, und mischet dies alles untereinander zu einem Pulver. Wan ihr es nun brauchen wollet, es klopfet zween oder drey Eyerdotter durcheinander, und menget die Pulver darunter, dass es wie ein Brei werde.

Alsdann gießet abgekochte und annoch siedende Kuhmilch ein halb Nössel oder acht Unzen nach gerade darauff, und rühret es mit einem Löffel indessen umb: so ist der Trunck bereitet, welchen man weil er anoch warm ist, zu sich nehmen soll.«[44]

Eine weitere interessante frühe Zubereitungsempfehlung liefert uns John Chamberlayne (1668–1723) in seiner Schrift »Naturgemässe Beschreibung« aus dem Jahr 1684. Dort findet sich zuvor eine Warnung vor einer übermäßigen Verwendung von Zucker, durch den die Eigenschaften der Schokolade zerstört sowie Skorbut und Schwindsucht hervorgerufen würde. Die Anleitung zur Herstellung von Schokolade ist bemerkenswert genau und ausführlich: »Was aber den Tranck von der Chocolate betrifft, so könnet ihr es nachfolgender Massen damit halten. Nehmet von der Massa der Chocolate in kleine Stücklein geschnitten, eine Unze Milch und Wasser wol mit einander gekocht, jedes ein halb Pint oder Röffel, ein Eyes-Dotter wol geschlagen, mischet alles zusammen, lasset es nur gelinde mit einander aufwallen, biß alles solviret ist, und rühret es offt mit einer Chocolate-Löffel unter einander, hernach giesset es auß in eure Schüsseln oder Schalen, und thut zu jedweder Schale einen Löffel voll Sect oder Spanischen Wein.«[45] Interessant ist hier die Verwendung von Alkohol. In verschiedenen Rezepten wurde neben Sekt und Wein auch Bier, und sogar Branntwein verwendet.

Welches Rezept nun auch im Einzelfall genommen wurde, die unzubereitete ungewürzte Schokolade galt als unschmackhaft und schädlich. In den bereits erwähnten »Drey Tractätgen« heißt es dazu: »Nemlich, wers auf die Art, wie die Americanischen Weiber, gantz und noch unzerrieben, auch auser der Composition isset, da verursacht es traun harte Verstopfungen und eine blasse Todten-Farbe in dem Angesichte, nicht anders, als wie an denen bleich und sehnsüchtigen Jungfern zu schauen ist.«[46]

Schokolade als Fastengetränk

Nachdem also zunächst der Geschmack der Schokolade eher negativ beurteilt, stattdessen aber ihre medizinische Rolle gewürdigt wurde, entwickelte sie sich später zu einem wichtigen Genussmittel des europäischen Adels und der hohen Geistlichkeit. Dem waren einige Veränderungen in der Zusammensetzung und Herstellung der Schokolade vorausgegangen. Neben der Frage nach der medizinischen Bedeutung der Schokolade spielte auch die Frage nach der Behandlung der Schokolade in der Fastenzeit eine große Rolle. Durfte Schokolade in der Fastenzeit getrunken werden oder nicht? Auch hierüber wurde unter Gelehrten und Geistlichen heftig diskutiert.[47] Diese Frage stand der Ausbreitung des Schokoladenkonsums zunächst im Wege. Es war Juan de Cardenas gewesen, der 1591 als einer der Ersten darauf hingewiesen hatte, dass die Schokolade gegen das Fastengebot verstoße. Aufgrund ihres hohen Nährwertes sei sie nicht als Getränk, sondern als Nahrungsmittel einzustufen. Diese Äußerung dürfte seine Zeitgenossen kaum überrascht haben, da der hohe Nährwert der Schokolade immer wieder positiv hervorgehoben wurde und auch schon von Hernán Cortés als nützlich für die Verpflegung seiner Soldaten beschrieben worden war. Trotzdem regte sich schnell Widerspruch gegen diese Behauptung, vielleicht nicht zuletzt aufgrund der Tatsache, dass die Schokolade zu dieser Zeit schon viele Freunde gefunden hatte. Der kirchliche Zensor August Davila Padilla (1562–1604) wandte sich wenige Jahre später gegen die Behauptung, dass die Schokolade gegen das Fastengebot verstoße, indem er sie mit dem Wein verglich, der bekanntlich auch in der Fastenzeit getrunken werden durfte. Außerdem berief sich Padilla bereits auf Entscheidungen des Papstes als höchste kirchliche Autorität. Seiner Aussage nach hätte sich Papst Gregor XIII. (1502 bis 1585) schon zweimal für das Trinken der Schokolade während der Fastenzeit ausgesprochen. Nachdem die Diskussion durch die Entscheidung Papst Gregors XIII. zugunsten der Schokolade eigentlich hätte entschieden sein müssen, entbrannte sie in der Folgezeit immer wieder aufs Neue. Auch die Erlaubnis von Papst Pius V. (1504–1572), der die Schokolade 1569 als Getränk einstufte, brachte keine endgültige Entscheidung, sodass die Diskussion unbeirrt weitergeführt wurde.[48]

Neben den zahlreichen Gegnern und Befürwortern des Schokoladetrinkens während der Fastenzeit, bildeten sich im Laufe der Diskussion auch zahlreiche differenzierte Meinungen heraus, die das Vermischen der Schokolade mit Wasser erlaubten, die Zugabe von verschiedenen anderen Zutaten aber strikt ablehnten. Der Spanier Tomás Hurtado beispielsweise, der an der Universität von Sevilla lehrte, äußerte sich 1645 zu der Frage nach der Bedeutung der Schokolade als Fastengetränk weitaus differenzierter als seine Vorgänger. Wie viele andere auch, erlaubte er mit Wasser vermischte Schokolade während der Fastenzeit, nicht aber die Zugabe von Milch oder Eiern. Außerdem wandte er sich gegen den Genuss fester Schokolade während der Fastenzeit.[49] Wie Hurtado erlaubten viele Gelehrte der Zeit das Trinken von Schokolade unter besonderen Bedingungen. Dazu zählte beispielsweise die Zugabe von Brotkrumen oder das Eintauchen von Brot.[50]

Eine gewichtiges Wort im Streit um die Bedeutung der Schokolade als Fastengetränk sprach 1662 der spätere Kardinal Laurentius Brancati (1592 bis 1675), mit dem Satz »liquidum non frangit jejunium« (Abbildung 8). Flüssiges bricht das Fasten nicht – auf diesen Satz wurde in der Folgezeit immer wieder von denen verwiesen, die dadurch die für sie leidige Diskussion beenden wollten. Brancati selbst zeigte sich zudem als großer Schokoladenliebhaber, wodurch sein Urteil sicherlich beeinflusst worden war. Er schrieb sogar ein Buch über die Schokolade und verfasste das folgende Lobesgedicht:

8
Kardinal Laurentius Brancati (1592-1675) erlaubte das Trinken von Schokolade während der Fastenzeit. Außerdem schrieb er mehrere Bücher und Gedichte über die Schokolade (Kupferstich, 17. Jahrhundert).

»*So lange mir das große Himmelslicht noch erstrahlt,*
wirst du, o Baum der Bäume,
mir Lebensspender sein
und Schöpfer meiner lautersten Gefühle.
Aus dir allein quillt mir des Geistes Kraft, o süße Himmelsgabe,
o vielgerühmter Göttertrank!
Fahr nun auf immer wohl, du holder Tau aus Bacchus Reich!
An deiner statt verehre ich fortan
die neue Quelle, die ein Gott erschloß.
Ström hin und teile deine Wohltat
im Überfluß den Menschen mit!«[51]

Aber auch Kardinal Brancati schaffte es nicht, die Diskussion zugunsten der Schokolade zu beenden. Sie beschäftigte die Gelehrten und Kirchenmänner noch bis weit in das 18. Jahrhundert. Allerdings blieben große Teile der Geistlichkeit ohnehin unberührt von der Frage, ob Schokolade während der Fastenzeit getrunken werden dürfe oder nicht. Dazu gehörten beispielsweise der Jesuitenorden, der viele Liebhaber der Schokolade hervorbrachte, und natürlich die hohe Geistlichkeit in Rom und den Residenzstädten Europas. Die Wertschätzung, die die Schokolade in Rom genoss, lässt sich beispielsweise daraus ablesen, dass sie gerne und oft als Bestechungsgut genutzt wurde.[52]

KAPITEL 9
Schokolade als Luxusgetränk

Exklusiv, exotisch und erotisch – Schokolade als Getränk des Adels

Nachdem die Schokolade in Europa zunächst nur als Heilmittel Beachtung fand, wurde sie spätestens ab dem 17. Jahrhundert auch wegen ihres Geschmacks und ihrer anregenden Wirkung getrunken. Dieser Wandel in der Wahrnehmung der Schokolade war durch die bereits geschilderte veränderte Zubereitung und die Anpassung an den europäischen Geschmack möglich geworden. Bis zur Mitte des 17. Jahrhunderts gelang es der Schokolade sogar, sich an den zahlreichen europäischen Fürstenhöfen zu etablieren und zu einem festen Bestandteil des höfischen und adligen Lebens zu werden. Für den europäischen Adel wurde die Schokolade ein Luxusgut, dessen Konsum nicht nur geschmacklichen Vorlieben entsprach, sondern vor allem auch eine starke symbolische Bedeutung hatte. Sie war ein Mittel, um sich selbst als Klasse zu definieren und vom Nichtadel abzugrenzen. In zahlreichen Portraits adliger Familien aus dem 17. und 18. Jahrhundert kommt diese elitäre Haltung zum Ausdruck. Man ließ sich im privaten Familienkreis oder in kleinerer Runde portraitieren, wobei die Schokolade als Statussymbol nicht fehlen durfte (Abbildung 1). Auch als der Preis für die Schokolade später infolge eines vermehrten Kakaoanbaus sank, verlor sie bis in das 19. Jahrhundert nichts von ihrem exklusiven und exotischen Charakter.[1]

Schokolade wurde in der frühen Neuzeit hauptsächlich in den großen Residenzstädten des Adels getrunken, die seit dem 16. Jahrhundert kontinuierlich anwuchsen. Parallel dazu vergrößerte sich auch die adlige Gesellschaft dieser Städte, was seinen Grund vor allem in der Nobilitierung bürgerlicher Beamter und der Schaffung und Verleihung neuer Hofämter hatte. Die Präsenz und das Anwachsen der adligen Gesellschaft in einer Stadt bedeuteten eine gewisse Nachfrage nach Luxusartikeln und beschäftigten eine mehr oder weniger große Zahl an Menschen, die für die Bereitstellung dieser Artikel zuständig waren. Mit dem Anwachsen der adligen Schicht stieg auch die Nachfrage nach Schokolade. Für den gesamten Adel des Landes war eine, zumindest zeitweise, Präsenz am Fürstenhof von zentraler Bedeutung, um sich Einfluss und Einkommen zu sichern. Der Maßstab für alle europäischen Fürstenhöfe war im 17. Jahrhundert nicht mehr der spanische, sondern der französische Königshof. Dieser hatte 1682 Versailles zur ständigen Residenz

1 Ab dem 17. Jahrhundert war Kakao ein Luxusgut des europäischen Adels. Frühstücksszene aus einem Gemälde aus dem 18. Jahrhundert. Erkennbar die silberne Schokoladenkanne mit dem typischen seitlichen Griff.

und Regierung des Landes ernannt. Die Verlegung des Hofes in die Umgebung der Stadt sollte den Anspruch des Herrschers untermauern, der Mittelpunkt des Staates zu sein, auf den sich alles andere ausrichteten sollte. Dort stand genügend Platz für repräsentative Bauwerke und großzügige Park- oder Gartenanlagen zur Verfügung. Es entstand mit der Zeit ein Ensemble, das prachtvolle Festsäle, großzügige Treppenanlagen, Theater und Kunstkammern, Alleen und Wasserspiele, Orangerien und Lusthäuser umfasste.

Durch die enge Verbindung mit dem spanischen Hof war Schokolade vermutlich in der ersten Hälfte des 17. Jahrhunderts nach Paris gekommen und hatte sich dort schon bald etabliert. Ein zentrales Ereignis war in diesem Zusammenhang die bereits erwähnte Hochzeit des französischen Königs Ludwig XIV. mit der spanischen Prinzessin Maria Theresia im Jahr 1660. Die neue Königin brachte ihr spanisches Gefolge und einige Gewohnheiten mit, zu denen auch das Trinken von Schokolade gehörte. Nachdem die Schokolade zunächst eher im privaten Kreis der Königin getrunken wurde, servierte man sie später auch bei offiziellen Anlässen. Ein Jahr nach dem Tode Maria Theresias im Jahr 1692 wurde dieser Brauch aber auf Anweisung Ludwig XIV. beendet. Dieser hatte sich selber nicht viel aus Schokolade gemacht.[2]

Das Trinken von Schokolade war um die Mitte des 17. Jahrhunderts am französischen Hof weitverbreitet. Ein Beleg dafür ist der umfangreiche Briefwechsel der Marquise de Sévigné (1626–1696), von dem über 1.500

Briefe erhalten sind. Die Briefe geben einen Eindruck vom Alltag am Hofe Ludwig XIV. und thematisieren auch den Genuss von Schokolade. Die Marquise des Sévigné lebte nach dem Tod ihres Mannes als vermögende Witwe in Paris und verkehrte dort in literarischen Kreisen. Sie korrespondierte mit zahlreichen Personen und war schon bald als Verfasserin interessanter und unterhaltsamer Briefe bekannt, die am Hof herumgereicht und vorgelesen wurden. Als König Ludwig XIV. auf ihre Briefe aufmerksam wurde, holte er sie 1662 an seinen Hof. Als ihre Tochter Françoise Marguerite Anfang 1671 mit ihrem Mann in die Provence zog, begann ein intensiver Briefwechsel, in der sich die Marquise als treu sorgende Mutter zeigte. In einigen Briefen der Marquise ging es auch um das Trinken von Schokolade. Die Briefe zeigen das wechselhafte Verhältnis der Autorin zur Schokolade und die Unkenntnis der Zeit über die Wirkung von Schokolade auf den Menschen.

In ihrem Brief vom 11. Februar 1671 schrieb die Marquise de Sévigné an ihre Tochter: »Doch du bist nicht wohlauf, du hast kaum geschlafen, Schokolade wird dich wieder auf die Beine bringen. Aber du hast ja keine chocolatière; schon tausendmal habe ich daran gedacht; was wirst du tun? Ach mein Kind, du hast nicht unrecht, wenn du glaubst, dass ich mich mehr um dich sorge, als du dich um mich sorgst.« Nachdem sie ihre Tochter in diesem Brief noch bedauert hat, dass sie mangels einer Schokoladenkanne keine Schokolade trinken könne, warnt sie ihre Tochter nun vor den Nebenwirkungen des Schokoladenkonsums. Sie schreibt am 15. April 1671: »Ich möchte dir sagen, mein liebes Kind, dass Schokolade für mich nicht länger ist, was sie war, der Geschmack der Zeit hat mich, wie immer, irregeführt. Jeder, der Gutes über sie zu sagen hatte, erzählt mir jetzt Schlechtes über sie, man verflucht sie, man wirft ihr vor, Krankheiten hervorzurufen, sie ist die Quelle von Melancholie und Herzklopfen; sie tut dir eine Weile lang wohl und entzündet dann plötzlich ein anhaltendes Fieber in dir, das zum Tode führt.« Schließlich geht sie noch weiter, wenn sie am 25. Oktober 1671 schreibt: »Die Marquise von Coëtlogon hat während ihrer Schwangerschaft letztes Jahr so viel Schokolade getrunken, dass sie einen kleinen Jungen hervorbrachte, der so schwarz wie der Tod war und starb.« Tatsächlich stellten viele adlige Damen und Herren dunkelhäutige Diener zum Servieren der Schokolade an, um das Exotische der Schokolade zu unterstreichen. Offenbar kam es dabei zu intimen Kontakten zwischen Diener und Herrin, die nicht ohne Folgen blieben. Diese schob man dann aber auf den übermäßigen Genuss von Schokolade. Das wechselhafte Verhältnis der Marquise de Sévigné zur Schokolade kommt in ihrem letzten Brief vom 28. Oktober 1671 zum Ausdruck. Dort schreibt sie: »Ich habe mich mit der Schokolade versöhnt; vorgestern trank ich zum Abendessen davon, um eine gute Mahlzeit zu haben, und gestern trank ich davon, damit ich bis zum Abend fasten konnte: sie wirkte jedesmal genau, wie ich es wollte. Das ist es, was ich an ihr mag: Sie verhält sich meinen Absichten gemäß.«³

Wie schon sein Vorgänger auf dem französischen Thron, machte sich auch Ludwig XV. nicht viel aus Schokolade. Dafür hatte er zahlreiche Mätressen, von denen die Madame de Pompadour die bekannteste war. Diese war der Schokolade sehr zugetan und unterstützte darüber hinaus die neue Porzellanmanufaktur in Sèvres, wo sie ein teures Schokoladenservice in Auftrag gab. Danach war es in Frankreich à la mode, Schokoladenkannen und -tassen aus der Manufaktur zu beziehen.⁴

Neben den genannten Briefen liefern verschiedene zeitgenössische Gemälde Informationen über die Art und Weise, wie die Schokolade von den adligen Damen und Herren getrunken wurde. Der Adel trank seine Schokolade vorzugsweise am Morgen. Dazu ließ man sich die Schokolade von einem Dienstmädchen ans Bett bringen. Allerdings wurde Schokolade auch zu allen anderen Tageszeiten zu sich genommen, dann auch außerhalb des Bettes. Es wurden beispielsweise Schokoladenrunden in kleinem Rahmen und privater Umgebung veranstaltet.

Auf den Gemälden steht der Genuss von Schokolade häufig mit Müßiggang und Erotik in Verbindung. Den weitverbreiteten Glauben an eine aphrodisierende Wirkung der Schokolade hatte man aus ihrem Heimatland übernommen. Insbesondere in Deutschland hielt er sich ausgesprochen lange. Dadurch, dass die Schokolade im Bett getrunken wurde, entstand zusätzlich sehr schnell die Assoziation zu sexuellen Ausschweifungen. Die vermeintlich aphrodisierende Wirkung der Schokolade wurde auch in vielen zeitgenössischen Texten und Veröffentlichungen zum Ausdruck gebracht. Als Beispiel kann hier das kleine Gedicht genannt werden, das James Wadsworth in seiner Schrift »Eine merkwürdige Geschichte über die Natur der Schokolade und ihre Qualität« im Jahre 1665 veröffentlichte:

»*Alte Frauen werden frisch und jung,*
der Fleischeslust verleiht´s ganz neuen Schwung,
es stärkt das Begehr – du weißt schon Bescheid –
der Schokolade scharfe Süßigkeit.«

Ein weiteres Beispiel für die Bezeichnung der Schokolade als Aphrodisiakum findet sich in der bereits mehrfach erwähnten »Naturgemässen Beschreibung« von John Chamberlayne aus dem Jahr 1684. Dort rechtfertigt der Autor seine Behauptung aber noch mit der Forderung der Bibel, dass der Mensch fruchtbar sein solle und sich zu vermehren habe. Der Genuss von Schokolade würde diese Forderung nur unterstützen beziehungsweise möglich machen. Über die Schokolade schreibt er aus eigener Erfahrung: »Der grosse Nutz der Chocolate im Beyschlaff, und daß sie die Samen-Gefässe mit einem kräfftigen Balsam oder Safft wieder reichlich anfülle, ist von unsern gelehrten Landsleuthen bereits dergestalt außgeführet, daß ich mich nicht unterwinden darff ein mehrers, nach einer so gelehrten Feder, deßfalls hinzu zu thun, ob ich schon der Meinung bin, daß ich ohn einige Unbescheidenheit oder Beleidigung hiervon etwas handeln könnte.«[5]

2
»Der Chocolat«: Schokolade wurde als Stärkungsmittel empfohlen, insbesondere für alle diejenigen, die »der späteren Welt noch Enkel geben müssen« (Kupferstich 1725).

Insbesondere älteren Männern wurde Schokolade empfohlen, um ihre sexuelle Leistungsfähigkeit wiederherzustellen. In der Blättersammlung »Des Menschen Zung- und Gurgelweid« von Martin Engelbrecht aus dem Jahr 1725 wird dieses Thema behandelt. Auf dem Blatt »Der Chocolat« serviert eine Frau ihrem Mann Schokolade (Abbildung 2). Die Szene ist mit folgendem Text unterlegt:

»*Hier hast du ein Getränck aus dem so fernen Westen*
Wiewohl der nahen Lieb gewiß zum allerbesten.
Es reitzet deinen Mut, erneuert deine Jahr.
Du kostest es, mein Schatz, drauf wird ich's auch genießen,
Ich reiche dir's zugleich mit meinem Hertzen dar,
weil wir der späten Welt noch Enckel geben müssen.«

Zu guter Letzt spielt die Verbindung von Schokolade und Erotik in zahlreichen Romanen der Zeit eine Rolle. In dem skizzenhaften Text »Die 120 Tage

3
»Das Schokoladenmädchen« von Jean Étienne Liotard (um 1744/45). Auf dem Tablett befindet sich neben der heißen Schokolade auch ein Glas Wasser, mit dem die Geschmacksnerven immer wieder neutralisiert wurden – um den Schokoladengenuss hernach zu steigern.

von Sodom« des französischen Schriftstellers Marquis de Sade, den er während seiner Gefangenschaft in der Pariser Bastille verfasste, spielt auch Schokolade eine Rolle. An einer Stelle des Textes lässt er acht nackte Sultaninnen köstlich-scharfe Schokolade servieren.

Schokolade hatte aber nicht immer einen erotischen Beigeschmack, sondern wurde auch in ganz anderen Zusammenhängen getrunken, beispielsweise als adliges Familienfrühstück, bei dem auch die Kinder Schokolade tranken. Entscheidend dürfte aber der private Charakter des adligen Schokoladetrinkens sein, der im Gegensatz zum bürgerlichen Konsum stand. Es kam häufig vor, dass zu einer Tasse Schokolade auch ein Glas Wasser gereicht wurde, was auf vielen zeitgenössischen Gemälden zu sehen ist, wie beispielsweise auf dem berühmten Gemälde »Das Schokoladenmädchen« von Jean Étienne Liotard (1702–1789, Abbildung 3). Wurde beim Trinken der Schokolade zwischendurch ein Schluck Wasser getrunken, steigerte das den Schokoladengenuss, da die Geschmacksnerven dadurch zwischenzeitlich neutralisiert wurden. Eine ähnliche Funktion wie das Wasser hatte auch das Brot, das manchmal zur Schokolade gereicht wurde. Es wurde oftmals in die Schokolade getunkt und mit dem Schokoladenüberzug gegessen. Auch diese Angewohnheit wurde in zahlreichen

Gemälden verewigt.[6] Wie das Gemälde von Liotard zeigt, waren es nicht immer dunkelhäutige Diener, wie im Fall der Marquise von Coëtlogon, die die Schokolade servierten. Oftmals wurden dazu auch junge Frauen beschäftigt. Während diese meist unbekannt blieben, wurde das Schokoladenmädchen durch Liotard berühmt. Es handelt sich bei ihr um die Kammerfrau Nandl Baldauf, die Liotard jeden Morgen eine Tasse Schokolade servierte. Sie muss den Maler, der eigentlich nach Wien gekommen war, um die Königin Maria Theresia und deren Familie zu porträtieren, dabei so beeindruckt haben, dass er zwischen 1743 und 1745 das Gemälde von ihr anfertigte. Die Geschichte entbehrt auch nicht einer romantischen Komponente, da Nandl Baldauf später ihren Dienstherrn, den Fürsten Dietrichstein, heiratete, nachdem sie 25 Jahre seine heimliche Geliebte gewesen war. Das Gemälde wurde nach seiner Fertigstellung von Graf Francesco Algarotti in Venedig für Kurfürst Friedrich August II. von Sachsen erworben, der selbst ein großer Schokoladenliebhaber war. Es hängt heute im Dresdner Zwinger und erfreut sich großer Beliebtheit. Das Motiv des Schokoladenmädchens wurde in der Vergangenheit gerne für Blechdosen, Plakate, Etiketten, Prospekte und auch Porzellan benutzt.

Das weiße Gold

Für das Servieren der Schokolade hatte man im 17. Jahrhundert eine spezielle Silberkanne, die sogenannte Chocolatière, entwickelt (Abbildung 4). Diese hatte eine bauchige Form und stand auf drei Füßen, sodass man sie zum Warmhalten der Schokolade bequem auf ein Rechaud stellen konnte. Ein typisches Merkmal war eine kleine runde Öffnung im aufklappbaren Deckel, in der ein hölzerner Rührstab (moussoir) steckte. Damit wurde die Schokolade von Zeit zu Zeit gerührt, sodass sich das Fett nicht absetzen konnte und sich an der Oberfläche feiner Schaum bildete. Außerdem besaß die Kanne einen abstehenden Griff aus Porzellan, Elfenbein oder Holz. Letzteres hat den Vorteil, dass es Wärme nur schlecht leitet. Dadurch konnte die Schokolade eingeschenkt werden, ohne dass man sich die Finger an der heißen Kanne verbrannte.

4 Chocolatière mit hölzernem Rührstab (moussoir) aus dem Jahr 1781.

Neben Silber standen zunächst keine brauchbaren Materialien zur Verfügung, die für das Trinken von Schokolade geeignet gewesen wären. Aus diesem Grund ließ sich der europäische Adel im 17. Jahrhundert Porzellangeschirr aus China kommen, das sich für den Genuss der neuen Heißgetränke sehr gut eignete. Der größte Importeur von chinesischem Porzellan war in der Mitte des 17. Jahrhunderts die Holländisch-Ostindische Kompanie, die im Jahr 1615 über 69.000 Stück Porzellan nach Europa brachte. Durch die relativ großen Importmengen muss Porzellan zu dieser Zeit in Amsterdam bereits für große Teile der Bevölkerung erschwinglich gewesen sein. Die Europäer kauften nur in der Anfangszeit chinesisches Porzellan kritiklos auf. Schon bald wurden gezielte Bestellungen aufgegeben und den chinesischen Händlern und Produzenten genaue Formvorstellungen übermittelt. Dazu wurden Holzmodelle und Zeichnungen angefertigt. Trotzdem konnte das chinesische Porzellan den europäischen Anforderungen auf die Dauer nicht genügen, da bestimmte Formen auch in China nicht beziehungsweise nur sehr mühsam zu bekommen waren. So verwendeten die Chinesen für ihren Tee lediglich henkellose, halbkugelförmige Schalen und keine Teekannen. Stattdessen wurden kleine, niedrige, bauchige Kannen aus braunem Steinzeug verwendet. Dieses versuchte man seit dem Ende des 17. Jahrhunderts in Holland nachzuahmen, was allerdings nicht gelang.[7] Alle Versuche brachten keine befriedigende Lösung. Bis zu dem Zeitpunkt, als man in Europa hinter das Geheimnis der Porzellanherstellung kam, und eigene Formen für Schokoladentassen und -kannen entwickeln konnte, musste man improvisieren. Auch wurde bei der Verwendung der Gefäße nicht nach Kaffee, Tee oder Schokolade unterschieden. Es dauerte lange, bis man in Europa Porzellan schließlich selber herstellen konnte. Eine der Personen, die hier besonders intensiv forschte, zahlreiche Versuche anstellte und schließlich auch Erfolg hatte, war Johann Friedrich Böttger.

Johann Friedrich Böttger (1682–1719) wurde im thüringischen Schleiz geboren und begann 1696 eine Apothekerlehre bei Friederich Zorn in Berlin. Während seiner Ausbildung entwickelte Böttger ein reges Interesse an der Alchemie und nutzte die Apotheke seines Lehrherrn für heimliche Experimente. Obwohl Zorn den Interessen seines Lehrlings skeptisch gegenüber stand, organisierte er im Jahr 1701 ein öffentliches Experiment, bei dem Böttger 15 Silbergroschen in Gold umwandeln sollte. Es gelang ihm, den Erfolg seines Experiments vorzutäuschen, das zudem allen Prüfungen standhielt. Böttgers Demonstration erregte schnell öffentliche Aufmerksamkeit, sodass sich auch der preußische König, Friedrich I., für ihn interessierte. Er bestellte Böttger an seinen Hof und setzte, als dieser nicht erschien, ein Kopfgeld von 1.000 Talern für dessen Ergreifung aus. Um diesen Nachstellungen zu entgehen, floh Böttger aus Berlin nach Wittenberg, geriet aber in die Hände des Kurfürsten August des Starken von Sachsen. Dieser setzte ihn

5
Johann Friedrich Böttger führt August dem Starken seine Erfindung der Porzellanherstellung vor (Holzstich 1881).

gefangen und zwang ihn, Gold zu produzieren. Da dem Alchemisten dies nicht gelang, wurde er – nach einigen Fluchtversuchen – nach Meißen auf die Albrechtsburg gebracht.

Dort lernte er Ehrenfried Walther von Tschirnhaus kennen, mit dem er von Beginn des Jahres 1706 an versuchte, eine andere Kostbarkeit neben Gold nachzuahmen: chinesisches Porzellan. Dies gelang ihm schließlich mit der Herstellung des »roten Porzellans«, das 1709 öffentlich vorgestellt wurde (Abbildung 5). Eines der ersten erfolgreich produzierten Stücke, die Böttger seinem Fürsten präsentierte, waren ein glasierter und ein unglasierter Schokoladenbecher (Abbildung 6).[8] Im folgenden Jahr wurde die Meissener Porzellanmanufaktur gegründet, für die Böttger die letzten Jahre seines Lebens als Administrator arbeitete. Erst 1714 wurde er wieder freigelassen, mit der Auflage im Land zu bleiben. Böttger starb bereits 1719, im Alter von 37 Jahren, vermutlich an den Folgen des Arbeitens mit Quecksilber und Arsen.

Erst durch die Arbeiten Böttgers konnten spezielle Tassen und Kannen für Schokolade aus Porzellan hergestellt werden. Sie unterschieden sich von den Silberkannen durch eine zumeist zylindrische Form, verfügten wie diese aber über eine Öffnung im Deckel für den Quirl sowie einen abstehenden Holzgriff (Abbildung 7). Ohne diese beiden Merkmale wäre der Schokoladenkonsum schließlich deutlich erschwert worden. Ein besonderes Aussehen erhielten die Schokoladentassen, die nun in der Regel zwei Henkel erhielten.

6
Porzellan-Schokoladenbecher aus Böttgersteinzeug, 1710–13 in der Porzellanmanufaktur Meissen hergestellt.

7
Schokoladenservice mit der typischen Chocolatière mit seitlich abstehendem Holzgriff und Öffnung im Deckel für den Quirl (Meissen um 1740).

8
Bechertasse »en trembleuse« aus der Wiener Porzellanmanufaktur DuPaquier (1725). Die Tasse wurde durch einen Ring auf der Untertasse gehalten – sodass die Schokolade problemlos auch im Bett getrunken werden konnte.

Da das Schokoladengetränk durch seinen hohen Fettanteil sehr schaumig war, hatten die Tassen immer eine hohe, schlanke Form. Der Schaum wurde dadurch nach oben gedrückt. Um ein zu schnelles Erkalten der Schokolade zu verhindern, verfügten Schokoladentassen auch oftmals über einen Deckel, ein Merkmal, das auch von Teetassen bekannt ist. Vergleicht man Schokoladentassen und -kannen mit den Gefäßen für Kaffee und Tee, dann fällt auf, das Erstere oftmals aufwendiger gestaltet und dekoriert waren. Hierdurch zeigte sich die Exklusivität der Schokolade, die durch ihre teuren Rohstoffe Kakao und Zucker sowie die aufwendige Zubereitung von den drei Heißgetränken immer das teuerste war.

Eine sehr interessante Schokoladentasse, die den hohen Wert ihres Inhaltes unterstreicht, war die sogenannte »en trembleuse« (Abbildung 8). Diese Tasse wurde durch einen Ring aus Porzellan oder Metall auf der Untertasse gehalten. Die Tasse konnte aus dem Standring herausgenommen und auch wieder eingesetzt werden. Sie hatte keine Henkel, verfügte aber oftmals über einen Deckel. Eine solche Tasse bot dem Schokoladengenießer verschiedene Vorteile. Die Schokolade konnte ohne Gefahr serviert werden, sie konnte leicht gerührt werden und, vielleicht der entscheidende Vorteil, die Schokolade konnte im Bett getrunken werden. Schließlich bildete sich bis zur Mitte des 18. Jahrhunderts ein spezielles Schokoladengeschirr heraus, das ausschließlich für den Genuss von Schokolade gedacht war. Außerdem wurde nun die Verwendung eines einheitlichen Services üblich, während man zuvor unterschiedlich gestaltete Kannen, Tassen und Teller zu einem Service zusammensetzte.

Neues Getränk des Bürgertums – Neue Einnahmequelle des Staates

Während Kaffee und Tee bereits im 17. Jahrhundert Einzug in die bürgerliche Gesellschaft hielten, dauerte es bei der Schokolade wesentlich länger. Dafür spielten verschiedene Gründe eine Rolle. Der Preis für Schokolade blieb bis in das 18. Jahrhundert hinein relativ hoch, sodass sie nur für einen kleinen Teil der europäischen Bevölkerung erschwinglich war. Obwohl sich die spanischen Kakaoimporte von der zweiten Hälfte des 17. Jahrhunderts an innerhalb von etwa hundert Jahren verdoppelten und auch andere europäische Nationen selbst Kakaobohnen importierten, stiegen die Schokoladenpreise aufgrund der wachsenden Nachfrage stark an. Im Jahr 1737 kostete in Madrid ein Pfund Schokolade mehr als den doppelten Tageslohn eines Hilfsarbeiters. Erst gegen Ende des 18. Jahrhunderts verringerten sich die Preise allmählich.

Der hohe Schokoladenpreis hing auch damit zusammen, dass für die Zubereitung verschiedene andere Zutaten verwendet wurden, die ebenfalls teuer waren. Die wichtigste Zutat war der Zucker. Bis zur Mitte des 18. Jahrhunderts wurde für die Schokolade ausschließlich Rohrzucker verwendet. Dieser war bereits im 8. Jahrhundert durch die Araber in Südspanien angebaut und von dort nach der Entdeckung Amerikas in die Karibik gebracht worden. Erst mit der Erfindung des Rübenzuckers durch den Apotheker Andreas Sigismund Marggraf im Jahr 1747 lag eine Alternative zum Rohrzucker vor. Es dauerte allerdings einige Zeit, bis dieser in ausreichenden Mengen zu einem günstigen Preis verfügbar war. Schließlich benötigte man für die Zubereitung einer Tasse Schokolade eine vergleichsweise große Menge Kakao. Damit unterschied sich Schokolade deutlich vom Tee, für den eine geringe Menge Teeblätter ausreichte und der zudem sehr einfach und schnell zubereitet werden konnte.[9]

Die Kosten für die Herstellung einer Tasse Schokolade und damit der Verkaufspreis hingen von verschiedenen Faktoren ab. Es wurden in der Regel verschiedene Schokoladensorten angeboten, für die jeweils eine bestimmte Menge Kakao sowie verschiedene exotische Zutaten in unterschiedlichen Mengen verwendet wurden. Insbesondere die Zugabe teurer Gewürze, wie beispielsweise Vanille, beeinflusste den Preis enorm. Auch machte es einen Unterschied, ob Kakaobohnen oder fertige Schokolade importiert wurden. Für letztere mussten noch die Arbeitskosten und die Zollgebühren berücksichtigt werden. Die Zollgebühren konnten auch schon im 18. Jahrhunderts für den Import fertiger Schokolade doppelt so hoch sein wie für Kakaobohnen.[10]

Der Handel und der Ausschank von Schokolade wurde von den Fürsten Europas schon früh als Einnahmequelle erkannt, mit der sich die Löcher der Staatskasse schließen ließen. Insbesondere Ludwig XIV., der für seine luxuriöse Hofhaltung bekannt war, musste jährlich enorme Geldsummen aufbringen. Ein Luxusprodukt wie Schokolade kam ihm hier als mögliche Einnahmequelle gerade recht. So wurde bereits 1659 ein Monopol auf den Verkauf von Schokolade verliehen, welches sich der Staat entsprechend bezahlen ließ. Andere Schokoladenmacher verzichteten später auf ihr Monopol, da dessen Durchsetzung ebenfalls mit großen Kosten verbunden war. Um den Handel und den Verkauf der Schokolade doch noch zu einem kleinen Geschäft für die französische Staatskasse zu machen, wurden Kakaobohnen und Kakaomasse mit Zollgebühren belegt. Außerdem wurde der Ausschank von Schokolade in Paris konzessioniert. Der Widerruf und die Neuverleihung wurden dabei zu einer häufig genutzten Einnahmequelle für die leere Staatskasse. Auch Handelsnationen wie die Niederlande standen in dieser Hinsicht den übrigen europäischen Staaten in nichts nach. Im Jahr 1699 wurde dort eine Konsumsteuer auf Schokolade erhoben.[11]

Auch in Preußen wurde der Handel mit Schokolade besteuert. Allerdings ging man hier viel weiter als in anderen Ländern, indem man auch das Schokoladentrinken besteuerte. Der preußische König Friedrich I. verfügte am 20. September 1704, dass jeder, der Schokolade trinken wollte, zuvor für zwei Taler einen Permissionszettel erwerben musste. Die steuerliche Belastung wurde in der Folgezeit aber noch weiter erhöht, als Friedrich Wilhelm I. die Zollsätze vervierfachte. Anders als in Frankreich dienten die Einnahmen aus dem Kakao- und Schokoladenhandel aber nicht zur Finanzierung einer kostspieligen Hofhaltung, sondern zur Finanzierung der allgemeinen Staatsausgaben. Außerdem sollte das Geld nicht für unnötigen Luxus verschwendet werden. Friedrich der Große (1712–1786) verbot 1747 daher sogar den Hausierhandel mit Schokolade. Dieser Handel war für die Landbevölkerung die einzige Möglichkeit, an Schokolade zu gelangen. Friedrich der Große veranlasste später sogar Andreas Sigismund Marggraf (1709–1782), ein preiswertes Ersatzgetränk für die teure Schokolade zu schaffen. Das Ergebnis war ein Lindenblütenkakao, der sich aber nicht durchsetzen konnte.[12]

Aber auch in vielen anderen deutschen Städten waren der Kakaohandel und der Ausschank von Schokolade reglementiert. So musste ein Betrieb für das Ausschenken von Schokolade oftmals eine Konzession einholen. In Köln wurde die Konzessionspflicht im Jahr 1736 erneuert. Einer der Konzessionäre war Johann Maria Farina, dessen Familie später für Kölnisch Wasser berühmt wurde.[13]

Trotz dieser Widrigkeiten etablierte sich die Schokolade schließlich innerhalb der entstehenden bürgerlichen Gesellschaft. Dieser Prozess vollzog sich ab der Mitte des 18. Jahrhunderts und fand seinen Ausdruck in den zahlreichen Gründungen von Kaffeehäusern und Schokoladenstuben, die sich zu Mittelpunkten des bürgerlichen Lebens entwickelten. Hier zeigte sich eine bürgerliche Öffentlichkeit, im Gegensatz zur geheimen und der Öffentlichkeit nicht zugänglichen Welt des Adels.

Im 17. Jahrhundert entstanden mit dem Salon und dem Kaffeehaus wichtige öffentliche Institutionen. Diese traten an die Stelle der Trinkstube, sodass mit der Verbreitung von Kaffee und Schokolade auch eine Zurückdrängung des Alkoholkonsums verbunden war. Lange Zeit war die Trinkstube Mittelpunkt des öffentlichen Lebens, die im Vergleich zum Kaffeehaus eine ganz andere Qualität hatte. Durch den Konsum von Alkohol wurden die Sinne betäubt, sodass die Konversation und der Austausch von Neuigkeiten und Ideen erschwert wurden. Die herausstehenden Merkmale des Kaffeehauses waren dagegen andere. Hier kam man in angenehmer Atmosphäre zusammen und trank mit Kaffee und Schokolade Getränke, die Wachsamkeit und Aufmerksamkeit förderten und das Gespräch erleichterten. Somit wurden Salon und Kaffeehaus wichtige Institutionen des öffentlichen bürgerlichen Lebens und Mittelpunkte der Diskussion politischer und gesellschaftlicher Fragen. Insbesondere in Frankreich wurden die Kaffeehäuser zu Brutstätten revolutionärer Ideen. In Deutschland spielten sie allerdings nur eine bescheidene Rolle und konnten nie eine solche Wirkung entfachen, wie in Frankreich oder England. Die Kaffeehauskultur etablierte sich vor allem in den großen europäischen Städten, wie beispielsweise in Paris, London oder Wien. In Wien stieg die Zahl der Kaffeehäuser, in denen gelernt, gespielt oder diskutiert wurde, bis 1732 auf etwa 30. Es wurde keineswegs nur Kaffee getrunken, sondern auch Tee oder Schokolade. Für die Verbreitung der Schokolade im Bürgertum sind die Kaffeehäuser von einer nicht zu unterschätzenden Bedeutung.[14]

In Wien, und vermutlich auch in anderen europäischen Metropolen, begann das Bürgertum in der ersten Hälfte des 18. Jahrhunderts die Schokolade auch zu Hause zu trinken. Als Beleg gelten die Wiener Schokoladenmacher, denen erstmals 1725 das Bürgerrecht verliehen und dadurch die Ausübung eines Gewerbes möglich wurde. Die Schokoladenmacher verkauften lediglich Schokolade und durften keine Schokolade ausschenken. Das lässt den Schluss zu, dass das Bürgertum zu dieser Zeit das private häusliche Schokoladentrinken für sich entdeckte, wie es bis dahin eigentlich dem Adel vorbehalten war. Dazu wurde die beim Schokoladenmacher gekaufte Schokoladenmasse zu Hause zu einem Getränk verarbeitet.

Im 19. Jahrhundert wandelten sich viele Kaffeehäuser zu Konditoreien oder Restaurants, da sich die Kaffeehausbesitzer durch ein zusätzliches Angebot im Hinblick auf die Preisschwankungen für Kakao oder Kaffee wirtschaftlich absichern wollten. Die politische Bedeutung der Kaffeehäuser trat dann auch mehr und mehr in den Hintergrund bis sie fast gar keine Rolle mehr spielten. Ein Beispiel für eine solche Einrichtung war das Kaffeehaus des späteren Schokoladenherstellers und Begründers einer der größten Schokoladenfirmen der Welt: Franz Stollwerck. Dieser hatte am 4. Dezember 1847 in Köln das Café Royal eröffnet. Die Einrichtung war teuer. Es gab Mahagoni- und Nussbaummöbel, rote und grüne Plüschsofas sowie große Wandspiegel und bronzene Kronleuchter. Außerdem ließ Franz Stollwerck 24 Tänzerinnen eines Balletts auftreten. Eine Besonderheit, die sich zu dieser Zeit in keiner anderen Kneipe fand, war ein sogenannter Damensalon. Dort waren weder Rauchen noch Gesellschaftsspiele erlaubt und ab 17 Uhr erklang eine »Streichharmonie«. Das Café erwies sich als Erfolg, brannte allerdings zwei Jahre nach Eröffnung teilweise ab.[15]

Schokoladenstuben und die »Schulen des Bösen«

Wie bereits im vorherigen Abschnitt geschildert, war die Schokolade spätestens im 18. Jahrhundert kein ausschließliches Getränk des europäischen Adels mehr, sondern fand ihren Eingang in die bürgerliche Kaffeehauskultur. Neben den traditionellen Kaffeehäusern, die in der Regel auch Schokolade anboten, entwickelten sich aber schon bald eigene Schokoladenstuben, in denen der Adel und das vornehme Bürgertum Schokolade tranken (Abbildung 9).

9 Die Schokolade wird spätestens im 18. Jahrhundert auch vom Bürgertum getrunken, sowohl zu Hause als auch in öffentlichen Schokoladenstuben.
Das Bild zeigt eine Schokoladenstube um die Mitte des 18. Jahrhunderts.

Schokoladenstuben fanden sich hauptsächlich in Italien, den Niederlanden oder in England. Berühmt war beispielsweise das bereits 1657 eröffnete »Cocoa Tree Chocolate House« in London, das sich zum Treffpunkt englischer Parlamentsmitglieder und zum Ort politischer Diskussionen entwickelte. Um die Eröffnung bekannt zu machen, hatte der Besitzer der Schokoladenstube eine Anzeige in eine Londoner Zeitung gesetzt: »In der Bishopsgate Street, in Queens Head Alley, wird im Hause eines Franzosen ein ausgezeichnetes westindisches Getränk ausgeschenkt, das sich Schokolade nennt. Man kann es dort jederzeit sowohl zubereitet als auch unzubereitet zu einem mäßigen Preise erhalten.«[16] Neben dem »Cocoa Tree« wurde 1697 noch eine weitere Schokoladenstube in London eröffnet, die es zu einiger Bekanntheit bringen sollte. Die Gründung erfolgte durch Francis White, der aber bereits 1711 starb, sodass seine Frau die Stube übernahm. Der Eintritt in das »White« war vergleichsweise teurer, sodass hier eher Mitglieder der Oberschicht verkehrten. Es diente schon früh als Vorverkaufsstelle für Theater- und Opernvorstellungen, war aber auch als Spielstätte mit extrem hohen Einsätzen bekannt.[17]

Es folgten weitere Schokoladenstuben, wobei solche für den Adel und solche für das Bürgertum entstanden. Sie waren in der Regel nur Männern vorbehalten, die die Schokoladenstuben nicht nur für Gespräche und Unterhaltungen aufsuchten, sondern auch zum Kartenspielen und Zeitunglesen. Die meisten Schokoladenstuben verfügten über ein umfangreiches Zeitungssortiment, weshalb auch für viele Schokoladenstuben Eintritt gezahlt werden musste. In den Londoner Häusern warf man dazu beispielsweise nach Eintritt üblicherweise einen Penny auf die Theke.

In einigen Schokoladenstuben ging es nicht gerade ruhig und beschaulich zu. Es waren vor allem junge Männer aus adligen oder reichen bürgerlichen Familien, die Gäste in solchen Schokoladenstuben waren. Sie gingen keiner geregelten Arbeit nach und zechten bis tief in die Nacht. Auch in den Schokoladenstuben wurde Alkohol ausgeschenkt. Im 17. Jahrhundert wurde Schokolade noch häufig mit Wein, Bier oder Spirituosen zubereitet, was sich dann entsprechend auf die Stimmung durchschlug. Allerdings gab es auch Schokoladenstuben, in denen es sehr gesittet zuging und sogar das Rauchen verboten war.

Man kann sich sehr gut vorstellen, dass es Stimmen gab, die sich gegen die Eröffnung von Schokoladenstuben wendeten. Roger North, der zeitweise die Position des Generalstaatsanwaltes bekleidete, bezeichnete die Schokoladenstuben als Treffpunkt für zwielichtige Gestalten und »Schulen des Bösen«.[18] Hier scheint sich die argwöhnische Natur von Roger North durchzusetzen, der vermutlich im ungezwungenen Zusammensein und in der allgemeinen Diskussion politischer Themen prinzipiell eine Gefahr gesehen hat.

Von Goethe bis Thomas Mann – Berühmte Schokoladenliebhaber

Die Liste der berühmten Schokoladenliebhaber ist lang. Darunter sind neben Herzögen und Kardinälen zahlreiche Gelehrte und Intellektuelle, Philosophen und Literaten. Der bekannteste Schokoladengenießer dürfte sicherlich Johann Wolfgang von Goethe (1749–1832) sein (Abbildung 10). Seine Leidenschaft für Schokolade und Süßigkeiten hatte er aus seinem Elternhaus mitgebracht. Es ist überliefert, dass er seinen Tag in der Regel

10
Goethe war ein großer Schokoladenliebhaber und genoss, so wird berichtet, jeden Morgen zum Frühstück eine Trinkschokolade.

mit Trinkschokolade, oftmals unter der Zugabe von Zwieback und Biskuits, begann. Für den Genuss der Schokolade trug er im Laufe der Zeit eine besonders wertvolle Sammlung von Schokoladentassen der Königlichen Porzellanmanufaktur in Berlin zusammen. Die Schokoladenzubereitung übernahm seine Frau Christiane Vulpius, die sich auch um die Versorgung ihres Mannes mit Schokolade kümmerte, wenn er auf Reisen war. Alexander von Humboldt hatte ihm Schokolade als praktische Reiseverpflegung empfohlen.[19]

Von Goethe ist bekannt, dass er oftmals Schokolade verschenkte, aber auch häufig mit Schokolade beschenkt wurde. Von besonderem Interesse ist in diesem Zusammenhang sein Verhältnis zu den Schwestern Marianne von Eybenberg (1770–1812) und Sara von Grotthuß (1760–1828), die er beide während eines seiner zahlreichen Kuraufenthalte in Karlsbad kennengelernt hatte. Insbesondere die jüngere Sara von Grotthuß blieb aufgrund ihrer Feingeistigkeit und Schönheit nicht ohne Eindruck auf den Dichter. Beide Schwestern schickten ihm immer wieder kleinere Aufmerksamkeiten zu, darunter häufig Schokolade. Goethe empfand dies vermutlich oftmals als Aufdringlichkeit, da er die Schokoladenpakete annahm, aber kein Dankesschreiben folgen ließ. Den Höhepunkt bildete die Sendung einer eigens bestellten Schokoladentasse an Goethe.[20]

Als sich Goethe 1823 in Ulrike von Levetzow (1804–1899) verliebte, versuchte er sie durch die Gabe von Schokolade und das Verfassen kleinerer Verse für sich zu gewinnen. In einem dieser Verse hieß es:

»Gewogen schienst du mir zu seyn,
Du lächeltest der kleinsten Gabe;
Und wenn ich deine Gunst nur habe,
So ist kein Täfelchen zu klein.«[21]

Allerdings blieb in diesem Fall nun Goethes Werben ohne Erfolg. Ulrike von Levetzow lehnte seinen Heiratsantrag ab, was Goethe in seiner »Marienbader Elegie« zu verarbeiten suchte.

Neben Goethe war auch Friedrich Schiller (1759–1805) ein großer Schokoladengenießer. Wenn er die Nacht durchgearbeitet hatte und erst mittags erwachte, soll er als erstes eine Tasse Schokolade, oftmals mit einem Zusatz an Wein, getrunken haben. Wie bei Goethe, fand die Schokolade auch in Schillers Werken Erwähnung.

Es waren aber nicht nur Dichter, die die Schokolade zu würdigen wussten. Der berühmte Archäologe und Altertumsforscher Johann Joachim Winckelmann (1717–1768) trank fast täglich Schokolade. Als er später verarmte, bedauerte er es sehr, dass er statt Schokolade nur noch Tee trinken könne. Die Liste könnte beliebig weitergeführt werden. Ein letztes jüngeres Beispiel für einen berühmten großen Schokoladenliebhaber ist Thomas Mann (1875 bis 1955), der sich gerne Kakao servieren und Schokolade schenken ließ.[22]

Die genannten und viele andere Dichter erwähnten Schokolade in ihren Werken. Ein sehr schönes Beispiel ist das Buch »Zwei Städte« von Charles Dickens (1812–1870), in dem er eine Szene beschreibt, in der ein französischer Edelmann Schokolade trinkt. Dabei stellt er die Dekadenz des französischen Adels leicht überspitzt dar. Dort heißt es: »[…] aber die Morgenschokolade brachte Monseigneur nicht durch seinen Schlund hinunter, ohne die Hilfe von vier starken Männern […] Ein Lakai brachte die Schokoladenkanne in die hochheilige Gegenwart; ein zweiter schlug und quirlte die Schokolade mit dem kleinen Instrument, das er für diesen Zweck mit sich führte; ein dritter präsentierte das begünstigte Tellertuch und ein vierter … schenkte die Schokolade ein. Es war unmöglich für Monseigneur, einen dieser Schokoladenbeamten zu missen und sein Haupt hochzutragen unter dem bewundernden Himmel; ein schwerer Flecken hätte sein Wappenschild getroffen, wenn seine Schokolade unedel von nur drei Männern serviert worden; von nur zweien hätte Monseigneur den Tod gehabt.«[23]

Der Dichter Robert Louis Stevenson (1850–1894) baute sogar selbst Kakao in der Südsee an. Die schmutzige und körperlich anstrengende Arbeit beschrieb er in einem Brief an einen Freund.

Auf dem Weg zur »Dampfschokolade« – Die vorindustrielle Schokoladenherstellung

Zwischen dem 16. und dem 19. Jahrhundert hatten sich die Herstellung und die Zubereitung von Schokolade in Europa nicht wesentlich verändert. Wie zu Zeiten des aztekischen Herrschers Montezumas II. wurden Kakaobohnen noch über dem Feuer geröstet und auf Reibsteinen in Handarbeit zu einer pastenartigen Masse zerrieben (Abbildung 11). Es hatte lediglich leichte Änderungen in der Konstruktion der Reibsteine gegeben, durch die die körperlich anstrengende Arbeit des Kakaomahlens erleichtert wurde. In der Regel verwendete man um 1800 eine waagerechte, konkav gewölbte Granitplatte, unter der ein Holzkohlenfeuer brannte. Das Zerreiben der Kakaobohnen erfolgte durch eine Handwalze, die im Aussehen an ein heutiges Nudelholz erinnerte. An der Stelle von Granit hatte man stellenweise auch schon mit Metall gearbeitet.

Obwohl das Zerreiben der Bohnen durch die Hitze des Feuers schneller vonstattenging, bedeutete es in Verbindung mit dem Rauch der Holzkohle doch eine erhebliche Belastung. Die körperliche Anstrengung wird durch die Beschreibung eines Arbeiters aus der ersten deutschen Schokoladenfabrik in Steinhude bei Hannover veranschaulicht. Diese war bereits 1765 durch Fürst Wilhelm von Schaumburg-Lippe gegründet worden, der die Schokolade als Oberkommandierender der portugiesischen Armee kennengelernt hatte. In dem Bericht aus dem Jahr 1816 heißt es: »Man röstet die Cacaobohnen so lange, bis sie anfangen zu knacken oder bis die Schaale gut herunter geht. Dann reinigt man sie von der Schaale, und thut eine gewisse Quantität derselben in die Chokoladenmaschine (einen eisernen halbrunden Kessel mit einer an der Wand befestigten Keule). Unter dieser Maschine macht man ein nicht zu starkes Kohlenfeuer, und reibt sie so lange mit der Keule, bis sie ganz flüssig geworden sind und man nichts Körniges mehr fühlt. Nach dem Zartreiben thut man die erforderliche Menge Zucker hinzu und reibt alles gehörig untereinander. Die abgewogenen Portionen drückt man in Formen und schüttelt und schlägt sie so lange auf einem Tisch, bis sie oben ganz glatt geworden sind.«[24]

Aufgrund der anstrengenden und langwierigen Arbeit des Kakaomahlens, war hier der Innovationsdruck so groß, dass spätestens seit dem Ende des 18. Jahrhunderts für diesen Arbeitsbereich nach technischen Lösungsmöglichkeiten gesucht wurde. In Spanien, den Niederlanden und selbst in Deutschland entstanden in dieser Zeit erste Mühlen, die das Mahlen der Bohnen verrichteten. Eine Maschine, die unter den zahlreichen Konstruktionen der Zeit herausstach, war die Längsreibe des Italieners Bozelli, bei der verschiedene miteinander verbundene Walzen mittels einer Kurbel auf einer

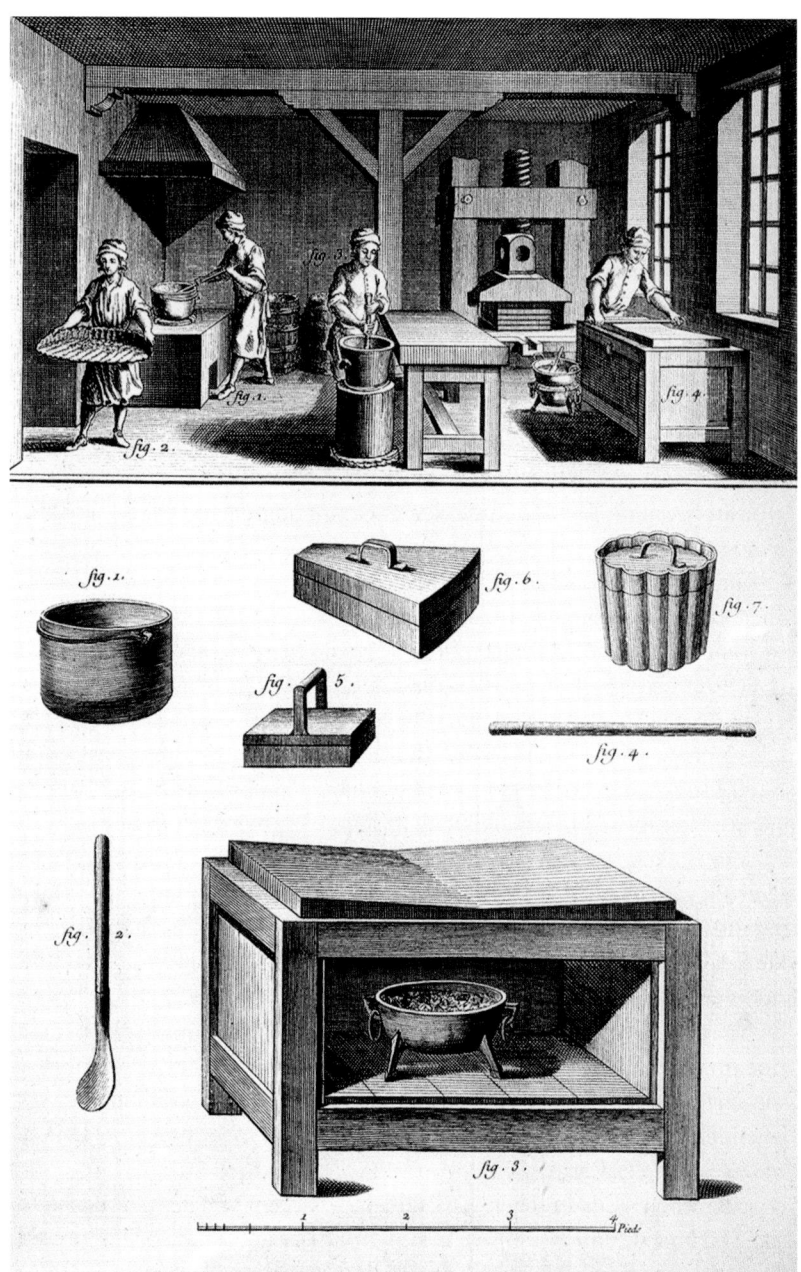

11 Vorindustrielle Herstellung von Schokolade.
Unten gut erkennbar der Reibstein mit darunter liegender Feuerstelle.
Darstellung der verschiedenen Utensilien für die
Schokoladenherstellung aus dem 18. Jahrhundert.

Steinplatte hin und her bewegt werden konnte. Durch das Eigengewicht der Walzen wurden die Kakaobohnen zerdrückt und zu einer pastenartigen Masse verarbeitet. Auch bei Bozellis Maschine wurde die Steinplatte durch ein Feuer erhitzt, um die Herstellung der Kakaomasse zu erleichtern. In Spanien waren zu dieser Zeit Kakaomühlen in Betrieb, die durch Maulesel betrieben wurden. Ein Beispiel für eine Kakaomühle war die Mühle von Coenraad Johannes van Houten in Amsterdam. Der spätere Begründer der größten niederländischen Kakaopulverfabrik hatte die Genehmigung für den Betrieb im Jahr 1815 erhalten und in der Folgezeit mit dem Mahlen von Kakaobohnen begonnen.

Neben dem Mahlen der Kakaobohnen gehörte das Zerreiben und Vermischen der Schokoladenzutaten zu den aufwendigsten Tätigkeiten der Schokoladenherstellung. Auch hier versuchte man daher schon vergleichsweise früh, die schwierige Arbeit durch den Einsatz von Wind- und Wasserkraft sowie die Konstruktion geeigneter Maschinen zu erleichtern. Dies gelang dem Franzosen Poincelet im Jahr 1811 mit der Entwicklung eines Mélangeurs. Seine Maschine war allerdings noch nicht ausgereift und auch die anderen Modelle der Zeit erfüllten nicht die an sie gestellten Anforderungen. Nach zahlreichen glücklosen Versuchen entwickelte der Ingenieur Hermann im Jahr 1841 den ersten für die aufstrebende Schokoladenindustrie brauchbaren Mélangeur. Die Maschine arbeitete für die französische Schokoladenfirma Ménier, die ihre Jahresproduktion dadurch auf 3.250 Tonnen steigern konnte. Während diese frühen Maschinen noch mit Wind-, Wasser- oder Muskelkraft angetrieben wurden, hielt in einigen Schokoladenbetrieben zu Beginn des 19. Jahrhunderts auch schon die Dampfkraft Einzug. Wieder zeigte sich das französische Schokoladengewerbe als besonders fortschrittlich, das 1819 bei Pelletier die erste Dampfmaschine in Betrieb setzte. Zu dieser Zeit lief auch schon bei dem englischen Schokoladenhersteller Joseph Fry in Bristol eine Dampfmaschine.[25]

Man kann sich sehr gut vorstellen, dass die Veränderungen des Schokoladenmarktes nicht ohne Folgen für die verschiedenen Schokoladenfabrikanten blieben. In der ersten Hälfte des 19. Jahrhunderts wurde die Schokoladenherstellung noch von den unterschiedlichsten Gewerben betrieben. So waren es beispielsweise oftmals Apotheker, die Schokolade unter Zugabe von verschiedenen medizinischen Wirkstoffen herstellten und den Kunden anboten. Darüber hinaus tummelten sich Konditoren, Likörfabrikanten und Zuckerbäcker neben zahlreichen anderen Akteuren auf dem Schokoladenmarkt und boten in den unterschiedlichsten Verkaufsstellen ihre hauseigene Schokolade an. Die Zuckerbäcker waren insbesondere in der Schweiz von großer Bedeutung, da zahlreiche Schokoladenfirmen aus Zuckerbäckereien hervorgingen. Viele Vertreter dieses Gewerbes gingen seit dem 17. Jahrhundert ins benachbarte Ausland, wo sie sich einen ausgezeichneten Ruf erwarben. Bei ihrer Rückkehr in die Schweiz brachten sie nicht nur neu erworbenes Wissen um die Zuckerverarbeitung und Schokoladenherstellung mit, sondern auch zahlreiche wichtige Kontakte.[26]

Die Schokoladenherstellung erfolgte aber nicht immer nur durch eine stationäre Manufaktur. In der Schweiz existierte daneben ein ausgeprägter Wanderhandel. Es waren vor allem italienische und französische Wanderarbeiter, die mit einem Vorrat an Kakaobohnen von Stadt zu Stadt zogen und dort immer gerade so viel Schokolade herstellten, wie sie an die lokale Kundschaft verkaufen konnten. Außerdem boten sie ihre Schokolade auf Jahrmärkten an, wo sie vor den Augen der Besucher mit Röstpfanne und Reibstein hergestellt wurde.[27]

Diese Verhältnisse wurden durch die Verbilligung des Kakaos, die technische Entwicklung und die Nutzung von Dampfkraft kräftig durcheinander geworfen. Der Wanderhandel wurde endgültig verdrängt und die Schokoladenproduktion erlebte ab den 1830er-Jahren einen gewaltigen Aufschwung. Dadurch verschärfte sich die Konkurrenz zwischen den Schokoladenherstellern und es kam in steigendem Maße zu Konflikten. Dies zeigte sich besonders deutlich auf dem Berliner Markt, der zu dieser Zeit heftig umkämpft war. Einer der bedeutendsten Schokoladenbetriebe war in der ersten Hälfte des 19. Jahrhunderts das Unternehmen von Theodor Hildebrand, das 1817 gegründet worden war. Theodor Hildebrand arbeitete von Anfang an sehr erfolgreich und schaffte es bis 1830, zum königlichen Hoflieferanten ernannt zu werden. Die Auszeichnung als Hoflieferant war für die zeitgenössischen Unternehmen sehr wichtig, da sie sich in der Regel finanziell rentierte und die Existenz des Unternehmens absicherte. In Potsdam wurde 1828 durch Johann Friedrich Miethe ein weiteres Schokoladenunternehmen gegründet. Miethe vertrat eine ausgesprochen aggressive Werbepolitik. Er bezeichnete sein Unternehmen als »Erste Potsdamer Dampffabrik« und die dort hergestellte Schokolade als Dampfschokolade. Dabei erweckte die Werbung den Eindruck, dass er seine Schokolade einer besonderen, qualitätssteigernden Dampfbehandlung unterziehen würde. Außerdem warf Miethe seinem Konkurrenten Theodor Hildebrand indirekt vor, dass dessen Caracas-Cacao minderwertig sei, was er durch eine eigene Kakaoanalyse untermauerte, die ihm von verschiedenen führenden Chemikern bestätigt worden sei.

Das Hinzuziehen von Chemikern und die Erstellung von Gutachten waren im 19. Jahrhundert weitverbreitet und sie wurden gern genutzt, um die Qualität der eigenen Schokolade zu belegen oder die Minderwertigkeit der Konkurrenzprodukte zu beweisen. Oftmals ergab sich dann ein langjähriger Streit mit der abwechselnden Vorlage von Gutachten und Gegengutachten. Auch Theodor Hildebrand reagierte auf Miethes Vorstoß mit einem Gegengutachten. Dieses wurde von dem bekannten Berliner Apotheker und

Chemiker Sigismund Hermbstädt erstellt und am 16. März 1830 in den »Berlinischen Nachrichten von Staats- und gelehrten Sachen« veröffentlicht. Dort wandte er sich gegen den irreführenden Begriff der Dampfschokolade, kritisierte Miethes Untersuchung und gab an, Schokolade aus Caracas-Kakao persönlich zu bevorzugen. Johann Friedrich Miethe konnte den Argumenten des Gutachtens nicht viel entgegensetzen, sodass die Diskussion um die Dampfschokolade nun ein schnelles Ende fand. Außerdem drängten weitere Hersteller von »Dampfschokolade« auf den Berliner beziehungsweise Deutschen Markt.[28]

Der hier kurz geschilderte Streit um die Dampfschokolade der Firma Miethe ist ein Beispiel für den wachsenden Konkurrenzdruck, der in den ersten Jahrzehnten des 19. Jahrhunderts durch einen stark wachsenden und sich infolge des technischen Fortschritts verändernden Schokoladenmarkt entstand. Da dieser Markt kaum staatlichen Regelungen unterlag, mussten fast alle Konflikte durch die Unternehmen gelöst und durch den Markt geregelt werden. Dies zeigte sich in der zweiten Hälfte des 19. Jahrhunderts an den Auseinandersetzungen um die Reinheit der Schokolade, die mit der Gründung eines Schokoladenverbandes endeten. Damit werden wir uns im Verlauf des nächsten Kapitels ausführlicher beschäftigen.

KAPITEL 10
Schokolade für den Massenkonsum

Wandel vom Luxusgetränk zum Konsumgut

Im Verlauf des 19. Jahrhunderts wandelte sich Schokolade von einem aristokratischen Luxusgetränk zu einem allgemein verfügbaren Konsumgut. Sie wurde nun auch für andere Bevölkerungsgruppen erschwinglich und insbesondere für die wachsenden Unterschichten als Alkoholersatz und Stärkungsmittel propagiert. Diese Entwicklung war durch verschiedene Veränderungen möglich geworden. Von zentraler Bedeutung waren die ab dem Ende des 18. Jahrhunderts nachweisbare Nutzung von Wasser- und Dampfkraft im Schokoladengewerbe sowie die Verdrängung der handwerklichen Schokoladenherstellung durch die maschinelle Produktion. Schokolade konnte dadurch in großen Mengen preisgünstig hergestellt werden. Die kleinen Handwerksbetriebe, die noch zu Beginn des 19. Jahrhunderts das Schokoladengewerbe prägten, wandelten sich bis in die zweite Hälfte des Jahrhunderts zu großen Industriebetrieben oder wurden von diesen vom Markt verdrängt. Viele bedeutende und auch heute noch existierende Schokoladenunternehmen entstanden in dieser Zeit.

Neben der Herstellung verbilligten sich im 19. Jahrhundert auch alle wichtigen Schokoladenzutaten. Das galt insbesondere für den Kakao, der gegen Ende des Jahrhunderts erstmals auch in Afrika angebaut wurde. Dort wurde der Kakaoanbau durch die europäischen Kolonialmächte massiv gefördert, was sich in stark wachsenden Produktionszahlen äußerte. Weltweit verdoppelte sich die Kakaoproduktion in den zehn Jahren von 1895 bis 1905 auf 145.553 Tonnen.[1] Beim Zucker war die Entwicklung im Grunde ähnlich. Allerdings wurde sie zusätzlich durch die Tatsache verstärkt, dass mit der Durchsetzung des Rübenzuckers ein preiswerter Ersatz für den teuren Rohrzucker zur Verfügung stand. Die wachsende Kakao- und Zuckerproduktion führte zu sinkenden Rohstoffpreisen und trug ebenfalls zu einer erheblichen Verbilligung der Schokolade bei. Parallel zu dieser Entwicklung stieg der Reallohn in Deutschland von 1880 bis 1913 jährlich um etwa 1,4 Prozent. Obwohl deutliche Unterschiede hinsichtlich der Einkommensverteilung weiterhin bestehen blieben, stieg der durchschnittliche Lebensstandard in dieser Zeit insgesamt an.[2]

Die steigende Nachfrage nach Schokolade führte im Verlauf des 19. Jahrhunderts zu einem entsprechenden Wachstum der Schokoladenindustrie.

Noch bis in die zweite Jahrhunderthälfte war Frankreich hinsichtlich Quantität und Qualität führend in der Schokoladenproduktion. Die Unternehmen der anderen europäischen Länder orientierten sich an den französischen Verarbeitungsweisen und Herstellungsverfahren. Viele namhafte europäische Schokoladenfabrikanten besuchten in dieser Zeit Frankreich, um sich einen Einblick in die Geheimnisse der französischen Schokoladenherstellung zu verschaffen. Auf der Wiener Weltausstellung im Jahr 1874 wurde diese Sonderstellung Frankreichs besonders hervorgehoben. Im Ausstellungsbericht nannte man insbesondere den Schokoladenhersteller Menier aus Noisiel bei Paris, den zu dieser Zeit größten Schokoladenproduzenten der Welt. Das Unternehmen beschäftigte in seiner architektonisch herausragenden Schokoladenfabrik etwa 500 Arbeiter, die jährlich circa 4.500 Tonnen Schokolade herstellten. Außerdem besaß Menier eine eigene Kakaoplantage in Nicaragua.[3]

Obwohl Menier seine Vormachtstellung noch bis zum Ersten Weltkrieg behaupten konnte, erreichten bis zum Ende des 19. Jahrhunderts verschiedene andere europäische Länder das französische Qualitätsniveau und übertrafen es in einigen Fällen sogar. Das galt hauptsächlich für die Schweizer Schokoladenunternehmen, die in den letzten beiden Jahrzehnten des 19. Jahrhunderts enorm an Bedeutung gewannen. So wurden bereits auf der oben genannten Weltausstellung fünf von insgesamt sieben Schweizer Schokoladenherstellern für ihre Leistungen prämiert.[4] Diese Entwicklung war der engagierten Arbeit verschiedener Schweizer Schokoladenfabrikanten wie beispielsweise Philippe Suchard (1797–1884) oder Rudolf Sprüngli (1816 bis 1897) zu verdanken, die die Schokoladenherstellung gegen Ende des 19. Jahrhunderts grundlegend revolutionierten. Bedeutende Erfindungen und Entwicklungen wie das Conchieren oder die Milchschokolade gingen auf Schweizer Schokoladenfabrikanten zurück. In dieser Zeit wurde der gute Ruf der Schweizer Schokolade begründet, den sie bis heute genießt.

Aber auch in Deutschland gewann die Schokoladenherstellung in den 1870er- und 1880er-Jahren enorm an Bedeutung. Die Zahl der Schokoladenbetriebe wuchs von 142 im Jahr 1875 auf 178 im Jahr 1895. Im gleichen Zeitraum stieg die Beschäftigtenzahl der deutschen Schokoladenindustrie von 2.440 auf 8.740 Personen.[5] Einen besonderen Ausdruck fand diese Entwicklung im Aufstieg der Kölner Schokoladenfabrik Stollwerck zu einem der größten Schokoladenhersteller der Welt mit zahlreichen Zweigwerken im Ausland. Wir werden später noch auf die interessante und wechselhafte Geschichte dieses Unternehmens zu sprechen kommen.

Das braune Gold

In der zweiten Hälfte des 19. Jahrhunderts wurden die Produktion und der Handel mit Kakao deutlich ausgeweitet, um die wachsende Nachfrage in Europa und Nordamerika befriedigen zu können. Obwohl zu dieser Zeit noch große Teile der europäischen Bevölkerung in Armut und Elend lebten, konnten sich nun doch mehr und mehr Menschen Schokolade leisten. Das galt beispielsweise für viele Handwerker oder Fabrikarbeiter, für die der Kauf von Schokolade aufgrund steigender Einkommen keine absolute Unmöglichkeit mehr war. Viele Schokoladenhersteller boten diesen Käuferschichten nun auch spezielle, preisgünstige Schokoladen an, die allerdings von geringerer Qualität waren. Man hatte diese durch Verwendung billiger und eigentlich ungeeigneter Zutaten gestreckt. Eine dieser Zutaten war beispielsweise Mehl, was eine Reduzierung des Kakaoanteils erlaubte. Dieses Vorgehen blieb allerdings nicht ohne Kritik und führte insbesondere in der Zeit nach 1850 zu einer Diskussion um die Verfälschung von Schokolade und zur Forderung nach der Festlegung von Standards.

Für viele europäische Staaten entwickelte sich der Handel mit Kakao in der zweiten Hälfte des 19. Jahrhunderts zu einem lukrativen Geschäft. Insbesondere Großbritannien tat sich hier hervor, das zu dieser Zeit den Kakaoanbau in seinen westafrikanischen Kolonien massiv förderte. Aber auch andere europäische Staaten wie Frankreich, Portugal oder die Niederlande ließen in ihren Kolonien Kakaoplantagen anlegen (Abbildung 1). Selbst Deutschland, das in Afrika und Asien über bescheidenen Kolonialbesitz verfügte, stieg gegen Ende des 19. Jahrhunderts in die Produktion und den Handel mit Kakaobohnen ein. Bis zu diesem Zeitpunkt lagen die kakaoproduzierenden Länder aber noch ausschließlich in Lateinamerika. Innerhalb des Kontinentes hatte es allerdings eine Verlagerung der Kakaoanbaugebiete von Mexiko in die Karibik gegeben, wo die Wachstumsbedingungen für den Kakao optimal waren. Außerdem gab es dort keinen konkurrierenden Bergbau und die Transportmöglichkeiten nach Europa waren gut. Etwa zeitgleich gewannen Venezuela sowie Ecuador und Brasilien ebenfalls an Bedeutung, die sich innerhalb weniger Jahrzehnte zu den beiden größten Kakaoproduzenten der Welt entwickeln sollten. In diesen Ländern bildeten sich eigene Regionen heraus, die durch den Kakaoanbau stark geprägt wurden. In Brasilien war das die brasilianische Provinz Bahia mit der Hafenstadt San Salvador, die im 19. Jahrhundert einer der weltweit größten Exporthäfen für Kakao war. Jährlich wurden etwa 17.000 Tonnen Kakao ausgeführt, was allerdings nur wenigen Großgrundbesitzern zu Reichtum verhalf, während der Großteil der Landarbeiter in Armut lebte.[6]

Wie man sich das Leben der Kakaoarbeiter auf den Feldern und Plantagen Bahias vorzustellen hat, wurde von dem Schriftsteller Jorge Amado in

1
Ernte auf einer
Kakaoplantage
in Ecuador
(Holzstich 1894).

seinem bekannten Roman »Im Land der goldenen Früchte« beschrieben. Obwohl der Roman in den 1950er-Jahren geschrieben wurde, können die Beschreibungen auch für die Zeit um 1900 gelten. In vielen Punkten blieben die Arbeits- und Lebensbedingungen der Kakaobauern über Jahrzehnte unverändert. Typisch ist bis heute beispielsweise der Einsatz von Kindern für die Ernte der Kakaobohnen. Deren Lage beschreibt Jorge Amado: »Die Kleinen verdienen einen halben Milreis pro Tag, sie laufen nackt herum und haben dicke Bäuche, wie schwangere Frauen, so unförmig sehen sie aus. Schuld daran ist die Erde, die sie essen, und die ihnen oft die kärglichen Mahlzeiten ersetzen muss. Ob Schwarze, Mulatten oder Weiße, alle Kinder bekommen das gelbliche Aussehen, das an das Laub der Kakaobäume erinnert. [...] Die Früchte fallen zur Erde, die Kinder tragen sie im Laufschritt fort, und die Frauen brechen sie mit ihren Messern auf. Manchmal verletzt sich eine von ihnen durch einen unachtsamen Schnitt in die Hand: dann legt sie Erde auf die Wunde und träufelt etwas Pulpa darüber.«[7] Die Vormachtstellung Mittel- und Südamerikas im Kakaoanbau beruhte lange Zeit auf dem Einsatz von Sklaven und billigen Lohnarbeitern. Nicht anders war es später in Westafrika, wo innerhalb kürzester Zeit Kakaoplantagen aus dem Boden gestampft wurden. Damit diese rentabel arbeiten konnten, wurden sie von massenhaft verfügbaren billigen Arbeitskräften bewirtschaftet.

Es ist bis heute unklar, wie der Kakao von Mittel- und Südamerika nach Afrika gelangte. Man kann lediglich sagen, dass die Ausbreitung nach Afrika in der ersten Hälfte des 19. Jahrhunderts stattfand. Einer Theorie nach, soll es ein portugiesischer Oberst gewesen sein, der den Kakao im Jahr 1822 nach Príncipe brachte, einer kleinen, Westafrika vorgelagerten Insel. Von dort gelangte der Kakao etwas später auf die benachbarte Insel São Tomé. Beide Inseln lagen bereits seit dem 15. Jahrhundert im Einflussbereich Portugals und dienten über Jahrhunderte als Zwischenstation afrikanischer Sklaven auf ihrem Weg in die Karibik. Mit dem Verbot des Sklavenhandels durch Großbritannien im Jahr 1807 verloren sie aber rasant an Bedeutung. Als alternative Einnahmequelle wurde kurzfristig Kaffee angebaut, bevor in den letzten beiden Jahrzehnten des 19. Jahrhunderts der Kakaoanbau massiv ausgeweitet wurde.[8] Das betraf vor allem die Insel São Tomé. Bei einer Gesamtfläche von etwa 830 Quadratkilometern, wurde bis um 1900 auf etwa 500 Quadratkilometern Kakao angebaut. Im Jahr 1910 wurden auf Príncipe und São Tomé etwa 38.000 Tonnen Kakao produziert, was ungefähr zehn Prozent der Weltproduktion entsprach.[9] Eine für die geringe Fläche der Inseln erstaunliche Menge.

Die enorme Ausweitung des Kakaoanbaus auf den beiden genannten Inseln innerhalb von wenigen Jahren war nur durch den Einsatz vieler billiger Arbeitskräfte möglich. Dazu wurden auf dem afrikanischen Festland sogenannte Kontraktarbeiter gewaltsam gefangen genommen, die unter sklavenartigen Bedingungen auf den Kakaoplantagen arbeiten mussten. Mit den Arbeitskräften wurde ein Vertrag geschlossen, der sich oftmals automatisch verlängerte. Wenn überhaupt Löhne gezahlt wurden, dann nur in Form von Zahlungsmitteln, die ausschließlich im plantageneigenen Verkaufsladen genutzt werden konnten. Das Verlassen der Plantage war verboten und der Plantagenbesitzer bestimmte über die Partnerwahl der Arbeiter. Körperliche Züchtigung und Misshandlung waren die Regel.[10] Die unmenschlichen Arbeitsbedingungen auf den Plantagen erregten in einigen europäischen Staaten, insbesondere in Großbritannien, seit der zweiten Hälfte des 19. Jahrhunderts großes Aufsehen. Um 1900 beschäftigte sich auch die britische Schokoladenindustrie mit dem Problem. William A. Cadbury, Vorstandsmitglied einer der größten britischen Schokoladenunternehmen und Mitglied der Anti Slavery Society, drängte die portugiesische Regierung, die Arbeitsbedingungen auf den beiden westafrikanischen Inseln zu verbessern. Als dieses Drängen keine Wirkung zeigte, organisierte Cadbury 1908 einen Boykott der Inseln, der erst nach Beginn des Ersten Weltkrieges beendet wurde.[11]

Die Inseln Príncipe und São Tomé entwickelten sich nicht nur zu den wichtigsten Kakaoproduzenten Westafrikas, sondern bildeten auch den Ausgangspunkt für die Einführung des Kakaos in Westafrika. Dieser gelangte zunächst in das heutige Ghana, das mittlerweile zu den größten Kakaoproduzenten der Welt gehört. Dort wurde vermutlich Anfang der 1890er-Jahre erstmals Kakao angebaut. Die Kakaoproduktion des Landes stieg von über 13 Tonnen im Jahr 1895 auf über 5.165 Tonnen im Jahr 1905. Der Anbau erfolgte in erster Linie durch Kleinbauern und wurde von der britischen Kolonialregierung gefördert. Ähnlich war die Lage in der Côte d'Ivoire, wo der Kakaoanbau ebenfalls von Kleinbauern getragen wurde. Dort stieg die Kakaoproduktion von über sechs Tonnen im Jahr 1890 auf über 519 Tonnen im Jahr 1906.[12]

Ein großer Teil der Kakaoernte wurde nach Deutschland exportiert. Dort entwickelte sich Hamburg zu einem bedeutenden Handelsplatz für Kakao. Seit der Mitte des 19. Jahrhunderts wurde in der Hansestadt in nennenswertem Umfang Kakao umgeschlagen. Allerdings waren die importierten Mengen anfangs noch vergleichsweise gering und stiegen zunächst nur langsam. In den 1840er-Jahren gelangten jährlich etwa 860 Tonnen Kakao nach Hamburg, in den 1850er-Jahren etwa 1.220 Tonnen und in den 1860er-Jahren dann etwa 1.580 Tonnen. Erst um 1900 beschleunigte sich der Kakaoimport deutlich. Der Grund lag im stark wachsenden Schokoladenkonsum innerhalb des Deutschen Reiches. In den ersten Jahren des 20. Jahrhunderts wurden in Hamburg jährlich etwa 44.500 Tonnen Kakao umgeschlagen. Allerdings ging ein großer Teil des Kakaos in den Transithandel und gelangte von Hamburg in die Beneluxländer, nach Skandinavien und nach Russland. Auch die Balkanstaaten bezogen ihren Kakao zu einem großen Teil aus Hamburg.[13]

Die hanseatischen Kakaohändler kauften ihren Kakao zu dieser Zeit nur zu einem sehr geringen Teil in den kakaoproduzierenden Ländern selbst. In der Regel bezogen sie ihn über hanseatische Handelshäuser, die über eigene Niederlassungen, eigene Plantagen oder enge Geschäftsbeziehungen verfügten. Die Handelshäuser exportierten Industrieerzeugnisse und bezogen dafür im Gegenzug Kakaobohnen. Zwischen den Kakaohändlern und Handelshäusern standen die Agenten und Makler, die vermittelnd tätig waren und für einen Geschäftsabschluss sorgten.

Eines der ältesten heute noch existierenden hanseatischen Handelshäuser für Kakao ist Albrecht & Dill. Das Unternehmen wurde im Jahr 1806 durch Johann Jürgen Nicolaus Albrecht gegründet. Die Familie lebte zu diesem Zeitpunkt schon seit mehreren Generationen in Hamburg und war in verschiedenen Handwerksberufen tätig. Über Albrechts Jugend, seine Schulzeit und Ausbildung ist nicht viel bekannt. Wir wissen nur, dass er am 2. Juni 1806 sein Geschäft verlegte und dieses anfangs sehr gut lief. Albrecht handelte mit Kupfer, Öl, Rheinwein, Brunnenwasser und Zucker. Im Jahr 1819 trat Theodor Dill in das Unternehmen ein und wurde später auch Teilhaber. Am 1. Januar 1835 wurde das Unternehmen schließlich in Albrecht & Dill umbenannt.[14]

Ein Handelsunternehmen wie Albrecht & Dill erzielte seine Erlöse aus dem Warenhandel und dem Provisionsgeschäft. Letzteres machte Mitte des 19. Jahrhunderts den Großteil der Einnahmen aus. Das Warengeschäft des

Unternehmens war ausgesprochen umfangreich. Es wurden Getreide, Wachs, Knochen, Wein, Wolle, Felle oder Straußenfedern gehandelt, um nur einige Waren zu nennen. Von besonderer Bedeutung war aber der Handel mit Kaffee, Kakao, Tee, Zucker, Gewürzen und Tabak. Mitte des 19. Jahrhunderts spezialisierte sich das Unternehmen auf »Kolonialwaren« und nahm auch Kakao in sein Sortiment auf. Für sein Warengeschäft unterhielten Albrecht & Dill zahlreiche Lagerhallen in verschiedenen Städten, beispielsweise in Amsterdam, Antwerpen, London, Moskau, Paris, New York und Wien. Obwohl der Betrieb der Hallen das Unternehmen viel Geld kostete, war er aber aufgrund der damaligen schwierigen und unsicheren Transportverhältnisse unumgänglich. Insbesondere im Winter war Schifffahrt, wenn überhaupt, nur eingeschränkt möglich. Außerdem waren die Transportkapazitäten der Eisenbahn lange Zeit sehr eingeschränkt. Eine schnelle Belieferung der Kunden wäre daher allein von Hamburg aus nicht möglich gewesen. Wie viele andere Kaufleute auch, erwarben Albrecht & Dill Mitte des 19. Jahrhunderts ein erstes eigenes Schiff, um sich von den Reedereien unabhängig zu machen. Zeitweise fuhren sogar mehrere Schiffe im Auftrag des Handelshauses. Die Wirtschaftskrise Ende der 1850er-Jahre und verschiedene unternehmensinterne Probleme zwangen Albrecht & Dill zu Veränderungen innerhalb der Unternehmensstruktur. Dazu gehörte auch, dass man sich in den 1870er-Jahren zu spezialisieren begann. Nach längeren Überlegungen beschloss man schließlich, sich auf den Kakaohandel zu konzentrieren, da man hier das größte Entwicklungspotenzial für das Handelshaus sah. Schokolade entwickelte sich in dieser Zeit allmählich zu einem Volksnahrungsmittel, was eine wachsende Kakaonachfrage versprach.[15]

Albrecht & Dill bezog seinen Kakao in der zweiten Hälfte des 19. Jahrhunderts zunächst hauptsächlich aus verschiedenen Gebieten in Mittel- und Südamerika sowie geringere Mengen aus Java und Ceylon. Afrika spielte zunächst noch keine Rolle, was sich aber mit der Ausweitung des afrikanischen Kakaoanbaus um 1900 ändern sollte. Den Bezug des Kakaos organisierten Albrecht & Dill über verschiedene andere Handelshäuser, die in den afrikanischen Kakaoanbaugebieten über persönliche Kontakte verfügten. Dieser Weg blieb aber nicht ohne Probleme. Die Verantwortlichen bei Albrecht & Dill beschweren sich wiederholt über Beimengungen von Schalen oder anderen Dingen bei den Kakaobohnen sowie über die Spekulationen im Kakaohandel. Laut dem Jahresbericht der Firma aus dem Jahr 1901 rührten die Preisschwankungen daher, »daß in dem Artikel Cacao leider seit einiger Zeit speculative Manpiulationen respective Blanco-Abschlüsse Platz gegriffen haben, durch welche eine ruhige, sachgemässe Beurtheilung und Entwicklung des Marktes zu gewissen Zeiten gestört wird, und die zur Zeit der Eindeckungen von Blanco-Verkäufen manchmal vorübergehende Preissteigerungen hervorrufen, welche sonst gänzlich unmotiviert sind, und wodurch das solide, reelle Geschäft, wie es früher gewesen, nur leidet.«[16] Hier zeigt sich sehr deutlich, dass die Preisschwankungen für Kakao schon damals durch Spekulationen mit verursacht wurden. Es ist somit kein neues Problem. Die Kunden von Albrecht & Dill waren fast alle namhaften Schokoladenhersteller in Deutschland, wie beispielsweise Hartwig & Vogel in Dresden, Mauxion in Berlin oder Stollwerck in Köln. Daneben wurden aber auch Kunden in Russland, Skandinavien, Frankreich, Italien und Österreich-Ungarn mit Kakao beliefert.[17]

Heute hat sich das Unternehmen Albrecht & Dill weitgehend auf den Handel mit Kakao und Kakaohalbfertigprodukten spezialisiert. Zu den Kunden gehören zahlreiche Unternehmen aus der kakaoverarbeitenden Industrie, die ihren Sitz in Deutschland und im europäischen Ausland haben.

»Die faulen Neger werden fleißiger« – Kakao aus deutschen Kolonien

Mit der Gründung eines einheitlichen Nationalstaates im Jahr 1871 begann für Deutschland eine Phase der wirtschaftlichen und politischen Expansion, die ihren Ausdruck nicht zuletzt in der Gründung eigener Kolonien fand. Eine der treibenden Kräfte, die hinter den deutschen Kolonialbestrebungen standen, waren hanseatische Kaufleute, die im Handel mit Afrika aktiv waren. Dazu zählten beispielsweise die Hamburger Reedereien und Handelsgesellschaften C. Woermann sowie Jantzen & Thormählen. Beide Unternehmen begannen um 1870 einen lukrativen Handel mit Westafrika und erwarben in Kamerun große Ländereien. Um den Handel und deren Besitz auf Dauer abzusichern, setzten sich die Hamburger Kaufleute für die Errichtung einer deutschen Kolonie in Kamerun ein. Den Höhepunkt dieser Bestrebungen bildete eine Denkschrift des Reeders Adolph Woermann (1847–1911), der zudem Mitglied des Reichstages und der Hamburger Handelskammer war, die 1883 der Reichsregierung vorgelegt wurde. Als erstes Gebiet wurde im April 1884 das heutige Namibia als Deutsch-Südwestafrika unter den »Schutz« des Deutschen Reiches gestellt. In der Folgezeit kam es zu weiteren Koloniegründungen in Afrika und Asien. Die von Adolph Woermann geäußerte Forderung nach einer deutschen Kolonie in Kamerun wurde einige Monate später erfüllt, als am 14. Juli 1884 offiziell die deutsche Schutzherrschaft über die Siedlungen am Kamerun-Fluss proklamiert wurde.[18] Im Hinblick auf das Thema Kakao ist vor allem die Inbesitznahme Kameruns wichtig. Das Land war später die einzige deutsche Kolonie, die in nennenswertem Umfang Kakao anbaute und nach Deutschland exportierte.

Die Gründung von Plantagen in Kamerun war von Anfang an ein wichtiges Thema für die deutsche Regierung und wurde im Deutschen Reichstag diskutiert. In der Sitzung vom 19. Januar 1886 äußerte sich Adolph Woermann zu den Zielen und Schwierigkeiten der deutschen Kolonialpolitik: »Bereits ist der Versuch gemacht worden, im Kamerungebiet Plantagen zu gründen. Es hat sich eine Gesellschaft gegründet, welche Geld zusammengebracht hat, um dort den Versuch zu machen, den Boden zu bebauen. Auch darüber ist heute natürlich noch kein Resultat zu melden; denn es ist erst vier Monate her, dass der betreffende Beamte dieser Gesellschaft draußen angekommen ist. Auch der kann noch keinen Erfolg melden. Es wird hauptsächlich darauf ankommen, ob es möglich ist, schwarze Arbeiter, und zwar freie, in ausreichender Zahl und billig genug zu beschaffen, um ein derartiges Unternehmen rentabel zu machen. Ich hege die Hoffnung, dass es gehen wird, und dass, wenn ein derartiges Unternehmen schließlich Erfolg hat, dies von großem Nutzen für die Kolonie und auch rückwirkend von Nutzen für Deutschland sein wird.«[19]

Die Versuche, in Kamerun eine Plantagenwirtschaft aufzubauen, erwiesen sich aber als schwierig. Man hatte kurz nach der Gründung der Kolonie Plantagengesellschaften gegründet, die sich zunächst aber auf den Anbau von Tabak konzentrierten. Kakao wurde zunächst von Kleinbauern produziert, und erst ab 1886 ging man auch in diesem Bereich zur Plantagenwirtschaft über. Im Jahr 1889 konnte man dann einen sehr bescheidenen Export von fünf Kakaosäcken vermerken, der aber schnell gesteigert werden konnte. 1893 waren es schon 1.320 Kakaosäcke, die von Kamerun nach Deutschland verschifft wurden.[20]

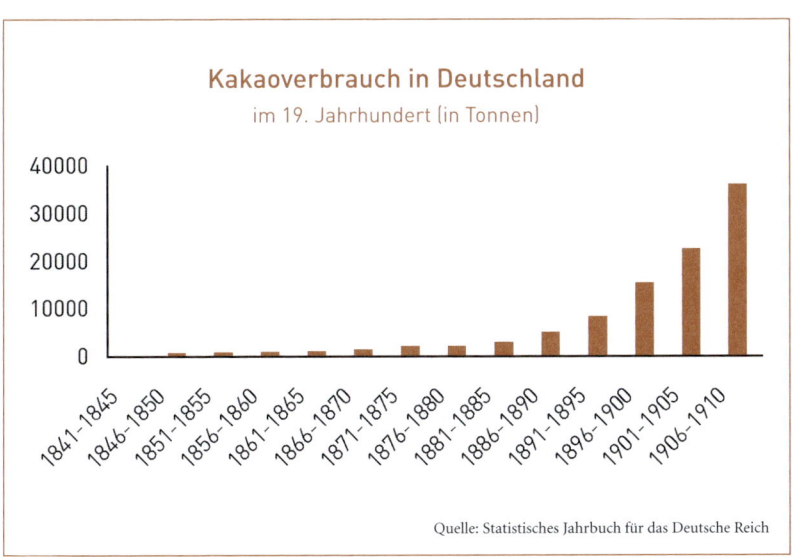

Um die steigende Nachfrage in Deutschland befriedigen zu können, wurden Anbau und Export von der deutschen Verwaltung in Kamerun kräftig unterstützt (Abbildung 2). Dazu wurden beispielsweise Kakaoinspektionen eingerichtet, die Musterfarmen anlegten und als Berater im Kakaoanbau zur Verfügung standen. Außerdem wurden von der Kolonialverwaltung gesetzliche Regelungen beschlossen, die die Enteignung von Land erleichterten und somit die Bildung von Großplantagen förderten. Diese Maßnahmen zeigten dann auch mit der Zeit Wirkung. Kurz vor Beginn des Ersten Weltkrieges deckte Deutschland etwa 13 Prozent seines Kakaobedarfs aus den eigenen Kolonien, wobei fast 90 Prozent aus Kamerun stammten. Eines der bedeutendsten Unternehmen der Kakaowirtschaft Kameruns war die 1897 gegründete Westafrikanische Pflanzungsgesellschaft Victoria (WAPV). Die Gesellschaft betrieb die größte Kakaoplantage Kameruns mit einer Jahresproduktion von etwa 1.700 Tonnen Rohkakao.[21]

Während die Kakaoplantagen also beständig ausgebaut und Ernteerträge kontinuierlich gesteigert werden konnten, war der Kakaoanbau für die Einheimischen keine Erfolgsgeschichte. Vielmehr waren die Arbeitsbedingungen auf den Plantagen katastrophal. Der Bremer Kaufmann J. K. Vietor schrieb 1913 über die Zustände auf den Plantagen: »Über die Sterblichkeit kann ich leider keine genauen Zahlen geben und das ist für mich ein Zeichen, wie schlimm es mit denselben auf den Kakaoplantagen heute noch aussieht. Während ich voriges Jahr in Kamerun war, wurde mir erzählt, dass auf der Tiko-Pflanzung 50 oder gar 75 Prozent der Arbeiter in sechs Monaten gestorben seien, was auch von den Leitern zugegeben wurde.«[22] Für diese hohen Sterblichkeitsraten gab es verschiedene Gründe. Neben katastrophalen sanitären Verhältnissen und einer mangelnden medizinischen Versorgung waren es Krankheiten, Misshandlungen und Mangelernährung, denen die Plantagenarbeiter zum Opfer fielen. Aufgrund der schwierigen Arbeitsbedingungen, der hohen Sterblichkeitsrate und durch die Expansion der Kakaowirtschaft fiel es der Kolonialverwaltung schließlich immer schwerer, ausreichend Arbeitskräfte für die Kakaoplantagen zu rekrutieren. Deshalb griff man schon bald zu Zwangsrekrutierungen, die solche Ausmaße annahmen, dass besiedelte Landstriche teilweise entvölkert wurden.

Das Elend der Plantagenarbeiter ließ die Kolonialherren und Plantagenbesitzer unbeeindruckt. Diese waren stattdessen von der erzieherischen Bedeutung ihrer Maßnahmen überzeugt. Diese Haltung wird durch eine Äußerung von Marie Pauline Thorbecke (1882–1971) deutlich, die ihren Mann, den Geografen Franz Thorbecke (1875–1945) kurz vor Beginn des Ersten Weltkrieges auf einer Forschungsreise in Kamerun begleitete. Sie schrieb über die Menschen in Kamerun: »Aber jetzt sehe ich, daß diese Maßnahme doch auch erzieherischen Nutzen für die Neger selber hat. Früher, als sie im Busch saßen [...] bauten sie gerade so viele Bodenfrüchte, wie sie

2 Mit diesem Werbefoto aus dem Jahr 1907 sollte dem Verbraucher gezeigt werden, dass in den Schokoladenprodukten der Firma Stollwerk auch »deutscher Kolonial-Kakao« verwendet wird.

für sich selber nötig hatten, ganz sicher nicht drei Körbe Hirse mehr. Hier an der Straße lernen sie, über ihren eigenen Bedarf hinaus für Nahrungsmittel zu sorgen, denn sie sind verpflichtet, den wandernden Karawanen das für ihren Lebensunterhalt Nötige zu verkaufen. [...] Die faulen Neger werden dadurch fleißiger, sie verdienen und kommen, wenn auch langsam, wirtschaftlich vorwärts.«[23]

Die deutschen Händler in Kamerun konkurrierten lange mit den Duala, einer ethnischen Gruppe, die den Handel zwischen dem Hinterland und der Küste kontrollierte. Der Zwischenhandel bescherte ihnen sogar einen gewissen Wohlstand. Als Reaktion auf den Druck der deutschen und europäischen Handelsunternehmen sowie der Kolonialregierung wurden die Duala schließlich dazu gezwungen, Landwirtschaft zu betreiben.[24] Dabei agierten sie in vielen Fällen sehr erfolgreich. So legten sie beispielsweise eigene Kakaofelder und -plantagen an, auf denen bis zu mehrere hundert Arbeitskräfte beschäftigt wurden. Im Verlauf der deutschen Kolonialherrschaft kam es immer wieder zu Auseinandersetzungen der Duala mit der Kolonialregierung. Letztere entzog den Duala nicht nur ihre wirtschaftliche Grundlage, sondern ging gegen jeglichen Protest vor. Einen Höhepunkt der Unterdrückungspolitik bildete das Auspeitschen von entblößten Duala-Frauen vor den Augen ihrer Männer im Jahr 1893 auf Anordnung des stellvertretenden Gouverneurs Leist. Das Gouvernement hatte 370 Männer und Frauen gekauft, die teilweise auf den Plantagen der Regierung arbeiten mussten. Als

»Entschädigung« für den Kaufpreis wurde ihnen aber kein Lohn gezahlt, was zu Protesten und Widerstand seitens der Duala führte.[25]

Das Ende der deutschen Kolonialherrschaft und die schwierige Nachkriegszeit, die vor allem durch die politischen Unruhen in Europa und die Weltwirtschaftskrise geprägt wurde, brachten schließlich das vorläufige Ende des Kakaoanbaus in Kamerun. Die deutschen Plantagenbesitzer wurden nach Kriegsende ausnahmslos enteignet. Einige Pflanzungen der Duala konnten sich noch bis in die 1930er-Jahre halten, bevor auch diese aufgegeben werden mussten. Nicht anders erging es den europäischen Kakaoplantagen, die in dieser Zeit ebenfalls fast alle aufgegeben wurden.[26]

Zeitalter der Innovationen – Die Industrialisierung der Schokoladenherstellung

Wie bereits geschildert, führten die Industrialisierung und die Steigerung der Kaufkraft in der zweiten Hälfte des 19. Jahrhunderts zu einer wachsenden Schokoladennachfrage in Europa und dadurch zu einer Ausweitung des weltweiten Kakaoanbaus. In Deutschland bewirkten insbesondere die Reichsgründung und die französischen Reparationszahlungen nach dem Ende des Deutsch-Französischen Krieges im Jahr 1870/71 einen enormen Wirtschaftsaufschwung und eine Beschleunigung des technischen Fortschrittes in fast allen Industriezweigen. Auch in der Schokoladenindustrie wurden zahlreiche Firmen gegründet und neue technische Entwicklungen durchgesetzt. Dadurch wurde die fabrikmäßige Schokoladenproduktion ermöglicht und eine Befriedigung der wachsenden Nachfrage überhaupt erst möglich gemacht. Es sind zwei Erfindungen, die die Schokoladenherstellung in der ersten Hälfte des 19. Jahrhunderts revolutionierten.

Im Jahr 1828 entwickelte der holländische Chemiker Coenraad Johannes van Houten eine mechanische Kakaobutterpresse, mit deren Hilfe das Fett aus den Kakaobohnen gepresst werden konnte (Abbildung 3). Bis zu diesem Zeitpunkt hatte man die Kakaobutter nur durch Auskochen oder den Einsatz von Chemikalien extrahieren können. Beide Verfahren waren aber vergleichsweise aufwendig und teuer. Durch das Auspressen der Kakaobutter entstand ein Kakaopresskuchen, der anschließend zu Pulver gemahlen wurde. Das Kakaopulver wurde in einem letzten Verarbeitungsschritt alkalisiert, das heißt mit Kalium- oder Natriumkarbonat behandelt, damit es sich leichter in Wasser auflöste. Dieses Verfahren wurde als »Dutching« bezeichnet. Dadurch war ein verdaulicher, kostengünstiger und leicht zuzubereitender Ersatz für die bis dahin übliche Trinkschokolade geschaffen. Bis zur Erfindung der Kakaobutterpresse wurde das bis dato übliche Schokoladengetränk aus geraspelten Schokoladenspänen eines festen Kakaoblocks, häufig zusammen mit Zucker, Eigelb und Stärkezusatz (Kartoffelmehl, Hafermehl, Pfeilwurzstärke, Eichelmehl, Sago, zerkleinerten Islandflechten und in England sogar mit zermahlenen Muscheln oder Reismehl), zubereitet. In verschiedenen Variationen wurden dem Schokoladengetränk Vanille, Zimt, Amber und gelegentlich auch Moschus beigegeben. Häufig fügte man roten Piment hinzu, was der Schokolade eine zusätzliche Färbung gab. Letzteres fand aber mit der Einführung des Dutching ein schnelles Ende. Die Kakaobutter musste bis zur Erfindung der Kakaobutterpresse vor jedem Trinken mühsam abgeschöpft oder verrührt werden, da sie sich immer wieder auf der Oberfläche der Schokolade absetzte. Nun war das nicht mehr nötig und das Trinken der Schokolade deutlich vereinfacht.

WICHTIGE ERFINDUNGEN UND ENTWICKLUNGEN IN DER SCHOKOLADENHERSTELLUNG

1811
Poincelet entwickelt den Mélangeur zum Vermischen der Kakaomasse und des Zuckeranteils.

1828
Van Houten erfindet die Kakaobutterpresse. Dadurch wird die Herstellung von preiswertem Kakaopulver möglich.

1846
Der Techniker Daupley konstruiert die Eintafelanlage. Nun kann erstmals Schokolade von einheitlicher Größe in größeren Mengen hergestellt werden.

1847
Das englische Schokoladenunternehmen Fry & Sons bringt die erste feste Essschokolade auf den Markt.

1873
Stollwerck konstruiert den Fünf-Walzen-Stuhl, durch den die Schokolade fein gewalzt werden kann.

1875
Daniel Peter stellt die Milchschokolade her. Dazu verwendet er das von Henri Nestlé gerade erst entwickelte Milchpulver.

1879
Rodolphe Lindt entwickelt das Conchieren.

3
Kakaobutterpresse nach Bauart Lehmann aus dem Jahr 1899. Durch diese Erfindung wird die Herstellung von preiswertem Kakaopulver möglich.

Im Gegensatz zu der bis dahin verwendeten fetthaltigen Trinkschokolade, konnte der Kakao schnell zubereitet werden und war leicht verdaulich. Außerdem war er kostengünstig herzustellen, sodass er schon bald als Getränk für die armen Klassen angepriesen wurde. Er sollte hier als Stärkungsmittel für die durch die körperlich anstrengende Fabrikarbeit erschöpften Arbeiter Verwendung finden. Insbesondere in England sah man das neue preisgünstige Kakaogetränk später sogar als nahrhafte und geschmacklich überzeugende Alternative zum Alkohol. Dessen Konsum wurde von vielen Industriellen scharf verurteilt.

Der Schweizer Schokoladenfabrikant Sprüngli-Ammann (1816–1897) äußerte sich im Jahr 1883 in seinem Bericht zur Züricher Landesausstellung ausführlich zu diesem Punkt: »Es ist eine bekannte Thatsache, daß leider nicht nur eine große Zahl ärmerer Familien, die noch obendrein dem Arbeiterstande angehören, mithin vor allem einer gesunden und kräftigen, wenn auch einfachen Nahrung bedürften, ihr Leben größtentheils mit kraftlosem Kaffee oder gar nur mit Cichorien fristen, sondern wir sehen auch, daß in gewissen Gegenden ganze Familien, die kleinsten Kinder sogar hinzu gerechnet, eine Art warmen Zuckerwassers, welches mit aromatisirtem Alcohol mundgerecht gemacht wird, genießen. Diese elende Mischung, welche in kaum glaublicher Menge als Nahrungsmittel dient, kann den Magen nur für kurze Zeit befriedigen; der Körper aber, besonders derjenige der zarten

Geschöpfe, wird entnervt und der Reiz zur Trunksucht, die Sucht nach geistigen Getränken, in traurigem Grade begünstigt und Geist und Körper unfähig gemacht, sich zu entwickeln und zu gedeihen. Eine wenn auch billige, jedoch gewissenhaft fabrizirte Chocolade ist dagegen stets nachhaltig nährend und so Leuten, welche strenge körperliche Arbeiten zu verrichten haben, wie auch zarten Kindern gleich zuträglich. Statt zu entnerven und einschleichendes Siechthum und Cretinismus zu erzeugen, wirkt die Chocolade belebend, stärkend und erfrischend, ohne daß man genöthigt ist, große Quantitäten davon zu genießen – sie vereinigt somit alle Eigenschaften, ein wirkliches, volksthümliches Nahrungsmittel zu werden, und dürfte mit vollem Rechte darauf auch höhern Orts hingewirkt werden, daß die Cacaopräparate, welcher Art solcher auch seien, auch bei den weniger begüterten Klassen zum Genusse eingeführt werden.«[27] Als Beweis für die Wirkung von Kakao- und Schokoladenprodukten nannte er ihren Einsatz als Notverpflegung in verschiedenen Armeen. Um die Schokolade auch in den unteren Klassen populär zu machen, empfahl Sprüngli-Amman, Hausfrauen die Schokoladenzubereitung in Kochkursen zu zeigen.

Nach der Erfindung der Kakaobutterpresse durch Coenraad Johannes van Houten versuchten auch andere Unternehmen ähnliche Maschinen zu entwickeln. In Deutschland tat sich dabei insbesondere die Dresdener Firma

4
Stollwerck entwickelte den Fünf-Walzen-Stuhl, durch den die Schokolade fein gewalzt werden kann. Dieses Exemplar aus dem Jahr 1883 verwendet noch Walzen aus Granit; später wurden innen mit Wasser gekühlte Stahlwalzen eingesetzt.

Lehmann hervor, die innerhalb weniger Jahrzehnte zu einem der bedeutendsten Maschinenentwickler und -produzenten für die deutsche Schokoladenindustrie werden sollte. Das Unternehmen war im Jahr 1834, also erst einige Jahre nach der Erfindung der Kakaobutterpresse, durch Johann Lehmann gegründet worden. Obwohl Lehmann über keinerlei theoretische Ausbildung verfügte, gelang es ihm, zahlreiche wichtige Maschinen für die Schokoladenherstellung zu konstruieren. Er und sein Sohn Louis Bernhard Lehmann arbeiteten unermüdlich an neuen technischen Entwicklungen, durch die die Schokoladenproduktion vereinfacht oder beschleunigt werden sollte. Bereits 1840 hatte Lehmann einen ersten Mélangeur zum Vermischen und Zerkleinern der Schokoladenzutaten entwickelt, durch den sich die Qualität der Schokolade deutlich verbessern sollte. Im Jahr 1850 gelang ihm dann endlich die Konstruktion einer eigenen hydraulischen Kakaobutterpresse. Später tat sich Lehmann vor allem in der Entwicklung von Stahlwalzen hervor, die bei dem Walzen der Schokoladenmasse zum Einsatz kommen. Wie bereits im Kapitel über die Schokoladenherstellung geschildert, entsteht durch das Walzen der feine Schmelz der Schokolade. Ein möglichst hoher Feinheitsgrad der Schokoladenmasse ist dabei von großer Bedeutung. Die bis zu Beginn des 20. Jahrhunderts üblichen Granitwalzen (Abbildung 4) mit ihren porösen Oberflächen erhitzten zu schnell, sodass die Umdrehungsgeschwindigkeiten nicht zu hoch sein durften. Erst durch den Einsatz von Stahlwalzen konnte dieses Problem gelöst werden, die zwar ebenfalls erhitzten, dafür allerdings im Innenraum der Walze über eine Wasserkühlung verfügten.[28]

Neben der Kakaobutterpresse war der Bau einer Schokoladeneintafelanlage durch den französischen Techniker Daupley im Jahr 1846 die zweite bedeutende Erfindung in der Schokoladenherstellung. Bis dahin hatte man Schokolade in der Regel getrunken, während feste Schokolade eine untergeordnete Rolle spielte. Wenn überhaupt, gab es sie in den unterschiedlichsten Formen und Mengen. Nun konnten dank Daupleys Maschine erstmals Tafeln von einheitlicher Größe und Gewicht hergestellt werden. Allerdings riefen diese ersten Schokoladentafeln noch keine überschwänglichen Reaktionen hervor. Sie waren viel zu hart und schmeckten sehr bitter. Es waren noch einige Veränderungen in der Zubereitung der Schokoladenmasse nötig, um wirklich genießbare Schokoladentafeln herstellen zu können. Der englischen Firma Fry & Sons gelang es schließlich nach vielen Versuchen, eine Schokoladenmasse zu entwickeln, die für die Verarbeitung in der Eintafelanlage geeignet war und die weitaus weniger hart und bitter schmeckte, als die bis dahin übliche Schokolade.

Fry & Sons war bereits Mitte des 18. Jahrhunderts durch den Arzt Joseph Fry (1728–1787) in Bristol gegründet worden. Er ließ eine kleine Schokoladenmanufaktur errichten, für die sein Sohn Joseph Storrs Fry (1767 bis

1835) bereits 1789 eine erste Dampfmaschine erwarb. Durch deren Einsatz konnte die körperlich anstrengende und langwierige Arbeit des Kakaomahlens deutlich vereinfacht und weitaus größere Mengen an Kakaobohnen konnten verarbeitet werden. Dem Enkel des Firmengründers, Francis Fry (1803–1886) gelang dann im Jahr 1847 die Herstellung der ersten wirklichen Essschokolade der Welt. Dazu vermischte er das von van Houten hergestellte Kakaopulver mit Zucker und flüssiger Kakaobutter, sodass ein dünner, flüssiger Teig entstand, der einfach in Formen gegossen werden konnte. Die so produzierten Tafeln wurden zwei Jahre später in Birmingham auf den Markt gebracht. Damit kommt Fry & Sons das Verdienst zu, zwei wichtige Erfindungen zusammengeführt zu haben, die Erfindung der Kakaobutterpresse und die Erfindung der Eintafelanlage. Bis zum Ende des Viktorianischen Zeitalters entwickelte sich das Unternehmen zum größten Schokoladenhersteller der Welt. Ein wichtiger Grund dafür war die Tatsache, dass Fry & Sons zum alleinigen Schokoladen- und Kakaolieferanten der Royal Navy ernannt wurde.

Nachdem sich die Weiterentwicklung der Schokoladenherstellung und -zubereitung zunächst hauptsächlich in den Niederlanden und Großbritannien abspielte, wurden alle weiteren wichtigen Erfindungen von nun an in der Schweiz gemacht und durchgesetzt. Hier entstand in der zweiten Hälfte des 19. Jahrhunderts eine bedeutende Schokoladenindustrie. Den Grundstein für diese Industrie legte Louis Cailler (1796–1852), als er im Jahr 1819 am Genfer See die erste Schweizer Schokoladenfabrik eröffnete. Es folgten zahlreiche weitere Unternehmen, deren Gründer sich alle durch eine besondere Innovationsfreude auszeichneten.

Nicht lange nach Louis Cailler gründete Philippe Suchard (1797–1874), im Jahr 1825 ein weiteres Schweizer Schokoladenunternehmen. Philippe Suchard gehört sicherlich zu den interessantesten Persönlichkeiten der frühen Schokoladenindustrie. Er wurde in dem kleinen Städtchen Boudry geboren. Seine Eltern waren dort im Tuchgewerbe tätig, das sie allerdings aufgeben mussten, nachdem ein Brand ihr Tuchlager zerstört hatte. Sie übernahmen aber schon bald die Gemeindeherberge, der ein kleines landwirtschaftliches Gut angegliedert war. Damit zeigten sie eine gewisse Hartnäckigkeit und ein Durchhaltevermögen, das auch später ihren Sohn auszeichnete. Das Interesse an Schokolade bekam Philipp Suchard von seiner Familie aber nicht mit in die Wiege gelegt. Angesichts der bescheidenen Verhältnisse, in denen die Familie lebte, konnte er bestenfalls den Wunsch hegen, auch einmal etwas so Luxuriöses wie Schokolade probieren zu dürfen.

Es soll aber angeblich ein besonderes Ereignis in der Jugend gewesen sein, das Philippe Suchard dazu brachte, sich als Erwachsener mit der Herstellung von Schokolade zu beschäftigen. Als der Hausarzt seiner kranken Mutter ihr einmal Schokolade als Stärkung verschrieb, machte sich Philippe

Suchard, der zu diesem Zeitpunkt etwa zehn Jahre alt war, zu einer entfernt gelegenen Apotheke auf. Über den verhältnismäßig hohen Preis, den er für die Schokolade bezahlen musste, war er regelrecht entsetzt. Philippe beschloss, später selbst Schokolade herzustellen, sodass er schnell zu einem reichen Mann werden würde.[29] Es begann mit einer Confiserie in Neuchâtel, in der er neben einer Auswahl an Desserts auch feine hausgemachte Schokolade verkaufte. Etwa ein Jahr nach der Eröffnung der Confiserie erwarb Philippe Suchard eine Mühle im benachbarten Dorf Serrière, die er in der Folgezeit zu einer Schokoladenfabrik ausbaute. Seine unternehmerische Laufbahn begann Philippe Suchard zunächst noch relativ zielgerichtet mit einer Ausbildung zum Zuckerbäcker. Dann machte er sich im Jahr 1824 aber nach New York auf, wo er Schweizer Uhren und Stickereien verkaufen wollte, was allerdings wenig erfolgreich war. Schon bald kehrte er wieder in die Schweiz zurück. Dort widmete er sich wieder der Kunst der Schokoladenherstellung.

Es waren zwei wichtige Innovationen in der Zusammensetzung und Verarbeitung, die die Schweizer Schokolade in den 1870er-Jahren zum Maßstab für sämtliche Schokoladenhersteller Europas machte. Eine dieser beiden bedeutenden Neuerungen geht auf Daniel Peter (1836–1919) zurück. Er brachte im Jahr 1879 die vermutlich erste Milchschokolade der Welt auf den Markt. Dem waren zahlreiche erfolglose Versuche vorangegangen. Milch ließ sich wegen ihres hohen Wassergehaltes nicht mit der Schokolade vermischen, da ihr hoher Fettanteil eine stabile Emulsion verhinderte. Außerdem wurde die Schokolade schnell ranzig. Für die Herstellung der Schokolade nutzte Daniel Peter daher schließlich Kondensmilch. Er presste zunächst einen Großteil des Fettes aus der Kakaomasse ab und gab dann erst die Kondensmilch hinzu, bevor Zucker und Kakaobutter zugefügt wurden. Damit war die »chocolat au lait« erfunden, die in der Folgezeit von allen anderen namhaften Schokoladenherstellern in Europa kopiert wurde.[30]

Bis dahin dauerte es aber oftmals noch viele Jahre. Die Firma Lindt & Sprüngli brachte beispielsweise erst 1890 ihre erste Milchschokolade auf den Markt.[31] Dafür entwickelte Rodolphe Lindt (1855–1909) im gleichen Jahr, in dem Daniel Peter seine neue Schokolade präsentierte, einen wichtigen neuen Verarbeitungsschritt in der Schokoladenherstellung. Es handelte sich dabei um das Conchieren, ein Verfahren, mit dem die Qualität der Schokolade wesentlich gesteigert werden konnte. Das Ergebnis war eine feinschmelzende Schokolade, die Vorgängerin unserer heutigen Schokolade.

Rodolphe Lindt hatte zu Beginn seiner beruflichen Laufbahn eine Ausbildung bei Kohler & fils in Lausanne absolviert, bevor er im Jahr 1879 eine eigene kleine Schokoladenfabrik in Bern eröffnen konnte. Da es ihm an ausreichendem Kapital fehlte, begann er die Schokoladenproduktion mit einigen wenigen, stark veralteten Maschinen. Vielleicht war das der Grund dafür, dass Lindts Schokolade zunächst von schlechter Qualität war. Sie lief rasch grau an und war nur von sehr geringer Haltbarkeit. Rodolphe Lindt reagierte darauf mit zahlreichen Versuchen, durch die er die Qualität seiner Schokolade zu verbessern hoffte. Um deren Schmelzeigenschaften zu verbessern, gab Rodolphe Lindt seiner Schokoladenmasse noch Kakaobutter hinzu, sodass er eine sehr feinschmelzende Schokolade erhielt. Das ist heutzutage ein übliches Verfahren in der Schokoladenherstellung.[32] Bis dahin musste die Schokoladenmasse aufgrund ihrer Zähflüssigkeit immer in die Formen gepresst werden. Nun konnte sie direkt in die Formen gegossen werden.

Rastlos und risikofreudig – Die frühen Schokoladenunternehmer

In der ersten Hälfte des 19. Jahrhunderts wurde Schokolade in der Regel noch von kleinen Handwerksbetrieben produziert, die sich im Besitz einer einzelnen Familie befanden. Zumeist handelte es sich bei diesen Betrieben um Konditoreien, die innerhalb eines breiteren Sortiments auch Schokolade verkauften. Die ersten Schokoladenproduzenten waren in der Regel gelernte Konditoren oder Bäcker, die sich im Laufe der Zeit mehr und mehr auf die Herstellung und den Verkauf von Schokolade konzentrierten. Ihre Produktion bauten sie beständig aus und passten sie dem neuesten Stand der Technik an. Es waren zumeist rastlose und risikofreudige Unternehmer, die nicht nur immer wieder neue Werbe- und Verkaufsformen entwickelten, sondern auch im Bereich der Produktionstechnik aktiv waren und teilweise selbst Maschinen für die Herstellung von Schokolade konstruierten.

Aus einigen dieser kleinen Handwerksbetriebe entwickelten sich im Verlauf des 19. Jahrhunderts früh industrielle Großunternehmen, die den Durchbruch der Schokolade zum Massenartikel beschleunigten. Für die Entwicklung dieser Unternehmen spielte die Werbung und die Entwicklung innovativer Vertriebsformen eine große Rolle. Dazu gehörten der Einsatz von werbewirksamen Verpackungen und die Beigabe kleinerer Geschenke, wie beispielsweise von Sammelbildern, die um 1900 von vielen Schokoladenherstellern eingesetzt wurden, um den Absatz ihrer Produkte zu fördern. Darüber hinaus führte die Schaffung von Marken zu großen Absatzerfolgen. Schon früh etablierten sich hier beispielsweise der Markenname Milka oder das Markenzeichen Sarotti.

Die ersten Schokoladenunternehmen entstanden bereits im Verlauf des 18. Jahrhunderts in England. Der Großteil der heute noch existierenden Unternehmen wurde aber erst in der ersten Hälfte des 19. Jahrhunderts in der Schweiz, in Frankreich und in Deutschland gegründet. Den Anfang machte 1819 François Louis Cailler mit der Gründung der ersten Schweizer

Schokoladenfabrik nahe Vevey und fünf Jahre später begann die Geschichte Cadburys mit der Eröffnung eines »Tea and Coffee Shops« in England. Die typische Entwicklungsgeschichte einzelner Schokoladenunternehmen im 19. und 20. Jahrhundert soll nun am Beispiel von Lindt & Sprüngli aus der Schweiz und sowie Stollwerck aus Deutschland etwas ausführlicher dargestellt werden. Beide Unternehmen stehen dabei stellvertretend für zahlreiche andere Unternehmensgründungen des 19. Jahrhunderts.

FRÜHE GRÜNDUNGEN VON SCHOKOLADENUNTERNEHMEN

1748	Fry&Sons, England
1785	Rowntree, England
1804	Halloren, Deutschland
1817	Hildebrand, Deutschland
1819	Cailler, Schweiz
1821	Felsche, Deutschland
1823	Jordan&Timaeus, Deutschland
1824	Menier, Frankreich
1824	Cadbury, England
1825	Suchard, Schweiz
1830	Kohler, Schweiz
1839	Stollwerck, Deutschland
1845	Lindt&Sprüngli, Schweiz
1848	Waldbaur, Deutschland

Die Geschichte der Firma Lindt & Sprüngli beginnt am 15. Juni 1836 mit der Übernahme einer eingesessenen Züricher Zuckerbäckerei durch David Sprüngli. Dieser war zu diesem Zeitpunkt zwar schon sechzig Jahre alt, konnte aber bereits mit der Unterstützung seines Sohnes Rudolf Sprüngli rechnen. Andernfalls hätte er das unternehmerische Risiko sicherlich nicht mehr gewagt, zumal er sich für den Kauf der Bäckerei hoch verschulden musste.[33] Es war vermutlich auch der Initiative von Rudolf Sprüngli zu verdanken, dass man nach einigen erfolgreichen Jahren im Zuckerbäckergeschäft im Jahr 1845 auch die Herstellung von Schokolade begann. Er beschaffte sich dazu eine kleine Röstmaschine für die Kakaobohnen und eine Reibmaschine, die noch von Hand betrieben werden musste. Da die räumliche Enge der Zuckerbäckerei aber im Grunde keine Schokoladenherstellung erlaubte, kaufte Rudolf Sprüngli im Jahr 1847 ein weiteres Gebäude hinzu, das er in der Folgezeit zu einer kleinen Fabrik ausbauen konnte. Obwohl das Schokoladengeschäft zufriedenstellend verlief, blieb die Zuckerbäckerei weiterhin die Haupteinnahmequelle. Wie später auch bei der Firma Stollwerck zu sehen ist, teilten sich Vater und Sohn die beiden Produktionsbereiche auf. Während David Sprüngli sich weiter um die Zuckerbäckerei kümmerte, war Rudolf Sprüngli für die wachsende Schokoladenfabrik zuständig. Im Jahr 1892 stieg die dritte Generation in das Unternehmen ein, das zu diesem Zeitpunkt bereits wieder an einen neuen Ort verlegt worden war, da die räumlichen Gegebenheiten in der vorhandenen Fabrik ein weiteres Mal nicht ausreichten. Die Schokoladenfabrik wurde nun von Rudolf Sprüngli-Schifferli übernommen, der zuvor eine Ausbildung als Konditor gemacht und als Konditorgehilfe in Wien und Paris gearbeitet hatte. Nun beginnt eine sehr turbulente Phase in der Geschichte des Unternehmens.

Um den weiteren Ausbau des Unternehmens finanzieren zu können, gründete Rudolf Sprüngli-Schifferli am 21. Juni 1898 eine Aktiengesellschaft. Die Chocolat Sprüngli AG kaufte anschließend die Schokoladenfabrik von Rudolf Sprüngli-Schifferli und begann im gleichen Jahr mit dem Bau einer Schokoladenfabrik in Kilchberg (Abbildung 5), die bereits im Jahr 1899 ihre Produktion aufnehmen konnte. Hinzu kam im gleichen Jahr der Kauf der Firma Lindt und damit des Produktionsgeheimnisses der feinschmelzenden Lindt Schokolade. Allerdings war das Verhältnis zwischen Rudolf Sprüngli-Schifferli und Rodolphe Lindt von Anfang an schwierig. Den Höhepunkt bildete der Bau einer neuen Fabrik und der Verkauf von Lindt Schokolade im Jahr 1906 durch August und Walter Lindt, was aufgrund der bestehenden vertraglichen Beziehungen eigentlich verboten war. Es folgte ein Rechtsstreit, der sich bis 1927 hinzog und schließlich in einem Vergleich endete. Die Nachfahren von Rodolphe Lindt verkauften ihre Schokoladenfabrik an die Lindt&Sprüngli AG und verpflichteten sich, nie mehr Schokolade zu produzieren.

Neben der Schweiz gehörte auch Deutschland zu den aufstrebenden Schokoladenproduzenten des 19. Jahrhunderts. Noch zur Mitte des Jahrhunderts lagen die Zentren der deutschen Schokoladenindustrie vorwiegend in Ostdeutschland, beispielsweise in Berlin oder Dresden, bevor auch andere Regionen an Bedeutung gewannen. Eines der ältesten deutschen Schokoladenunternehmen wurde 1839 von dem Konditor Franz Stollwerck in Köln gegründet. Die Geschichte der Firma Stollwerck ist ein gutes Beispiel für das erfolgreiche Wirken einer anpackenden und risikobereiten Unternehmerpersönlichkeit, wie sie für die aufstrebende Schokoladenindustrie der Zeit typisch war. Obwohl Franz Stollwerck mehrfach kurz vor dem Bankrott stand, gelang es ihm, den Grundstein für eines der größten Schokoladenunternehmen des späten 19. und frühen 20. Jahrhunderts zu legen.

Die Anfänge des Unternehmens sind typisch für die Zeit. Franz Stollwerck machte zunächst eine Ausbildung als Konditor und ging anschließend auf Wanderschaft, die ihn nach Süddeutschland, in die Schweiz und nach

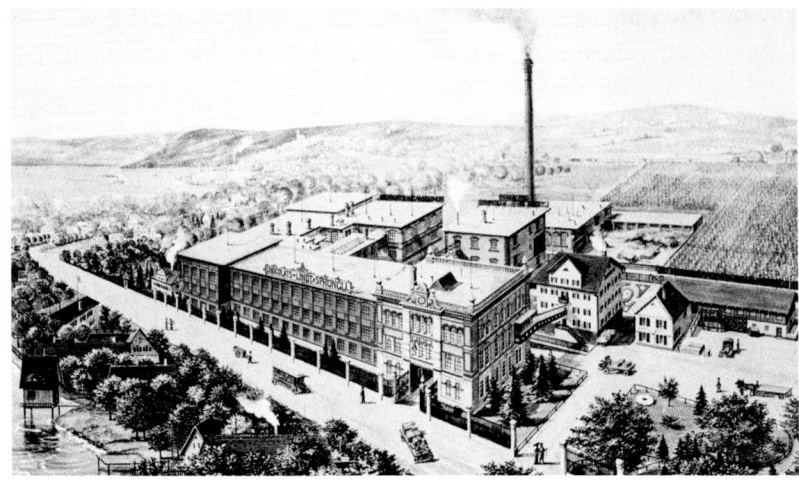

5 Schokoladenfabrik von Lindt&Sprüngli im schweizerischen Kilchberg, die 1899 ihre Produktion aufnahm.

Frankreich führte. Als er 1839 wieder nach Köln zurückkehrte, eröffnete er kurze Zeit später eine Mürbebäckerei. Dort verkaufte Stollwerck zunächst Zwieback, Mürbekränze und Brezeln, bevor er sich einige Jahre später auf Konditorwaren spezialisierte. Schokolade spielte zu diesem Zeitpunkt noch keine beziehungsweise nur eine untergeordnete Rolle. Stattdessen kreierte er mit den Brustbonbons im Jahr 1843 ein völlig anderes Produkt, das er aber erfolgreich vermarkten konnte. Es gehörte auch später, als das Unternehmen bereits mit der industriellen Herstellung von Schokolade begonnen hatte, zu den wichtigsten Einnahmequellen Stollwercks. Brustbonbons waren zu dieser Zeit aber nicht wirklich neu und wurden in der Stadt schon lange verkauft. Das Besondere lag vielmehr in einer für die Zeit ungewöhnlich großzügigen Werbung und einer konsequenten Vertriebsstrategie. Franz Stollwerck ließ Gutachten von Ärzten anfertigen, entwickelte unverwechselbare Verpackungen sowie Markenzeichen und nutzte Bahnhöfe konsequent als Vertriebsschiene für seine Bonbons.[34] Diese Strategie setzte er auch später bei Vermarktung und Verkauf seiner Schokolade ein.

Es sind die Söhne, allen voran Ludwig Stollwerck, die ab der Mitte der 1860er-Jahre die Schokolade zum wichtigsten Produkt des Unternehmens machten. Auf ihre Initiative hin eröffnete Stollwerck im Jahr 1867 eine moderne Schokoladenfabrik in der Kölner Innenstadt, was in der Presse große Resonanz fand. In einem Zeitungsartikel wurde die neue Fabrik folgendermaßen beschrieben: »Seit Anfang December hat die Dampf-, Chocoladen-, Bonbon-, Dragée- und Zuckerwaaren-Fabrik von Franz Stollwerck in Köln ihre neuen Magazine eröffnet, welche an Großartigkeit alles bisher Gesehene übertreffen! Vom frühen Morgen bis zum späten Abende sind die neun

Riesen-Schaufenster von Zuschauern belagert! Die ganze Parterrefronte des palastartigen Gebäudes ist in drei Haupträume, das Detail-, dass Engros-Lager und den Maschinenraum aufgetheilt. Man hat Gelegenheit, in denselben die Süßigkeiten direct aus den Rohproducten durch zahlreiche Hände, welche mit dem Fabricieren, Verwiegen, Emballieren, Verpacken, Herbeischaffen und Expedieren der Waaren beschäftigt sind, in den Konsum übergehen zu sehen. Das größte Interesse bietet der prächtige Maschinenraum! Eine zehnpferdige, äußerst elegant ausgeführte Dampfmaschine treibt hier 6 Chocoladen-Maschinen, wovon sich zwei durch ihre colossalen Dimensionen ganz besonders auszeichnen; dieselben fertigen unter den Augen der Passanten täglich ca. 3.000 Pfund Chocoladen welche, nachdem sie im Souterrain getafelt, auf den umfassenden Galerien von einer Anzahl Mädchen sichtbar in Staniol gehüllt werden. Hinter dem Haupthause liegt die Bonbon- und Zuckerwaarenfabrik, worin außer allen erdenklichen Maschinen 240 Arbeiter beschäftigt sind, und werden unter anderem hier täglich 9 bis 10.000 Packete der berühmten Brust-Bonbons gefertigt. Die Firma Franz Stollwerck verdankt die ungeheure Ausdehnung ihres Etablissements nur der Vorzüglichkeit und Reelität ihrer Waaren; die Chocoladen dieses Hauses werden in Folge ihrer sorgfältigen Verarbeitung und Zusammenstellung der Rohstoffe als die besten des Zollvereins anerkannt und werden bald die französischen Fabrikate vollständig von dem deutschen Markte verdrängt haben.«[35]

Hier ist die Begeisterung für den technischen Fortschritt deutlich zu hören, der gerade auch bei Stollwerck propagiert wurde. Einer der Söhne, Heinrich Stollwerck, zeigte sich für die maschinelle Ausstattung der Schokoladenfabrik zuständig. Unter seiner Leitung entstand später eine eigene Fabrik, in der Schokoladenmaschinen konstruiert und gebaut wurden (Abbildung 6). Dort wurden 1890 etwa 90 Arbeiter beschäftigt, die Maschinen für die eigene Firma aber auch für den Export ins Ausland produzierten. Der Grund für den Aufbau einer eigenen Maschinenfabrik lag in der Tatsache, dass die großen Maschinenhersteller sich für die Fertigung von Spezialmaschinen nicht nach den Wünschen der Schokoladenfabrikanten richteten. Durch den Bau eigener Maschinen konnten die eigenen praktischen Erfahrungen in der Schokoladenherstellung und die besonderen Bedürfnisse einer Schokoladenfabrik berücksichtigt werden.[36] Dadurch war Stollwerck anderen Schokoladenunternehmen lange überlegen.

In der zweiten Hälfte des 19. Jahrhunderts stieg die Firma Stollwerck zu einem der größten Schokoladenproduzenten in der Welt auf (Abbildung 7). Die Grundlage dieses Erfolges lag vor allem in einer konsequenten Marketingstrategie, die auf die hohe Qualität und Reinheit der eigenen Produkte sowie innovative Werbemaßnahmen setzte. In beiden Bereichen setzte das Unternehmen Standards und war vielen nationalen und internationalen

6 Fabrik zur Herstellung von Schokoladenmaschinen (um 1890).

7 Die Belegschaft des Hauses Stollwerck im Jahre 1896.
Die Kölner Firma entwickelte sich bis 1900 zu einem der führenden Weltkonzerne der Schokoladenindustrie.

Konkurrenten deutlich überlegen. Wir werden auf diese beiden Punkte aber noch an späterer Stelle gesondert eingehen.

Die deutsche Schokoladenindustrie litt im letzten Drittel des 19. Jahrhunderts unter den hohen Zollgebühren für die Einführung von Kakaobohnen. Da die Gebühren für den Import von Halb- und Fertigfabrikaten nur unwesentlich höher lagen, lud dies die ausländischen Unternehmen förmlich nach Deutschland ein. Es war aufgrund der geringen Gebührenunterschiede für diese Unternehmen ökonomisch sinnvoller, Schokolade nach Deutschland einzuführen, statt in Deutschland selbst zu produzieren. Diese Tatsache war eine der beiden wichtigen Faktoren, die zur Gründung des »Verbandes Deutscher Schokoladenfabrikanten« führten. Aufgrund der hohen Zollbelastung diskutierte die Firma Stollwerck gegen Ende des 19. Jahrhunderts ernsthaft die Verlegung der Fabrik in die Niederlande. Man fühlte sich durch die hohe Besteuerung der Kakaoeinfuhren benachteiligt. Der Verband versuchte alles, um eine Reduzierung der Steuersätze oder zumindest eine Rückvergütung der Steuergebühren zu erreichen, was aber wenig Erfolg hatte. Die Besteuerung spielte innerhalb der deutschen Kakao- und Schokoladenindustrie eine große Rolle, zumal die Steuersätze in anderen europäischen Ländern deutlich niedriger waren. Betrachtet man diese Diskussion, die vor über hundert Jahren stattfand, fühlt man sich schon fast in die Gegenwart versetzt, da sich die Argumente doch sehr ähneln.

Nach jahrzehntelangem Engagement der Schokoladenindustrie, erreichte man eine Rückvergütung der Einfuhrzölle auf Kakao, wenn das betreffende Unternehmen nachweisen konnte, dass die aus den Bohnen produzierte Schokolade in den Export ging. Damit das möglich war, musste das Schokoladenunternehmen verschiedene Maßnahmen durchführen, die mit einem beträchtlichen Aufwand verbunden waren.

Stollwerck wurde laut Verordnung gezwungen, einen Teil der Fabrik als Exportfabrik auszuweisen. Damit sichergestellt werden konnte, dass keine Schokolade illegal die Fabrik verließ, wurden deren Fenster und Maueröffnungen mit Drahtgeflechten verschlossen. Außerdem musste das Fabriktor bewacht werden, wozu ein eigenes Wachhaus für zwei Wachbeamte errichtet wurde. Die Produktion wurde schließlich von drei Steuerbeamten überwacht, die von Stollwerck zu bezahlen waren. Damit nicht genug. Die Produktion wurde zusätzlich durch verschiedene Verwaltungsvorschriften erschwert. Wurde beispielsweise Rum angeliefert, musste dieser aus den Fässern in Flaschen abgefüllt werden, die alle ein Siegel erhielten. Benötigte man den Rum nun für die Produktion, musste der Bedarf einen Tag vorher angegeben werden. Die Flaschen wurden dann von den Steuerbeamten entsiegelt und dem zuständigen Arbeiter an der Maschine übergeben.

Man kann sich denken, dass die Schokoladenindustrie weiter gegen die Besteuerung und diese komplizierten Verfahren vorging. Es dauerte aber bis

1892, bis man die Rückerstattung der Einfuhrgebühren deutlich vereinfachte. Stollwerck hatte zu diesem Zeitpunkt aber bereits eine andere Lösung gefunden und Zweigwerke im Ausland gegründet.

Frauen in der Fabrik – Arbeiten für die Schokolade

Die Situation der Arbeiterinnen und Arbeiter war im 19. Jahrhundert im Allgemeinen schlecht. Allerdings gab es innerhalb der Arbeiterschaft beträchtliche Unterschiede hinsichtlich des Einkommens und des Lebensstandards. Neben den branchenspezifischen waren die lokalen und regionalen Unterschiede erheblich. Eine gewerbliche Fachkraft erhielt zwei- bis dreimal so viel Lohn wie ein ungelernter Arbeiter; Frauen wurden durchschnittlich höchstens zwei Drittel des Lohnes eines Mannes gezahlt. Bedingt durch die niedrigen Einkommen und die vergleichsweise hohen Preise für die Dinge des täglichen Bedarfs war der Lebensstandard der meisten Arbeiter sehr gering. Etwa zwei Drittel des Familieneinkommens mussten für Grundnahrungsmittel ausgegeben werden, der Rest für Wohnung, Heizung, Kleidung und alle anderen Ausgaben. Neben dem meist geringen Einkommen, bedeuteten die unsicheren Arbeitsverhältnisse, die fehlenden oder nur sehr kurzen Erholungszeiten und die langen Arbeitszeiten eine enorme körperliche und psychische Belastung.

Von Seiten der Unternehmen und auch einiger Unternehmenshistoriker wurde das schwierige Verhältnis zwischen Arbeitern und Unternehmern immer wieder romantisch verklärt, was in einer Unternehmensgeschichte zur Firma Lindt&Sprüngli sehr deutlich zum Ausdruck kommt: »Hervorzuheben ist das gute Verhältnis, das Rudolf Sprüngli-Schifferli zu seinen Arbeitern pflegte. Er sorgte wie ein väterlicher Freund für sie und begründete die hochgemute Tradition des Hauses Sprüngli, in der Ausgestaltung der Arbeitsbedingungen und der Wohlfahrtseinrichtungen stets fortschrittlich zu sein. Er führte für die Arbeiter bezahlte Ferien ein, lange bevor anderwärts in dieser Richtung der gewerkschaftliche Druck einsetzte. Seine patriarchalische Auffassung vom Dienstverhältnis wurde durch seine Hilfsbereitschaft bestimmt. Wer mit dem kleinwüchsigen, hageren Mann mit den gütigen Augen ins Gespräch kam, ohne ihn zu kennen, hätte in ihm nicht den Fabrikherrn vermutet, der Hunderten von Arbeitern Verdienst gab und durch seine Erzeugnisse Verbindungen mit der ganzen Welt unterhielt.«[37] Man kann sich denken, dass dieses Bild nicht unbedingt der Wahrheit entsprach.

Im Gegensatz zu anderen Industriezweigen gab es innerhalb der Schokoladenindustrie keine übermäßig schweren körperlichen Arbeiten zu verrichten. Daher wurden in den meisten Schokoladenunternehmen schon früh hauptsächlich Mädchen und junge Frauen eingestellt, die in der Regel auch den Großteil der Fabrikarbeiterschaft stellten. Den Frauen wurde von Seiten der Fabrikbesitzer eine besondere Fingerfertigkeit und Reinlichkeit zugesprochen, die für das sensible Produkt Schokolade unerlässlich sei. Diese Sichtweise wird durch eine Äußerung des Historikers Bruno Kuske deutlich, der 1939 eine Jubiläumsschrift zum hundertjährigen Bestehen der Firma Stollwerck herausgab: »Die Firma nahm auf die Frauen einen ganz besonderen Einfluss, indem sie sie im Hinblick auf die Empfindlichkeit der Ware zu größter Reinlichkeit und geordneter Körperpflege erzog. Sie hielt darauf, dass die Frauen schon äußerlich einen besten Eindruck machten. Sie stellten ihnen weiße Berufskleider und beschafften zum Beispiel tausende von Schürzen und Häubchen. Die Qualität der Ware nötigte die Frauen zu ganz präziser und sorgfältigster Arbeitsweise, wie sie so auch an Ordnung und Pünktlichkeit gewöhnt wurden.«[38]

Es wird hier nicht nur deutlich, dass Reinlichkeit und Sorgfalt zentrale Werte in der Schokoladenindustrie waren, sondern dass die Arbeitgeber in der Beschäftigung von Arbeitern eine Art sozialer Mission sahen. Viele glaubten daran, oder behaupteten es zumindest, durch die Beschäftigung von verheirateten Frauen die Lebenssituation der Arbeiterfamilien zu verbessern.

Die Belegschaft der Kölner Schokoladenfabrik Stollwerck bestand um 1900 zu zwei Dritteln aus Frauen, die meist erst 14 oder 15 Jahre alt waren. Obwohl sie zum Einkommen ihrer Familien beitrugen, wurde ihre Arbeit in der Fabrik auch von vielen kritisch gesehen. In einem Zeitungsartikel aus dem Jahre 1902 hieß es zu den »Stollwerck-Mädchen: »Diese armen Wesen sind nicht ordentlich [...] durch die Arbeit außerhalb verlieren sie den Sinn für Häuslichkeit und treiben sich abends lieber auf der Straße herum, als dass sie daheim sich beschäftigen [...] Sie verstehen nichts, können nicht nähen und stricken, nicht stopfen und sticken, nicht waschen und bügeln [...] Dieselben Kleider, mit denen eine ordentliche Hausfrau lange Zeit sich und die Kinder anständig kleiden kann, sind bei ihr schon in der Hälfte der Zeit verschlampt [...] Sie kann nicht kochen [...] Sie ist berufen, ihrem müden Mann ein gemütlich Heim zu bereiten; das kann sie nicht [...] Wenn da ein Mann unzufrieden wird, wer kann es ihm verdenken? [...] Er geht hinaus [...] ins Wirtshaus.«[39] Dieser Zeitungsartikel aus dem Jahr 1902 zeigt eine andere Haltung, die die verheiratete Frau nicht in der Fabrik sah, sondern als Bereiterin eines gemütlichen Heimes für ihren Mann.

Da die Frauen in der Schokoladenindustrie keine ausgebildeten Fachkräfte waren, verdienten sie wesentlich weniger Geld. Während ein gelernter Konditor im Unternehmen etwa 25 Pfennig die Stunde erhielt, waren es bei ihnen etwa zehn Pfennig die Stunde. Die Arbeitszeit war aber bei allen gleich und lag 1874 bei 84 Stunden in der Woche. Es wurde montags bis samstags von 6 bis 20 Uhr gearbeitet, bei einer Stunde Mittagspause und sonntags von 6 bis 12 Uhr. In den folgenden Jahrzehnten wurde die wöchentliche

Arbeitszeit dann langsam reduziert und lag im Jahr 1910 nur noch bei 60 Stunden. Die Arbeiterinnen mussten viele Jahre im Unternehmen arbeiten, um bestimmte Vergünstigungen gewährt zu bekommen. Ab 1900 erhielten sie beispielsweise nach ein bis zwei Jahren Betriebszugehörigkeit eine Woche Sommerurlaub bei halbem Lohnausgleich und erst nach 25 Jahren wurden zwei Wochen Sommerurlaub bei vollem Lohnausgleich gewährt. Es zeigt sich also, dass sich die Sozialleistungen in der Schokoladenindustrie damals noch in sehr engen Grenzen hielten und in der Regel an Arbeitsleistung und Betriebszugehörigkeit gekoppelt waren.

Wie in vielen anderen Branchen entstanden auch in vielen Schokoladenunternehmen gegen Ende des 19. Jahrhunderts verschiedene soziale Einrichtungen wie Speisezimmer, Bibliotheken oder Badeanstalten. Die Firma Stollwerck bot ihren Arbeiterinnen um 1900 noch verschiedene Koch- und Hauswirtschaftskurse und in den 1930er-Jahren sogar einen Kindergarten, in dem die Kinder der Angestellten während der Arbeitszeit untergebracht werden konnten.

Von der Sanitäts- zur Studentenschokolade – Die neue Produktvielfalt

In der zweiten Hälfte des 19. Jahrhunderts stieg die Zahl der Schokoladenprodukte ständig an. Alle großen Schokoladenhersteller boten ein umfangreiches und vielfältiges Kakao- und Schokoladensortiment an. Das Angebot an Schokoladen ließ sich in der Regel aber grob in vier Typen unterteilen. Diese Einteilung findet sich beispielsweise auch in einem medizinischen Nachschlagewerk der französischen Académie de la Médizine aus der Mitte des 19. Jahrhunderts. Als grundlegendes Angebot wurde *einfache Schokolade* aus Kakao und Zucker angeboten, die aber als schwer verdaulich und damit für alte und kranke Menschen nicht geeignet angesehen wurde. Daneben gab es verschiedene *aromatisierte Schokoladen* mit Zusätzen von Vanille, Zimt oder Ambra, die als verdauungsfördernd und von besserem Geschmack beziehungsweise stärkerem Aroma bezeichnet wurden. Darüber hinaus gehörten *stärkehaltige Schokoladen* mit Zusätzen von Sago oder anderen stärkehaltigen Substanzen, die der körperlichen Stärkung dienen sollten, in die Sortimente der meisten großen Schokoladenhersteller. Schließlich wurden noch *medizinisch-pharmazeutische Schokoladen* angeboten, die medizinische Wirkstoffe oder Heilmittel enthielten und in der Regel über Apotheken verkauft wurden.

Bei der Herstellung von medizinisch-pharmazeutischer Schokolade überschnitt sich der Arbeitsbereich der Schokoladenhersteller und der Apotheker. Sowohl Apotheker als auch Schokoladenhersteller verstanden sich auf das Versieden von Zucker. Hierdurch kam es häufig zu Streitereien, da die Apotheker das Recht der Herstellung von pharmazeutischen Produkten ausschließlich für sich beanspruchten. In Köln kam es in dieser Frage zu einem Streit zwischen dem Konditor Franz Stollwerck und verschiedenen Apothekern der Stadt. Es kam 1846 zu einem Gerichtsurteil, nach dem den Konditoren und Schokoladenherstellern die Herstellung von Hausmitteln erlaubt, von Medikamenten aber verboten wurde.

Die Kategorie der medizinisch-pharmazeutischen Schokolade lohnt aber eine weitere Betrachtung. Nachdem man nach der Ankunft der Schokolade in Europa eine längere Diskussion über die medizinische Wirkung geführt hatte, spielte diese Frage in der zeitgenössischen Forschung im 19. Jahrhundert keine Rolle mehr. Allerdings galt Schokolade, vor allem in Kombinationen mit Mehl, als Stärkungsmittel. Darüber hinaus kamen im 19. Jahrhundert Sanitätsschokoladen auf, denen man besondere Wirkstoffe gegen körperliche Beschwerden oder Mangelerscheinungen beigegeben hatte. Das Kölner Schokoladenunternehmen Stollwerck hatte in der zweiten Hälfte des 19. Jahrhunderts zahlreiche Sanitätsschokoladen in seinem Sortiment (Abbildung 8). Dazu gehörte beispielsweise eine Eisenschokolade gegen Blutarmut und Bleichsucht, eine Pfeilwurzschokolade gegen Lungenschwindsucht, eine Santoninschokolade gegen Wurmbefall oder eine Salepschokolade als Stärkungsmittel.

8 Sortiment an Sanitätsschokoladen und Eichelkakao (Ende des 19. Jahrhunderts).

Die große Zahl der Sanitätsschokoladen wurde nicht von allen Zeitgenossen begrüßt, sondern durchaus auch kritisiert. In einer französischen Zeitung schrieb ein unbekannter Journalist 1860: »Noch nie hat man so viele Arten von Schokolade gesehen, es ist wahrlich ein Hohn. Es gibt keine Substanz, die man nicht mit Schokolade verarbeitet hätte. Durch diesen Betrug wollte man manchen Leuten, die die mehr oder weniger unangenehmen Medikamente nur widerwillig schlucken, vorgaukeln, dass es möglich sei, die Schokolade zum Grundstoff für alle Arzneien zu machen. Jeden Tag verkündet man neue Schokoladensorten: mit Tapioka, mit Moos, mit Chininsulfat und Pfeilwurz. Ein Hersteller setzte noch eins drauf und bot sogar eine sogenannte Emmenagogum-Schokolade mit Eisenfeilspänen an! Wenn das so weitergeht, werden bald alle Arzneimittel-Drogen zu Schokolade verarbeitet, und für jede Krankheit gibt es dann eine eigene Schokolade!«[40]

Die großen Schokoladenunternehmen boten ihren Kunden um 1900 meist ein sehr umfangreiches Sortiment, das kaum zu überschauen war (Abbildung 9). Es bestand in der Regel aus mehreren hundert Artikeln und umfasste neben Kakao und Schokolade oftmals auch noch verwandte Produkte. Stollwerck verkaufte gegen Ende des 19. Jahrhunderts neben Kakao und Schokolade auch Karamellbonbons, Früchtebonbons in zahlreichen Geschmacksrichtungen, verschiedenste Dragees, Englische Biskuits, Wiener Waffeln, Bourbon-Vanille, Chinesischen Tee, Mandeln, verschiedene Zucker und Englische Fruchtbonbons.

Viele Unternehmen verkauften Kakao als Pulver oder als Masse und lieferten ihre Schokolade in Tafelform oder als Block. Üblicherweise bot man die eigene Schokolade in verschiedenen Qualitäten an. Die Firma Stollwerck lieferte ihre Schokolade im Jahr 1886 in den Qualitätsstufen »Vorzüglichst«, »Extrafein«, »Superfein«, »Fein«, »Recht Gut«, »Fein Mittel«, »Gut mit Sago«, »Gut ohne Sago«. Innerhalb des Sortimentes spielten die Sanitätsschokoladen eine große Rolle. Dazu gehörte Arrowroot-Schokolade, Fleisch-Extract-Schokolade, Guarana-Schokolade, Isländisch-Moos-Schokolade, Leguminose-Schokolade, Pepton-Schokolade, Reis-Schokolade.

Die Schokolade richtete sich in der Regel an bestimmte Zielgruppen oder war für bestimmte Anlässe gedacht. Dementsprechend gab es Bahnhofs-, Frühstücks-, Taschen-, Theater-, Kinder- oder Studentenschokolade. Häufig fanden sich moralisierende Beschriftungen auf den Tafeln, wie beispielsweise »Für Fleiß und Aufmerksamkeit« oder »Erst die Arbeit, dann das Spiel«.

Die Verpackungen der Schokoladenprodukte orientierten sich bis in die 1870er-Jahre am Vorbild französischer Verpackungsformen, die sich noch stark an den Formen des Rokoko anlehnten. Besonders feine Umhüllungen und Verpackungen wurden sogar aus Frankreich bezogen. Der Verkauf der Ware erfolgte in kleinen Holzkisten (Abbildung 10), Schachteln, Dosen, Bonbonieren, Alben und Etuis, die oftmals zur Wiederverwendung, zum Beispiel

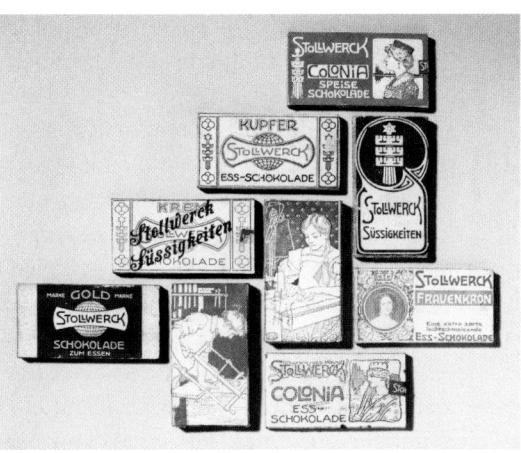

9
Essschokoladen aus dem Hause Stollwerck (um 1900). Die großen Schokoladenunternehmen hatten oftmals mehrere hundert verschiedene Schokoladenartikel im Programm.

10
Kunstvoll verzierte Holzschachtel der Schokoladenfabrik Sprüngli (Ende 19. Jahrhundert).

als Schmuckdosen gedacht waren. Neben Holz, Papier und Weißblech kamen Glas, Flechtwerk, Samt, Seide und später auch Staniol infrage. Im Laden selbst wurden die einzelnen Schokoladenprodukte den potentiellen Käuferinnen und Käufern dann in Standdosen, Schaukisten oder Schauschränken präsentiert.

In der Werbung und auf den Verpackungen wurde die Schokolade häufig mit der geografischen Herkunft des Rohstoffes Kakao in Verbindung gebracht. So tauchten – neben Ernteszenen (Abbildung 11) – schon früh Elefanten und Orientalen auf. Eines der bekanntesten Werbesymbole wurde später der Sarottimohr, der erstmals 1918 auf den Schokoladenverpackungen des Unternehmens auftauchte. Das Markenzeichen der Firma entstand dadurch, dass der Confiseur Hugo Hoffmann 1868 einen Handwerksbetrieb zur Herstellung »feiner Pralinen, Fondants und Fruchtpasteten« in der Berliner Mohrenstraße 10 eröffnete. Anlässlich des 50-jährigen Bestehens der Firma, wurde eine Berliner Werbeagentur aufgefordert, ein Markenzeichen für das Unternehmen

11
Schokoladendose aus
Weißblech (um 1900).

zu entwickeln. Das Ergebnis waren drei »Mohren« mit einem Tablett. Das Markenzeichen konnte sich erstaunlich lange halten, musste aber schließlich der Mode und dem politischen Empfinden weichen. Wer sich heutzutage eine Tafel Sarottischokolade anschaut, wird erkennen, dass sich der Sarottimohr deutlich verändert hat. Er hat nun ein goldenes Gesicht und wird als »Magier der Sinne« bezeichnet. Außerdem trägt er kein Tablett mehr.

Gegen Ende des 19. Jahrhunderts wurden der Schokolade oftmals Beilagen zugegeben. So gab es beispielsweise »Photographie-Chocolade«, auf deren Verpackung Fotos zu verschiedensten gesellschaftlichen Themen beigegeben wurden. Dabei handelte es sich um Fotos von berühmten Persönlichkeiten, von wichtigen gesellschaftlichen Ereignissen sowie bedeutenden Kunstgemälden. Der »Grossen Notizen-Chocolade« war ein »Schiefer-Notiz-Buch und Patentstift« beigelegt.

Rigorose Reinheit und Qualität – Der Kampf gegen die Verfälscher

Die Industrialisierung der Schokoladenherstellung war mit einem tiefgreifenden Wandel der Ernährungsgewohnheiten verbunden. In der ersten Hälfte des 19. Jahrhunderts erfolgte die Beschaffung von Lebensmitteln noch über die eigene Produktion oder den lokalen Markt. Sie war noch stark von jahreszeitlichen Schwankungen beeinflusst und hatte mit zahlreichen Problemen, wie beispielsweise ungenügenden Konservierungsmöglichkeiten, zu kämpfen. Erst die Industrialisierung der Lebensmittelproduktion ab der Mitte des 19. Jahrhunderts veränderte diese Situation und ermöglichte erstmals die Sicherstellung der gleichmäßigen Nahrungsversorgung.

Der Aufbau einer eigenständigen Lebensmittelindustrie resultierte aus verschiedenen Entwicklungen, die seit dem Ende des 18. Jahrhunderts in Europa stattfanden. Dazu gehörte insbesondere die Durchsetzung der Fabrikarbeit mit langen und rigorosen Arbeitszeiten, sodass für die eigene Lebensmittelproduktion und -zubereitung keine Zeit mehr blieb. Außerdem ließen das enorme Bevölkerungswachstum und die zunehmende Urbanisierung keinen Platz mehr für eigene Gärten und Kleinviehhaltung. Der Aufbau der Lebensmittelindustrie lief parallel mit dem Ausbau der Ernährungsforschung und der Entwicklung neuer Technologien der Lebensmittelverarbeitung. Die Ernährung der Bevölkerung, insbesondere der Arbeiterschaft, wurde nun zum Gegenstand der wissenschaftlichen Diskussion. Damit verbunden war schließlich auch die Frage nach der Verwendung von gesundheitsschädlichen Zutaten und der Verfälschung von Lebensmitteln.

Diese Frage spielte nicht zuletzt auch im Hinblick auf die Schokolade eine große Rolle. Da es sich bei dieser um ein vergleichsweise teures Produkt handelte, war hier die Gefahr der Verfälschung besonders hoch. Verstärkt wurde dies durch die wachsende Nachfrage nach Schokolade und die hohen Preise für verschiedene Rohstoffe im 19. Jahrhundert, die die Verwendung minderwertiger Rohstoffe oder billigerer Ersatzstoffe besonders lukrativ machten. Für die Schokoladenhersteller war die Verfälschung ihrer Produkte zudem noch relativ ungefährlich, da es sich bei diesen oftmals um unbekannte Artikel handelte, die keinem bestimmten Hersteller zugeordnet werden konnten. Trotz oder gerade wegen dieser Problematik entstanden in der zweiten Hälfte des 19. Jahrhunderts zahlreiche Publikationen zum Thema, deren Bandbreite vom wissenschaftlichen Werk bis zum populären Ratgeber reichte.

In Großbritannien wurde das Problem der Verfälschung von Schokolade bereits relativ früh erkannt. Im Jahr 1850 gründete sich dort ein Ausschuss zur Analyse von Lebensmitteln, der sich auch um die Untersuchung verschiedener Schokoladensorten kümmerte. Die Analysen bestätigten, was man schon erwartet hatte. Zahlreiche Schokoladenhersteller hatten ihre Schokoladenprodukte mit verschiedenen unzulässigen Zutaten gestreckt, um den teuren Kakaoanteil reduzieren zu können. In den meisten Fällen wurden gemahlene Ziegel und Stärke gefunden. Die englische Firma Cadbury, deren Schokolade ebenfalls negativ aufgefallen war, ging daraufhin in die Offensive. Die Firma gab an, eine hundertprozentig reine und unverfälschte Schokolade herzustellen, und machte den Vorschlag, die prozentualen Anteile aller Schokoladenzutaten auf der Verpackung anzugeben.[41]

Auch in Deutschland war die Verfälschung von Schokolade in der zweiten Hälfte des 19. Jahrhunderts stark verbreitet und in weiten Kreisen der Bevölkerung bekannt. Der populäre Haushaltsratgeber »Waarenkunde für die Frauenwelt« nannte 1868 verschiedene unzulässige Zutaten, die man üblicherweise für die Herstellung von Schokolade verwenden würde: »Als die leider nur zu oft vorkommenden Verfälschungen der Kakaomasse hat man namentlich gebranntes Roggen- oder Weizenmehl, gepulverte Bucheckern und Erbsenmehl, nebst etwas Schöpfentalg zum Ersatz der Kacaobutter herausgefunden. Die Chocolade selbst wird mit Weizen- oder Kartoffelstärke, Reis-, Weizen-, Roggen-, Hafer-, Mais- und anderen Getreidemehlen, Saleppulver, Cichorien, Schiffszwieback, Kleienmehl, gerösteten Haselnüssen oder Mandeln, Eichelkaffee, Kastanien-, Bohnen-, Linsen-, Erbsenmehl, ja sogar mit Kreide-, Rothstein, und Ziegensteinpulver, Oker, Menninge, schwefelsaurem Kalk (Gips), Zinnober, selbst Erde und Sägespähnen verfälscht.«[42] Abschließend wurde vor dieser gängigen Praxis noch einmal entschieden gewarnt: »Es sollte in der That als eine der hauptsächlichsten Aufgaben der Polizei gelten, recht oft alle möglichen Nahrungsmittel, Eßwaaren und Getränke, vornehmlich aber die billigen Chokoladen, und dergl. nach ihren Verfälschungen zu prüfen. Meine Leserinnen seien vor allen billigen Chokoladen, wie Kacao-Zubereitungen überhaupt, von vornherein auf das dringendste gewarnt!«[43]

Dem Beispiel von Cadbury folgend, versuchten in Deutschland ebenfalls einige Schokoladenfabrikanten gegen das schlechte Ansehen der Schokolade in der Öffentlichkeit vorzugehen und für die Reinheit und Qualität ihrer Produkte zu werben. Ein Betrieb, der sich dabei besonders hervortat, war die Kölner Schokoladenfabrik Stollwerck. Das Unternehmen unterstellte sich bereits 1869 einer freiwilligen, regelmäßigen sanitätspolizeilichen Untersuchung und tat dies natürlich auch öffentlich kund. In einer Zeitungsanzeige vom 1. September 1869 hieß es dazu: »Der Unterzeichnete bescheinigt hiermit, dass die Chocoladenfabrik von Franz Stollwerck & Söhne in Köln sich für die Reinheit ihrer Waaren verbürgt und ihre Fabrication unter sanitätspolizeiliche Kontrole freiwillig gestellt hat, dass die zur Verwendung kommenden Rohmaterialien und Ingredienzien sowie auch die fertige Waare analysiert werden und dadurch beim Konsumenten eine reine Chocolade, daß heißt purer Cacao und Zucker garantiert wird.«[44] Stollwerck hatte also schon früh die Vorteile einer Marketingstrategie erkannt, die auf Reinheit und Qualität setzte. Hierdurch konnte sich das Unternehmen in der Folgezeit von zahlreichen Konkurrenten abgrenzen, die zwar deutlich kostengünstiger produzierten, aber weiterhin verfälschte Schokoladenprodukte anboten.

Obwohl sich einzelne Schokoladenunternehmen staatlichen Kontrollen unterzogen, änderte sich an der Verfälschung von Schokolade nicht viel. Es war aber nicht nur Schokolade, die häufig gestreckt wurde, sondern auch für andere Lebensmittel gab es keine verbindlichen Regelungen, sodass Schokolade und Wurst auch zehn Jahre später als zwei der am meisten verfälschten Lebensmittel galten. Der »Allgemeine Verein zur Verfälschung von Lebensmitteln« versuchte auf diese Zustände aufmerksam zu machen und gab 1878 das »Liederbuch für fröhliche Fälscher« heraus. Dort hieß es:

>»*Für Wurst und Chokolade*
>*ist nichts zu schlecht zu schade,*
>*und Abfall, Staub und Dreck,*
>*erfüllen all den Zweck.*
>*Für Chokolade nimmt man dermal'gen*
>*geröstet Mehl von Cerealien,*
>*und Hülsenfrüchten; Oker, Thon*
>*auch Weinbeerkerne nahm man schon,*
>*Cacaoschalen und von manchen*
>*genommen wurden echte Kastanien*
>*Bucheckern, Eicheln, mancher Schalk*
>*nahm auch bloß Ziegelmehl und Talg.*«[45]

Das oben genannte Beispiel zeigt, dass sich spätestens in den 1870er-Jahren öffentlicher Widerstand gegen die Verfälschung von Nahrungsmitteln regte. Tatsächlich erreichte er in dieser Zeit seinen Höhepunkt. Es bildeten sich Vereine, die eine strengere Gesetzgebung und schärfere Kontrollen forderten. Außerdem wurde das Thema auf Konferenzen und Versammlungen sowie in Vorträgen behandelt. Es erschienen zahlreiche Publikationen, die die Möglichkeiten der Nahrungsmittelmanipulation beschrieben und Ratschläge gaben, wie diese erkannt werden könnte. Auch die bereits zitierte Waarenkunde enthielt verschiedene Hinweise, wie die gekaufte Schokolade geprüft werden könne. Für uns muten diese Hinweise allerdings etwa umständlich an und es bleibt unbekannt, ob die Leserinnen des Handbuchs diese tatsächlich durchführten. Der Nachweis von mineralischen Beimischungen, wie beispielsweise Kreide, sollte folgendermaßen ermittelt werden: »In einem blankgescheuerten Blechlöffel wird ein Stückchen Chokolade über einer Spiritusflamme recht langsam und gelinde erwärmt. Dabei verrathen uns Geruch und Geschmack vielleicht bereits mancherlei. Dann verbrennen wir die Probe zu Asche und beträgt diese mehr als ein Zehntel des Gewichts, so war die Chokolade mit mineralischen Stoffen verfälscht; etwaiges Aufbrausen beim darauftröpfeln von einigen Tropfen Essig oder einer Säure, sagt uns, daß die Asche Kreide oder ähnliche kohlensäurehaltige erdige Bestandtheile habe.«[46] Die zahlreichen Hinweis zur Überprüfung der Schokoladenreinheit durch den Käufer waren aber keine wirkliche Lösung des Problems. Stattdessen verschärfte sich die Situation durch die schwierige wirtschaftliche Lage Anfang der 1870er-Jahre und die anschließende Verteuerung des Kakaos.

Allerdings führte die öffentliche Diskussion schließlich zu einem Umdenken bei vielen Schokoladenfabrikanten, was seinen Ausdruck in der Gründung des »Verbandes Deutscher Schokoladenhersteller« im Januar 1877 fand. An der konstituierenden Sitzung in Frankfurt nahmen aber lediglich 24 von 46 Schokoladenunternehmen teil, darunter allerdings die großen Unternehmen der Branche wie Sprengel, Waldbaur oder Hartwig & Vogel.[47] Bis zum Beginn des Ersten Weltkrieges sollte der Verband 80 Prozent der deutschen Schokoladenindustrie auf sich vereinigen. Schon bald nach der Gründung engagierte sich der Verband für die Reinheit der Schokolade. Eine der wichtigsten Maßnahmen war in diesem Zusammenhang die Einführung einer Reinheitsmarke. Diese wurde mit einem besonderen Siegel gekennzeichnet, dem Reichsadler mit dem Verbandsnamen und der Inschrift: »Garantiert rein Kakao und Zucker«. Die Hersteller der Reinheitsmarke mussten sich bestimmten Standards verpflichten und wurden bei Missachtung bestraft. Bei einem dreimaligen Verstoß gegen die Reinheitsvorschriften wurde der betreffende Hersteller sogar aus dem Verband ausgeschlossen. Die Reinheitsmarke und das Gütesiegel wurden in großformatigen Zeitungsinseraten beworben und so bekannt gemacht.

Verführung zum Genuss – Neue Wege bei Werbung und Verkauf

Noch in der ersten Hälfte des 19. Jahrhunderts wurde für Kakao- und Schokoladenprodukte in erster Linie über Zeitungsanzeigen geworben. Die Anzeigen waren meist sehr textlastig sowie äußerst umständlich und langatmig im Stil. Grafische Anzeigen fehlten fast ganz und waren, wenn doch vorhanden, äußerst farblos. Für die frühen Schokoladenhersteller waren die Beteuerung von Sorgfalt und Reinheit wichtige Inhalte ihrer Anzeigen und die Nennung von Hoflieferantentiteln oder der Erhalt von Preismedaillen auf Welt- oder Gewerbeausstellungen wichtige Werbebotschaften.

Die jährlichen Preisverzeichnisse der Firma Stollwerck enthielten immer auch Angaben zum aktuellen Stand der Hoflieferantentitel und Preismedaillen. In der Preisliste von 1888 heißt es: »Unsere Fabrikate sind in fast allen Städten Deutschlands […] käuflich und werden nicht vorräthige Waaren von den betreffenden Wiederverkäufern, welche durch Placate kenntlich sind, bereitwilligst verschrieben; wir beliefern daher nur direct nach solchen Orten, in denen unsere Fabrikate nicht zu haben sind. In unserer Fabrik werden nur Rohmaterialien gesunder und bester Qualität verarbeitet, und finden dabei alle Anforderungen, welche an ein reines hygienisches Fabrikat gestellt werden können, Berücksichtigung. Ein eigenes chemisches Laboratorium überwacht alle zur Verwendung kommenden Materialien und Emballagen. Vierunddreißig Ehrendiplome, goldene, silberne & broncene Medaillen, sowie die Patente als Lieferanten der meisten europäischen regierenden Fürsten anerkennen die Qualität der Fabrikate.«[48]

In der Preisliste von 1889 wurde die Zahl von 26 Hofdiplomen genannt, beispielsweise von Kaiser Wilhelm II. von Deutschland, von Kaiser Franz Josef von Österreich, vom Türkischen Sultan, von König Humbert I. von Italien und von dem Kronprinzen von Großbritannien. Darüber hinaus wurde auf 44 Medaillen hingewiesen, die das Unternehmen auf Ausstellungen und Messen erhalten hatte.

Die Beteiligung an Messen und ähnlichen Ausstellungen wurde immer wieder gerne hervorgehoben und von der Presse auch bereitwillig aufgegriffen. In einem Zeitungsartikel zur Frankfurter Ausstellung von 1881 hieß es: »Wenn man im großen Vestibül von der oberen offenen Galerie in die verschiedenen Radialgänge hinabsieht, so bemerkt man bald nach dem überraschenden Totaleindruck einige monumentale Ausstellungs-Objekte, die vor allem unsere Aufmerksamkeit auf sich ziehen. So zunächst links in der zweiten Allee den Stollwerck'schen Triumphbogen, wirklich ein Brandenburger Tor im Kleinen, aber immer noch groß genug, um Reiter und Fußgänger, und wenn es sein müsste sogar einen Wagen durchpassieren zu lassen. Dieses Portal besteht »ganz aus Chocolade in Granit-Imitation«, wie die stolze Inschrift besagt, was bei der Neuheit des Baumaterials jedoch viele Zweifler findet, und dem Berichterstatter ging es ebenso. Die Julisonne hat aber den Beweis dafür erbracht, denn die ungewöhnliche Hitze unter der Dachwölbung löste die Verzierungen in der Höhe ab, und die süssen Steine fielen zu deren großen Vergnügen der Jugend, welche sich dort stets Rendezvous gab, in den Schoss; ›wäre doch ganz Frankfurt von solchen Steinen gebaut‹, hörte man oft im Vorübergehen. [...] Unser Kaiser belohnte die Arbeit durch die anerkennenden Worte: ›dies ist ja ein wahrer Triumphbogen deutscher Chocoladen-Industrie‹ und versuchte gleichzeitig die in der Ausstellung fabricierten Chocoladen-Desserts. – Im übrigen sind die weltversüssenden Gebr. Stollwerck – wie ein großer Chocoladenfreund die Firma benannte – bereits von früheren Ausstellungen so bekannt, dass man kaum etwas Neues darüber sagen kann; wer indes die brilliant ausgestattete und zugleich sehr instructive Fabrication zum erstenmale sieht, verweilt gern ein Viertelstündchen davor und freut sich, dass die Firma dafür sorgt, dass für Chocoladen und Süsses das deutsche Geld nicht mehr so viel ins Ausland wandert, wie vor Jahren [...]«[49] (Abbildung 12).

12
Prunkvolle Präsentation der Firma Stollwerck auf der Weltausstellung in Chicago 1893. Dieser »Chocolade-Tempel« erregte auf europäischen und überseeischen Ausstellungen größtes Aufsehen. Er war zwölf Meter hoch und hatte ein Gesamtgewicht von 30 Tonnen.

Das Unternehmen Stollwerck ist um 1900 eines der innovativsten Schokoladenunternehmen in den Bereichen Werbung und Verkauf. Ludwig Stollwerck, einer der Söhne des Firmengründers, hatte gegen Ende des 19. Jahrhunderts, vermutlich auf Auslandsreisen, Schokoladenautomaten kennengelernt und ihre Möglichkeiten für den Schokoladenverkauf schnell erkannt. In England wurden Verkaufsautomaten zu diesem Zeitpunkt schon eingesetzt. Bereits 1857 war hier das erste Patent für einen Münzautomaten verliehen wurden. Auch in Deutschland hatte es schon vor Stollwerck Münzautomaten gegeben. Das älteste Patent stammt aus dem Jahr 1883, für einen »Automatischen Verkaufsbehälter für Cigarren«. Im Frühjahr 1887 gelang es der Firma Stollwerck, die ersten Schokoladenautomaten fertigzustellen. In der Folgezeit wurde eine breite Palette unterschiedlichster Schokoladenautomaten produziert. Besonders beliebt waren Automaten in Tierform, von der Henne (Abbildung 13) über den Klapperstorch bis hin zum gestiefelten Kater. Neben großen Standautomaten wurden auch kleine Wand- oder Thekenautomaten herausgebracht.

Ursprünglich waren die Automaten als Probenverkäufer und damit als Werbemittel für die eigene Schokoladenproduktion gedacht. In der Anfangszeit war dies auch auf den Schokoladentafeln vermerkt (zum Beispiel »Probe Stollwerck'scher Vanille-Chocolade«). Neben Süßwaren wurden auch Zigaretten und Zigarren sowie Dinge des täglichen Bedarfs wie Stecknadeln, Sicherheitsnadeln, Knöpfe, Zahnstocher oder Seife angeboten. Anfangs konnten die Automaten von Interessenten gemietet werden, die sie dann auf eigene Rechnung aufstellen konnten. Später ging Stollwerck aber dazu über, die Automaten zu verkaufen.

Die Automaten wurden in Restaurationsbetrieben und auf öffentlichen Plätzen aufgestellt. Ein besonderes Abkommen schloss Stollwerck mit der Reichsbahn. Die Firma lieferte der Bahn Fahrkartenautomaten und durfte dafür ihre Schokoladenautomaten auf den Bahnsteigen aufstellen. Dort wurden in den ersten Jahren die höchsten Umsatzzahlen gemacht.

Den Schokoladentafeln, die aus den Automaten gezogen werden konnten, wurden später Bilder beigelegt, die verschiedene Motive, wie Porträts bekannter Persönlichkeiten, Landschaften etc. zeigen. Für die Bilder entstanden schon bald Tauschstellen und Börsen und Ende der 1890er-Jahre gibt die Firma Stollwerck erste Sammelalben heraus. Diese Idee trägt maßgeblich dazu bei, dass sich der Inlandsumsatz von Schokolade zwischen 1886 und 1899 mehr als verdoppelt. Kurz vor der Jahrhundertwende werden jährlich 50 Millionen Sammelbilder und etwa 100.000 Sammelalben herausgebracht. In den 1890er-Jahren werden namhafte Künstler für die Gestaltung der Bilder verpflichtet, wie beispielsweise Max Liebermann, Emil Doepler oder Elli Hirsch. Für die Auswahl der Motive werden Kunstwettbewerbe organisiert. Für die einzelnen Serien zahlt Stollwerck Beträge von bis zu 120.000 Mark.

Insgesamt waren die Schokoladenautomaten ein großer Erfolg. Anfang der 90er-Jahre des 19. Jahrhunderts gab es bereits über 12.000 Stück, die an Bahnhöfen und öffentlichen Plätzen standen. Auch im Ausland wurden Schokoladenautomaten der

13 Schokoladenautomat einer eierlegenden Henne, die gackern konnte (um 1920).

Firma Stollwerck aufgestellt. Alleine in New York standen um 1900 etwa 4.000 Automaten des Unternehmens. Allerdings wurde die Begeisterung für Schokoladenautomaten nicht von allen Zeitgenossen geteilt, stattdessen wurden sie von einigen heftig kritisiert und gesetzliche Regelungen im Umgang mit diesen gefordert. Ein Artikel der Hamburger Nachrichten vom 12. Juli 1900 fasst die Kritik der Automatengegner sehr schön zusammen: »Zeitgemäße Verfügung, Automaten betreffend. Der Regierungspräsident hat nachfolgende, sehr zeitgemäße Verfügung erlassen: ›Es ist die Beobachtung gemacht worden, dass durch Automaten, welche auf öffentlichen Straßen, Plätzen usw. Süßigkeiten aller Art für verhältnismäßig geringe Geldbeträge feilbieten, die Schulkinder nicht nur zur Leckerei und Verschwendung, sondern auch zu strafbaren Handlungen mancherlei Art verleitet werden. Diese Gefahr wird noch dadurch vergrößert, dass einzelne Firmen die Sammelwuth in den Dienst ihres Automatenbetriebes stellen, indem sie den Zuckerwaaren kleine Bilder beifügen und Demjenigen eine Prämie zusichern, der eine bestimmte Anzahl solcher Bilder an die Firma einsendet. Wenn die Kinder sich darauf beschränken, ihre eigenen Ersparnisse oder dergleichen den Automaten zuzutragen, so ist das Uebel, so bedenkliche Folgen es auch zeitigen kann, immerhin noch zu ertragen. Viele Kinder sollen jedoch, nach gesammelten Erfahrungen, den Weg des Verbrechens beschreiten, indem sie sich die Geldmittel auf unredliche Weise verschaffen oder auch ohne Geld den Automaten mit List oder Gewalt ihren Inhalt zu entreißen suchen. Ich ersuche, binnen vier Wochen sich darüber zu äußern, ob dort ähnliche Beobachtungen gemacht worden sind und welche Maßnahmen zur Beseitigung der hervorgetretenen Missstände angezeigt erscheinen. Es würde hierbei etwa in Frage kommen, ob die Automaten, soweit sie auf öffentlichen Verkehrswegen – Straßen, Plätzen – aufgestellt sind, zu entfernen wären, was auf Grund bestehender oder zu erlassender Straßenpolizeiverordnungen, welche das Ausstellen von Gegenständen auf öffentlichen Straßen und das Anbringen von Schaukästen an der Außenseite der Häuser von polizeilicher Genehmigung abhängig machen, angängig erscheint; oder – ein zweifellos wirksames Mittel – ob der Automatenbetrieb allgemein concessionspflichtig zu machen oder aber hinsichtlich der Art der zu verkaufenden Gegenstände oder örtlich zu beschränken sei. Daß die Concessionspflichtigkeit des Automatenbetriebes nur im Wege der Reichsgesetzgebung angeordnet werden könnte, bedarf keiner weiteren Ausführung. Endlich würde noch in Frage kommen, ob der Automatenbetrieb an Orten, an denen Kinder erfahrungsgemäß unbeaufsichtigt zu verkehren pflegen, ganz oder hinsichtlich gewisser Waaren im Wege der Polizeiverordnung etwas sich verbieten ließe.‹«[50]

Als Folge der öffentlichen Diskussion wurde eine polizeiliche Genehmigungspflicht gefordert. Eingedämmt wurde die »Automatenflut« aber schließlich durch die Einführung einer allgemeinen Steuerpflicht für Münzautomaten, die am 1. Juli 1908 in Kraft trat. Für das Aufstellen eines Automaten mussten nun ein Erlaubnisschein beantragt und zwischen zwei und 50 Mark bezahlt werden. Trotzdem blieben die Automaten auch in der Folgezeit ein wichtiges Werbe- und Verkaufsmittel für Schokolade. Erst der Erste Weltkrieg und die schwierige Nachkriegszeit änderten diese Situation und die Automaten verloren mehr und mehr an Bedeutung.

Anfang des 20. Jahrhunderts fand ein weiterer Werbeträger für die Schokolade weite Verbreitung: *Emailleschilder* (Abbildung 14). Während man zuvor die Schilder relativ schlicht und textlastig gehalten hatte, tauchten gegen Ende des 19. Jahrhunderts die ersten Motivschilder auf. So warben beispielsweise die Schweizer Schokoladenproduzenten mit Bildmotiven aus den Alpen oder dem berühmten Bernhardinerhund »Barry«. Da Emailleschilder sehr wetterbeständig waren und über eine hohe Lebensdauer verfügten, erlangten sie im Zeitalter der Industrialisierung zunächst eine große Bedeutung. Durch den gleichzeitig immer schnelleren Produktwechsel war ihre Langlebigkeit später jedoch nicht mehr gefordert; sie wurden zu teuer, verloren in der zweiten Hälfte des 20. Jahrhunderts an werblicher Bedeutung und verschwanden schließlich ganz.

14
Emailleschild
der Firma Stollwerck
(um 1900).

15
Ein Plakat der Schweizer Firma Suchard wirbt mit alpinen Motiven (um 1900).

16
Plakat der holländischen Schokoladenfirma van Houten (um 1900).

Anders die *Werbeplakate*, auf die auch heute noch kein Schokoladenhersteller verzichtet, wenngleich sie nicht mehr den gleichen Stellenwert haben. Auch die Werbeplakate waren – ähnlich wie die Emailleschilder – zunächst ausschließlich als reine Schriftplakate konzipiert. Erst in der zweiten Hälfte des 19. Jahrhunderts entstand eine künstlerisch anspruchsvolle Bildsprache für die Plakate. Alle großen Schokoladenhersteller setzten seitdem auf das Plakat als Werbemittel. Vor allem in Zügen wurden Werbeplakate für Schokolade angebracht (Abbildung 15 und 16). In der Zeit zwischen 1900 und den 1920er-Jahren erlebte das Plakat seine Blütezeit, an die es nach dem Zweiten Weltkrieg nicht wieder anknüpfen konnte. Durch das verstärkte Aufkommen der elektronischen Medien ab den 1960er-Jahren verlor das Plakat seine lange unangefochtene Bedeutung als wichtigstes Werbemittel. Fernsehen und Radio sprechen von nun an einen weitaus größeren Kreis von Konsumentinnen und Konsumenten an.

Krieg und Konsum – Die Schokolade kommt im (Kinder-)Alltag an

Die deutsche Schokoladenindustrie erlebte in den Jahren vor dem Ersten Weltkrieg einen regelrechten Wirtschaftsboom. Das galt insbesondere für das Schokoladenunternehmen Stollwerck. Selbst der Ausbruch des Krieges bescherte dem Unternehmen zunächst noch einen wachsenden Schokoladenabsatz. So konnte im zweiten Kriegsjahr mit zwei Millionen Mark der höchste Gewinn in der Firmengeschichte verzeichnet werden. In der Folgezeit wirkte sich der allgemeine Rohstoffmangel aber immer stärker auf die Produktion aus, die bis zum Kriegsende mehr und mehr zum Erliegen kam. Die durch den verlorenen Krieg bedingten Folgen trafen das global agierende Unternehmen besonders hart. Mehrere Fabriken im Ausland wurden enteignet, darunter auch die Schokoladenfabrik in den USA, die zweitgrößte des Landes. Wenn Entschädigungszahlungen geleistet wurden, ließen diese in der Regel lange auf sich warten. Dadurch war das Unternehmen nicht in der Lage, die während des Krieges entstandenen Schulden zu tilgen. In den Geschäftsberichten der 1920er-Jahre finden sich immer wieder Hinweise auf die schwierige politische und wirtschaftliche Lage des Unternehmens. Die Weltwirtschaftskrise beschleunigte den schleichenden Niedergang des ehemaligen Weltkonzerns deutlich. Diese Entwicklung führte schließlich zum Ausscheiden der Familie Stollwerck aus der Leitung des Unternehmens. Stollwerck wurde 1931 an die Deutsche Bank verkauft.

Die für Stollwerck skizzierte Entwicklung traf im Grunde auf alle vergleichbaren Schokoladenunternehmen zu. Dem starken wirtschaftlichen

Aufschwung in der Zeit um 1900 folgte eine jahrzehntelange wirtschaftliche Krisenzeit, die lediglich von einigen kurzen Aufschwüngen unterbrochen wurde. Hier zeigte sich der Luxuscharakter der Schokolade, auf die in Krisenzeiten verzichtet werden musste und konnte.

Eine Neubewertung von Kakao und Schokolade brachte der Nationalsozialismus. Für diesen galt Kakao als »rassenverschlechterndes Erbgift«, deren Konsum die »Volksgesundheit« bedrohen würde. Es entstand eine allgemeine Diskussion, bei der sich die Schokoladenhersteller mit öffentlichen Stellungnahmen gegen die Herabsetzung von Kakao und Schokolade zu wehren suchten. Außerdem war Kakao ein Produkt, das von Menschen produziert wurde, die im Sinne der Nationalsozialisten als »minderwertig« galten. Die negative Bewertung hielt die Nationalsozialisten aber nicht davon ab, Kakao und Schokolade als Stärkung und Notverpflegung für Soldaten zu verwenden. So produzierte Stollwerck und andere Schokoladenunternehmen während des Zweiten Weltkrieges fast ausschließlich für die Armee. Das bekannteste Beispiel einer Soldatenschokolade ist »Scho-ka-kola«, die 1934 im staatlichen Auftrag von der Berliner Schokoladenfabrik Hildebrand entwickelt worden war (Abbildung 17). Das Besondere dieser Schokolade lag in der Verwendung von Kakao, Kaffee und dem Extrakt der Kolanuss. Dadurch wirkte Scho-ka-kola in höherem Maße stimulierend und hatte einen hohen Nährwert. Bis heute wird das Produkt in einer unverwechselbaren runden flachen Blechdose verkauft. In dieser befinden sich immer sechzehn Stück Schokolade.

Erst nach dem Ende des Zweiten Weltkriegs endete die allgemeine Krisenzeit der deutschen Schokoladenindustrie. Während die wirtschaftliche Not in den Jahrzehnten zuvor fast als Normalzustand wahrgenommen worden war, zeigte sich in der Wirtschaftswunderzeit der Nachholbedarf der Deutschen. Zwischen 1950 und 1960 verdoppelte sich das durchschnittliche Einkommen, sodass nun auch wieder Geld für Luxusartikel vorhanden war. Um 1950 nahmen die großen deutschen Schokoladenhersteller wieder ihre Produktion auf. Innerhalb kürzester Zeit entsprach das Angebot wieder dem Vorkriegssortiment.

Nach dem Krieg galt in Deutschland eine Preisbindung für Schokolade. Der Großhändler kaufte die Schokolade für 73 Pfennig vom Schokoladenhersteller. Anschließend verkaufte er sie für 91 Pfennig weiter an den Einzelhändler, der sie wiederum für 1,30 DM an den Kunden verkaufte. Die Preisbindung war eingeführt worden, um dem durch den Krieg schwer in Mitleidenschaft gezogenen Schokoladenunternehmen wirtschaftlich unter die Arme zu greifen. Sie wurde erst 1964 wieder abgeschafft. Da Händler und Kaufhäuser ihre Schokolade nun billiger anbieten konnten, stieg der Absatz der großen Schokoladenunternehmen rasant an. Allerdings hielt dieser Absatzboom nicht lange an, da schon bald neue Konkurrenten mit inno-

17 Im Volksmund erhielt die Scho-ka-kola den Namen »Fliegerschokolade«, da sie gerne von Piloten verwendet wurde. Die Schokolade enthält gewisse Mengen an Koffein und Theobromin, die beide eine stimulierende Wirkung haben. Damit wurde das Produkt zum Vorläufer aller heutigen koffeinhaltigen »Energy Drinks« und kann sich bis heute in diesem Segment behaupten.

vativen Produkten auf den Markt drängten. Unternehmen wie Mars oder Ferrero boten neue Schokoladenformate an, wie beispielsweise Riegel oder portionierbare Schokolade, während Unternehmen wie Stollwerck immer noch an ihrer klassischen 100-Gramm-Schokoladentafel festhielten.

Die Entwicklung des Schokoladenriegels durch die Firma Mars entsprach dagegen den Bedürfnissen der Zeit. Der Riegel, der 1961 erstmals auch in Deutschland angeboten wurde, war als Zwischenmahlzeit für diejenigen konzipiert, die aufgrund ihrer Arbeitsbelastung nicht in der Lage waren, sich eine »ordentliche Mahlzeit« zuzubereiten. Aus dieser Zeit stammt auch der bekannte Werbespruch »Mars macht mobil, bei Arbeit, Sport und Spiel«. Die durch die Abschaffung der Preisbindung verursachten sinkenden Schokoladenpreise führten zu einem Verdrängungswettbewerb, dem viele der kleinen Schokoladenunternehmen zum Opfer fielen.

Ab den 1960er-Jahren wurde der Schokoladenmarkt durch zahlreiche neue innovative Schokoladenprodukte bereichert. Dazu gehörten nicht zuletzt Produkte, die schon durch ihre Namensgebung deutlich machten, dass sie vor allem für Kinder gedacht waren. Das war insofern etwas Neues als Schokolade zuvor in erster Linie ein Produkt für Erwachsene war, für Kinder viel zu teuer. Diese Veränderung zeigt sich sehr schön an der Werbung für das Kakaopulver Kaba. Von 1932 bis 1955 zierte ein Foto von Dorit Nitykowski, der »Miss Germany« des Jahres 1930 die Kaba-Verpackung (Abbildung 18). Zu diesem Zeitpunkt waren Kinder offenbar noch keine Zielgruppe der Kaba-Werbung. Das änderte sich aber später. Im Jahr 1985 erblickte die Werbefigur »Berry der Plantagenbär« das Licht der Welt. Er tauchte auf Verpackungen, Aufklebern oder Bügelbildern auf. Außerdem

18
Kaba wurde von dem Kaufmann Ludwig Roselius entwickelt und 1929 auf den Markt gebracht. In der Folgezeit ist es so bekannt geworden, dass es bis zum heutigen Tag als Synonym für kakaohaltige Getränke wurde.

erschien er in Comics oder Zeichentrickfilmen, in denen er mit Kindern spannende Abenteuer erlebte. Die Geschichten verliefen immer ähnlich und endeten damit, dass Kakao getrunken wurde.

Die bekanntesten Beispiele dieser neuen Schokoladenprodukte für Kinder waren Kinderschokolade und Kinderüberraschung. Das Besondere der 1967 von Ferrero auf den Markt gebrachten Kinderschokolade (Abbildung 19) waren die einzeln verpackten Schokoladenriegel, die es den Eltern leicht machen sollten, die Schokolade für ihre Kinder zu portionieren. Dementsprechend richtet sich die (Fernseh-)Werbung für Kinderschokolade bis heute auch nicht an Kinder, sondern vielmehr an Mütter, die in der Regel über den Schokoladenkonsum ihrer Kinder entscheiden. Um diesen die Entscheidung im Sinne von Ferrero zu gestalten, wurde in der Werbung lange von der »Extraportion Milch« gesprochen. Die Werbebotschaft von Ferrero wurde allerdings immer wieder kritisiert, da sie den Eindruck erweckt, dass »Kinderschokolade« eine besonders gesunde Ernährung sei. Dies ist allerdings aufgrund des hohen Fett- und Zuckeranteils nicht der Fall.

Der Erfolg der »Kinderüberraschung« verdankt sich seit 1974 unter anderem den kleinen Spielzeugen, die sich in jedem Ei befinden und nicht zuletzt bei Sammlern sehr beliebt sind. Der eine oder andere kann sich sicherlich noch gut erinnern, wie er als Kind zunächst versucht hat, durch Schütteln und Horchen etwas über den Inhalt des Eis zu erfahren. Erst dann hat man sich für ein Ei entschieden. Die Kinderüberraschung wird seit 1981

19 Die erste Kinderschokolade aus dem Jahr 1967. Sie war die erste Schokolade, die sich speziell an Kinder als Zielgruppe wendete.

durch die Werbefigur »Üi« begleitet. Dabei handelt es sich um einen »Eiermann«, der im Aussehen dem Überraschungsei entspricht und durch Arme, Beine und einen Kopf zum Leben erweckt wurde. Die Figur spielt in der Werbung eine große Rolle und taucht in allen Fernsehspots auf. Er ist, wie die Milka-Kuh, eine der bekanntesten Werbefiguren der Schokoladenhersteller.

Der durch die Aufhebung der Preisbindung eingeleitete Konzentrationsprozess hat sich bis in die Gegenwart fortgesetzt. Viele kleinere Schokoladenunternehmen sind in den letzten Jahren aufgelöst worden. In einigen Fällen blieb nur der Name erhalten. Das bekannteste Beispiel ist auch hier wieder das Traditionsunternehmen Stollwerck. Um 1900 ein global agierendes Schokoladenunternehmen und nach dem Kauf des Unternehmens durch Hans Imhoff in den 1970er-Jahren zeitweise noch recht erfolgreich, wurde die Firma im Jahr 2002 durch das Schweizer Unternehmen Barry Callebaut aufgekauft. Es folgten Rationalisierungen und die Schließung der Kölner Schokoladenfabrik. Damit endete in Köln eine über 160-jährige Schokoladengeschichte.

Obwohl der Schokoladenmarkt mittlerweile von einigen wenigen großen internationalen Schokoladenunternehmen beherrscht wird, darf nicht übersehen werden, dass in den letzten Jahren viele kleine innovative Unternehmen entstanden sind. Darauf wurde in den vorangegangenen Kapiteln bereits eingegangen. Der Grund für diese neue Vielfalt im Kleinen liegt nicht zuletzt in dem wachsenden Qualitätsbewusstsein der Konsumentinnen und Konsumenten.

Blick zurück nach vorn

Wie wir gesehen haben, zeigt sich der Kakao in einer spannenden Geschichte über tausende von Jahren. Er ist ein anspruchsvoller Stoff, der bis heute unzählige Fragen offenlässt und viel Raum für Innovationen und Forschung gibt.

Als Speise der Götter bezeichnet, trat die Kakaobohne ihren Siegeszug durch verschiedene Zeitalter und Kulturen an. Den größten Teil der Geschichte wurde Schokolade überwiegend nur getrunken. Immer wieder wurde mit dem Rohstoff experimentiert. Es gibt traditionelle Getränke und Gerichte, die über Jahrhunderte in mittelamerikanischen Familien weitergereicht wurden. Es gab und gibt immer wieder Modeerscheinungen, in denen spezielle Rezepturen die Zeichen der Zeit widerspiegeln, wie zum Beispiel parfümierte Schokoladen mit Amber und Jasmin oder aber der Zusatz von Eigelb und Bier.

Der Genuss von Schokolade galt lange Zeit als universelles Heilmittel und wurde mit außergewöhnlichen Zutaten versetzt. Viele der medizinischen Wirkungen, die der Kakaobohne schon bei den mesoamerikanischen Kulturen zugeschrieben wurden, sind heute wissenschaftlich belegt. Im Laufe der Zeit kreierte man aber auch einige Rezepturen, die nicht ganz das hielten, was sie versprachen. Als gesundheitsfördernd galten zum Beispiel Schokoladenprodukte mit Irischem Moos, Eisen, Santonin, Radium oder auch Quecksilber gegen Halsschmerzen, Blutarmut, Wurmbefall oder Syphilis. Die Gesundheitsfrage zum Thema Kakao wurde über Jahrhunderte kontrovers diskutiert und hat heute wieder einen besonderen Stellenwert. Eine gesunde Ernährung ist vielen Verbrauchern sehr wichtig und man ist bereit, dafür tief in die Tasche zu greifen. Gesundheitsschokoladen mit einem besonders hohen Gehalt an Flavanolen stehen zurzeit hoch im Kurs. Schokolade wird auch wieder in Apotheken vertrieben. Eine Neuheit in diesem Bereich ist eine Schokolade, die mit einem besonderen Schonverfahren hergestellt wird und daher viele Flavanole enthält. Neben den positiven Wirkungen auf das Herz-Kreislauf-System hat eine unabhängige Studie der University of London gezeigt, dass der Verzehr von Schokolade mit einem großen Anteil an Flavanolen die Hautempfindlichkeit gegenüber UV-Strahlungen deutlich reduziert.

Der Kakao wirkt aber nicht nur innerlich. Auch zu äußerlichen Anwendungen fand er im Laufe seiner Geschichte immer wieder Verwendung. Wie wir gesehen haben, wurde die Kakaobutter bei den mesoamerikanischen

Kulturen als Salbe oder Sonnenschutzmittel genutzt. Heute findet man sie in vielen Produkten der Kosmetik- und Pharmaindustrie. Gerade die Verwendung der Kakaobutter und Kakaomasse als Beauty-Produkt boomt. Die Butter findet sich in Cremes, Seifen oder im Badeöl. Kakaobohnensplitter dienen als reinigende Gesichts- und Köperlotionen. Die braune flüssige Kakaomasse ganz pur oder mit anderen Essenzen versetzt, wird in Beautysalons als Gesichts- und Ganzkörpermaske eingesetzt.

Natürlich findet der Kakao heutzutage die größte Verwendung als essbare Leckerei. Den größten Marktanteil übernimmt die Tafelschokolade. Waren es hier in letzter Zeit vor allem bittere Edelschokoladen, die die Einkaufstaschen der Verbraucher füllten, hat sich dieser Trend etwas abgeschwächt. Zurzeit liegen Vollmilchschokoladen mit einem großen Kakaoanteil hoch im Kurs. Aber auch spezielle Zutaten sind weiter gefragt. Als letzter Schrei galten vor Kurzem noch würzige Zutaten, wie Chili, Pfeffer oder Salz. Jetzt aber experimentiert man mit Blütenaromen, Teesorten oder karamellisierten Früchten. Auch interessante Füllungen mit Alkohol liegen weiter im Trend, und ein Ende ist nicht abzusehen. Weiterhin beliebt sind besonders exotische Schokoladen. Waren es in letzter Zeit Zutaten wie Hanf, Speck oder Stutenmilch, kann man nun seine Geschmacksnerven mit Forelle, Zwiebel, Ziegenkäse oder Olive in Schokolade testen.

Schon seit einer geraumen Zeit sind Plantagenschokoladen sehr beliebt. Sie geben genau Auskunft über die Herkunftsregion der Kakaobohne. Manche Hersteller benennen auf den Verpackungen auch die Sorte oder Sortenmischung des verwendeten Kakaos.

Ein weiteres Schokoladenprodukt, welches immer mehr Liebhaber findet, ist die Frischeschokolade. Man findet sie in den Vitrinen der Chocolaterien unverpackt präsentiert wie ein seltenes Schmuckstück. Auch hier ist der Originalität der Zutaten keine Grenzen gesetzt. Frischeschokoladen bestechen durch ihr unwiderstehliches Aussehen. Man sollte sie allerdings nicht zu lange betrachten, sondern bald essen, da sie nur über ein kurzes Haltbarkeitsdatum verfügen.

All diese Schokoladen haben allerdings eine gemeinsame Nebenwirkung, sie sind nicht frei von Kalorien. Natürlich wird auch hier geforscht. Ein aktuelles Produkt in diesem Bereich ist eine kalorienreduzierte Tafel Schokolade, die anstelle des Zuckers das natürliche Süßungsmittel aus den Blättern der Stevia-Pflanze verwendet. Allerdings geht es auch ganz ohne Kalorien, so haben sich kreative Köpfe »Le Whif«, die Schokolade zum Inhalieren, einfallen lassen.

Ein weiterer Trend, der in den letzten Jahren anhält, sind zertifizierte Schokoladen oder Bioschokoladen. Sie konnten ihre Marktanteile weiter ausbauen. Auch große Schokoladenhersteller produzieren mittlerweile unter einem der zertifizierten Siegel, wie Fairtrade, UTZ CERTIFIED oder Rainforest Alliance. Hier zeigt sich, dass es vielen Verbrauchern wichtig ist, dass in der Produktionskette die Rechte der Menschen und der Schutz der Natur beachtet werden.

Die Liste der Schokoladenspezialitäten lässt sich unendlich fortführen. Was das Genießerherz höherschlagen lässt, ist die Gewissheit, dass es immer neue kreative und verführerische Produktideen geben wird. Die Geschichte des Stoffes Kakao bleibt weiter spannend. Mit den Worten des Jesuiten Aloysius Ferronius, die auf wunderschöne Weise den Kakao beschreiben, möchten wir die Stoffgeschichte Kakao beenden. Aloysius Ferronius schrieb die Ode im Jahre 1664 unter dem lateinischen Titel »Onata terris Arbor in ultimis et Mexicani gloria littoris«:

»Oh Baum, geboren in fernen Landen.
Ruhm der Küsten Mexicos,
reich an himmlischem Nektar,
der alle überwältigt, die ihn kosten.

Dir soll jeder Baum Hochachtung bezeugen,
jede Blume zu deinem Lob sich beugen.
Der Kranz des Lorbeers krönt dich; die Eiche, die Erle
und die kostbare Zeder verkünden deinen Triumph.

Es wird gesagt, du lebtest einst bei Adam in Eden,
er habe dich mitgenommen, als er floh.
Von dort reistest du nach Westindien
Und gediehst in gastfreundlicher Erde,
aus deinem Stamm sprossen
als reiche Gabe deine edlen Keime.

Bist du ein weiteres Geschenk des Bacchus,
der für seine freifließenden Weine berühmt ist?
Nein – die Früchte Kretas und Massicas
bringen ihrem Heimatland nicht soviel Ruhm wie du dem deinen.

Denn du bist wie ein frischer Regen, der das Herz benetzt,
der Quell der sanften Stimmung eines Dichters.
Oh, süßes Getränk, von den Sternen gesandt.
Gewiß bist du die Speise der Götter!«

ANHANG

I Die Systematik des Kakaobaumes

Ordnung	Malvenartige (Malvales)
Familie	Malvengewächse (Malvaceae)
Unterfamilie	Byttnerioideae
Gattung	Kakaobäume (Theobroma)
Art	Kakaobaum (Theobroma cacao)
Unterart	Theobroma cacao subspecies cacao (Criollo)
Unterart	Theobroma cacao subspecies sphaerocarpum (Forastero und Klone)

II Kakaosorten – Ihre Herkunft und ihre Anbaugebiete

In den beiden Tabellen finden sich eine Reihe von geläufigen Kakaosorten, aufgeteilt nach der Bezeichnung oder dem Anbaugebiet. Es zeigt sich, dass diese Benennung oft einen geschichtlichen Hintergrund hat und meistens Sortenmischungen darstellt.

Bezeichnungen

Criollo	Ursprüngliche Kulturen eines Anbaugebietes wurden als Criollo oder Kreole (span.: nativ) bezeichnet, helle Samen.
Forastero	Neuzugänge in einem Anbaugebiet waren Forasteros (span.: fremd), sie stammten aus dem Amazonasgebiet, violette und braune Samen.
Trinitario	Früher wurden Pflanzenimporte aus Trinidad nach Venezuela, welche vermutlich Forasteros waren, so bezeichnet, heute steht der Begriff Trinitario für Mischungen aus Criollo und Forastero.
Nacional	Varietät, die sich auf der Basis von Criollo aus Ecuador entwickelte, zeichnet sich durch eine besonders blumige und fruchtige Note aus.
Real	Population aus Nicaragua, vermutlich von Criollo abgeleitet.
Porcelana	Criollo mit weicher, glatter Fruchtoberfläche, kommt überwiegend in Surinam, aber auch auf Java und am Maracaibo-See in Venezuela vor, neutrales nussiges Aroma.
Pentagona	Criollo mit ausgeprägten Fruchtrippen.
Guasare	Eine der reinsten Criollo-Sorten aus Venezuela, sehr große Früchte und Bohnen, warzige Schale, sehr aromatisch und komplex im Geschmack.
Choroni	Früher stand der Name als Synonym für besonders guten Kakao, kommt heute nur noch selten vor, Criollo-Baum mit roten, warzigen, tief eingekerbten Früchten, das Fruchtmus ist sehr schmackhaft.

Ocumare 61	Venezulanischer Criollo, warzige, rosafarbene Frucht, geschmackvolles, erdiges und blumiges Aroma.
IMC 67	IMC = Iquitos Mixed Calabacillo, Forastero aus dem peruanischen Amazonasgebiet, sehr fruchtbar, wird auf kommerziellen Pflanzungen der ganzen Welt genutzt.
Scavina 6	Forastero aus Ecuador, das Fruchtmus ist sehr süß, die Bohnen haben ein blumiges Aroma, resistent gegen die Krankheit Hexenbesen, auf der ganzen Welt verbreitet.
Amelonado	Forastero vom unteren Amazonas, nach melonenförmigen Früchten benannt, neutrales Aroma.
Arriba	Der Arriba wird als eine Spielart des Nacional eingestuft, Kakao aus Ecuador, als Forastero klassifiziert, vom Handel als Edelkakao oder als Aromabohnen bezeichnet, mittlerweile selten geworden, wie bei einer Criollo-Sorte ist hier ein starkes blumiges Aroma vorhanden, benötigt nur kurze Fermentationszeit, einer der begehrtesten Forastero-Kakaos.
ICS 1	ICS = Imperial College Selection, 1933 wählten der Genetiker E. J. Pound unter Anleitung des Botanikers E. E. Cheesmann 1.000 Kakaobäume auf der Insel Trinidad aus. Durch Tests wurde die Auswahl auf 100 Ableger reduziert und durchnummeriert. Diese Sammlung gilt bis heute als besonders wertvoll für die Forscher. ICS 1 produziert viele dicke Bohnen, milder fruchtiger Geschmack, eine Kreuzung mit Scavia 6 gilt als hochproduktiv und resistent gegen die Krankheit Hexenbesen.

Anbaugebiete

Sao Tomé	Insel im Atlantik vor Kamerun, Kakao aus verschiedenen Ursprungsgebieten, im wesentlichen Forastero aus den brasilianischen Staaten Bahia und Espirito Santo, aber auch Criollo aus Venezuela.
Amazonas	Alle Kakaoherkünfte mit Forastero-Eigenschaften.
Ecuador	Regionale Dominanz von Criollo, heute auch Klonsorten.
Java	Alte, gemischte Ursprungsgebiete, vor allem Criollo.
Trinidad	Gemischte Herkunftsgebiete, heute oft gezielte, durch Klonierung vermehrte Kreuzhybride aus Criollo und Forastero.
Venezuela	Vor allem Criollo.
Ghana	Forastero aus Brasilien, über Sao Tomé eingeführt als West African Amelonado, später durch Criollo-Genotypen ergänzt.
Côte d'Ivoire	Forastero aus Brasilien, über Sao Tomé eingeführt, als West African Amelonado bezeichnet.
Kamerun	Mischung aus Forastero und Criollo, gesammelt im Botanischen Garten in Victoria, Kamerun, als »Victoria Kakao«.
Ceylon	Ressourcen aus Trinidad, Criollo-Hybride.
Indonesien	Frühe Pflanzungen auf der Basis von Criollo, heute überwiegend Forastero.

In Anlehnung an: Lieberei 2006 und Presilla 2007.

III Anbaugebiete und Ausbreitung der Kakaopflanze (16. bis 19. Jahrhundert)

- Philippinen 1670er
- Java Anfang 19. Jh.
- Ceylon 1834
- Madagaskar
- Tansania 1880
- Ende 19. Jh.
- Côte d'Ivoire
- Ghana
- Nigeria
- Kamerun
- Fernando Poo
- São Tomé & Príncipe 1800/1822
- Mexiko
- Guatemala
- Anfang 17. Jh.
- 1660er
- Trinidad 1625
- Venezuela 1600
- Suriname 1686
- Ecuador 1630
- Cayenne 1732
- Brasilien 1680
- Anfang 19. Jh.
- Samoa 1883

III Anbaugebiete und Ausbreitung der Kakaopflanze 331

Anmerkungen

zu Kapitel 1

1. Linné 1777, S. 173.
2. Vgl. Italiaander 1980, S. 53.
3. Friebe 2007, S. 62.
4. Vgl. Edsmann 1977, S. 62.
5. Vgl. Italiaander 1980, S. 53.
6. Linné 1777, S. 176 f.
7. Ebenda, S. 184.
8. Presilla 2007, S. 53.
9. Vgl. Schütt & Lang 2006, S. 654.
10. Vgl. Young 2007, S. 101.
11. Vgl. www.oroverde.de/regenwald-wissen/waldtypen.html; 29.03.2011.
12. Vgl. OroVerde 2006, S. 5.
13. Vgl. Young 2007, S. 182 f.
14. Gore 2006, S. 196.
15. Vgl. Wood & Lass 1989, S. 121 ff.; Lieberei 2006, S. 8.
16. Vgl. Rohsius 2007, S. 5.
17. Vgl. Wood & Lass 1989, S. 21.
18. Vgl. Young, 2007 S. 93 und S. 116.
19. Presilla 2007, S. 55.
20. Vgl. Hancock & Fowler 1997, S. 13.
21. Vgl. Mueller 1957, S. 4.

zu Kapitel 2

1. Vgl. Lieberei 2006, S. 7; Cocoa Atlas 2010, S. 2.
2. Vgl. Young 2007, S. 5 ff.
3. Vgl. Rohsius 2007, S. 3 f.
4. Presilla 2007, S. 84. – Diese Frage stellt sich Silvio Crespo, der lange Zeit technischer Direktor der Wilbur Chocolate Company in Lititz, Pennsylvania, war.
5. Vgl. Wood & Lass 1989, S. 11.
6. Vgl. Rohsius 2007, S. 3.
7. Ebenda.
8. Vgl. Wood & Lass 1989, S. 29.
9. Presilla 2006, S. 114.
10. Vgl. Coe & Coe 1997, S. 33.
11. Vgl. Lieberei 2006, S. 9.
12. Vgl. Cocao Atlas 2010, S. 10.
13. Vgl. www.kakaoverein.de/rk_32.html; 20.04.2011.
14. Vgl. Busch 2005, S. 10.
15. Vgl. www.cocobod.gh/about.php; 20.04.2011.
16. Hütz-Adams 2011, S. 22 f.
17. Deutsche Botschaft Accra 2005, S. 3.
18. Vgl. Hancock & Fowler 1997, S. 19.
19. Vgl. Busch 2005, S. 8.
20. Vgl. Young 2007, S. 183.
21. So etwa Schmidt-Kallert 1995, S. 9, und Hütz-Adams 2010, S.16.
22. Presilla 2007, S. 56.
23. Vgl. Rohsius 2007, S. 8.
24. Ebenda.
25. Vgl. www.icco.org/about/pest.aspx; 05.04.2011.
26. Vgl. Presilla 2007, S. 48.
27. Vgl. Wood & Lass 1989, S. 282.
28. Vgl. Cook 1982, S. 87.
29. Vgl. www.icco.org/about/pest.aspx; 05.04.2011.
30. Vgl. Cook 1982, S. 90.
31. Vgl. Wood & Lass 1989, S. 366.
32. Vgl. Kittl 2008.
33. Vgl. Cook 1982, S. 94.
34. Vgl. Neehall 2004, S. 4.
35. www.bvl.bund.de/cln_007/nn_1079864/DE/01__Lebensmittel/03__UnerwStoffeUndOrganis-men/00__Was__Ist__Drin/08__Suesswaren/01__suesswaren__artikel/schokolade.html; 22.12.2009.
36. Vgl. www.efsa.europa.eu/de/press/news/contam090320.htm; 23.12.2009.
37. Vgl. Schafft & Itter 2009, S. 2.
38. Ebenda. (siehe oben FN 36).
39. Ökotest 2005, S. 4.
40. Kittl 2008.
41. Weitere Infos zu diesem Projekt unter www.oroverde.de/projekte/venezuela.html, 22.09.2010.
42. www.transfair.org/menschen/produ-zenten/kakao/ovidia.html?tx_jppage-teaser_pi1[backId]=82; 06.01.2010. Ovidia aus der Dominikanischen Republik erzählt von einem Tag aus ihrem Leben. Sie ist verheiratet und hat vier Kinder.
43. Vgl. Presilla 2007, S. 67.
44. Vgl. Rohsius 2007, S. 17.
45. Ebenda, S. 83.
46. Vgl. Hancock & Fowler 1997, S. 14.
47. Vgl. ebenda, S. 15.
48. Vgl. Cook 1982, S. 40.
49. Presilla 2007, S. 76.
50. Vgl. Wood & Lass 1989, S. 495, sowie Presilla 2007, S. 77.

zu Kapitel 3

1. Vgl. Gillies 2009, S. 26.
2. Vgl. www.worldcocoafoundation.org/learn-about-cocoa/cocoa-facts-and-figures.html; 20.04.2011.
3. Hütz-Adams 2009, S. 7.
4. Vgl. Schmidt-Kallert 1995, S. 55 f.
5. Hütz-Adams 2009, S. 11.
6. Vgl. Nimmo 2009, S. 19.
7. Vgl. www.ilo.org/public/german/region/eurpro/bonn/kernarbeitsnormen/index.htm; 20.04.2011.
8. Vgl. www.ilo.org/public/german/region/eurpro/bonn/kernarbeitsnormen/index.htm; 20.04.2011.
9. Obert & Rosenthal 2009, S. 68. – Der Journalist Michael Obert und der Fotograf Daniel Rosenthal besuchten Richard im Herbst 2008 und sprachen mit ihm über seine Arbeit auf der Kakaopflanzung.
10. Vgl. ITTA 2002, S. 14 ff.
11. Nähere Infos unter www.harkin.senate.gov; s. a. Harkin-Engel-Protokoll 2001.
12. Vgl. www.cocoainitiative.org.
13. Vgl. Hütz-Adams 2010, S. 46 f.
14. Vgl. Payson Center 2011, S. 72 ff.; Hütz-Adams 2010, S. 51 ff.
15. Vgl. ILAB 2009, S. 99 und 151.
16. Vgl. harkin.senate.gov/pr/p.cfm?i=319199; 03.01.2010.
17. Vgl. www.worldcocoafoundation.org.
18. Vgl. www.gtz.de/de/weltweit/afrika/cote-d-ivoire/8046.htm; 04.01.2010.
19. Vgl. www.gtz.de.
20. Vgl. zum Ganzen: gtz 2009.
21. Vgl. Hütz-Adams 2010 – Das Zitat stammt vom Verfasser der Studie (Pressemitteilung von Südwind e.V. vom 14. Dezember 2010).
22. Vgl. www.kuapakokoo.com.
23. Vgl. Hütz-Adams 2011, S. 36.
24. Vgl. www.cooproagro.org sowie www.gepa.de/p/index.php/mID/4/lan/de. Download Cooproagro; 20.04.2011.
25. Willenbrock 2006, S. 142.
26. Vgl. hierzu: www.ilo.org/public/german/region/eurpro/bonn/kernarbeitsnormen/index.htm; 20.04.2011.
27. Vgl. www.barry-callebaut.com; Download Cabosse 2008/ 2009, S. 14.
28. Vgl. www.barry-callebaut.com, Download Cabosse, S. 2; 20.04.201.
29. Vgl. SG 12/2009, S. 20, [www.kraftfoods.de/kraft/page?siteid=kraft-prd&locale=dede1&PagecRef=3047&Mid=3047; Download Kakaobroschüre; 09.01.2010.
30. Vgl. www.rainforest-alliance.org.
31. Vgl. Himmelreich 2010.
32. Vgl. www.hachez.de sowie www.regenwald-institut.de/deutsch/index.html; 20.04.2011; SG 11/2009, S. 42.
33. Vgl. Chocoladenseiten, 2009, S. 5/ (www.lindt.com/de/swf/ger/das-unternehmen/social-responsibility/sustainably-sourced/better-lives-for-farmers-and-communities/#c3540; 20.04.2011).
34. Vgl. www.mars.de.
35. Vgl. www.utzcertified.org.
36. Vgl. www.ritter-sport.de/#/de_DE/company/cacaonica/; 20.04.2011.
37. Vgl. www.zotter.at/de/das-ist-zotter/fairer-handel.html; 20.04.2011.
38. Vgl. Obert & Rosenthal 2009, S. 74, sowie der ARD-Fernsehbeitrag von Miki Mistrati 2010.

zu Kapitel 4

1. Vgl. www.elceibo.org sowie www.gepa.de/p/cms/media/pdf/menschen/partner_portraits/menschen_EL_CEIBO.pdf; 12. April 2011.
2. Vgl. www.gepa.de/p/cms/media/pdf/menschen/partner_portraits/menschen_KAVOKIVA.pdf.
3. Vgl. Bavendamm 1987, S. 45.
4. Vgl. www.tis-gdv.de/tis/ware/genuss/kakao/kakao.htm; 12. April 2011.
5. Vgl. www.baco-liner.de/sailings/sail.html; 12. April 2011.
6. Vgl. www.kakaoverein.de/rk_34.html; 19. April 2011.
7. Vgl. www.cotterell.de.
8. Vgl. Rath 1988, S. 162 f.
9. Vgl. Rohsius 2009, S. 18.
10. Vgl. Verein der am Rohkakaohandel beteiligten Firmen e.V. 2009, S. 41.
11. Vgl. Rohsius 2008, S. 21.
12. Vgl. Verein der am Rohkakaohandel beteiligten Firmen e.V. 2009, S. 18.
13. Vgl. Rohsius 2008, S. 191.
14. Ebenda, S. 21 f.

15 Verein der am Rohkakaohandel beteiligten Firmen e.V. 2009, S. 4.
16 www.kakaoverein.de/rk_32.html; 19. April 2011.
17 Ebenda.
18 Busch 2005, S. 39 f.
19 Vgl. Hütz-Adams 2010, S. 23.
20 Vgl. www.theobroma-cacao.de/aktuelles/artikeldetails/article/in-der-elfenbeinkueste-droht-exportstopp-fuer-kakao/; 19. April 2011.
21 Sämtliche Zahlen in diesem Abschnitt nach www.kakaoverein.de.
22 Vgl. Hanisch 1991, S. 21 ff.
23 Vgl. Busch 2005, S. 42 ff.
24 Ebenda, S. 43 f.
25 Ebenda, S. 16.
26 Vgl. Hanisch 1991, S. 28 f.
27 Vgl. www.theobroma-cacao.de/aktuelles/artikeldetails/article/adm-schliesst-kakaoverarbeitung-in-der-elfenbeinkueste/; 19. April 2011.
28 Verein der am Rohkakaohandel beteiligten Firmen e.V. 2009, S. 7 f.
29 Vgl. www.ftd.de/finanzen/maerkte/rohstoffe/:kakao-kapriolen-london-bringt-licht-in-den-rohstoffmarkt/50166770.html; 19. April 2011.
30 Vgl. Schmidt-Kallert 1995, S. 45 f.
31 Vgl. www.gepa.de.
32 Vgl. Hütz-Adams 2010, S. 59.
33 Vgl. www.zotter.at.
34 Vgl. Hütz-Adams 2010, S. 66 f.
35 www.transfair.org/fileadmin/user_upload/materialien/download/download_jahresbericht0910.pdf; 19. April 2011.

zu Kapitel 5

1 www.gesetze-im-internet.de/bundesrecht/kakaov_2003/gesamt.pdf; 21. April 2011.
2 Frankfurter Allgemeine Sonntagszeitung, 29. Oktober 2006.
3 Vgl. Info-Zentrum Schokolade 2004, S. 79.
4 Vgl. www.icco.org/about/growing.aspx; 21. April 2011.
5 Vgl. www.oekolandbau.de/verarbeiter/zutaten-und-zusatzstoffe/suessungsmittel/zucker-rohrzucker-ruebenzucker/; 21. April 2011.
6 Vgl. test 11/2007, S. 27.
7 Vgl. www.ksta.de/html/artikel/1233584019904.shtml; 21. April 2011.
8 Vgl. www.gesetze-im-internet.de/bundesrecht/kakaov_2003/gesamt.pdf; 21. April 2011.
9 Vgl. Pehle 2009, S. 17.
10 Vgl. www.ritter-sport.de/#/de_DE/quality/article/gentechnik/; 23. April 2011.
11 Vgl. Tillmann 1999, S. 13.
12 Vgl. www.theobroma-cacao.de/wissen/wirtschaft/gesetze/; 23. April 2011.
13 Vgl. Pehle 2009, 98 ff.
14 Vgl. Douven 1999, S. 13 ff.
15 Vgl. Busch 2005, S. 16.
16 Vgl. Info-Zentrum Schokolade 2004, S. 54 ff.
17 Vgl. Pehle 2009, S. 98.
18 Vgl. Douven 1996, S. 72.
19 Vgl. Lindt 1995, S. 46 ff.
20 Vgl. Info-Zentrum Schokolade 2004, S. 72.
21 Vgl. Ebenda, S. 77.
22 Vgl. Ebenda, S. 88 ff.
23 Vgl. Durry 2001, S. 177 f.
24 Vgl. www.infozentrum-schoko.de/schoko-news.html; 23. April 2011.
25 Vgl. www.gesetze-im-internet.de/bundesrecht/kakaov_2003/gesamt.pdf; 23. April 2011.
26 Vgl. Info-Zentrum Schokolade 2004, S. 17.
27 Vgl. www.neuhaus.be/de/unsere-kreationen/pralinen.aspx, 23. April 2011.
28 Vgl. Pehle 2009, S. 101.
29 Vgl. test 11/2007, S. 27.
30 Vgl. www.bundesrecht.juris.de/lmkv/index.html; 23. April 2011.
31 Vgl. Fincke 1965, S. 260.
32 Ebd., S. 261 f.
33 Zu Lagerschäden generell: Fincke 1965, S. 265 ff.
34 Vgl. www.bdsi.de/de/presse/news/pm_2010_003.html; 23. April 2011.
35 Vgl. Busch 2005, S.22 f.
36 Vgl. Bundesverband der Deutschen Süßwarenindustrie 2009, S. 17.
37 Vgl. Pehle o.J., S. 164.
38 Vgl. www.sueddeutsche.de/gesundheit/162/379966/text/; 23. April 2011.

zu Kapitel 6

1 Humboldt 1812, S. 121.
2 Vgl. Prem 2008, S. 3.
3 Vgl. Riese 2006, S. 53.

4 Vgl. Wolters 1996, S. 96.
5 Vgl. Klüver 2004, S. 84.
6 Vgl. Bletter & Daly 2009, 45 ff.
7 Vgl. McNeil 2009, S. 9.
8 Vgl. www.antiquity.ac.uk/projgall/powis/index.html, 02.11.2010.
9 Vgl. Herold 2004, S. 40.
10 Vgl. Kohler 15. September 2006, Spiegel Online.
11 Vgl. www.pnas.org/cgi/content/short/1100620108, 25.05.2011.
12 Vgl. Coe & Coe 1997, S. 43 ff.
13 Vgl. Riese 2006, S. 29.
14 Vgl. de Landa 2007.
15 Vgl. Grube 2007, S. 45.
16 de Landa 2007, S. 163.
17 Vgl. Prager 2007, S. 121 f.
18 Vgl. Riese 2006, S. 116.
19 Ebenda.
20 Vgl. Popol Vuh 2004, S. 10 ff.
21 Vgl. de Castro & Teufel 2007, S. 24.
22 Vgl. Rätsch 1986, S. 35.
23 de Landa 2007, S. 211 f.
24 Vgl. Lacadena 2007.
25 Rincón 2007, S. 274.
26 Vgl. de Castro 2007, S. 95.
27 Vgl. Ogata et al. 2009, S. 87.
28 Vgl. de Castro 2007, S. 97.
29 Vgl. Beliaev et al. 2010, S. 263.
30 Coe & Coe 1997 S. 58.
31 Vgl. de Landa 2007, S. 230.
32 Vgl. ebenda, S. 81.
33 Vgl. Prem 2008, S. 18.
34 Vgl. Gugliotta 2007, S. 84.
35 Grube 2007, S. 59.
36 Vgl. Kaufman & Justeson 2009, S. 130.
37 Vgl. Young 2007, S. 28 f.
38 Coe & Coe 1997, S. 72 f.
39 Vgl. McNeil at al. 2009, S. 234.
40 Vgl. Beliaev et al. 2010, S. 257 ff.
41 de Landa 2007, S. 59 f.
42 Vgl. Reents-Budet 2009, S. 207 ff.
43 Vgl. Vortrag Nisao Ogata, 28.10.2010.
44 de Landa 2007, S. 61 f.
45 Vgl. Reents-Budet 2009, S. 206.
46 Vgl. de Landa 2007, S. 71 ff.
47 Vgl. ebd., S. 224.
48 Vgl. Rätsch 1986, S. 81.
49 de Landa 2007, S. 128.
50 Wolters 1996, S. 101.
51 del Castillo 1988, S. 218.
52 Vgl. Prem 2006, S. 59.
53 Vgl. Thomas 1993, S. 21.
54 Vgl. Duran 2009, S. 41.
55 Vgl. Coe & Coe 1997, S. 88.
56 Vgl. Thomas, 1993, S. 63.
57 Prem 2006, S. 50.
58 Vgl. Rademacher 2004, S. 104.
59 Vgl. Prem 2006, S. 56.
60 Vgl. Schmid 1988, S. 175 f.
61 Vgl. Codex Mendoza 1984, S. 9 ff.
62 Vgl. ebenda, S. 41.
63 Vgl. Duran 2009, S. 186.
64 Vgl. Draper 2010, S. 56 f.
65 Vgl. McNeil 2009, S. 9.
66 Coe & Coe 1997, S. 106.
67 Vgl. ebd., S. 107.
68 Vgl. Schmid 1988, S. 44.
69 Vgl. Codex Mendoza 1984, S. 106 f.
70 Diaz del Castillo 1988, S. 212.
71 Coe & Coe 1997, S. 103 f.
72 Ebenda, S. 120.
73 Vgl. Steinbrenner 2009, S. 263.
74 Mueller 1957, S. 13.

zu Kapitel 7

1 Thomas 1998, S. 84.
2 Vgl. Diaz del Castillo 1988, S. 66.
3 Ebenda, S. 613.
4 Thomas 1993, S. 226.
5 Prescott 2000, S. 43.
6 Prem 2006, S. 109.
7 Thomas 1993, S. 248 f.
8 Diaz del Castillo 1988, S. 210.
9 Vgl. Cortés 1975, S. 204, Prescott 2000, S. 455 und Prem 2008, S. 86 f.
10 Vgl. König 1990, S. 209.
11 Prem 2006, S. 111 f.
12 Cortés 1975, S. 241.
13 Vgl. Sievernich 2006, S. 203 f.
14 Las Casas 2006, S. 64 f.
15 Vgl. Enzensberger 2006, S. 174 ff.
16 Mueller 1957, S. 22.
17 Prescott 2000, S. 58.
18 Diaz del Castillo 1988, S. 102.
19 Ebenda, S. 212.
20 Cortés 1975, S. 83.
21 Humboldt 1991, S. 385 f.
22 Diaz del Castillo 1999, S. 474.
23 Vgl. Steinbrenner 2009, S. 262.
24 Vgl. Coe & Coe 1997, S. 138.
25 Ebenda, S. 140.
26 Vgl. Graf 2006, S. 21.
27 Vgl. Coe & Coe 1997, S. 143 ff.

28 Vgl. Westphal 1990, S. 218.
29 Vgl. König 1990, S. 212.
30 Westphal 1990, S. 221 f.
31 Vgl. ebenda, S. 223 f.
32 Vgl. König 1990, S. 211 f.
33 de Landa 2007, S. 35.
34 Vgl. Coe & Coe 1997, S. 220 f.
35 Vgl. Aguilar-Moreno 2009, S. 276.
36 Vgl. ebenda, S. 287.
37 Coe & Coe 1997, S. 226.
38 Vgl. ebenda, S. 227.
39 Vgl. Graf 2006, S. 25 f. und Geschichtliche Weltkunde, 1977, S. 115.
40 Vgl. Enzensberger 1966, S. 189.
41 Holl 2009, S. 96 f.
42 Ebenda, S. 115.
43 Vgl. Menninger 2004, S. 228.
44 Vgl. Cook 1982, S. 60 f.
45 Vgl. Mueller, 1957 S. 47 f.
46 Vgl. Cook 1982, S. 56 f.
47 Vgl. Mueller 1957, S. 53.
48 Menninger 2004, S. 230.

zu Kapitel 8

1 Vgl. Menninger 2004, S. 99 ff.
2 Vgl. ebenda, S. 101 f.
3 Vgl. Coe & Coe 1996, S. 155 f.
4 Ebenda, S. 158.
5 Ebenda, S. 133 f.
6 von Anghiera (1973).
7 Vgl. Menninger 2004, S. 144.
8 Ebenda.
9 Vgl. Morton 1995, S. 16.
10 Vgl. Mueller 1957, S. 36 ff.
11 Vgl. Menninger 2004, S. 114 f.
12 Vgl. Wolschon 2007, S. 28 und 54.
13 Menninger 2004, S. 123.
14 Ebenda, S. 109.
15 Vgl. Coe & Coe, 1996, S. 152 ff.
16 Vgl. Wolschon 2007, S. 27.
17 Vgl. Coe & Coe, 1996, S. 147 f. und 160.
18 Vgl. Wolschon 2007, S. 33.
19 Vgl. Mueller 1957, S. 45 f.
20 Italiaander 1980, S. 67.
21 Coe & Coe 1996, S. 251 f.
22 Vgl. Mueller 1957, S. 45 f.
23 Vgl. Graf 2006, S. 23 f.
24 Vgl. Mueller 1957, S. 47 f.
25 Vgl. Menninger 2004, S. 228 f.
26 Vgl. Schulte-Beerbühl, 2008, S. 416.
27 Vgl. Mueller 1957, S. 37.
28 Vgl. Coe & Coe 1996, S. 184.
29 Vgl. Morton 1995, S. 17.
30 Vgl. Coe & Coe, 1996, S. 187, sowie Mueller 1957, S. 42.
31 Vgl. Mueller 1957, S. 50 f.
32 Vgl. ebenda, S. 51 f.
33 Vgl. Coe & Coe 1996, S. 197.
34 Vgl. Mueller 1957, S. 56.
35 Vgl. ebenda, S. 61.
36 Vgl. Seling-Biehusen 2001, S. 22.
37 Vgl. ebenda, S. 22 f.
38 Vgl. Seling-Biehusen 2001, S. 39 f., sowie Böer 1939, S. 21.
39 Vgl. Schwebel 1995, S. 326.
40 Vgl. Mueller 1957, S. 65.
41 Vgl. Graf 2006, S. 67 ff.
42 Wolschon 2007, S. 53.
43 Vgl. Coe & Coe, 1996, S. 162.
44 Mueller 1957, S. 65.
45 Wolschon 2007, S. 42.
46 Ebenda, S. 47.
47 Vgl. Coe & Coe 1996, S. 178 ff.
48 Vgl. Mueller 1957, S. 38 f.
49 Vgl. ebenda, S. 39.
50 Vgl. Coe & Coe 1996, S. 181 ff.
51 Kardinal Brancati: Über den Schokoladengebrauch, Rom 1665.
52 Vgl. Mueller 1957, S. 40.

zu Kapitel 9

1 Vgl. Graf 2006, S. 55.
2 Vgl. Coe & Coe 1996, S. 188 ff.
3 Ebenda.
4 Vgl. Morton 1995, S. 35.
5 Wolschon 2007, S. 48 f.
6 Vgl. Graf 2006, S. 94 ff.
7 Vgl. Schiedlausky 1961, S. 18 ff.
8 Vgl. ebenda, S. 23.
9 Vgl. Graf 2006, S. 74 ff.
10 Vgl. ebenda, S. 77.
11 Vgl. Mueller 1957, S. 48 ff.
12 Vgl. Italiaander 1980, S. 81.
13 Vgl. Mueller 1957, S. 68.
14 Vgl. Graf 2006, S. 82.
15 Vgl. Joest o.J., S. 18.
16 Mueller 1957, S. 56 f.
17 Vgl. Morton 1995, S. 22 ff.
18 Mueller 1957, S. 57.
19 Vgl. Italiaander 1980, S11 f.
20 Vgl. Pape 1998, S. 66 ff.
21 Schroeder 2002, S. 85.
22 Vgl. Italiaander 1980, S. 15 f.

23 Italiaander 1980, S. 78 – zu Stevenson ebenda, S. 103 f.
24 Rheinisch-Westfälisches Wirtschaftsarchiv.
25 Vgl. Mueller 1957, S. 115 ff.
26 Vgl. Rossfeld 2007, S. 54.
27 Ebenda, S. 49.
28 Vgl. Mueller 1957, S. 119 ff.

zu Kapitel 10
1 Vgl. Stollwerck 1907, S. 33.
2 Vgl. Tilly 1990, S. 145.
3 Vgl. Ott 1874, S. 42.
4 Ebenda.
5 Vgl. Stollwerck 1907, S. 77 ff.
6 Vgl. Quintern 2006, S. 17 f.
7 Amado 1953, S. 176 f.
8 Vgl. Weindl 2007, S. 45 f.
9 Vgl. Quintern 2002, S. 19 f.
10 Vgl. Weindl 2007, S. 46.
11 Vgl. ebenda, S. 53 f.
12 Vgl. Stollwerck 1907, S. 25 f.
13 Vgl. Verein der am Rohkakaohandel beteiligten Firmen e.V. 1986, S. 16 ff.
14 Vgl. Hauschild-Thiessen 1981, S. 21.
15 Vgl. ebenda, S. 72.
16 Ebenda, S. 75 f.
17 Ebenda, S. 81.
18 Vgl. Roder 2002, S. 23.
19 Reichstagsprotokolle 1885/86,1, S. 642.
20 Vgl. Roder 2002, S. 24.
21 Vgl. ebenda, S. 25 f.
22 Ebenda, S. 26.
23 Ebenda.
24 Vgl. Wirz 1972, S. 80 f.
25 Vgl. Gründer 2000, S. 139.
26 Vgl. Niemann 2006, S. 29 ff.
27 Schmid 1970, S. 49 f.
28 Vgl. Roder 2002, S. 34 ff.
29 Vgl. hierzu und zum Folgenden Edlin 191,3 mm1992, S. 11 ff.
30 Vgl. Lindt & Sprüngli 1995, S. 35 f.
31 Vgl. ebenda, S. 38.
32 Vgl. Schmid 1970, S. 73.
33 Vgl. hierzu und zur weiteren Geschichte der Firma: Schmid 1970, S. 13 ff.
34 Vgl. Joest 1989, S. 11 f.
35 Rheinisch-Westfälisches Wirtschaftsarchiv, Gubener Wochenblatt vom 11. Januar 1868.
36 Vgl. Joest o.J., S. 38.
37 Schmid 1970, S. 54.
38 Kuske 1939, S. 567 f.
39 Quelle: Rheinisch-Westfälisches Wirtschaftsarchiv.
40 Ebenda.
41 Vgl. Coe & Coe 1998, S. 295.
42 Ruß 1868, S. 193.
43 Ebenda, S. 193 f.
44 Quelle: Rheinisch-Westfälisches Wirtschaftsarchiv.
45 Mueller 1957, S. 142.
46 Ruß 1868, S. 194.
47 Vgl. Joest o.J., S. 33, sowie Hierholzer 2007, S. 86 f.
48 Quelle: Rheinisch-Westfälisches Wirtschaftsarchiv.
49 Ebenda.

Zitierte und weiterführende Literatur

Adrian, Hans G. et al.: Das Teebuch. Geschichte und Geschichten. Anbau, Herstellung und Rezepte. Wiesbaden 1997.
Aguilar-Moreno, Manuel – in: Cameron L. McNeil, (Ed.): Chocolate in Mesoamerika. A cultural history of cocoa. The good and evil of chocolate in colonial Mexico. Gainesville 2009.
Amonn, Otto: Kaffee, Tee und Kakao. Ihr Verbrauch in den Industriestaaten der westlichen Welt nach dem zweiten Weltkrieg. München 1954.
Azteken. Ausstellungskatalog. Deutsche Ausgabe. Köln 2003.
Bachmann, Manfred und Monika Tinhofer: Osterhase, Nikolaus & Zeppelin: Schokoladenformen im Spiegel alter Musterbücher. Husum 1998.
Bavendamm, Dirk et al.: 150 Jahre C. Woermann. Wagnis Westafrika. Die Geschichte eines Hamburger Handelshauses 1837–1987. Hamburg 1987.
Bayer, Ehrentraud – in: Maya. Könige aus dem Regenwald. Katalog zur Sonderausstellung. Mais: Eine Gabe der Götter. Hildesheim 2007 (2. Auflage).
Beckmann: Vorbereitung zur Waarenkunde. Göttingen 1793/1800.
Beliaev, Dimitri, Albert Davletshin and Alexandre Tokovine: in: Staller, John. E. and Michael D. Carrasco (Ed.): Pre-columbian foodways: Interdisciplinary approaches to food, culture and markets in ancient Mesoamerica. Sweet cacao and sour atole: Mixed drinks on classic maya vases. New York 2010.
Bellin, Friederike: Auswirkungen des Anbaus von Kaffee, Kakao und Ölpalmen auf Einkommen und Ernährung der kleinbäuerlichen Haushalte in Süd-Sierra Leone. Gießen 1991.
Berliner Museum zur Geschichte von Handel und Gewerbe (Hg.): Die bunte Verführung. Zur Geschichte der Blechreklame. Berlin 1985.
Bernegg, Andreas: Tropische und Subtropische Weltwirtschaftspflanzen. Ihre Geschichte, Kultur und volkswirtschaftliche Bedeutung. III. Teil: Genusspflanzen. 1. Band: Kakao und Kola. Stuttgart 1934.
Berthold, Klaus (Hg.): Von der braunen Chocolade zur lila Versuchung: die Designgeschichte der Marke Milka. Bremen 1996.
Bletter, Nathaniel and Douglas C. Daly – in: Cameron L. McNeil (Ed.): Chocolate in Mesoamerika. A cultural history of cocoa. Cacao and its relatives in South America. Gainesville 2009.
Bibra, Ernst Freiherr von: Die narkotischen Genussmittel und der Mensch. Nürnberg 1855.
Böer, Friedrich: 750 Jahre Hamburger Hafen – Ein deutscher Seehafen im Dienste der Welt. Hamburg 1939.
Bontekoe, Cornelius: Kurtze Abhandlung Von dem Menschlichen Leben / Gesundheit / Kranckheit / und Tod. Budissin 1685.
Borrmann, Axel et al. (Hg.): Vermarktungs- und Verteilungssysteme für Rohstoffe. Eine Untersuchung möglicher Ansatzpunkte zur Rationalisierung bei Kakao, Baumwolle, Kautschuk und Zinn. Hamburg 1973.
Brillat-Savarin, Jean Anthelme: Physiologie des Geschmacks. Braunschweig 1865.
Brinkmann, Jens-Uwe (Hg.): Der bitter-süße Wohlgeschmack. Zur Geschichte von Kaffee, Tee, Schokolade und Tabak. Göttingen 1994.
Bruckböck, Alexandra (Hg.): Götterspeise Schokolade: Kulturgeschichte einer Köstlichkeit – die Schokoladenseiten zur Ausstellung. Linz 2007.
BUKO Agrar Koordination (Hg.): Zucker. Stuttgart 1992.
BUKO Agrar Koordination (Hg.): Welthandel. Stuttgart 1996.
BUKO Agrar Koordination (Hg.): Kakao. Stuttgart 1996.
Bundesverband der Deutschen Süßwarenindustrie e.V. (Hg.): Süßwaren und Ernährung. Bonn 1995.
Bundesverband der Deutschen Süßwarenindustrie (Hg.): Süßwarentaschenbuch 2006/2007. Bonn 2007.

Bundesverband der Deutschen Süßwarenindustrie (Hg.): Süßwarentaschenbuch 2008/2009. Struktur und Entwicklungstendenzen der Süßwarenindustrie der Bundesrepublik Deutschland. Bonn 2009.
Bundesverband der Deutschen Süßwarenindustrie e.V. (Hg.): Gesund essen und genießen. Süßwaren und Knabberartikel in der Ernährung. Bonn o.J.
Busch, Carmen: Bittersüße Schokolade. Eine kritische Analyse des Kakaoweltmarktes unter besonderer Berücksichtigung der Produzentenseite. Stuttgart 2005.
Cacao Atlas. A project initiated and financed by the German Cocoa and Chocolate Foundation: Edition 2006.
Cocoa Atlas. A project initiated and financed by the German Cocoa and Chocolate Foundation: Edition 2010.
Chocoladenseiten. Weihnachten 2009. Lindt & Sprüngli.
Ciolina, Evamaria und Erhard: Das Reklamesammelbild: Sammlerträume; ein Bewertungskatalog; von Schokolade bis Schuhcreme – kleine Kunstwerke in der Werbung. Regenstauf 2007.
Ciolina, Evamaria und Erhard: Emailschilder. Glanzstück alter Reklame. Augsburg 1996.
Codex Mendoza: Aztekische Handschrift. Fribourg 1984.
Coe, Sophie, D. und Michael D.: Die wahre Geschichte der Schokolade. Frankfurt am Main 1997.
Cook, Russell L.: Chocolate production and use. New York 1982.
Corbin, Alain : Pesthauch und Blütenduft – Eine Geschichte des Geruchs. Berlin 1982.
Cortés, Hernán: Die Eroberung Mexikos. Eigenhändige Berichte an Kaiser Karl V. 1520–1524. Tübingen 1975.
Dahlmann, Dittmar (Hg.): Eisenbahnen und Motoren – Zucker und Schokolade: Deutsche im russischen Wirtschaftsleben vom 18. bis zum frühen 20. Jahrhundert. Berlin 2005.
de Castro, Inés und Stefanie Teufel – in Inés de Castro (Hg.): Maya. Könige aus dem Regenwald. Katalog zur Sonderausstellung. Lebensraum und Landwirtschaft. Hildesheim 2007 (2. Auflage).
de Castro, Inés – in Dies. (Hg.): Maya. Könige aus dem Regenwald. Katalog zur Sonderausstellung. Kunst und Keramik: Die Vasenmalerei der Klassik. Hildesheim 2007 (2. Auflage).
de Castro, Inés – in Dies. (Hg.): Maya. Könige aus dem Regenwald. Katalog zur Sonderausstellung. Das Ballspiel der Maya. Hildesheim 2007 (2. Auflage).
de Castro, Inés – in Dies. (Hg.): Maya. Könige aus dem Regenwald. Katalog zur Sonderausstellung. Leben zwischen Tradition und Moderne. Hildesheim 2007 (2. Auflage).
De Landa, Diego: Bericht aus Yucatan. Stuttgart 2007.
Deutsche Botschaft Accra. Landwirtschaft in Ghana. Kakao. Wi 403. 2005.
Diaz del Castillo, Bernal: Geschichte der Eroberung von Mexiko. Frankfurt am Main 1988.
Diemair, Stefan (Hg.): Lebensmittel-Qualität. Ein Handbuch für die Praxis. Stuttgart 1990.
Deutsche Automatengesellschaft Stollwerck AG (Hg.): Preisliste. Köln 1898.
Deutsches Museum (Hg.): Wenn der Groschen fällt … Münzautomaten gestern und heute. München 1988.
Douven, Henry, Ivan Fabry und Gerhard Göpel: Schokolade. Stolberg 1996.
Draper, Robert: Das Vermächtnis der Azteken. In: National Geographic. November 2010.
DuFour, Philippe Sylvestre: Drey neue curieuse Tractätgen von dem Trancke Cafe, sinesischen The und der Chocolata [Neudr. d. dt. Erstausg. Bautzen 1686 / mit einem Nachwort von Ulla Heise]. München 1986.
Durán, Fray Diego: History of the indies of new Spain (1588). Oklahoma 2009.
Durry, Andrea, Aiga Corinna Müller und Caroline Wilkens-Ali: Das süße Geheimnis der Schokoladennikoläuse. In: Alois Döring (Hg.): Faszination Nikolaus. Kult, Brauch und Kommerz. Essen 2001.
Durry, Andrea und Thomas Schiffer: Das Schokoladenmuseum. Geschichte und Gegenwart der Schokolade. Köln 2008.
Edsmann, Carl-Martin und Carl-Otto Sydow: Ausstellungskatalog der Universität Tübingen. Carl von Linné und die deutschen Botaniker seiner Zeit. Tübingen 1977.
Edlin, Christa: Philippe Suchard. Schokoladenfabrikant und Sozialpionier. Glarus 1992.
Eiberger, Thomas: Zur Analytik von Nicht-Kakaobutterfett in Kakaobutter. Berlin 1996.

Ellerbrock, Karl-Peter: Geschichte der deutschen Nahrungs- und Genussmittelindustrie. Stuttgart 1993.

Emsley, John: Sonne, Sex und Schokolade: mehr Chemie im Alltag. Weinheim 2006.

Enzensberger, Hans Magnus: Las Casas oder Ein Rückblick in die Zukunft (1966). In: Las Casas. Kurzgefasster Bericht von der Verwüstung der Westindischen Länder. Frankfurt a. Main 2006.

Epple, Angelika: Das Unternehmen Stollwerck. Eine Mikrogeschichte der Globalisierung. Frankfurt am Main 2010.

Epple, Angelika: Das Auge schmeckt Stollwerck. Uniformierung der Bilderwelt und kulturelle Differenzierung von Vorstellungsbildern in Zeiten des Imperialismus und der Globalisierung. In: Werkstatt Geschichte 45, 2007, S. 13–31.

Euringer, Günter: Das Kind der Schokolade. O.O. 2005.

Feuz, Patrick, Andreas Tobler und Urs Schneider: Toblerone. Die Geschichte eines Schweizer Welterfolgs. Zürich 2008.

Fincke, Heinrich: Die Kakaobutter und ihre Verfälschungen. Stuttgart 1929.

Fincke, Heinrich: Festschrift 50 Jahre Chemikertätigkeit in der Deutschen Schokoladenindustrie. Köln 1934.

Fincke, Heinrich: Handbuch der Kakaoerzeugnisse. Berlin 1965.

Franc, Andrea: Wie die Schweiz zur Schokolade kam: der Kakaohandel der Basler Handelsgesellschaft mit der Kolonie Goldküste (1893–1960). Basel 2008.

Franke, Erwin: Kakao, Tee und Gewürze. Wien 1914.

Franke, Gunther und Albrecht Pfeiffer: Kakao. Wittenberg 1964.

Frauendorfer, Felix: Zum Einfluss des Röstvorgangs auf die Bildung wertgebender Aromastoffe in Kakao. München 2003.

Frei, René: Über die Schokolade im allgemeinen und die Entwicklung der bernischen Schokoladeindustrie. Luzern 1951.

Friebe, Richard: Der Erfinder des Blümchensex. In: Frankfurter Allgemeine Zeitung 20. Mai 2007. Nr. 20.

Geschichtliche Weltkunde: Band 2. Frankfurt 1977.

Geo: Frühe Kakaoholiker. 01/2008.

Gillies, Judith-Maria: Die Schokoladenseite. In: Die Zeit, Nr. 51 vom 10. Dezember 2009.

Gniech, Gisela: Essen und Psyche. Über Hunger und Sattheit, Genuss und Kultur. Berlin 2002.

Gore, Al: Eine unbequeme Wahrheit. Die drohende Klimakatastrophe und was wir dagegen tun können. München 2006.

Graf, Roland: Adliger Luxus und die städtische Armut. Eine soziokulturelle Studie zur Geschichte der Schokolade in Mitteleuropa vom 16. bis zum 18. Jahrhundert. Wien 2006.

Greenpeace: Give the Orang-Utan a break. Ausgabe 2/2010.

Greiert, Carl: Festschrift zum 50-jährigen Bestehen des Verbandes deutscher Schokoladen-Fabrikanten e.V. Dresden 1926.

Grube, Nikolai – in Inés de Castro (Hg.): Maya. Könige aus dem Regenwald. Katalog zur Sonderausstellung. Gefaltete Bücher: Die Codizes der Maya. Hildesheim 2007 (2. Auflage).

Grube, Nikolai – in Inés de Castro (Hg.): Maya. Könige aus dem Regenwald. Katalog zur Sonderausstellung. Die Staaten der Maya. Hildesheim 2007 (2. Auflage).

Grube, Nikolai: Maya. Gottkönige im Regenwald. Potsdam 2006/2007.

Gründer, Horst: Geschichte der deutschen Kolonien. Paderborn 2000.

gtz: Kakao und Kinderrechte – Wachsamkeitskomitees setzen sich für Kinder ein. Eschborn 2009.

Gugkiotta, Guy: Die Maya. Ruhm und Ruin. In: National Geographic. Ausgabe Oktober 2007.

Gundemann, Rita: Der Sarotti-Mohr: Die bewegte Geschichte einer Werbefigur. Berlin 2004.

Hakenjos, Bernd und Susanne Jauernig: Böttger-Steinzeug und -Porzellan – Ausgewähltes Meißen. Berlin 2004.

Hamburger Freihafen-Lagerhaus-Gesellschaft (Hg.): 750 Jahre Hamburger Hafen. Hamburg 1939.

Hancock, B., L. and M. S. Fowler – in S. T. Beckett (Ed.): Industrial Chocolate Manufacture an Use. Cocoa bean production and transport. London 1997.

Handt, Ingelore und Hilde Rakebrand: Meißner Porzellan des achtzehnten Jahrhunderts 1710 bis 1750. Dresden o.J.
Hanisch, Rolf und Curd Jakobeit (Hg.): Der Kakaoweltmarkt. Weltmarktintegrierte Entwicklung und nationale Steuerungspolitik der Produzentenländer. Band I: Weltmarkt, Malaysia, Brasilien. Band II: Afrika. Hamburg 1991.
Harkin-Engel-Protokoll; Wien 2001.
Hartwich, Carl: Die menschlichen Genussmittel. Ihre Herkunft, Verbreitung, Geschichte, Anwendung, Bestandteile und Wirkung. Leipzig 1911.
Hauschild-Thiessen, Renate: Albrecht & Dill 1806–1981. Die Geschichte einer Hamburger Firma. Hamburg 1981.
Heenderson, John, S. and Rosemary A. Joyce – in Cameron L. McNeil (Ed.): Chocolate in Mesoamerika. A cultural history of cacao. The development of cacao beverages in formative Mesoamerica. Gainesville 2009.
Heidrich, Hermann und Sigune Kussek (Hg.): Süße Verlockung: von Zucker, Schokolade und anderen Genüssen. Molfsee 2007.
Heise, Ulla: Kaffee und Kaffeehaus. Leipzig 1996.
Hengartner, Thomas und Christoph Maria Merki (Hg.): Genussmittel. Ein kulturgeschichtliches Handbuch. Frankfurt am Main 1999.
Herold, Anja – in: Geo Epoche: Das Magazin für Geschichte. Maya – Inka – Azteken. Altamerikanische Reiche: 2600 v. Chr. bis 1600 n. Chr. Kolosse im Regenwald. Nr. 15. 2004.
Herrmann, Roland: Internationale Agrarmarktabkommen: Analyse ihrer Wirkungen auf den Märkten für Kaffee u. Kakao. Tübingen 1988.
Hillen, Christian (Hg.): »Mit Gott«. Zum Verhältnis von Vertrauen und Wirtschaftsgeschichte. Köln 2007.
Himmelreich, Laura: Warum Schokogiganten auf politisch korrektem Kakao setzen. In: Spiegel Online 3. Januar 2010.
Hochmuth, Christian: Globale Güter – lokale Aneignung: Kaffee, Tee, Schokolade und Tabak im frühneuzeitlichen Dresden. Konstanz 2008.
Hoffmann, Simone: Die Welt des Kakaos. Neustadt an der Weinstraße 2008.
Holl, Frank: Alexander von Humboldt. Mein vielbewegtes Leben. Der Forscher über sich und seine Werke. Frankfurt 2009.
Holst, Herbert: Kleine Kakaokunde. Hamburg 1961.
Holsten, Nina: Industrialisierung und Überseehandel in Deutschland: Anregungen für den Besuch des Ausstellungsbereichs Arbeit im Kontor – Handel mit Übersee im Museum der Arbeit [Einzelthema Rohstoffe aus Übersee – Kautschuk und Kakao]. Hamburg 1997.
Hütz-Adams, Friedel: Die dunklen Seiten der Schokolade. Große Preisschwankungen – schlechte Arbeitsbedingungen der Kleinbauern. Langfassung. Eine Studie des Südwind e.V. gefördert vom Bistum Aachen und den Evangelischen Kirchenkreisen Aachen und Jülich. Aachen 2009.
Hütz-Adams, Friedel: Menschenrechte im Anbau von Kakao. Eine Bestandsaufnahme der Initiativen der Kakao- und Schokoladenindustrie. INEF Forschungsreihe. Universität Duisburg-Essen 2010.
Hütz-Adams, Friedel: Ghana: Vom bitteren Kakao zur süßen Schokolade. Der lange Weg von der Hand in den Mund. Südwind e.V. Siegburg 2011.
Humboldt, Alexander von: Versuch über den politischen Zustand des Königreichs Neu-Spanien. Bd. 3. Buch IV. Tübingen 1812.
Humboldt, Alexander von: Politische Ideen zu Mexiko. Politische Landeskunde. Hg. von Hanno Beck. Darmstadt 1991.
ILAB and United States Department of Labour: US Department of Labour's 2008 findings on the worst forms of child labour. International Child Labour reports. 2009 Washington.
Imhof, Paul: Nach allen Regeln der Kunst – von der Cacaobohne zur Edelschokolade. Zürich 2008.
Imhoff, Hans: Das wahre Gold der Azteken. Düsseldorf 1988.
Informationsgemeinschaft Münzspiel et al. (Hg.): Für'n Groschen Glück & Seife. Alte Münzautomaten. Berlin 1990.

Info-Zentrum Schokolade (Hg.): Kakao und Schokolade. Vom Kakaobaum zur Schokolade. Leverkusen 2004.
International Institute of tropical Agriculture (ITTA): Child Labor in the Cocoa Sector of West Africa. A synthesis of findings in Cameroon, Côte d'Ivoire, Ghana and Nigeria. Under the auspices of USAID/ USDOL/ ILO. 2002.
Italiaander, Rolf: Xocolatl. Ein süßes Kapitel unserer Kulturgeschichte. Düsseldorf 1980.
Italiaander, Rolf: Speise der Götter. Eine Kulturgeschichte der Xocolatl in Bildern. Düsseldorf 1983.
Joest, Hans-Josef: 150 Jahre Stollwerck. Das Abenteuer einer Weltmarke. Köln 1989.
Jolles, Adolf: Die Nahrungs- und Genußmittel und ihre Beurteilung. Leipzig 1926.
Journal der Gesellschaft für selbstspielende Musikinstrumente e.V. (Hg.): Das mechanische Musikinstrument. Bergisch Gladbach 1995.
Kappeller, Klaus: Vergleich der gesetzlichen Bestimmungen über Schokolade und Kakaoerzeugnisse. Bonn 1955.
Kaufman, Terrence and John Justeson – in Cameron L. McNeil (Ed.): Chocolate in Mesoamerika. A cultural history of cocoa. History of the word for »cacao« and related terms in ancient Meso-America. Gainesville 2009.
Kittl, Beate: Schokolade in Gefahr. Schädling bedroht Kakaoernte. In: Süddeutsche Zeitung online, 2. Januar 2008.
Kleinert, Jürg: Handbuch der Kakaoverarbeitung und Schokoladeherstellung. Hamburg 1997.
Klüver, Reymer: in: Geo Epoche: Das Magazin für Geschichte. Maya – Inka – Azteken. Altamerikanische Reiche: 2600 v. Chr. bis 1600 n. Chr. Karriere eines Killers. Nr. 15. 2004.
Kluthe, Reinhold et al. (Hg.): Süßwaren in der modernen Ernährung – Ernährungsmedizinische Betrachtungen. Stuttgart 1999.
Klopstock, Fritz: Kakao. Wandlungen in der Erzeugung und der Verwendung des Kakaos nach dem Weltkrieg. Leipzig 1937.
Köhler, Ulrich (Hg.): Altamerikanistik. Eine Einführung in die Hochkulturen Mittel- und Südamerikas. Umweltbedingungen und kulturgeschichtliche Entwicklung. Berlin 1990.
König, Viola – in Ulrich Köhler (Hg.): Altamerikanistik. Eine Einführung in die Hochkulturen Mittel- und Südamerikas. Berlin 1990.
Kohler, Andreas: in: Spiegel Online, Ältestes Schriftstück Amerikas entdeckt. 15. September 2006.
Krämer, Tilo: Zur Wirkung von Flavonoiden des Kakaos auf Lipidperoxidation und Protein-Tyrosinnitrierung von menschlichem LDL. Düsseldorf 2006.
Krempel, Guido und Sebastian Matteo: Ein polychromer Teller aus Yootz. In: Baessler Archiv. Beiträge zur Völkerkunde, Bd. 56, 2008, S. 244–248.
Kruedener, Jürgen von: Die Rolle des Hofes im Absolutismus. München 1971.
Kurze, Peter, Thomas Schaefer und Gabi Siepmann: Schiffe, Schnaps und Schokolade – Bremer Produkte der 70er-Jahre. Bremen 1998.
Kuske, Bruno: 100 Jahre Stollwerck-Geschichte 1839-1939. Köln 1939.
Kwem, Maurice C.: Der Weltmarkt für Kakao unter besonderer Berücksichtigung der Position Nigerias. Frankfurt am Main 1985.
Lacadena, Alfonso – in Inés de Castro (Hg.): Maya. Könige aus dem Regenwald. Katalog zur Sonderausstellung. Stimmen aus Stein, Stimmen aus Papier: Die Hieroglyphenschrift der Maya. Hildesheim 2007 (2. Auflage).
Laessig, Alfred: Die Grundelemente der Kakao- und Schokoladenfabrikation. Eine technische und wirtschaftliche Untersuchung. Dresden 1928.
Las Casas, Bartolomé de: Kurzgefasster Bericht von der Verwüstung der Westindischen Länder. Frankfurt am Main 2006.
Leimgruber, Yvonne (Hg.): Chocolat Tobler – Zur Geschichte der Schokolade und einer Berner Fabrik. Begleitpublikation zur Ausstellung »Chocolat Tobler – eine Dreiecksgeschichte. Von 1899 bis Heute« im Kornhaus Bern, 12. Mai bis 1. Juli. Bern 2004.
Lewin, L.: Phantastica. Die betäubenden und erregenden Genussmittel. Berlin 1924.
Lieberei, R.: Die Vielfalt des Kakaos. Der Einfluss von Provenienz und Varietät auf seinen Geschmack. Moderne Ernährung heute. Nr. 2, Oktober 2006.

Linné, Carl von: Des Ritter Carl von Linné Auserlesenen Abhandlungen aus der Naturgeschichte, Physik und Arzneywissenschaft. Carl von Linné. Leipzig 1777.
Loeffler, Bernd Matthias Nikolaus: Untersuchungen zur Pharmakokinetik von Coffein, Theophyllin und Theobromin beim Hund nach Aufnahme von Kaffee, Tee und Schokolade. Leipzig 2000.
Luhmann, E.: Kakao und Schokolade. Eine ausführliche Beschreibung der Herstellung aller Kakaopräparate und der dafür erforderlichen Einrichtungen. Hannover 1909.
Matissek, Reinhard (Hg.): Moderne Ernährung heute. Sammelband I. Köln 1999.
Matissek, Reinhard (Hg.): Moderne Ernährung heute. Band 4. Köln 2001.
Matissek, Reinhard (Hg.): Moderne Ernährung heute. Band 5. Köln 2003.
Matissek, Reinhard (Hg.): Moderne Ernährung heute. Band 6. Köln 2005.
McNeil, Cameron L. (Ed.): Chocolate in Mesoamerika. A cultural history of cocoa. Gainesville 2009.
McNeil, Cameron L., Jeffrey W. Hurst and Robert J. Sharer – in Cameron L. McNeil (Ed.): Chocolate in Mesoamerika. A cultural history of cocoa. The use and representation of cacao during the classic period at Copan and Honduras. Gainesville 2009.
Meier, Günter: Porzellan aus der Meißner Manufaktur. Stuttgart 1983.
Meißner, Erich: Die sächsische Kakao- und Schokoladenindustrie unter besonderer Berücksichtigung der gewerblichen Betriebszählung vom 16. Juni 1925. Leipzig 1930.
Meiners, Albert et al. (Hg.): Das neue Handbuch der Süßwarenindustrie. Band I und II. Neuss 1983.
Menezes, Albene Miriam Ferreira: Die Handelsbeziehungen zwischen Deutschland und Brasilien in den Jahren 1920–1950 unter besonderer Berücksichtigung des Kakaohandels. Hamburg 1987.
Menninger, Annerose: Tabak, Zimt und Schokolade. Europa und die fremden Genüsse (16. bis 19. Jahrhundert), in: Urs Faes und Béatrice Ziegler (Hg.): Das Eigene und das Fremde. Festschrift für Urs Bitterli. Zürich 2000, S. 232–262.
Menninger, Annerose: Die Verbreitung von Schokolade, Kaffee, Tee und Tabak in Europa (16. bis 19. Jahrhundert). Ein Vergleich. In: Yonne Leimgruber et al. (Hg.): Chocolat Tobler. Zur Geschichte der Schokolade und einer Berner Fabrik. Bern 2001, S. 28–37.
Menninger, Annerose: Genuss im kulturellen Wandel. Tabak, Kaffee, Tee und Schokolade in Europa (16. bis 19. Jahrhundert). Stuttgart 2004.
Michaelowa, Katharina und Ahmad Naini: Der Gemeinsame Fonds und die Speziellen Rohstoffabkommen. Baden-Baden 1995.
Mielke, Heinz-Peter: Kaffee, Tee, Kakao. Der Höhenflug der drei »warmen« Lustgetränke. Viersen 1988.
Montignac, Michel: Gesund mit Schokolade. Offenburg 1996.
Morton, Marcia und Frederic: Schokolade, Kakao, Praline, Trüffel und Co. Wien 1995.
Mühle, Thea: Technologische Untersuchungen des Conchierprozesses als Grundlage zur Entwicklung eines rationellen Schokoladenherstellungsverfahrens. Dresden 1974.
Müller, Michael (Hg.): Kaffee – Eine kleine kulinarische Anthologie. Stuttgart 1998.
Mueller, Wolf: Seltsame Frucht Kakao. Geschichte des Kakaos und der Schokolade. Hamburg 1957.
Museum für Gestaltung (Hg.): Email-Reklameschilder von 1900–1960. Zürich 1986.
National Geographic. Blut für Regen. Ausgabe März 2008.
Ndine, Roger Mbassa: Die Nahrungs- und Genußmittelindustrie als Impuls zur Wandlung von Agrarökonomien in Afrika. Ein dynamisches Modell der Ernährungswirtschaft in Kamerun. Mannheim 1984.
Neehall, Caryl: The Giant African Snail (Achatina fulica). Research division MALMR. The Ministry of Agriculture, Land and Marine Resources. Trinidad & Tobago 2004.
Neues Universallexikon: Band 3. Köln 1975.
Nimmo, Leonie – in: Ethical consumer. Chocolate. Melted more. November / December 2009.
Nuyken-Hamelmann, Cornelia: Quantitative Bestimmung der Hauptsäuren des Kakaos. Braunschweig 1987.

Oberparleitner, Sabine: Untersuchungen zu Aromavorstufen und Aromabildung von Kakao. München 1996.
Obert, Michael und Daniel Rosenthal, in: Greenpeace-Magazin: Kinderschokolade. März 2009.
Öko-Test. Schokolade. Bitterschokolade. November 2005.
Ogata, Nisao, Arturo Gómez-Pompa and Karl A. Taube – in Cameron L. McNeil (Ed.): Chocolate in Mesoamerika. A cultural history of cocoa. The domestiction and distribution of Theobroma cacao L. in the neotropics. Gainesville 2009.
OroVerde & GTZ (Hg): Amazonien. Geheimnisvolle Tropenwälder. Bonn 2007.
OroVerde (Hg.): OroVerde. Das Magazin für die Freunde der Tropenwälder. Bonn 2006.
Ott, Adolf: Wiener Weltausstellung 1873. Bericht über Gruppe IV. Nahrungs- und Genussmittel als Erzeugnisse der Industrie. Schaffhausen 1874.
Payson Center for International Development and Technology Transfer der Tulane University: Oversight of public an private initiatives to eliminate the worst forms of child labour in the cocoa sector in Côte d'Ivoire and Ghana. New Orleans 2011.
Pallach, Ulrich-Christian: Materielle Kultur und Mentalitäten im 18. Jahrhundert. München 1987.
Pape, Thomas (Hg.): Schokolade – Eine kleine kulinarische Anthologie. Stuttgart 1998.
Perré, Sandra: Einfluss von flavanolreichem Kakao auf die Endotheldysfunktion bei Rauchern. Düsseldorf 2006.
Pfnür, Petra Anne: Untersuchungen zum Aroma von Schokolade. München 1998.
Pietsch, Ulrich: Frühes Meißener Porzellan. Aus einer Privatsammlung. Lübeck 1993.
Popol Vuh: Die heilige Schrift der Maya. Hamburg 2004.
Prager, Christian M. – in Inés de Castro (Hg.): Maya. Könige aus dem Regenwald. Katalog zur Sonderausstellung. Der Weg ins Jenseits. Tod bei den Maya. Hildesheim 2007 (2. Auflage).
Prager, Christian M. – in Inés de Castro (Hg.): Maya. Könige aus dem Regenwald. Katalog zur Sonderausstellung. Kampf um Ressourcen und Vormachtstellung: Krieg und Gefangennahme. Hildesheim 2007 (2. Auflage).
Prem, Hanns J. – in Ulrich Köhler (Hg.): Altamerikanistik. Eine Einführung in die Hochkulturen Mittel- und Südamerikas. Kalender und Schrift. Berlin 1990.
Prem, Hanns J.: Die Azteken. Geschichte Kultur Religion. München 2006 (4. Auflage).
Prem, Hanns J.: Geschichte Alt-Amerikas. Oldenbourg Grundriss der Geschichte. München 2008.
Prescott, William: Die Eroberung von Mexiko. Der Untergang des Aztekenreichs. Köln 2000.
Presilla, Maricel, E.: Schokolade. Die süßeste Verführung. München 2007.
Quintern, Detlev: »Nicht die Bohne wert?«. In: Hartmut Roder (Hg.): Schokolade. Geschichte, Geschäft, Genuss. Bremen 2002, S. 11–22.
Rademacher, Cay – in Geo Epoche: Das Magazin für Geschichte. Maya – Inka – Azteken. Altamerikanische Reiche: 2600 v. Chr. bis 1600 n. Chr. Azteken. Nr. 15. 2004.
Rath, Jürgen: Arbeit im Hamburger Hafen. Hamburg 1988.
Rätsch, Christian (Hg.): Chactun – Die Götter der Maya. Quellentexte, Darstellung und Wörterbuch. O.O. 1986.
Reents-Budet, Dorie – in Cameron L. McNeil (Ed.): Chocolate in Mesoamerika. A cultural history of cocoa. The social context of kakaw drinking among the ancient Maya. Gainesville 2009.
Rembor, Ferdinand und Heinrich Fincke: Was muss der Verkäufer von Kakao, Schokolade und Pralinen wissen? Ein verkaufskundlicher Lehrgang für den Unterricht an Berufs-, Gewerbe-, Handels- und Verkaufs-Schulen. Eine Anleitung für Geschäftsinhaber und Beschäftigte im Schokoladenhandel. Dortmund 1954.
Rincón, Carlos – in Diego de Landa: Bericht aus Yucatan. Stuttgart 2007.
Riese, Berthold: Die Maya. Geschichte – Kultur – Religion. München 2006 (6. Auflage).
Riese, Berthold – in Ulrich Köhler (Hg.): Altamerikanistik. Eine Einführung in die Hochkulturen Mittel- und Südamerikas. Kultur und Gesellschaft im Maya Gebiet. Berlin 1990.
Roder, Hartmut (Hg.): Schokolade: Geschichte, Geschäft und Genuss. Bremen 2002.
Rodríguez, Guadalupe – in: Regenwaldreport. Regenwald in Mexiko. Nr. 3/2009.
Röhrle, Manfred: Über die Aromabildung beim Rösten von Kakao. München 1970.

Roeßiger, Susanne et al.: Hauptsache gesund! Gesundheitsaufklärung zwischen Disziplinierung und Emanzipation. Marburg 1998.

Rohsius, Christina: Die Heterogenität der biologischen Ressource Rohkakao (Theobroma cacao L.). Dissertation. Hamburg 2007.

Rolle, Carl Jürgen: Der Absatz von Schokolade : Unter bes. Berücks. d. Absatzorganisation d. Schokoladenindustrie. O.O. 1955.

Rossfeld, Roman: Schweizer Schokolade: industrielle Produktion und kulturelle Konstruktion eines nationalen Symbols 1860–1920. Baden 2007.

Rüger, Otto: Festschrift zum 25-jährigen Bestehen des Verbandes deutscher Chokolade-Fabrikanten. Dresden 1901.

Rühl, Gerhard: Untersuchungen zu den Ursachen der Kühlungs- und Trocknungsempfindlichkeit von Kakaosamen. Braunschweig 1987.

Sandgruber, Roman und Harry Kühnel (Hg.): Genuss & Kunst. Kaffee, Tee, Schokolade, Tabak, Cola. Innsbruck 1994.

Sandgruber, Roman: Bittersüße Genüsse. Kulturgeschichte der Genussmittel. Wien 1986.

Schafft, Helmut und Heike Itter: Risikobewertung von Cadmium in Schokolade. BfR-Statusseminar. Cadmium – Neue Herausforderungen für die Lebensmittelsicherheit? Bundesinstitut für Risikobewertung. Berlin 2009.

Schantz, Birgit: Zur Wirkung oberflächenaktiver Substanzen in Schokolade auf Verarbeitungseigenschaften und Endprodukt. Dresden 2003.

Schiedlausky, Günther: Tee, Kaffee, Schokolade. Ihr Eintritt in die europäische Gesellschaft. München 1961.

Schimmel, Ulrich und Helga: Indianische Genussmittel, Rohstoffe und Farben – Von Konquistadoren entdeckt und von der alten Welt genutzt. Göttingen 2009.

Schivelbusch, Wolfgang: Das Paradies, der Geschmack und die Vernunft. Eine Geschichte der Genussmittel. München 1980.

Schmid, Ulla Karla: Die Tributeinnahmen der Azteken nach dem Codex Mendoza. Frankfurt 1988.

Schmidt-Kallert, Einhard: Zum Beispiel Kakao. Göttingen 1995.

Schreiber, Nicola: Vom Genuss der Schokolade. Warum die süße Verführung uns glücklich macht. Niedernhausen 1999.

Schröder, Rudolf: Kaffee, Tee und Kardamom. Stuttgart 1991.

Schütt, Peter und Ulla M. Lang – in Peter Schütt et al. (Hg.): Bäume der Tropen. Hamburg 2006.

Schulte-Beerbühl, Margot: Faszination Schokolade – Die Geschichte des Kakaos zwischen Luxus, Massenproduktion und Medizin. In: Vierteljahrschrift für Sozial- und Wirtschaftsgeschichte, 4/2008.

Schwarz, Aljoscha A. und Ronald P. Schweppe: Von der Heilkraft der Schokolade – Genießen ist gesund. München 1997.

Schwebel, Karl (Hg.): Die Handelsverträge der Hansestädte Lübeck, Bremen und Hamburg mit überseeischen Staaten im 19. Jahrhundert. Bremen 1962.

Schwebel, Karl: Bremer Kaufleute in den Freihäfen der Karibik. Von den Anfängen des Bremer Überseehandels bis 1815. Bremen 1995.

Seidenspinner, Annett und Kerstin Niemann: Die Akzeptanz von Bio-Produkten: eine Conjoin-Analyse. Marburg 2008.

Seling-Biehusen, Petra: »Coffi, Schokelati, und Potasie«. Kaffee-Handel und Kaffee-Genuss in Bremen. Idstein 2001.

Senftleben, Wolfgang: Die Kakaowirtschaft und Kakaopolitik in Malaysia. Hamburg 1988.

Siegrist, Hannes, Hartmut Kälble und Jürgen Kocka (Hg.): Europäische Konsumgeschichte. Frankfurt am Main 1997.

Sievernich, Michael (Hg.): Der Spiegel des Las Casas. In: Las Casas. Kurzgefasster Bericht von der Verwüstung der Westindischen Länder. Frankfurt am Main 2006.

Spieker, Ira: Ein Dorf und sein Laden. Warenangebot, Konsumgewohnheiten und soziale Beziehungen im ländlichen Ostwestfalen um die Jahrhundertwende. Göttingen 1998.

Stadt Frankfurt am Main (Hg.): Der Palmengarten: Tropische Nutzpflanzen. Von Ananas bis Zimt. Frankfurt am Main 1999.
Steffen, Yvonne: Zur Schutzwirkung des Polyphenols (-)-Epicatechin auf Gefäßendothelzellen. Düsseldorf 2008.
Steinbrenner, Larry – in Cameron L. McNeil (Ed.): Chocolate in Mesoamerika. A cultural history of cocoa. Cacao in Greater Nicoya. Ethnohistory and a unique tradition. Gainesville 2009.
Steinle, Robert Fin: Schokolade – Nahrungsmittel oder Pausenfüller? [Begleitband zur Sonderausstellung »Der Siegszug der Süßen Verführung – Schokolade« im Knauf-Museum Iphhofen]. Dettelbach 2004.
Steinlechner, Joachim: Kaffee, Kakao, Tee – Österreichs Außenhandel mit Kolonialwaren 1918 bis 2004. Wien 2008.
Stiftung Warentest: Milchschokolade zwischen »gut« und »mangelhaft«. 20 Marken im Test. Heft 11. November 2007.
Stiftung Warentest. Dunkler Genuss. Bitterschokoladen. Heft 12. Dezember 2007.
Stollwerck AG (Hg.): Kakao und Schokolade, ihre Gewinnung und ihr Nährwert. Berlin 1929.
Stollwerck, Walter: Der Kakao und die Schokoladenindustrie. Jena 1907.
Streitberger, Claudia: Mauxion Saalfeld. Erfurt 2007.
Strobel, Alexandra und Andrea Hüsser: 100 % Schokolade – Portraits ausgewählter Personen und ihre Beziehung zur Schokolade. Luzern 2009.
Struckmeyer, Friedrich K. et al.: Alte Münzautomaten. Bonn 1988.
Stuart, David – in Cameron L. McNeil (Ed.): Chocolate in Mesoamerika. A cultural history of cocoa. The Language of Cocoa. References to cacao on classic Maya drinking vessels. Gainesville 2009.
Suchard-Schokolade GmbH (Hg.): Suchard. Bludenz 1887–1987. Bludenz 1987.
Sweet Global Network: 1/2010. Nestlé to sell Fairtraide Kit Kats in UK and Ireland.
Sweet Global Network: 12/2009. Kraft Foods erweitert Verpflichtung zum nachhaltigen Kakaoanbau.
Sweet Global Network: 11/2009. Wild Cocoa de Amazonas Chocoladen von Hachez.
Sweet Global Network: 5/2009. Mars Inc. will nachhaltigen Kakaoanbau fördern.
Sweet Global Network: 4/2009. Cadbury will Fairtrade-Zertifikat für die Marke Cadbury Dairy Milk.
Taube, Karl: Aztekische und Maya-Mythen. Stuttgart 1994.
Teufl, Cornelia; Claus, Stefan: Kaffee – Die kleine Schule. Alles was man über Kaffee wissen sollte. München 1998.
Thiele-Dohrmann, Klaus: Europäische Kaffeehauskultur. Düsseldorf 1997.
Thomas, Hugh: Die Eroberung Mexikos. Cortés und Montezuma. Frankfurt 1998.
Tillmann, Michael: Kakaobuttersubstitute in Schokolade: das Kohärenzprinzip wird durch den Kakao gezogen. Bonn 1999.
Tilly, Richard H.: Vom Zollverein zum Industriestaat. Die wirtschaftlich-soziale Entwicklung Deutschlands 1834 bis 1914. München 1990.
Timm, Mareile: Evaluation des Wertstoffpotentials von biogenen Reststoffen der Lebensmittelindustrie: untersucht am Beispiel der Kakao- und Schokoladenproduktion. Hamburg 2007.
Transfair e.V.: Jahresbericht 2009.
Valdés, Juan Antonio – in Inés de Castro (Hg.): Maya. Könige aus dem Regenwald. Katalog zur Sonderausstellung. Tikal: Imposante Metropole im Regenwald: Die Vasenmalerei der Klassik. Hildesheim 2007 (2. Auflage).
Vargas, Rámon Carrasco, López Verónica A. Vázquez and Martin Simon – in: PNAS. Daily life if the ancient Maya recorded in murals at Calakmul, Mexico. November 2009. Vol. 106. No. 46.
Verein der am Rohkakaohandel beteiligten Firmen e.V.: Geschäftsbericht 2008/2009.
Verein der am Rohkakaohandel beteiligten Firmen e.V. (Hg.): Rohkakaohandel in Hamburg 1911–1986. Hamburg 1986.
Vogel-Verlag (Hg.): Magazin 75 Jahre Automaten. Würzburg 1998.

von Anghiera, Peter Martyr: Acht Dekaden über die Neue Welt. Übersetzt, eingeführt und mit Anmerkungen versehen von Hans Klingelhöfer. Bd. 2: Dekade V bis VIII. Darmstadt 1973
Wagner, Elisabeth – in Inés de Castro (Hg.): Maya. Könige aus dem Regenwald. Katalog zur Sonderausstellung. Götter, Schöpfungsmythen und Kosmographie. Hildesheim 2007 (2. Auflage).
Weber, Anton: Der Kakao. Eine wirtschaftsgeographische Studie. Würzburg 1927.
Welz, Volker (Hg.): Katalog Email-Reklameschilder. Essen 1991.
Westphal, Wilfried: Die Maya. Volk im Schatten seiner Väter. Bindlach 1991.
Weindl, Andrea: Vertrauen auf internationale Regulierungsmechanismen? Die Stollwerck AG, der internationale Kakaomarkt und die Frage der Sklavenarbeit in den portugiesischen Kolonien, ca. 1905–1910. In: Christian Hillen (Hg.): »Mit Gott«. Zum Verhältnis von Vertrauen und Wirtschaftsgeschichte. Köln 2007, S. 44–57.
Wild, Michael: Am Beginn der Konsumgesellschaft. Mangelerfahrungen, Lebenshaltung, Wohlstandshoffnung in Westdeutschland in den fünfziger Jahren. Hamburg 1995.
Willenbrock, Harald: Urgeschmack. In: Geo 12/2006.
Wirz, Albert: Vom Sklavenhandel zum kolonialen Handel. Wirtschaftsräume und Wirtschaftsformen in Kamerun vor 1914. Zürich 1972.
Wolschon, Miriam: Lustgetränk und Stärkungsmittel – Wie die Medizin der Schokolade zum Durchbruch verhalf. Hamburg 2008.
Wolters, Bruno: Agave bis Zaubernuss. Heilpflanzen der Indianer Nord- und Mittelamerikas. Greifenberg 1996.
Wood, G. A. R. and R. A. Lass: Cocoa. New York 1989.
Young, Allen M.: The chocolate tree. A natural history of Cacao. Florida 2007.
Zeng, Yuantong: Impf- und Scherkristallisation bei Schokoladen. Zürich 2000.
Zipprick, Jörg: Schokolade – Heilmittel für Körper und Seele. Kreuzlingen 2005.

Fernsehbeitrag
Mistrati, Miki: Schmutzige Schokolade. Ausgestrahlt am 6. Oktober 2010 in der ARD.

Weiterführende Links zum Thema Kakao
www.cocoainitiative.org
www.fairtrade.org
www.gepa.de
www.infozentrum-schoko.de
www.icco.org
www.kakaoverein.de
www.oroverde.de
www.theobroma-cacao.de
www.transfair.org
www.worldcocoafoundation.org

Bildquellen

Der Verlag hat sich nach besten Kräften bemüht, die Bildquellen festzustellen. Etwaige Ansprüche, die übersehen wurden, können nachträglich geltend gemacht werden.

Kapitel 1
Einstieg	Florian Rink, fotolia
1–2	wikimedia commons
3	Ellen Ebenau, fotolia
4–5	Schokoladenmuseum Köln
6	Shariff Che'Lah, fotolia
7	Schokoladenmuseum Köln

Kapitel 2
Einstieg	leungchopan, fotolia
1 oben	Marc Rigaud, fotolia
1 unten	chudodejkin, fotolia
2	Elke Mannigel, OroVerde
3	Matthias Lembke, Cotterell GmbH & Co. KG
4–11	Schokoladenmuseum Köln

Kapitel 3
Einstieg	Melanie Dieterle, fotolia
1	Anne Welsing, GEPA – The Fair Trade Company
2	Daniel Rosenthal, laif
3	Anne Welsing, GEPA – The Fair Trade Company
4	Max Havelaar-Stiftung (Schweiz)

Kapitel 4
Einstieg	Yao, fotolia
1	Kennet Havgaard, Max Havelaar Denmark
2	Schokoladenmuseum Köln
3	Helmut Stradt
4–6	Seereederei Baco-Liner GmbH
7	H. D. Cotterell GmbH & Co. KG
8	Schokoladenmuseum Köln
9	Anne Welsing, GEPA – The Fair Trade Company
10	Herbert Lehmann, zotter Schokoladen Manufaktur GmbH

Kapitel 5
Einstieg	Ines Swoboda, oekom verlag
1	Schokoladenmuseum Köln
2	Palmengarten Frankfurt
3	Schokoladenmuseum Köln
4–5	Herbert Lehmann, zotter Schokoladen Manufaktur GmbH
6–8	Schokoladenmuseum Köln

Kapitel 6
Einstieg	Schokoladenmuseum Köln
1	Alexander Czabaun, umgezeichnet nach Taube 1994
2	Olaf Vortmann
3	Schokoladenmuseum Köln
4–6	Olaf Vortmann
7–8	Schokoladenmuseum Köln
9–10	Zeichnung von Guido Krempel
11–15	Schokoladenmuseum Köln

Kapitel 7
Einstieg	Info-Zentrum Schokolade
1	Zeichnung von Christoph Weidlitz
2	Antonio De Solis, wikimedia commons
3	Historische Darstellung (Historia de Tlaxcala), entnommen aus William Prescott 2000
4	wikimedia commons

Kapitel 8
Einstieg	rimglow, fotolia
1–8	Schokoladenmuseum Köln

Kapitel 9
Einstieg	Schokoladenmuseum Köln
1–9	Schokoladenmuseum Köln
10	Ölgemälde von Joseph Karl Stieler, 1828, wikimedia commons
11	Schokoladenmuseum Köln

Kapitel 10
Einstieg	Kramografie, fotolia
1–16	Schokoladenmuseum Köln

Blick zurück nach vorn
Einstieg	by-studio, Rob Stark; fotolia

Anhang
III	Alexander Czabaun, umgezeichnet nach Durry & Schiffer 2008

Dank

Bei der Bebilderung des vorliegenden Bandes wurden wir dankenswerterweise unterstützt von folgenden Organisationen und Firmen:

- GEPA – The Fair Trade Company
- OroVerde – Die Tropenwaldstiftung
- Cotterell GmbH & Co. KG
- Seerederei Baco-Liner GmbH
- zotter Schokoladen Manufaktur GmbH

Bildmaterial zur Verfügung gestellt haben ferner Alexander Czabaun, Guido Krempel, Matthias Lembke, Helmut Stradt und Olaf Vortmann.

Für die Unterstützung bei der Drucklegung dieses Bandes, insbesondere für die Bereitstellung zahlreicher Bildexponate, danken wir dem Schokoladenmuseum Köln.

Andrea Durry & Thomas Schiffer

Reihe Stoffgeschichten

Stoffe, die Geschichte schreiben

Täglich haben wir mit ihnen zu tun: Staub, Holz oder Kaffee sind Stoffe, die unser Leben prägen. Und doch wissen wir meist wenig über sie und ihre Bedeutung für unsere gesellschaftliche, wirtschaftliche und ökologische Entwicklung. Die Reihe Stoffgeschichten erzählt die Biographien von Materialien, die Geschichte geschrieben haben – und heute noch schreiben

> Der Anspruch, einem breiten Publikum Aufklärung und Unterhaltung zu bieten, wird überzeugend erfüllt.
> Neue Zürcher Zeitung

Stoffgeschichten ...
... ist eine Buchreihe des Wissenschaftszentrums Umwelt der Universität Augsburg (WZU) in Kooperation mit dem oekom e.V. Sie wird herausgegeben von Prof. Dr. Armin Reller und Dr. Jens Soentgen.

Aluminium

Ob als Jeansknopf, Joghurtdeckel oder als Flugzeug: Ohne Aluminium ist die moderne Welt nicht vorstellbar. Seit das Leichtmetall großtechnisch hergestellt werden kann, revolutioniert es Technik und Industrie. Doch die »neue Leichtigkeit« hat ihren Preis: Der Produktionsprozess verschlingt Unmengen an Energie. Das Buch erzählt die Erfolgsgeschichte des Werkstoffs – samt seinen Kehrseiten.

> Was in einer kleinen Blechdose alles an Philosophie stecken kann – Luitgard Marschall enthüllt es auf interessante Weise.
> Hardy Tasso, WDR5, Sendung Leonardo-Wissenschaft und Mehr

Luitgard Marschall
Aluminium – Metall der Moderne
Reihe Stoffgeschichten Band 4
oekom verlag, München, 288 Seiten, Hardcover, mit vielen Fotos und Abbildungen, 24,90 EUR, ISBN 978-3-86581-090-8

www.oekom.de

Erhältlich bei
oekom@verlegerdienst.de
Fon +49/(0)8105/388-521

CO₂

CO₂ – die kleine Formel ist zu einem Synonym für eine der größten Herausforderungen der Gegenwart geworden: Kohlendioxid bringt das Klima ins Wanken und die Menschheit in Gefahr. Aber CO₂ ist mehr als ein Klimakiller: Als natürliches Treibhausgas bringt es unseren Planeten auf »Betriebstemperatur«, als Ausgangsstoff der Photosynthese ist es der Anfang allen Lebens. Das Buch erzählt seine facettenreiche Geschichte.

> Eine erfrischende Zusammenstellung von naturwissenschaftlichen Fakten und Geschichten – originell ergänzt durch Anleitungen zu Experimenten.
> Bild der Wissenschaft

Jens Soentgen, Armin Reller (Hrsg.)
CO₂ – Lebenselixier und Klimakiller
Reihe Stoffgeschichten Band 5
oekom verlag, München, 304 Seiten, Hardcover, mit vielen Fotos und Abbildungen, 24,90 EUR, ISBN 978-3-86581-118-9

Dreck

Wir treten ihn, kehren ihn als Schmutz aus dem Haus und nennen ihn abwertend »Dreck«: den Boden unter unseren Füßen. Dabei ist fruchtbarer Boden die Grundlage unseres Lebens. Von Anbeginn seiner Geschichte hat der Mensch ihn genutzt und gebraucht, aber auch zerstört und verwüstet. Das Buch geht diesem Aderlass auf den Grund – in einer brillanten Synthese aus Archäologie, Geschichte und Geologie.

> Wir können es uns nicht leisten, die Aussagen dieses Buches zu ignorieren. Eine Geschichte des Drecks – kenntnisreich und brillant erzählt.
> Financial Times

David R. Montgomery
Dreck – Warum unsere Zivilisation den Boden unter den Füßen verliert
Reihe Stoffgeschichten Band 6
oekom verlag, München, 352 Seiten, Hardcover, mit vielen Fotos und Abbildungen, 24,90 EUR, ISBN 978-3-86581-197-4

www.oekom.de

Erhältlich bei
oekom@verlegerdienst.de
Fon +49/(0)8105/388-521